SPOTFIRE

초보자 × 가이드

개정2판

김성기 지음

한나래아카데미

Spotfire
초보자 가이드
개정2판

2017년 9월 15일 1판 1쇄 펴냄
2018년 10월 30일 개정판 1쇄 펴냄
2020년 8월 30일 개정2판 1쇄 펴냄
2022년 8월 25일 개정2판 2쇄 펴냄

지은이 | 김성기
펴낸이 | 한기철

펴낸곳 | (주)한나래플러스
등록 | 1991. 2. 25. 제22-80호
주소 | 서울시 마포구 토정로 222, 한국출판콘텐츠센터 309호
전화 | 02) 738-5637 · 팩스 | 02) 363-5637 · e-mail | hannarae91@naver.com
www.hannarae.net

© 2020 김성기
ISBN 978-89-5566-238-2 13000

개정2판 머리말

2015년부터 Spotfire 7.0으로 시작된 7.x버전은 7.14버전으로 마무리되었다. 이후 Spotfire 출시 20주년을 기념하여 새롭게 시작하는 의미로 2018년 10월 10.0버전이 출시되었고, 지속적으로 업그레이드되고 있다. 이번 개정2판은 Spotfire의 Long Term Service(LTS) 버전인 10.3버전을 기준으로 제작되었다.

10.x버전은 7.x버전과 비교하여 초기 사용자 화면이 대폭 변경되어 개정2판에서는 기존 버전 화면 이미지들을 대부분 10.3버전으로 새롭게 구성하였다. 7.x버전을 쓰던 기존 사용자에게는 10.x버전이 처음 시작하는 화면부터 조금 낯설어 보일 수 있지만, 10.x버전에서도 기본적인 사용법과 속성, 데이터 사용 방법 등은 큰 틀에서 많이 변하지 않았다.

새롭게 바뀐 10.x버전은 보다 사용자의 관점에서 메뉴가 구성되어 있다. 즉, 데이터를 불러오고, 컬럼들을 살펴본 후, 시각화를 구성하는 순서로 구성되어 있고, 데이터 캔버스를 통해 대부분의 데이터 핸들링을 할 수 있다. 그래서 처음부터 10.3버전으로 시작하는 사용자라면 오히려 더 쉽게 익숙해질 수 있을 것이다.

10.x버전에서 새롭게 추가된 기능들도 있다. 데이터 캔버스를 통한 작업에는 어느 단계에서나 데이터를 쉽게 추가·편집·교체·변환할 수 있으며, 사용자가 컬럼들을 지정하면 내장된 기계학습 엔진을 이용해 다양한 시각화를 권장하는 기능도 크게 강화되었다. 향후에는 빅데이터 핸들링 기능이 더욱 강화될 것으로 예상된다.

또한, 기존의 7.x버전 사용자들도 바뀐 버전의 메뉴 위치와 사용법을 쉽게 찾아볼 수 있도록 책의 끝부분에 부록으로 〈Spotfire 7.x버전 메뉴를 Spotfire 10.x버전에서 찾기〉를 수록하였다.

2020년 8월

김성기

개정판 머리말

지난 2017년 9월 초판을 발행할 당시 Spotfire 버전은 7.8이었다. 이후로 Spotfire의 새로운 버전이 나오면서 조금씩 기능이 추가되었다. 특히 'PDF로 내보내기' 기능이 전면적으로 개편·강화되었으며, 산점도에 '회전' 표시 부분이 추가되었다. 크로스 테이블에서 텍스트에 색상을 줄 수 있도록 기능이 추가되기도 했다. 또한 기존 버전에서 다소 어색하게 번역되었던 일부 메뉴의 명칭들이 더 자연스럽게 변경되었다.

이번 개정판에서는 신규 버전 사용자들을 위해 이러한 변경된 점들을 반영하여 내용을 추가하고, 기존에 실렸던 이미지들을 부분적으로 교체하였다. 아울러 전반적으로 설명이 매끄럽지 못하였던 부분들도 이번 개정판에서 다듬게 되었다.

다만, 초판 머리말에서도 설명하였듯이 Spotfire는 버전이 업그레이드되어도 메뉴 표시에는 큰 차이 없이 기능들을 추가하기 때문에, 기존 버전을 사용하는 독자들도 본 교재(Spotfire 버전 7.11 기준)의 설명을 이해하는 데 큰 혼란 없이 사용할 수 있으리라 생각된다.

2018년 9월
김성기

초판 머리말: 빅데이터 시대에 인사이트를 얻고자 하는 모든 독자들에게

Spotfire는 1990년대 중반 스웨덴의 크리스토퍼 알버그(Christopher Ahlberg)가 처음 개발한 '데이터 시각화 분석' 프로그램이다. 필자가 최초로 Spotfire 제품을 한국에 도입하여 회사나 기관들에 소개했던 2003년 당시 해외에서는 이미 데이터 시각화 분석이 각광 받고 있었다. 반면, 대부분의 국내 고객들은 시각화 분석에 크게 관심을 보이지 않았다. 극소수의 몇 군데를 제외하고는 '데이터가 별로 없어서 분석할 것이 없다'거나 '데이터 마이닝이나 전문 통계 분석을 이용한 고급 분석을 원한다'는 상반된 반응이 대부분이었다.

하지만 최근 '빅데이터'가 화두가 되면서 상황이 바뀌었다. 대기업부터 중소기업, 기관, 대학 할 것 없이 다양한 규모와 분야의 고객들이 데이터 시각화를 이용한 분석에 큰 관심을 가지고 있다. 각자의 경험을 바탕으로 가설을 세우고 데이터를 통해 검증하는 전통적인 통계 기법만으로는 엄청난 데이터의 홍수 속에서 원하는 인사이트를 얻기가 점점 어려워지고 있기 때문이다.

이러한 빅데이터 시대에 가장 효율적으로 인사이트를 발굴할 수 있는 방법이 바로 '시각화 분석'이다. 수년 전부터 많은 유사 제품들이 출시되고 있지만 Spotfire는 이 분야에서 거의 원조격이라 할 수 있으며, 현재까지도 데이터 시각화 분석 솔루션으로서 다양한 계층과 규모의 사용자들에게 지속적인 사랑을 받고 있다. 그리고 이러한 추세는 첨단 정보통신(IT) 기술이 경제, 사회 전반에 융합되어 혁신적인 변화가 나타나는 4차 산업혁명 시대에 접어들며 더욱 가속화되리라 생각한다.

최근 많이 사용되는 여러 '시각화' 전문 솔루션들과 달리 Spotfire는 시각화 '분석' 솔루션이다. 즉 데이터 마이닝 등의 고급 분석을 전공한 전문가가 아니더라도 일상적으로 데이터를 활용하는 보통의 사용자라면 Spotfire가 제공하는 시각화와 분석 기능을 이용하여 누구나 쉽고 효율적으로 원하는 인사이트를 얻을 수 있다.

분석을 위해서는 시각화 차트의 수나 종류에 연연하기보다는, 효율적인 시각화 분석을 통해 데이터로부터 인사이트를 이끌어내야 한다. 본인이 가진 데이터 중에 어떤 것들이 쓸모없고, 또 어떤 부분에서 더 많은 데이터가 필요한지를 시각화 분석을 통해 깨달을 수 있다면 진정한 데이터 시각화 분석 전문가로서 한 단계 더 도약할 수 있을 것이다.

이 책은 Spotfire를 처음 사용하는 독자들을 대상으로 한다. Spotfire는 분석에 필요한 다양한 기능을 제공하지만 프로그램을 처음 접하는 사용자들이 모든 기능을 한꺼번에 숙지할 필요는 없다. Spotfire는 사용법이 매우 직관적이며 모든 시각화나 분석 기법에 일관된 사용자 인터페이스(UI)를 제공한다. 따라서 초보자들은 여러 시각화의 사용법을 한번에 숙지하려 하기보다는 일단 한 가지 차트(시각화)의 사용법을 충분히 이해한 다음, 나머지 다른 차트들의 사용법을 익히는 편이 효율적이다. 그래서 이 책에서는 여러 기능 중 자주 사용하지 않거나 어려운 고급 기능들은 가능한 배제하고 보편적으로 사용하는 기능과 설정들을 위주로 최대한 쉽게 이해하고 따라할 수 있도록 했다. 또한 초보자들이 실수하기 쉬운 중요 부분들에 대해서도 짚어주었다.

처음 국내에서 Spotfire 판매와 기술 지원을 시작했을 때는 교육에 필요한 교재를 그때그때 자체적으로 만들어 사용했다. 그러나 사용자의 수가 점차 증가하면서 좀 더 상세하고 정리된 교재에 대한 필요성을 느꼈다. 또한 Spotfire가 세상에 나온 지 거의 20년이 넘어가는 시점에 아직까지도 전 세계를 통틀어 Spotfire를 처음 접하는 사용자들을 위한 제대로 된 매뉴얼이 없다는 점도 아쉬웠다. Spotfire를 어렵게만 생각하는 많은 고객들을 위한 쉽고 친절한 가이드가 꼭 필요했다. 오랫동안 생각에만 머물러 있던 일이 올해(2017) 초 강원대학교의 데이터 시각화 강의를 맡으면서부터 구체화되었다. 그동안 부분적으로 활용해왔던 자료들을 교육을 위한 강의 자료로 만들면서 체계적으로 정리할 수 있었고, 그 내용들은 이 책의 토대가 되었다.

이 책이 나오기까지 여러 분들의 도움이 있었다. 먼저 오랫동안 Spotfire와 함께하며 많은 고객들이 Spotfire를 잘 사용할 수 있도록 자부심을 가지고 노력해주는, 가족처럼 든든한 ㈜P&D솔루션의 임직원 동료들, 파트너들께 특별히 감사드린다. 또한 Spotfire의 장점을 잘 알고 많은 업무에 활용할 수 있도록 항상 도움을 주시는 여러 교수님들, 특히 서울대학교의 조성준 교수님과 단국대학교의 이성임 교수님께 감사드린다. 실제로 Spotfire를 사용하면서 많은 조언을 해주시는 고객들께도 따로 감사를 전한다. 이 분들의 도움이 없었다면 Spotfire가 오늘날처럼 다양한 분야에서 큰 사랑을 받지는 못했을 것이다.

낮에는 일을 하느라, 주말과 밤에는 교재를 집필하느라 시간 부족과 피곤함에 좌절을 느끼던 필자에게 격려와 지지를 보내준 가족과 지인들 덕분에 집필을 끝까지 마무리할 수 있었다. 아울러 이 책이 독자들에게 쉽고 편하게 다가갈 수 있도록 애써 주신 한나래출판사 관계자 여러분과 원고 집필에 직접적으로 도움을 준 정인중, 김소희 학생에게도 감사드린다.

마지막으로 데이터 속에 파묻혀 밤낮으로 고생하고 있는 수많은 독자들이 하루빨리 시각화 분석의 묘미를 발견하고 단순 반복 업무에서 해방되어 진정한 분석의 참맛을 느낄 수 있기를 희망한다. 이 책이 그러한 분들에게 조금이라도 도움이 되었으면 한다.

2017년 8월
김성기

▼

일러두기

- 이 책의 내용은 TIBCO Software사의 Spotfire Analyst® 10.3버전을 기준으로 한다. Spotfire Analyst의 업그레이드는 기능 추가와 성능 향상 위주로 이루어지고 사용자 인터페이스(UI)에는 변동이 없을 예정이다. 그러므로 추후에도 책에서 소개된 기능과 예시 화면을 바탕으로 사용법을 익히는 데에는 지장이 없을 것이다.

- Spotfire Analyst는 현재 한글, 영어를 포함하여 총 9개 언어(메뉴 및 도움말)로 제공되며, 프로그램 내에서 사용자가 임의로 설정을 변경할 수 있다. 이 책은 한글 버전을 기준으로 작성되었으나, 독자의 이해를 돕기 위해 주요 단어들은 영문을 병기하여 표기하였다.

- 이 책의 내용 중 일부는 Spotfire 프로그램 도움말에서 인용하였으며, 그 외에 독자의 이해를 돕기 위해 다른 출처에서 인용한 부분은 본문 중에 원출처를 표기하였다.

- Spotfire Analyst 프로그램의 테스트 버전 사용을 원하면 TIBCO Software사의 홈페이지 (https://spotfire.tibco.com/trial)에서 내려받거나, Spotfire의 국내 판매 및 기술지원을 담당하는 ㈜ P&D Solution(www.pndsolution.com, 031-450-3011)으로 연락하여 지원받을 수 있다.

- 이 책에 사용된 데이터 파일은 한나래출판사 홈페이지(http://www.hannarae.net) 자료실에서 내려받을 수 있다.

Chapter 3 · 시각화 차트

Chapter 4 · 데이터 핸들링

Chapter 5 · 기본 통계

1장에서는 Spotfire를 사용하기 위해 익혀야 할 가장 기초적인 내용들을 담고 있다. 즉 Spotfire를 설치한 후에 프로그램을 구동하고, 다양한 방법으로 데이터를 가져오고, 분석을 수행한 후 분석 결과를 저장하는 가장 기본적인 방법들을 설명하고 있다. 이 책에서는 데이터베이스를 사용하는 환경이 아니라, 데스크톱 환경에서 본인의 PC에 있는 데이터를 가지고 사용하는 환경을 기반으로 하여 설명하였다.

Spotfire 개요

01 프로그램 설치 방법

Spotfire는 고가의 분석 프로그램으로 개인적인 용도보다는 주로 회사나 기관 또는 대학에서 업무용으로 구입하여 사용하는 경우가 많다. 따라서 이런 경우에는 담당 회사나 기관의 관리자가 프로그램 설치를 지원해주며, 필요하면 Spotfire를 판매한 회사의 도움을 받아 설치를 완료할 수 있다.

또는 TIBCO Spotfire 홈페이지(https://spotfire.tibco.com/)에서 한 달짜리 임시 버전을 다운받거나, Spotfire를 판매, 기술 지원하는 업체들에게 요청하여 평가용으로 설치할 수도 있다(저자가 근무하는 P&D Solution으로 연락(031-450-3011)하면 평가판 설치 지원이 가능하다).

일반 사용자가 이용할 수 있는 Spotfire 종류에는 Analyst®, BusinessAuthor®, Consumer® 등 크게 3가지 제품이 있는데, 이들은 기능과 사용자 환경에 따라 구분된다. 이 책에서는 Spotfire Analyst®라는 가장 상위 기능의 프로그램에 대하여 다룰 것이다. Spotfire Analyst®는 업무 분석가들이 사용하는 제품으로 Spotfire에서 제공하는 분석에 필요한 모든 기능을 지원한다. 이 책에서 앞으로 계속 언급할 Spotfire는 정확히는 Spotfire Analyst®를 지칭한다.

Spotfire Analyst®의 설치는 크게 2단계로 나누어 진행한다. 먼저 프로그램 판매자로부터 제공되는 프로그램을 이용하여 PC에 설치하고, Spotfire 서버에 접속하여 인증을 완료해야 설치가 종료된다. 만일 최초로 Spotfire를 설치할 때 Spotfire 서버에 접속할 수 없다면 Spotfire Analyst®의 설치는 불가능하다. Spotfire 서버에 접속하는 데 필요한 정보는 담당 회사나 기관의 관리자, 또는 프로그램 구입 회사에 문의하기 바란다.

Spotfire Analyst® 설치 방법

① TIBCO Spotfire에서 제공하는 Spotfire Analyst® 설치용 파일을 이용하여 원하는 PC에 관리자 권한으로 설치한다.

② Spotfire Analyst®는 MS Windows O/S 기반에만 설치가 가능하며(애플용 맥 O/S 설치 불가), Spotfire Analyst® 10.3 버전 기준으로 .NET 4.5,2 이상을 이용한다 (Spotfire 설치 시 인터넷이 연결되어 있으면 자동으로 업그레이드된다).

③ 설치가 완료되면 바탕화면에 있는 Spotfire 프로그램을 실행한다.

④ 프로그램 설치 업체에서 제공하는 다음 정보들을 이용해 서버와 연결하여 필요한 프로그램들을 내려받아서 설치를 완료한다.

- Spotfire 서버 계정 정보
- 사용자 ID / Password

02 프로그램 스타트/로그인

Spotfire의 설치를 완료하고나서 프로그램을 실행시키면 다음과 같은 창이 화면에 나타난다. 각각의 기능에 대한 설명은 아래와 같다.

만일 사용자가 본인의 회사나 기관에 연결된 사내 데이터베이스에 연결하여 데이터를 가져와서 사용하는 것이 아니라 로컬 PC에 있는 데이터를 사용한다면, 아래쪽의 [work offline](한글 버전의 경우에는 '오프라인으로 작업') 버튼을 클릭하면 프로그램이 실행된다. 이 책에서는 한글 버전을 기본으로 설명할 것이다. 또한, 이 책에서는 온라인으로 연결되어 있는 데이터베이스를 사용하는 환경이 아닌, 로컬 PC에 있는 데이터를 가져와서 사용하는 환경을 기반으로 설명할 것이다.

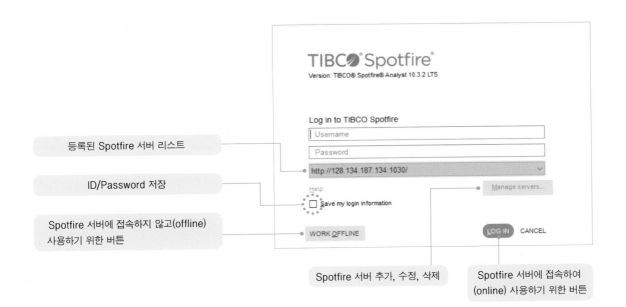

이때 [Save my login information] 체크박스를 선택하면 다음에 Spotfire를 실행할 때부터는 앞의 그림과 같은 초기 실행 화면이 나타나지 않는다. 다시 초기 화면으로 실행하고 싶다면 아래 그림처럼 바탕화면의 작업 표시줄에서 윈도우 로고를 누르고 [프로그램 및 파일 검색] 입력창에 'tibco'를 입력한다. 검색된 프로그램 목록에서 'TIBCO Spotfire(show login dialog)'를 클릭하면 초기 화면으로 실행된다. 여기에서 [Save my login information]의 체크박스 선택을 해제하면 된다.

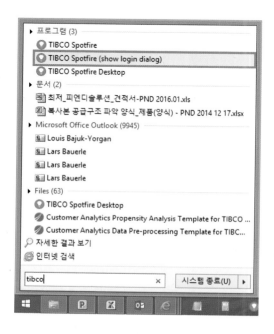

03 사용자 인터페이스

Spotfire는 동종의 시각화 분석 프로그램들 중에서 가장 사용하기 쉬운 사용자 인터페이스(UI)를 제공한다고 알려져 있다. Spotfire는 한눈에 볼 수 있고 다양하게 활용할 수 있는 시각화 자료를 제공하는데, 이는 사용자가 불러오거나 추가로 작성하는 '데이터'를 기반으로 하여 구성된다. 따라서 Spotfire가 보여주는 모든 시각화는 반드시 데이터를 토대로 계산된 정보에 기반한다.

테이블, 시각화, 필터,
상세 요청 정보

하부에 있는 데이터 테이블

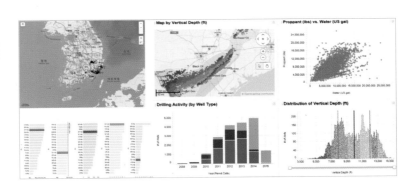

아래 그림은 Spotfire가 제공하는 사용자 환경에 대한 설명이다.

텍스트 영역
분석 차트 혹은 프로세스를 작성한 사람의 의견을 텍스트나 이미지, 링크 등을 통해 표시하여 해당 업무의 프로세스를 누가 열람하든 이해하고 따라할 수 있도록 한다.

시각화
데이터를 분석하는 핵심 부분으로 다양한 차트와 도표들이 기본적으로 제공된다. 각 차트와 도표들은 사용자의 데이터 조건에 따라 실시간으로 업데이트된다.

필터 패널
데이터 조건을 부여하는데 사용하며 이 조건을 변경할 때마다 각각의 차트에 실시간으로 자동 적용·변경된다.

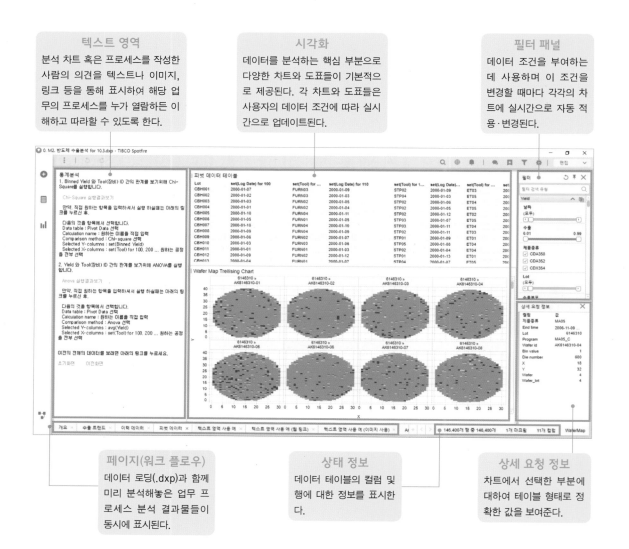

페이지(워크 플로우)
데이터 로딩(.dxp)과 함께 미리 분석해놓은 업무 프로세스 분석 결과물들이 동시에 표시된다.

상태 정보
데이터 테이블의 컬럼 및 행에 대한 정보를 표시한다.

상세 요청 정보
차트에서 선택한 부분에 대하여 테이블 형태로 정확한 값을 보여준다.

'상태 정보'에 대한 상세 설명은 다음과 같다.

상태 정보

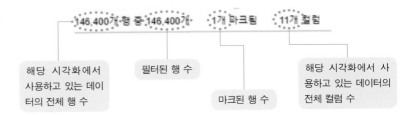

여기서 '필터'와 '마크'에 대한 간단한 설명은 다음과 같다.

→ 상세 설명은 p.59 〈2장 Spotfire 기본 사용법〉 참조

- 필터된(Filtered): 필터 패널을 이용하여 원하는 데이터만 보기 위해 조건을 이용(변경)한 후에 현재 화면에 보이는 데이터
- 마크된(Marked): 차트 영역에서 마우스 왼쪽 버튼을 이용하여 원하는 특정 부분을 선택한 데이터

참고로, 영문 버전의 경우 아래 그림과 같이 로드와 필터의 순서가 반대로 표시된다.

3-1 Spotfire 초기 화면 구성

Spotfire를 구동한 직후의 화면은 다음과 같다.

최근에 저장한 Spotfire 파일들이 목록으로(첫 장 화면들과 함께) 표시된다. 해당 화면을 클릭하면 곧바로 DXP 파일이 로딩된다.

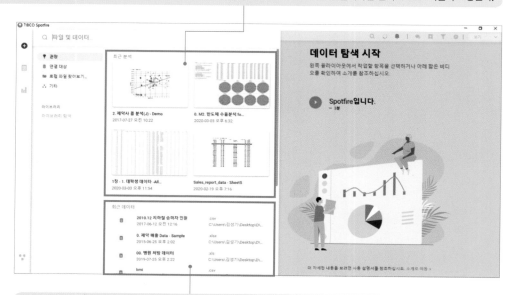

최근에 로드했던 데이터들이 목록으로 표시된다. 해당 데이터를 누르면 바로 데이터를 로드한다.

중간 부분의 슬라이더를 이동하면 아래에 [샘플 분석] 목록이 표시된다.

인터넷이 연결되어 있는 상태에서 이 부분을 누르면 웹 브라우저가 열리고 Spotfire 에 대한 간단한 소개 영상이 음성과 함께 Youtube로 재생된다.

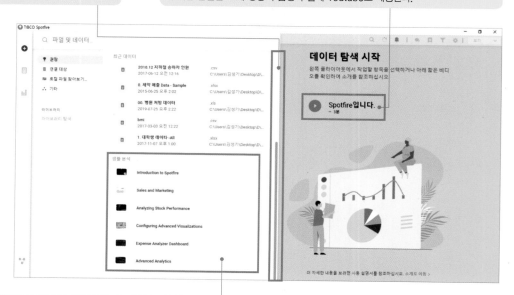

[샘플 분석] 목록에는 Spotfire에서 미리 샘플로 제작하여 저장해놓은 분석 파일들이 표시된다. 한 번씩 눌러서 각 DXP 파일들을 확인해보자.

3-2 데이터 로딩 직후 화면 구성

데이터를 로딩하면 다음 화면이 나타난다(자세한 데이터 로딩 방법은 다음 장 참조). 화면 중앙에 '데이터가 준비되었습니다.'라는 문구와 3가지 시작 방법을 선택할 수 있는 아이콘이 표시된다.

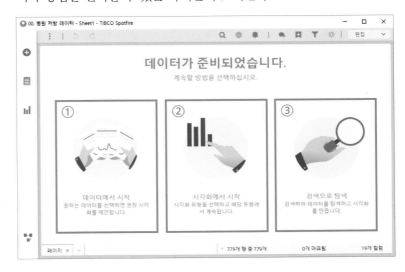

① 데이터에서 시작

이 부분을 누르면 데이터 컬럼을 보면서 분석 작업을 시작할 수 있도록 화면 좌측에 데이터 패널이 나타난다.

TIP

여러 컬럼을 선택하고 싶으면 Ctrl 버튼을 누르고 선택한다. 또한 이미 여러 컬럼들을 선택한 상태에서 특정 컬럼만 선택을 해제하고 싶으면 Ctrl 버튼을 누른 상태에서 해제할 컬럼을 누른다. 그러면 특정 컬럼을 제외한 나머지 컬럼들만으로 시각화를 추천해준다.

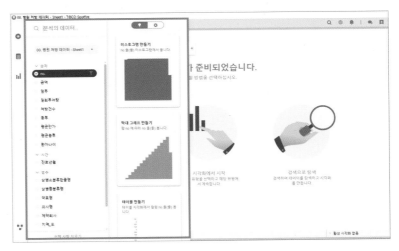

여러 컬럼들 중에서 특정 컬럼을 선택하면 Spotfire가 자동으로 적절한 시각화(차트)를 추천해준다.

② 시각화에서 시작

이 부분을 누르면 화면 좌측에 Spotfire에서 제공하는 사용 가능한 시각화 목록이 표시된다. 이 중에서 원하는 시각화를 선택하면 차트가 생성된다. 일반적으로 가장 많이 사용하는 기능이다.

③ 검색으로 탐색

이 부분을 누르면 아래 그림처럼 직접 키워드를 입력할 수 있도록 '관심 있는 사항을 선택하십시오'라는 입력창이 나타난다. 이 안에 사용자가 원하는 키워드를 입력하고 Enter 를 치면 해당 키워드가 포함되어 있는 모든 요소들이 나타난다.

예를 들어 이미 몇몇 시각화 화면이 구성되어 있는 상태에서 '*성별*'이라고 치면 '성별'이라는 단어가 들어간 컬럼이나 시각화가 모두 목록으로 표시되고 그중 특정 목록을 누르면 해당 시각화로 이동하거나 해당 컬럼을 마킹하는 등의 작업을 수행할 수 있다.

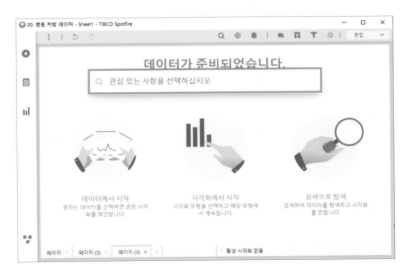

3-3 시각화 작성 후 화면 구성

Spotfire에서 데이터를 이용하여 시각화를 구성하면 일반적으로 다음
과 같은 화면으로 구성되며, 이는 사용자 인터페이스의 가장 중요한 구
성 부분이다.

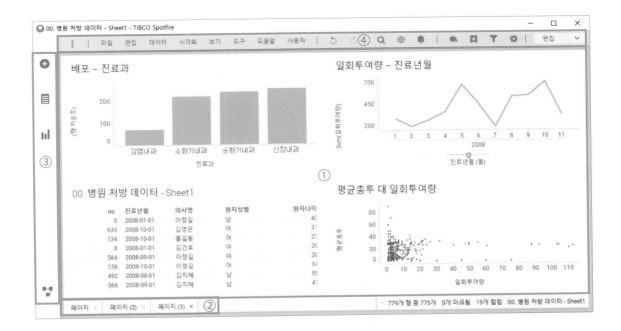

① 시각화

시각화는 로드된 데이터를 기반으로 구성된다. 데이터를 가장 효과적으로 표시하기 위해 여러 시각화 유형을 사용할 수 있으며, 각 시각화 유형 내에서 여러 속성을 사용하여 색, 크기 및 모양과 같은 여러 데이터 차원을 반영할 수 있다.

② 페이지

시각화는 분석에서 페이지로 구성된다. 페이지는 MS 엑셀의 시트와 같은 개념으로 생각할 수 있다. 페이지는 추가, 삭제, 중복, 페이지 이름 변경 등 다양한 작업을 할 수 있다. 한 페이지 내에서 시각화의 크기를 조정하고 위치를 이동하여 원하는 레이아웃으로 구성할 수 있다.

③ 작성 막대

사용자가 가장 많이 사용하는 부분 중 하나이다. 총 4개의 아이콘이 있는데, 각각 데이터를 불러오고(●), 데이터를 이해하고(▤), 데이터를 시각화(▮▮)하며, 작성된 데이터 관련 분석 프로세스를 다룰 수(▦) 있다. 작성 막대의 아이콘을 클릭하여 기능에 액세스할 수 있다.

③-1 파일 및 데이터

시각화하려는 데이터를 추가하거나 기존 분석을 연다. 이 버튼을 다시 누르면 파일 및 데이터 화면이 사라지고 이전 시각화 화면으로 돌아간다.

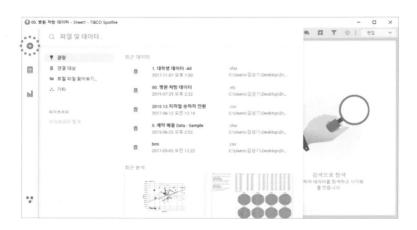

③-2 분석의 데이터

관심 있는 데이터를 선택하여 이해하고, 데이터에 관련된 여러 가지
작업을 수행(유형 변경, 서식 지정, 컬럼 분할, 빈칸 채워 넣기 등)하며 시
각화를 작성할 수도 있다. 그러면 이를 시각화하는 다양한 방법이 제
안된다. 여기서 데이터를 필터링할 수도 있다. 이 버튼을 다시 누르면
분석의 데이터 화면이 사라지고 이전 시각화 화면으로 돌아간다.

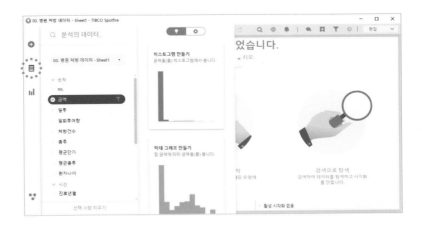

③-3 시각화 유형

사용할 시각화 유형을 선택하여 시각화를 만들고 원하는 방식으로
설정할 수 있다. 이 버튼을 다시 누르면 시각화 유형 화면이 사라지
고 이전 시각화 화면으로 돌아간다.

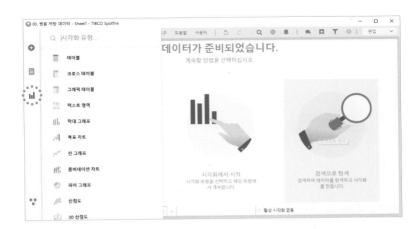

③-4 데이터 캔버스

분석의 데이터 구조 보기를 만들고 변경할 수 있다. 예를 들어, 데이터를 변환하고, 데이터 테이블에 행과 컬럼을 더 추가하고, 데이터를 로드 및 저장할 시기와 방법을 지정할 수 있다. 이 버튼을 다시 누르면 데이터 캔버스 화면이 사라지고 이전 시각화 화면으로 돌아간다.

④ 메뉴 표시줄

메뉴 표시줄 왼쪽에서는 앞서 작성 막대에서 언급한 기능뿐만 아니라 데이터 테이블과 컬럼에 대한 속성 설정, 다양한 통계 도구 및 사용자 설명서와 같은 다른 중요한 기능에 액세스할 수 있다. 또한 실행 취소 및 다시 실행 버튼도 있다. 필요한 경우 가장 왼쪽에 있는 3개의 점을 클릭하여 메뉴를 켜거나 끌 수 있다.

메뉴 표시줄 오른쪽에서는 찾기(Q) 버튼을 수행하여 사용할 작업과 기능 및 컨텐츠를 빠르게 찾을 수 있다(Ctrl + F 도 동일 기능). 도구모음의 이 부분에서는 정보, 다양한 알림 및 예약된 업데이트 상세 정보를 볼 수 있으며, 공동작업, 즐겨찾기, 필터 패널 및 시각화 속성에 대한 설정을 열 수 있다.

작성 권한이 없는 사용자가 사용할 분석을 작성하는 경우 드롭다운을 사용해 [편집]에서 [보기]로 전환하여 작성 권한이 없는 사용자에게 보이는 분석을 확인할 수 있다.

04 데이터 로드(Load)

Spotfire 프로그램을 구동시키고 나서 가장 먼저 하는 일은 Spotfire 에 데이터를 로드하는 것이다. Spotfire는 데이터를 기반으로 시각화 하는 프로그램이므로 데이터를 로드하기 전까지는 사용할 수 있는 메 뉴들이 활성화되지 않는다. 데이터가 로드되면서 Spotfire 프로그램의 사용이 시작된다고 할 수 있다.

 Spotfire는 다양한 외부 소스에서 내부 엔진으로 데이터를 로드할 수 있다. 클립보드의 내용을 붙여넣거나(Ctrl + C & Ctrl + V) 간 단한 텍스트 파일, MS 엑셀 파일, SAS 파일, 데이터베이스 또는 인포 메이션 링크(공유 데이터 소스에 미리 정의된 연결)를 잡아끌기(drag & drop)하거나, 열어서 데이터를 로드하며, 회사에서 추가 파일 소스를 설정했다면 이에 액세스할 수도 있다.

 또한 Spotfire는 외부 데이터 소스(예: Microsoft SQL Server Analysis Services, Oracle, Teradata, Hadoop, Vertica 등) 연결을 지원하는데 데이 터베이스 내 데이터 테이블을 사용하여 외부 소스 연결을 설정할 경우 모든 계산은 Spotfire가 아니라 외부 데이터 소스에 의해 수행된다.

 파일 메뉴, 또는 데이터 테이블 추가를 사용하여 다양한 방법으로 데 이터를 로드할 수 있다. 데이터 테이블 추가를 사용하여 분석에 여러 데이터 테이블을 추가할 수 있다. 데이터 테이블이 여러 가지 다른 소 스에서 작성된 경우 서로 다른 부분에 대한 로드 동작을 데이터 패널 에서 별도로 지정할 수도 있다.

4-1 최초 데이터 로드 방법

Spotfire 프로그램을 시작하고 나서 최초로 데이터를 로드하는 방법은
크게 4가지가 있다.

1 잡아끌기(Drag & Drop)

Spotfire에서 데이터를 로드하는 가장 쉬운 방법이다. 윈도우 탐색기에
서 원하는 파일을 선택하고 마우스 왼쪽을 누른 상태에서 Spotfire 화
면 안으로 잡아끌어다 놓는다. 이때 마우스의 모양이 '+' 형태로 바뀌
면 데이터 불러오기가 가능하며, 금지 표시로 바뀌면 그 데이터 파일은
Spotfire에서 불러올 수 없다는 것이다.

데이터를 Spotfire에 잡아끌기한 후 마우스 버튼을 놓으면 해당 데이
터를 포함한 설정창이 나타난다. 별다른 문제가 없는지 보고 나서 [확
인] 버튼을 누른다.

아래 화면이 나타나고, [확인] 버튼을 누르면 데이터 로딩이 완료된다.

이때 화면상에는 아래 그림과 같이 데이터가 보이지 않지만, 우측 하단(상태 정보)을 보면 로드된 데이터의 행과 컬럼이 표시된다.

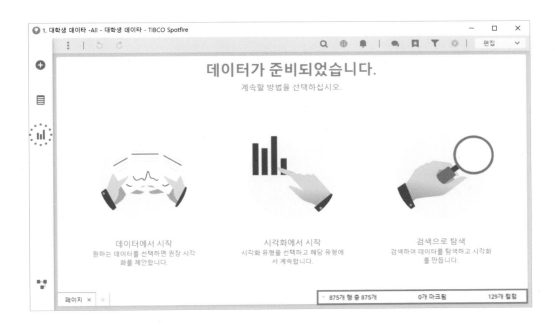

이때 로드한 데이터를 보고 싶다면 좌측에 표시된 3개의 아이콘들 중에서 세 번째 시각화 유형 아이콘(📊)을 누른 후, 나타나는 시각화 메뉴에서 [테이블]을 선택한다.

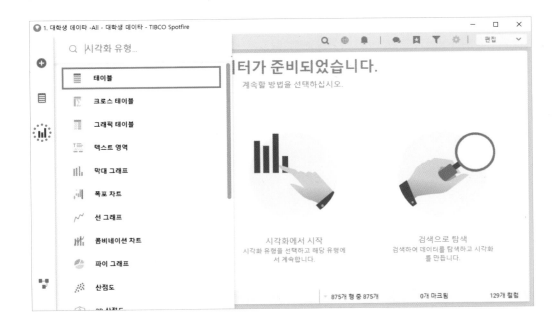

그 결과 아래와 같이 로드한 데이터를 테이블 형태로 보여주는 시각
화 화면이 생성된다.

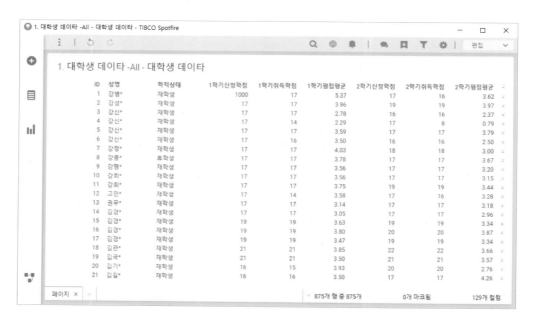

2 메뉴에서 열기(Open)

Spotfire 상단에 있는 메인 메뉴에서 [데이터] → [추가]를 누른다.

아래 화면이 나오면 [로컬 파일 찾아보기]를 누른다.

새로운 창이 열리면 원하는 파일을 선택하고 [열기]를 누른다.

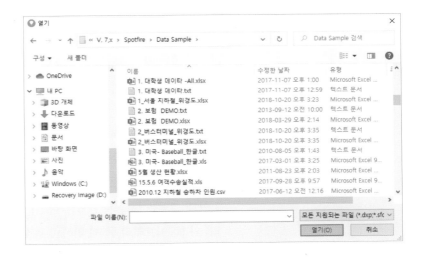

이후로는 바로 앞 부분의 p. 32의 〈잡아끌기〉와 불러오는 방법이 동일하다.

3 클립보드로부터 열기

Spotfire는 MS 윈도우 환경의 프로그램들(MS 오피스 등)에서 일반적으로 사용하고 있는 '복사하여 붙여넣기' 기능을 동일한 방법으로 지원한다. 즉, 엑셀 프로그램의 데이터 테이블에서 원하는 부분을 먼저 복사(Ctrl + C)한 후 Spotfire에서 붙여넣기(Ctrl + V)하면 된다. 복사할 때 컬럼 부분을 같이 복사하지 않으면 나중에 Spotfire에서 데이터의 컬럼명이 확인되지 않으므로 컬럼을 같이 복사해오는 것이 좋다.

4 메뉴의 라이브러리(Library)에서 열기

Spotfire는 로컬 PC에 있는 데이터뿐 아니라 네트워크로 연결되어 있는 소스(데이터베이스)로부터 데이터를 가져올 수 있다. 단, 이 경우에는 반드시 모든 설정을 미리 완료해놓은 Spotfire 서버를 통해서만 가능하다. Spotfire 서버를 통해 미리 설정해놓은 데이터베이스로부터 데이터를 가져오는 것을 라이브러리에서 데이터를 가져온다고 말한다. Spotfire 화면 좌측의 3개 아이콘들 중에서 첫 번째 아이콘인 [파일 및 데이터] 아이콘(➕)을 누르면 관련 메뉴 선택창이 열리고 아래 부분에 라이브러리에 대한 메뉴들([라이브러리], [라이브러리 탐색])이 나타난다.

이 메뉴는 Spotfire 서버에 온라인으로 접속해야만 활성화되며, 처음 시작할 때 [오프라인으로 작업] 버튼을 눌러서 프로그램을 구동한 사용자에게는 활성화되지 않는다.

라이브러리는 분석 자료에 대한 게시 기능을 제공하므로 동료들과 데이터를 공유할 수 있다는 장점이 있는데, 전체 분석 결과물(.dxp 확장자를 갖는 Spotfire 파일)과 원시 SBDF(Spotfire Binary Data File) 파일을 모두 라이브러리에 저장할 수 있다. 라이브러리 파일은 읽기 권한 이상을 갖고 있는 사람이면 누구나 Spotfire에서 직접 사용할 수 있다.

아래 그림은 [오프라인으로 작업] 상태로 시작하였으므로 [라이브러리] 와 [라이브러리 탐색] 버튼이 활성화되어 있지 않다.

4-2 기존 데이터에 추가 로드하기

Spotfire에서는 여러 개의 파일을 로드하여 시각화 할 때마다 필요한 파일들을 가지고 작업을 할 수 있다. 그러므로 이미 데이터가 로드되어 있는 상태에서 추가로 데이터를 로드할 수 있다. 기존 데이터에 새로 데이터를 추가하는 방법은 2가지가 있다.

1 [데이터] 메뉴 → [추가]

메인 메뉴에서 [데이터] → [추가]를 눌러서 원하는 파일을 선택하면 바로 앞에서 설명한 부분과 동일하게 창이 나타난다. [로컬 파일 찾아 보기]를 클릭하고 파일을 선택하면 기존 데이터에 파일이 추가된다(이후 과정은 앞서와 동일하다).

2 윈도우 탐색기에서 데이터 테이블 추가

윈도우 탐색기에서 Spotfire 화면에 원하는 파일을 잡아끌어서(drag & drop) 데이터 테이블을 추가할 수 있다. 일반적으로 가장 많이 사용하는 방법이다.

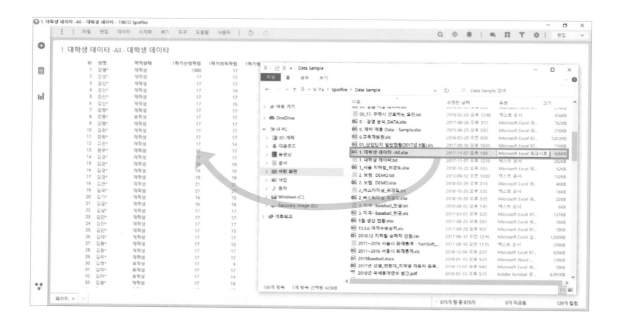

4-3 데이터 타입에 따른 로드 후 화면

Spotfire에 데이터를 로드하면 데이터가 어떻게 표시되는지 확인하고 설정할 수 있도록 새로운 화면을 보여준다. 이 화면은 로드되는 데이터의 타입에 따라서 다음과 같이 조금씩 다르다.

1 엑셀(Excel) 데이터 로드

아래 그림은 엑셀 파일(.xls, .xlsx)을 로드하였을 때 나오는 화면이다. 엑셀에 여러 개의 시트가 있고 각 시트마다 값이 있다면 원하는 워크시트를 한 번에 하나만 선택할 수 있다.

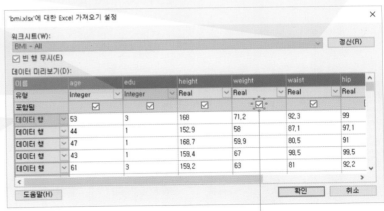

이 열(column)을 로드하고 싶지 않으면 체크 표시를 해제

2 TXT 데이터 로드

아래 그림은 텍스트 파일(.txt)을 로드했을 때 나오는 화면이다.

3 CSV(Comma Separated Value) 데이터 로드

아래 그림은 csv 파일(.csv)을 로드했을 때 나오는 화면이다.

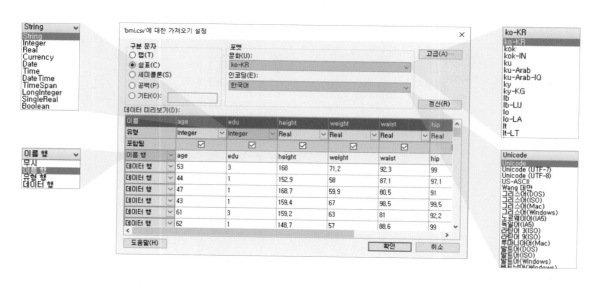

05 결과물 저장 및 불러오기

Spotfire에서 작업한 모든 결과는 파일로 저장하여 언제든지 다시 사용하거나 수정 또는 배포할 수 있다. Spotfire에서 분석 결과를 저장하면 파일 이름 뒤에 '.dxp'라는 확장자가 생기면서 저장된다.

파일을 저장하는 방법에는 아래 그림과 같이 3가지 옵션이 있다.

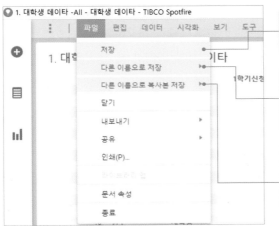

분석 결과를 Spotfire 파일(.dxp)로 저장하거나(최초 저장 시), dxp 파일을 불러온 후에 원래 파일 이름 그대로 계속 저장할 때 사용한다.

저장된 dxp를 불러온 후에 추가 작업을 하고서 새로운 이름으로 저장할 때 사용한다. 저장 후에는 파일 이름이 새로 저장된 이름으로 변경되고 PC상에 예전 이름의 Spotfire는 사라지고 새로 저장된 이름의 Spotfire만 남는다.

저장된 dxp를 불러온 후에 작업을 하다가 중간에 복사본을(새로운 이름으로) 만들어두고 싶을 때 사용한다. 이 메뉴로 저장하면 복사본으로 저장한 Spotfire 파일은 PC에 구동/표시되지 않고 여전히 복사본 이전에 작업 중이던 원래 파일 이름이 그대로 유지된다.

최초로 저장한 다음부터는 작업 중에 [저장] 버튼을 누르면 그때까지 작업한 모든 결과물이 저장되며, 이어서 계속 작업을 하면 된다.

여러 가지 알 수 없는 사유로 갑자기 PC가 꺼진다거나, PC 사양이 좋지 않은 장비로 작업하거나 PC 메모리에 문제가 있을 경우 등, 혹시라도 갑자기 Spotfire 프로그램이 멈추는 경우를 대비하여 수시로 [저장] 버튼을 눌러서 작업한 결과물을 보존하는 것이 좋다. 참고로 Ctrl + S 버튼을 눌러도 [저장] 메뉴를 누른 것과 동일하게 작동된다.

위의 [저장] 옵션을 제외하고 나머지 2가지 경우([다른 이름으로 저장]과 [다른 이름으로 복사본 저장])를 선택하면 아래 그림과 같이 [파일] 메뉴가 추가로 보인다.

[파일] 메뉴를 선택하면 '데이터 로드 설정'이라는 대화상자가 새로 표시된다. 저장된 분석 파일을 다음에 다시 로드할 때, 데이터를 매번 소스에서 새로 불러올지, 데이터를 아예 분석에 포함시켜 저장할지, 또는 소스 데이터가 업데이트될 때 분석을 업데이트할지 중에서 한 가지를 결정한다.

Spotfire에서 엑셀로 저장되어 있는 데이터를 가져와서 분석하였는데 엑셀에서 값이 일부 변경되었을 경우를 생각해보자. Spotfire에서 사용한 데이터를 분석 결과 파일(.dxp)에 저장하는 옵션 사항에는 크게 다음과 같은 2가지 방법이 있다.

1) 데이터를 통째로 Spotfire 파일(.dxp) 내부에 포함하여 저장하는 방법.
2) 데이터를 Spotfire 파일(.dxp)에 통째로 저장하지 않고, 관련된 정보만 저장하여 새로 불러올 때마다 원래 작성할 때 사용했던 외부 소스(source)를 참조하여 새로 계산하는 방법.

예를 들어, 사용자가 사용했던 엑셀 원본 데이터 파일의 이름이 변경되거나 분실된 경우를 가정해보자. 만일 1)번 방법을 이용하여 저장했다면 Spotfire 파일을 나중에 다시 사용하는 데 아무 문제가 없다. 하지만 2)번 방법을 이용하여 저장했다면 파일을 나중에 다시 불러올 때 Spotfire 프로그램은 원본 파일이 어디 있는지 사용자에게 물어볼 것이다. 만일 엑셀 원본 데이터를 찾지 못한다면 Spotfire는 그 데이터를 이용하여 작성한 시각화들을 모두 제대로 작성하지 못하게 된다. 따라서 데이터 로드 설정은 매우 중요하다.

이 대화창에서 분석에 사용된 모든 데이터 테이블에 대하여 각각의 데이터별 로드 설정 방법을 적용할 수 있다. 특히 분석이 공유된 경우 다른 사용자가 분석 데이터에 대한 액세스 권한을 갖는지 여부를 결정하는 데 도움이 될 수 있다.

앞서 대화창에서 [상세 정보 표시] 버튼을 누르면, 아래와 같이 확장 화면이 표시된다. 이 버튼은 토글 키(하나의 키가 2개의 기능을 수행하는 것)로서 다시 누르면 창이 축소된다.

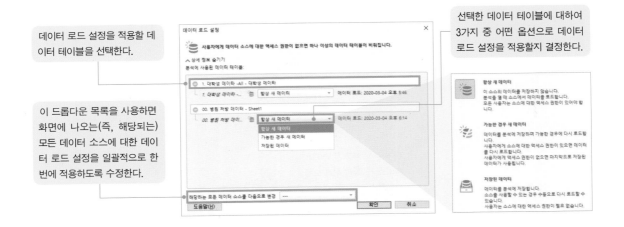

아래는 각 메뉴에 대한 설명이다.

데이터 로드 설정을 적용할 데이터 테이블을 선택한다.

선택한 데이터 테이블에 대하여 3가지 중 어떤 옵션으로 데이터 로드 설정을 적용할지 결정한다.

이 드롭다운 목록을 사용하면 화면에 나오는(즉, 해당되는) 모든 데이터 소스에 대한 데이터 로드 설정을 일괄적으로 한 번에 적용하도록 수정한다.

각 데이터 테이블을 저장하는 또 다른 방법은 '데이터 캔버스' 기능을 이용하는 것이다.

→ 데이터 캔버스에 대한 상세 설명은 p.536 〈데이터 캔버스〉 참조

메인 메뉴에서 [데이터] → [데이터 캔버스]를 선택하거나,

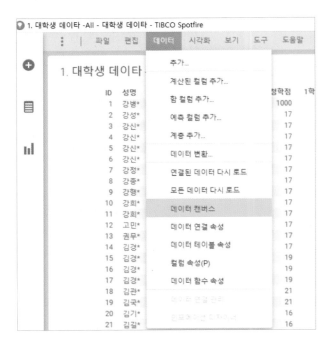

화면 좌측 하단의 데이터 캔버스 아이콘(⋯)을 누르면,

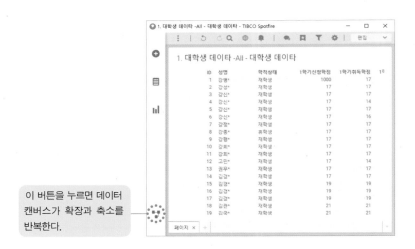

이 버튼을 누르면 데이터 캔버스가 확장과 축소를 반복한다.

데이터 패널이 화면에 확장 표시된다.

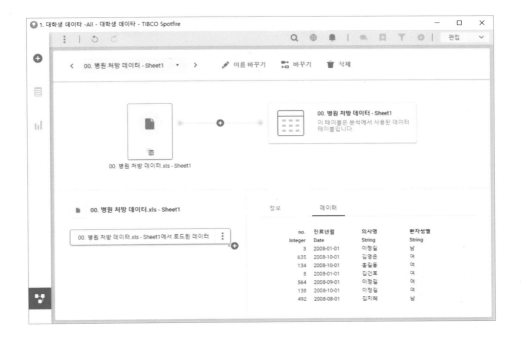

화면 중앙 부분에서 데이터를 나타내는 파란색 박스 하단 부분의 아이콘(≋)을 누르면,

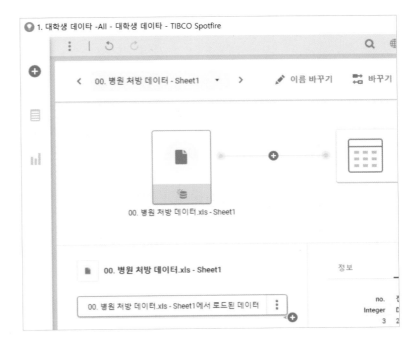

아래 그림처럼 데이터 로드 옵션을 선택할 수 있다.

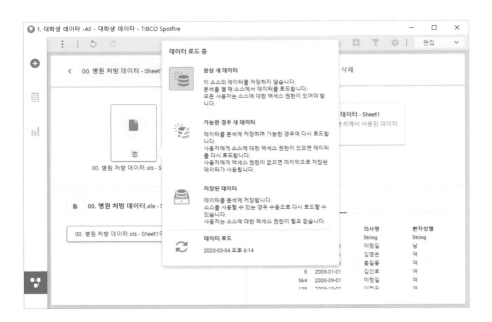

06 태그

조건에 따라 데이터를 별도의 범주(이름)로 분류하여 모으는 경우를 생각해보자. 예를 들어, 아래 그림과 같이 마케팅 분야에서 널리 사용하는 BCG 매트릭스 차트(X축은 시장점유율, Y축은 시장성장률인 산점도)에서, 각각 평균값을 기준으로 아래와 같이 4개의 그룹으로 분류해서 관리하는 경우를 가정해보자. 15개의 마커(하나의 마커는 테이블에서 하나의 행을 표시)를 각각 4개 그룹으로 분류하여 관리하였다. 아래 오른쪽 그림에서 각 사분면에 있는 마커(행)들을 'Dilema', 'Star', 'Dogs', 'Cash Cows' 중 하나로 분류하고 마커의 색상을 이 분류 기준으로 적용하였다. 이 작업은 태그를 행에 연결하여 수행할 수 있다.

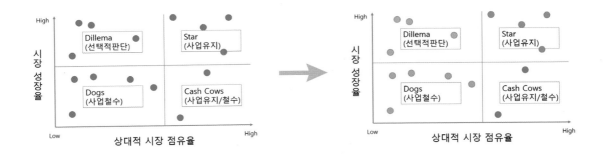

　참고로 이렇게 분류하는 방식과 유사한 작업을 '마크된 범주에서 그룹화' 기능으로 수행할 수 있는 경우도 있다. '마크된 범주에서 그룹화'로 수행하는 방법은 더 간단하지만, X축이 문자가 아닌 숫자 값인 경우에는 사용할 수 없다는 단점이 있다. 이에 반해 '태그'는 값의 타입에 상관없이 편리하게 사용할 수 있다는 장점이 있다.

　태그는 마크된 행에 연결된다. 각 행은 태그 컬렉션에서 하나의 태그만 포함할 수 있지만, 문서는 동시에 많은 태그 컬렉션을 포함할 수 있다. 태그 컬렉션은 기본적으로 다양한 태그의 집합을 포함한 컬럼이다. 각 태그 컬렉션은 데이터 테이블의 새 컬럼으로 표현되며 다른 컬럼과 마찬가지로 데이터를 필터링하는 데 사용할 수 있다. 태그는 단일 데이터 테이블의 행에만 연결할 수 있으나 여러 데이터 테이블에 동일한 태그 컬렉션 및 태그 이름을 사용할 수 있다.

실제로 데이터를 이용하여 태그를 생성해보자.

Spotfire에 '체질량 지수(bmi).xlsx' 데이터를 로드하고 산점도를 추가하여 다음과 같이 설정해보자. 아래 그림에서 X축은 '신장', Y축은 '몸무게'로, 그리고 중간의 라인&곡선은 각각 축 값의 평균으로 설정하였고, 이해가 쉽도록 데이터의 양을 줄이기 위하여 필터 패널에서 '학력수준'과 '수입'을 각각 '6'으로 필터링하여 총 28개의 값(행)을 마커로 표시하였다.

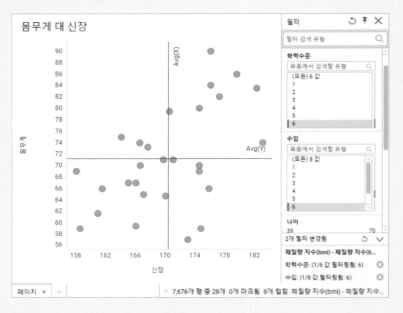

위 그림에서 각 사분면을 별도 그룹으로 나누고, 각 그룹을 다른 색으로 표시하기 위하여 '태그'를 이용하면 아래 그림처럼 화면에 표시된다.

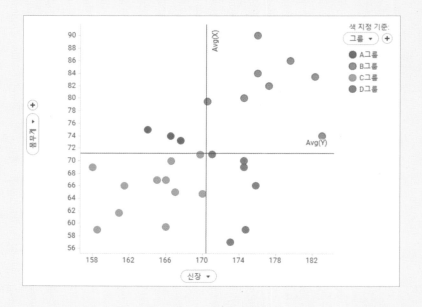

따라하기 .... ① 상단 메뉴에서 [보기] → [태그]를 선택한다.

② 시각화 좌측에 태그 패널이 생성된다.

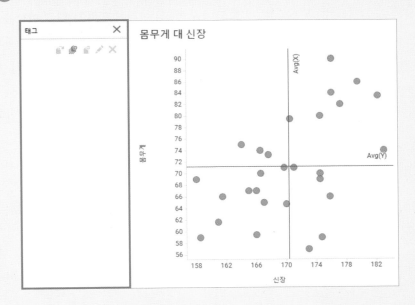

③ 태그 패널에서 [새 태그 컬렉션] 아이콘을 클릭한다.

④ [새 태그 컬렉션] 대화상자가 표시된다.

⑤ 먼저 [이름] 아래에 원하는 태그 이름을 정한다. 이는 일종의 그룹명에 해당하는 부분으로 실제로 컬럼명이 되어 필터에서도 사용 가능하다. 여기서는 '그룹'이라고 입력하고 [신규] 버튼을 누른다.

⑥ [새 태그] 대화상자가 표시되면, 여기에 원하는 태그 이름(일종의 실제 그룹 값 이름)을 입력한다. 이 예제에서는 A, B, C, D, 4개의 그룹을 사용할 것이므로 먼저 'A그룹'을 생성한다. 여기에 입력하는 값은 앞에서 입력한 태그 컬렉션의 [이름]이라는 컬럼명에 해당하는 실제 값이라 생각하면 된다.

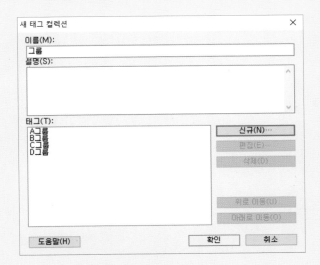

⑦ [태그] 목록에 방금 입력한 태그 이름이 표시된다.

⑧ [신규] 버튼을 눌러서 이전과 동일한 방법으로 'B그룹', 'C그룹', 'D그룹'을 생성한다.

9 [확인]을 누르고 대화상자를 닫으면 시각화 오른쪽 태그 패널에 방금
생성한 4개의 태그 이름들이 컬렉션 이름('그룹') 아래로 보인다.

10 산점도에서 원하는 그룹 대상을 아래 그림처럼 마킹(파란색 부분)한다.

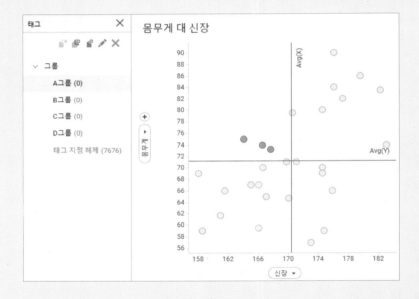

⑪ 마킹한 상태에서 좌측 [태그] 패널의 원하는 그룹으로 마우스를 이동하고 우클릭하면 선택 메뉴가 펼쳐진다. 여기에서 [마크된 행에 태그 연결]을 클릭한다.

⑫ 태그 패널의 'A그룹' 우측에 방금 태그 연결(마킹)한 마커의 개수 '(3)'이 표시된다 동일한 방법으로 두 번째 그룹에 해당하는 부분을 마킹하고 태그 패널에서 태그를 연결한다. 여기서는 우측 상단 사분면을 'B그룹'에 연결하였다.

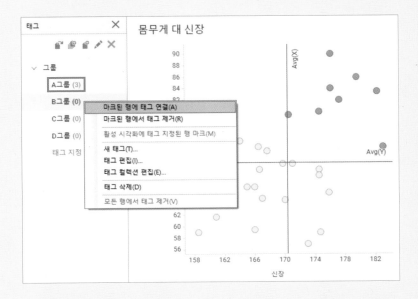

⑬ 태그 패널의 'B그룹' 우측에 방금 태그 연결(마킹)한 마커의 개수 '(8)' 이 표시된다.

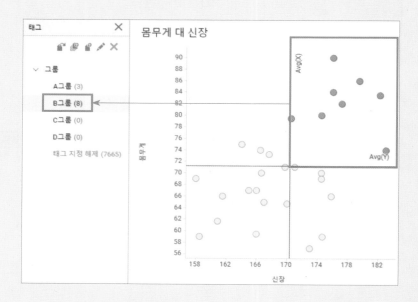

⑭ 동일한 방법으로 나머지 사분면들을 선택하여 각각 태그를 연결시킨 다. 아래 그림이 최종 결과 화면이다. 이때 보이는 분홍색 마커는 아직 그룹 지정이 되지 않아 그룹에서 빠져 있는 것이다.

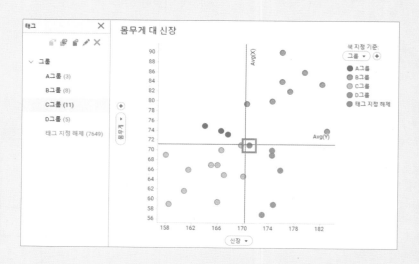

⑮ 이 마커를 추가로 그룹 지정하려면 태그를 연결하면 된다. 즉, 마킹한 후에 원하는 태그 그룹에 연결한다. 여기서는 'D그룹'에 연결하였다.

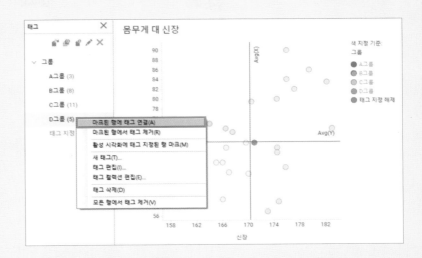

⑯ 만일 이미 다른 그룹에 속해 있는 마커의 그룹을 이동하고 싶다면 신규로 태그를 연결하는 방법과 동일하게 대상 마커를 마킹하고 [마크된 행에 태그 연결]을 클릭한다. 현재 'C그룹'에 속해 있는 마커를 다음과 같이 'A그룹'으로 이동해보자.

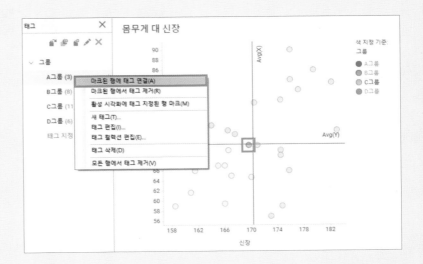

⑰ 그러면 이동하려는 마커가 이미 다른 태그에 연결되어 있으므로 이전
태그의 연결을 무시하고 새로 연결할 것인지, 아니면 취소할 것인지를
선택할 수 있는 대화상자가 표시된다. [이전 태그를 제거하고 모든 행에
이 태그 연결] 버튼을 눌러서 새로 연결을 선택한다.

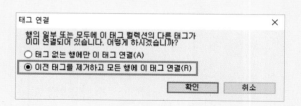

⑱ 그 결과 해당 마커가 'A그룹'으로 이동되었다. 태그 패널에서 두 그룹의
마커 숫자도 바뀐 것을 확인할 수 있다.

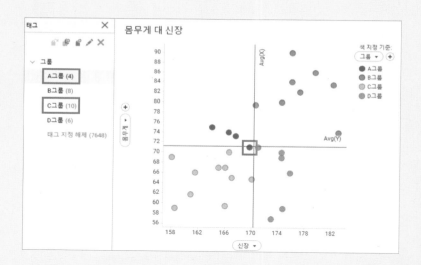

2장에서는 Spotfire의 모든 시각화에 공통으로 적용되는 기본적인 사용법과 기능을 위주로 설명할 것이다. 이 장에서 설명하는 용어와 내용들은 이 책 전체에 걸쳐 언급될 것이므로 잘 익혀두어야 한다.

Spotfire에서는 분석에 꼭 필요한 기능들을 직관적이고 쉬운 방법으로 제공한다. 이 장에서는 분석을 바로 수행하는 기능들이 아니라, 분석을 위하여 Spotfire에서 제공하는 (기본적으로 숙지해야 하는) 부분들을 다룬다. 따라서 이 장의 내용들을 건너뛰지 말고 반드시 숙지한 상태에서 다음 장으로 넘어가기 바란다.

Spotfire 기본 사용법

01 필터링(Filtering)

Spotfire에서 '필터링'은 '필터'를 이용하여 데이터를 제외시키는 행위를 말한다. 필터는 Spotfire만이 가지고 있는 차별화된 기능 중 하나이다. 데이터를 최초로 로드할 때 각 컬럼의 이름과 속성을 체크하여 각 컬럼에 해당되는 컬럼명으로 필터를 자동 생성한다. 즉, 최초에 데이터를 로드하면 컬럼 개수만큼의 필터가 생성된다.

필터는 전체 데이터 중에서 사용자가 원하는 부분으로 데이터 범위를 좁히기 위해서 사용한다. 예를 들어, 전체 데이터 중에서 특정 날짜에 대해서만, 혹은 특정 날짜의 특정 지역에서 특정 제품에 대해서만 분석을 할 때 아주 쉽게 사용할 수 있다. Spotfire에서는 필터를 조정하면 현재 보이는 시각화에서 그 변화를 바로 확인할 수 있다.

데이터 테이블을 가져올 때 처음 만든 시각화는 테이블의 전체 데이터 집합을 나타낸다. 하지만 시각화에 포함되는 데이터가 정적일 필요는 없다. 특별히 원하는 데이터 값만 선택되도록 필터링하고, 이렇게 선택된 값만 차트에 반영할 수 있다.

한 컬럼에서 필터링을 하면 다른 컬럼들에서도 필터링되어 해당되지 않는 부분들은 자동으로 동시에 사라지며, 이들은 필터상에 모두 회색(막대나 텍스트)으로 표시되어 한 컬럼에 대한 필터링이 다른 컬럼들에 어떤 영향을 미치는지 바로 파악할 수 있다.

필터링을 하면 모든 시각화는 필터링된 값만 반영하도록 즉시 업데이트 된다. 하지만 언제든지 필터링 대상을 변경하거나, 전체 데이터로 복귀하거나, 특정 시각화나 분석 페이지에 표시되는 데이터를 수동으로 제어할 수 있다.

필터는 상단의 아이콘들 중에서 깔때기 모양(▼)의 아이콘을 선택하면 화면에 표시되고, 다시 누르면 사라진다. 필터의 위치는 사용자가 자유롭게 이동할 수 있다. 마우스 왼쪽 버튼으로 '필터'라는 헤드(윗)부분을 누른 후에 원하는 위치(화면 왼쪽, 오른쪽, 아래 등)에 가져다 놓으면 된다.

주의!

Spotfire를 사용할 때 가장 편리하고 막강한 기능 중 하나이면서도 가장 조심해야 할 부분이 바로 '필터링'이다. 왜냐하면 Spotfire에서 필터링을 적용하는 즉시 시각화에 반영되는데, 보고를 하거나 최종 보고 자료를 만들 때 이전에 적용했던 필터링 조건을 현재의 시각화나 페이지에 그대로 적용해버리면 전혀 엉뚱한 결과가 나올 수 있기 때문이다. 따라서 Spotfire 시각화를 볼 때는 항상 적용된 필터를 같이 보는 습관을 들여야 한다.

1-1 여러 데이터 테이블에서의 필터링

Spotfire는 하나의 분석 파일에 여러 개의 데이터를 가져와서 동시에 사용할 수 있는데, 이때는 필터 사용에 주의를 기울여야 한다. 즉, 시각화에서 여러 개의 데이터 테이블을 사용하고 있다면 여러 필터 목록들 중에 반드시 그 시각화가 사용하고 있는 데이터 테이블 이름에 해당하는 필터를 찾아서 그에 속하는 데이터 필터링을 사용해야만 현재 작업 중인 시각화에 반영된다.

아래 그림을 보면 '인적성'과 '학점'이라는 2개의 데이터 테이블이 로드되어 있다.

　　이 데이터를 이용하여 다음과 같이 2개의 막대 그래프를 작성한 경우, 위는 '인적성' 데이터를, 아래는 '학점' 데이터를 이용한 것이다.

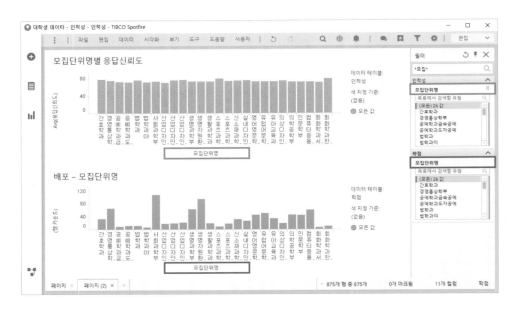

　　각 차트의 X축은 모두 '모집단위명'이라는 컬럼을 이용했는데, 이는 각 데이터 테이블에 동일한 이름으로 컬럼이 존재하기 때문에 같은 이름으로 보이는 것이다. 우측의 필터 부분을 보면 각 데이터에 모두 '모집단위명'이라는 컬럼이 존재하는 것을 알 수 있다.

　　이때 두 '모집단위명' 컬럼 중에서 어느 하나를 필터링하게 되면 해당 데이터를 사용하는 시각화에서만 차트가 바뀌는 것을 알 수 있다.

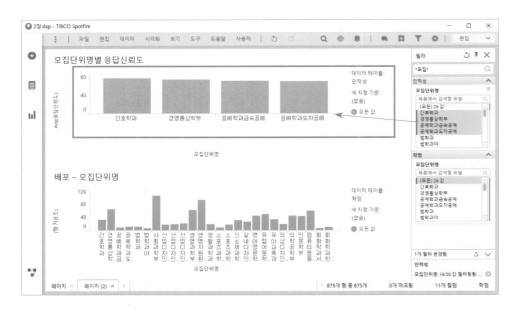

Spotfire에서는 이와 같은 혼동을 방지하고자 시각화와 필터 앞 부분에 서로 다른 색상의 줄무늬로 구별할 수 있는 기능을 지원한다. 이 기능을 사용하려면 상위 메뉴에서 [파일] → [문서 속성]을 클릭한다.

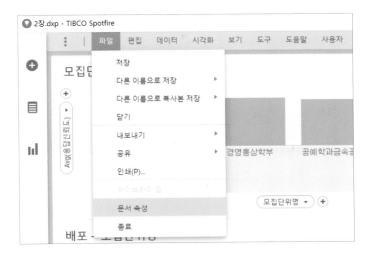

다음 그림처럼 설정창이 나타나면 하단의 '관련 테이블에 색상 무늬 표시' 체크박스를 클릭한다.

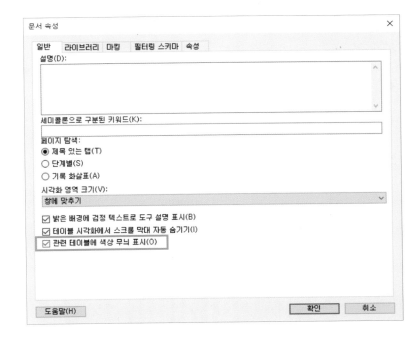

그 결과, 시각화 좌측 상단과 필터 좌측 부분에 서로 다른 색상의 줄무늬(stripe)가 생성되어 사용자가 어느 데이터 컬럼을 사용하는 지 쉽게 알 수 있다. 참고로, 2개의 데이터가 서로 연결(Join/관계 설정)되어 있으면 줄무늬는 동일한 색상으로 표시된다.

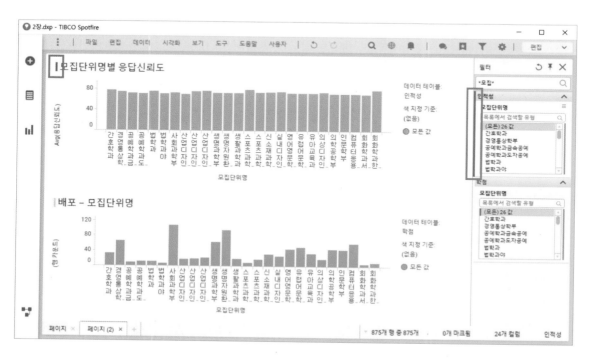

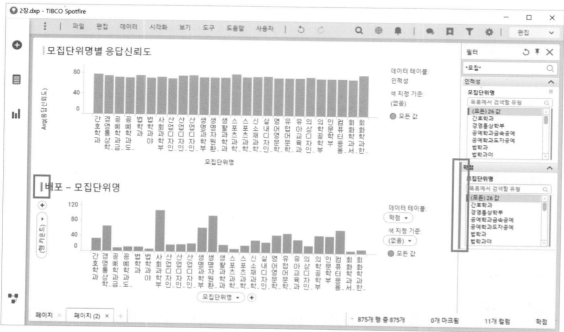

1-2 필터링 적용 여부 확인

필터링을 적용하였는지 여부를 가장 쉽게 알 수 있는 방법은 Spotfire 프로그램 창 하단의 상태 표시줄을 확인하는 것이다. 여기에 필터링된 데이터에 대한 정보가 항상 표시되는데, 컬럼의 값이 필터링된 후 남은 행 수, 데이터 테이블의 총 행 수, 마크된 행의 수 및 전체 컬럼 수를 확인할 수 있다.

▼ 875개 행 중 119개	9개 마크됨	24개 컬럼	인적성

위 표시창의 의미는 '인적성'이라는 데이터 테이블이 총 875개의 행을 가지고 있는데, 필터링하여 현재 119개의 데이터만 대상으로 작업하고 있다(보이고 있다)는 뜻이다. 또한 그중에서 필터링과 상관없이 9개의 행(row)이 마크(선택)되어 있고 현재 데이터 테이블에는 총 24개의 컬럼이 있다는 의미이다.

필터는 데이터 패널 및 분석의 데이터(필터 패널)에서 사용할 수 있으며 텍스트 영역에서도 제어할 수 있다.

1-3 필터 패널의 종류

Spotfire는 언제든지 원하는 데이터만 바로 필터링할 수 있도록 다음과 같이 다양한 종류의 필터 패널을 제공한다.

범위 필터

항목 필터

라디오 단추 필터

구분명
- ⦿ (모두)
- ○ 수시1학기
- ○ 수시2학기
- ○ 정시
- ○ (없음)

체크박스 필터

학적상태
- ☑ 재학생
- ☑ 휴학생

리스트 박스 필터

계층 필터

텍스트 필터

모집단위명

텍스트 별로 필터링할 유형

날짜 범위 필터

Spotfire는 컬럼에 포함된 데이터의 형식에 따라 자동으로 필터 패널의 유형을 다르게 보여준다. 하지만 사용자가 원하면 언제든지 필터에서 마우스를 우클릭하여 다른 필터 유형으로 변경할 수 있다.

단, 데이터의 고유값이 100개가 넘는 컬럼에 대해서는 체크박스 필터나 라디오 단추 필터 유형을 사용할 수 없다. 이는 너무 많은 고유값들을 모두 표시하면 다른 필터들을 사용하는 데 불편을 느낄 수 있기 때문에 미리 프로그램상에서 방지하는 것이다. 이러한 경우, 이 두 가지 필터 대신 리스트 박스 필터를 통해 컬럼을 표시하는 것을 추천한다.

1 모든 필터 리셋(Reset All Filter)

필터링된 모든 값을 취소하려면 필터 패널에서 마우스 우클릭하여 [모든 필터 리셋]을 선택하거나, 상단 메뉴에서 [편집] → [모든 필터 리셋]을 누른다.

2 범위 필터

슬라이더 바 위에 있는 레이블에 정확한 현재 범위가 표시되는데, 이
데이터 범위의 값을 조절할 수 있다. 범위를 특정한 값으로 설정하려면
레이블(그림에서 숫자 59나 500)을 더블클릭한 후 필드에 값을 입력하고
Enter 를 누른다.

3 항목 필터

항목 필터를 사용하여 한 번에 하나씩 항목을 선택하고 인접 항목
간 단계를 쉽게 형성할 수 있다. 슬라이더를 새 위치로 끌어다 놓거나
슬라이더 가장자리에 있는 화살표를 클릭하여 단계적으로 값을 변경
할 수 있다.

4 라디오 단추 필터

라디오 단추 필터에서 각 값은 라디오 단추로 표시된다. 라디오 단추
는 동시에 2개를 선택할 수 없고 한 번에 하나만 선택 가능하다는 점이

체크박스 필터와 다르다.

항상 표시되는 (모두) 옵션으로 모든 값을 선택할 수 있으며, (없음) 옵션을 선택하면 모든 값이 필터링되어 어떤 항목도 표시되지 않는다. 값이 비어 있는 경우, [비어 있음]을 사용하면 빈 값으로 필터링된다.

고유값이 100개가 넘는 컬럼에 대해서는 라디오 단추를 필터 유형으로 사용할 수 없다.

5 체크박스 필터

체크박스 필터는 하나 이상의 체크박스를 선택하거나 취소하여 시각화에 표시할 값을 결정할 때 사용한다. 해당 컬럼의 고유한 값들이 표시된다는 점에서는 라디오 단추 필터와 같다.

체크박스 필터 또한 고유값이 100개가 넘는 컬럼에 대해서는 필터 유형으로 사용할 수 없으므로 리스트 박스 필터를 통해 컬럼을 표시해야 한다.

6 리스트 박스 필터

리스트 박스 필터는 컬럼의 고유값들이 매우 많은 경우, 목록 중에서 일부 값을 선택할 때 사용한다. 목록 중 선택한 해당 항목으로 필터

링된다. 비연속적인 여러 값을 선택할 때는 [Ctrl] 키를 누른 채 원하는 값들을 클릭하고, 연속적으로 여러 값을 선택할 때는 [Shift] 키를 누른 채 원하는 값들을 클릭한다.

목록에서 첫 번째의 [(모든) 값]을 클릭하면 필터가 적용되지 않고 모든 값이 표시된다.

주의!

목록에 모든 값을 다시 표시하려면 검색 필드에서 텍스트 문자열을 제거해야 한다. 만일 검색 필드에 문자나 숫자가 남아 있으면 이와 일치하지 않는 나머지 값들은 목록에서 계속 표시되지 않는다.

목록 상단의 '목록에서 검색할 유형'이라고 표시되어 있는 검색 필드에 텍스트를 입력하여 표시되는 목록값의 범위를 좁힐 수 있다. 문자열을 입력하면 이와 일치하지 않는 값은 제거되고, 일치하는 값만 보이도록 자동으로 목록이 업데이트된다. 이처럼 목록 범위를 좁혀서 보다 간편하게 해당 값을 찾을 수 있지만, 이 작업은 적용된 필터링에는 어떤 영향도 주지 않는다. 필터링을 적용하여 차트상에 반영하려면 반드시 목록에서 값을 선택해야 한다. 검색 필드에 Spotfire에서 사용 가능한 표현식을 입력하여 목록의 범위를 좁힐 수도 있다.

아래 그림에서 '*나눔*'이라고 입력하여 목록 중 이 단어가 들어가 있는 값만 표시했다. 이때 나머지 6개의 값은 보이지 않는 상태가 된다.

다시 원래대로 7개의 값을 표시되게 하려면 입력했던 문자열을 모두 지워준다.

만일 리스트 박스 필터에서 값을 더 많이 표시하여 선택 목록을 길게 보이도록 하고 싶다면, 마우스 커서를 원하는 컬럼의 필터로 이동하고 마우스 우클릭 후, [필터링 스키마 속성]을 클릭한다. 설정창이 표시되면 여기에서 [필터의 행 수] 부분의 숫자를 원하는 값으로 수정하여 입력한다(기본으로 설정된 '7'에서 '12'로 변경해보자).

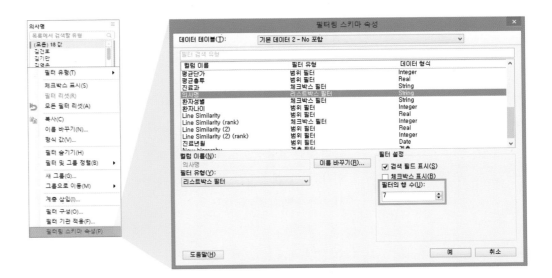

아래 그림과 같이 길어진 리스트 박스를 볼 수 있다.

7 계층(Hierarchy) 필터

계층 필터는 글자 그대로 '계층'에 대한 필터를 말한다. Spotfire에서 '계층'이라 함은 데이터들 간에 계층 구조를 생성시키는 것이다. 예를 들어서 데이터에 '시도명', '군구명', '읍면동'이라는 컬럼을 포함하고 있다면 이 3개의 컬럼을 이용하여 '시도 > 군구 > 읍면'과 같이 새로운 계층 구조를 만들 수 있으며, 이를 필터에서 이용할 수 있다. 데이터를 로드한 이후 별도로 계층 구조를 생성하지 않았다면 계층 필터는 보이지 않는다.

아래 예제에서는 3개의 개별 컬럼 Continent(대륙), Country(국가), City(도시)가 3개의 개별 필터로 표시되어 있다. 이들을 계층 구조로 만들면 보다 효율적으로 작업할 수 있는 하나의 계층 필터로 결합시킬 수 있다. 이때 계층 구조의 이름(이 예제에서는 'Geographic hierarchy')은 사용자가 임의로 정한다.

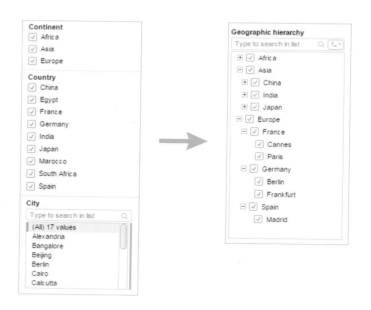

아래는 계층 필터의 다른 예시들이다.

날짜

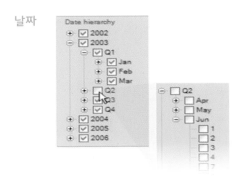

지역(위치)

계층 필터는 슬라이더로 조절할 수 있어서 이를 움직여 계층 구조 간에 쉽게 이동할 수 있다.

→ 계층 구조 생성 방법에 대한 상세 설명은 p. 513 〈계층 추가〉 참조

계층 슬라이더

원래의 개별 컬럼에서 필터링하는 것과 계층 필터에서 필터링하는 것에는 중요한 사용상의 차이가 있다.

아래 예제에 '지역', '성별', '진료과' 3개의 필터가 보인다. 총 779개의 행이 있고 필터링된 데이터는 아직 없다.

여기서 경북 지역에 사는 여자만 제외(필터링)하고 싶다면 어떻게 해야 할까? 필터에서 '경북'이나 '여'를 제외한다면 각각 관련된 모든 데이터들이 동시에 영향을 받는다. 즉 '여'를 필터링하면 다른 모든 지역(부산, 서울 모두)의 '여'에 해당하는 데이터들까지 동시에 제외되어 버린다.

필터에서 '경북'을 제외하면 '지역' 컬럼에서 '경북'의 값을 갖는 모든 행이 필터링(제외)되며 710개의 행만 남는다.

필터에서 '여'를 제외하면 '성별' 컬럼에서 '여'의 값을 갖는 모든 행
이 제외(필터링)되며 316개의 행만 남는다.

이런 경우에 계층 필터가 훌륭한 답이 될 수 있다. 계층 필터에서는
원하는 세부 항목을 선택하여 하나씩 제외시킬 수 있다.

아래와 같이 계층 필터에서 '경북' 아래의 '여'만 제외하면 '지역' 컬
럼에서 '경북'의 값을 갖는 행들 중 '성별'이 '여'인 값들만 필터링(제외)
되며 737개의 행이 남는다. 다른 지역의 '여'는 필터링에 영향을 받지
않고, 오직 '경북'에 사는 '여' 부분만 제외된 결과를 얻을 수 있다.

8 텍스트 필터

도서관명
텍스트 별로 필터링할 유형

이 필터는 컬럼에 속해 있는 값들을 어느 정도 알고 있을 때 사용하며 일반적으로는 많이 사용되지 않는다. 예를 들어, 상대(독자)에게 필터를 제공해야 하지만 작성자가 필터를 제공하고 싶지 않은, 일종의 보안 사항일 경우에 사용할 수 있다. 값을 정확하게 모르면 데이터를 원하는 대로 필터링할 수 없기 때문이다.

텍스트 필터를 사용하면 텍스트 문자열을 입력할 수 있고 입력한 문자열과 일치하지 않는 모든 값이 필터링된다. 문자열을 입력할 때 시각화는 현재 하위 문자열로 시작하는 값으로 계속 업데이트된다.

텍스트 필터는 대/소문자를 구분하지 않으며 와일드카드(*)를 추가하여 문자 또는 여러 문자로 시작하는 컬럼의 검색이 가능하다. 예를 들어 컬럼에 모든 달(January, February, March, … November, December)이 포함되어 있다고 가정해보자. 이 중에서 '텍스트별로 필터링할 유형'이라고 표시되는 입력창 안에 'j' 혹은 'J'를 입력하면 값들 중에서 'j'로 시작되는 January, June, July 등이 필터링된다.

입력된 텍스트 필터	필터링된 행
j	January, June, July
ju	June, July
jun	June
june	June

1-4 전체 필터 중에서 원하는 컬럼 쉽게 찾기

데이터 테이블이 하나만 로드된 상태에서 원하는 컬럼을 찾아보자.

위의 그림을 보면 여러 컬럼들이 존재하는 것을 알 수 있다.

다음 그림과 같이 '필터 검색 유형' 부분에 원하는 컬럼 이름의 정보를 입력해보자. 텍스트 필터에서 설명한 바와 같이 와일드카드를 사용해도 된다. 여기서는 '면적'이라는 단어로 끝나는 컬럼을 찾기 위해 '*면적'이라고 입력한다.

그 결과 '면적'이라는 단어로 끝나는 컬럼들(2개)만 필터 목록에 표시되고 나머지는 모두 사라진다. 참고로 이미 다른 컬럼에서 필터링을 적용했기 때문에 '건물 면적'은 파란색 부분이 일부만 표시된 상태로 보인다. 초기의 모든 컬럼들에 대한 필터를 다시 보기 위해서는 '필터 검색 유형' 부분에 아무것도 남지 않도록 입력 단어를 모두 지워야 원래대로 모든 컬럼에 대한 필터를 볼 수 있다.

다음 그림에서는 조금 전에 '필터 검색 유형'에서 사용했던 단어(*면적)를 모두 지웠으므로 초기의 모든 필터 목록이 다시 표시되었다.

1-5 Spotfire 필터 내에서 값의 검색

Spotfire 필터 내에서 값을 검색하면 기본적으로 이름, 설명 또는 키워드의 모든 단어에서 일치하는 부분을 찾는다. Apple이라고 입력하면 Apple로 시작하는 단어를 포함하는 모든 항목과 값이 'Apples are tasty' 및 'This is an apple'인 항목을 찾는다. 앞서 설명하였듯이 Spotfire에서 검색은 대/소문자를 구분하지 않는다.

단어가 공백으로 구분되는 경우 검색 표현식 AND의 의미를 내포한다. 예를 들어, '경 군'은 '경 AND 군'과 의미가 같다. 이는 한 단어가 '경'으로 시작하고 다른 단어는 '군'으로 시작하는 값을 동시에 만족하는 '경기도 군포시청'이라는 값을 찾아낸다. 이에 대한 상세 설명과 예제는 다음 표를 참조하기 바란다.

키워드	예	함수
*	*ple *ple*	단어가 ple로 끝나는 항목을 찾는다. 단어에 ple가 포함된 항목을 찾는다.
인용부호	"A Green Apple"	정확하게 A Green Apple 구를 포함하는 항목을 찾는다. 정확한 구로 시작하는 항목을 찾으려면 인용문 안에 별표를 추가한다(예: "A Green Apple*").
AND	Apple AND Fruit	Apple로 시작하는 단어와 Fruit로 시작하는 단어를 모두 포함하는 항목을 찾는다.
OR	Apple OR Banana	Apple 또는 Banana로 시작하는 단어를 포함하는 항목을 찾는다.
NOT	Ban NOT *ana	Ban으로 시작하지만 ana로 끝나지 않는 단어를 포함하는 항목을 찾는다. 예를 들어 Bangles 및 Banned는 찾지만 Banana는 찾지 않는다.
인용된 키워드	"and" "or" "not"	보호된 키워드에 해당하는 문자열을 찾는다. 검색 필드에 and만 입력한 경우 단어 and는 보호된 키워드이므로 아무것도 찾지 않는다. 단어 "and"를 검색해야 하는 경우 인용부호를 사용해야 한다.

02 마킹(Marking)

Spotfire의 시각화(차트)에서 원하는 부분을 선택하는 것을 '마킹'이라고 한다. 보통 마우스 왼쪽 버튼을 누른 상태로 드래그하면 사각형 박스 형태가 형성되면서 그 사각형 안에 포함된 모든 값들이 마크된다. 만일 마킹을 해제하려면 시각화에서 마우스 왼쪽 버튼으로 빈 공간을 누르면 된다.

시각화에서 항목(막대 세그먼트, 파이 섹터, 선 또는 표식 등) 또는 행을 마크하는 이유는 해당(마크된) 항목에 대한 상세 정보를 보거나, 마크된 항목이 다른 시각화에서는 어떻게 보이는지 확인하거나, 또는 마크된 행을 복사하기 위해서다.

일반적으로 한 시각화의 항목을 마크하면 동일하거나 연결된 데이터 테이블을 사용하는 다른 시각화의 항목도 마크된다.

2-1 마킹의 색상

마킹 여부는 색상으로 확인할 수 있다. 모든 시각화에서 마크된 행은
특정 색(기본 설정은 녹색)으로 변경되거나(아래 왼쪽 그림), 마크되지 않
은 나머지 부분이 흐리게 표시되는(아래 오른쪽 그림) 2가지 형태 중 하
나로 식별한다.

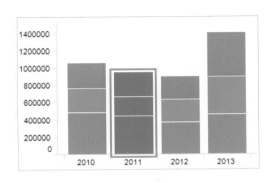 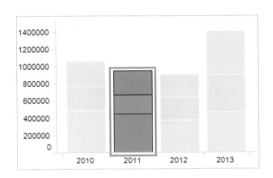

2가지 중에서 어느 방식으로 마킹 부분을 표시할지는 필요에 따라
설정할 수 있다. 시각화에서 마우스를 우클릭하여 [속성] → [모양]을
누르고 설정 메뉴 중 [마크된 항목에 별도의 색 사용] 체크박스를 선택
하거나 해제하면 된다. 설정창은 시각화 종류마다 거의 동일하며, 여기
서 제시하는 그림은 막대 그래프의 경우이다.

 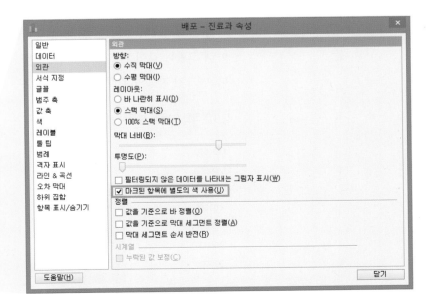

속성 설정에서 [마크된 항목에 별도의 색 사용]을 체크하면 아래 그림과 같이 마크된 부분은 별도의 색(기본 설정은 녹색)으로 표시된다. 마크된 부분과 마크되지 않은 부분의 구분이 중요하고, 항목의 원래 색상의 의미는 크게 중요하지 않은 경우에 이 유형을 사용한다.

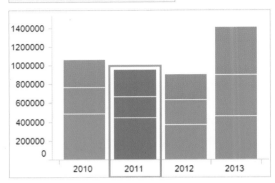

만일 기본 설정색(녹색)을 변경하고 싶다면, 메인 메뉴에서 [파일] → [문서 속성] 을 누르고 [마킹] 탭을 눌러서 [편집]을 클릭한다. 이때 표시된 [마킹 편집] 설정창에서 기본 설정색을 원하는 색상으로 변경할 수 있다.

속성 설정에서 [마크된 항목에 별도의 색 사용]의 체크를 해제하면 아래 그림과 같이 마크되지 않은 나머지 부분들이 모두 흐리게 표시된다. 마크된 항목의 원래 색이 중요한 경우에는 이 유형을 사용한다.

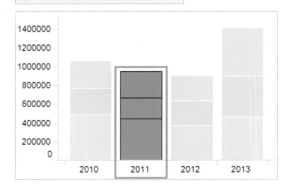

2-2 단일 항목의 마킹

시각화에서 단일 항목, 즉 하나의 행에 해당하는 항목은 항목을 클릭하여 마크할 수 있다. 마크된 항목이 다른 색으로 표시되거나 마크되지 않은 항목이 흐리게 표시된다. 관련된 모든 시각화들이 업데이트되며 해당 시각화에서 마크된 항목이 별도의 색으로 설정된다. 테이블에서는 행 단위로 마크할 수 있지만 파이 또는 막대를 마크하면 해당 파이 또는 막대에 포함된 모든 행을 마크하는 것과 같다.

2-3 여러 항목의 마킹

시각화에서 여러 항목, 즉 하나 이상의 행에 해당하는 항목을 마크하려면 마우스를 드래그해서 원하는 항목을 포함하도록 사각형을 그린다. 또는 축 위의 한 섹션을 마크하여 해당 섹션 내의 모든 항목을 포함할 수도 있다.

시각화에 분산되어 있는 여러 항목을 마크하여 사각형에 포함되지 않도록 하려면 올가미(lasso) 마킹을 사용하는데, Alt 키를 누른 상태에서 마우스 왼쪽 버튼을 눌러서 삽입할 항목을 포함하는 자유 도형을 그릴 수 있다. 테이블 시각화를 제외한 모든 시각화에서 올가미 마킹을 적용할 수 있다.

다음 그림은 올가미 마킹을 사용한 예이다.

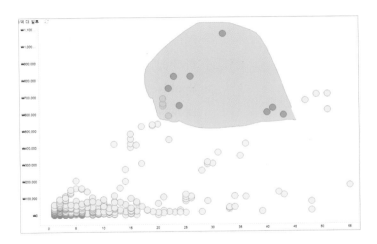

2-4 범례를 사용한 마킹

시각화의 범례 부분에 표시된 축 설정을 사용하여 특정 범주의 항목을 마크할 수 있다. 예를 들어 아래 산점도에서는 색 지정 기준 설정을 사용하여 '휴학생' 범주의 모든 항목(시각화의 모든 주황색 항목)이 마크되었다. 범례에서 '휴학생' 범주가 마크되었음을 나타내기 위해 나머지 범주인 '재학생'은 희미해진다

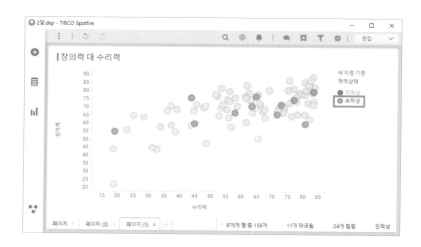

2-5 모든 마킹 해제

마킹을 해제하는 데는 4가지 방법이 있다.

- 시각화에서 마우스 우클릭하여 [마크된 행] → [마크 취소]를 선택하거나,
- Spotfire 메인 메뉴에서 [편집] → [마크된 행] → [마크 취소]를 선택하거나,
- 시각화의 빈 영역을 클릭하거나,
- 키보드에서 Ctrl + E 키를 누른다.

03 데이터 형식

이 장에서 설명하는 내용은 Spotfire에서뿐만 아니라 일반적인 데이터 분석에서도 대부분 쓰이는 상식적인 개념들이다.

3-1 변수(Variable)

변수란 변할 수 있는 인자를 말하며 보통 숫자와 문자를 사용한다. 예를 들어 연도별 범죄 발생 건수에서 변수는 연도와 범죄 발생 건수이다.

시각화 표현에서는 하나 이상의 독립변수와 하나 이상의 종속변수가 관계를 맺을 수 있다. 독립변수란 어떤 상황 또는 측정 대상(x변수)을 말하며, 종속변수란 독립변수가 달라질 때마다 변하는 수(y변수)를 말한다. 예를 들어, 부서별 매출액에서 독립변수는 부서, 종속변수는 매출액이고, 연도별 범죄 발생 건수에서 독립변수는 연도, 종속변수는 범죄 발생 건수이다.

1 숫자(Numerical)

숫자는 정량적(quantitative) 변수 혹은 측정형(metric) 변수로서 숫자의 크기 그 자체에 의미가 있다. 예를 들면 범죄 건수, 매출액, 성적, 키, 몸무게 등이다.

2 문자(String)

문자에는 범주형 변수와 순위형 변수가 있다.

1 범주형(Categorical) 변수

범주형 변수는 명목형(nominal) 혹은 비측정형(non-metric) 변수라고도 한다. 변수들 사이에 차이점이 존재하고, 보편적 질서가 없고, 정량화할 수 없다는 특성을 지닌다. 예를 들면 성별, 혈액형, 팀명, 거주지 같은 것들이 이에 해당된다.

2 순위형(Ordinal) 변수

순위형 변수는 보편적인 순서에 따라 체계화되는 것으로, 분류형(classified) 또는 정성적(qualitative) 변수라고도 한다. 예를 들면 첫째·둘째·셋째, 학사·석사·박사 학위, 질병의 진행 단계, 학년 등이 이에 해당된다. 보편적인 순서가 있다는 점을 제외하면 범주형 변수와 같다.

다음은 Spotfire에서 비교적 많이 사용되는 변수의 형식과 그에 대한 상세 설명이다.

형식	설명
Integer(정수)	연속된 숫자로 작성되며 앞에 + 또는 - 기호가 붙을 수 있다. 정할 수 있는 Integer 값의 범위는 -2147483648에서 2147483647까지이다. 예) 0, 101, -32768, +55
LongInteger	표준 정수의 범위로는 충분하지 않은 경우에 사용할 수 있다. 값의 범위는 -9223372036854775808부터 9223372036854775807까지이다. 예) 2147483648
Real(실수)	소수점으로 마침표를 사용하며 천 단위 구분자가 없는 표준 부동 소수점 수로 작성된다. 실수로 지정 가능한 범위는 -8.98846567431157E+307에서 8.98846567431157E+307까지이다. 예) 0.0, 0.1, 10000.0, -1.23e-22, +1.23e+22, 1E6
Currency(통화)	Currency 상수는 통화를 나타낸다. 예) US$ 4,255.06
Date(날짜)	날짜 형식은 컴퓨터의 로컬 설정에 따라 다르며 1583년 1월 1일 이후 날짜가 지원된다. 예) 6/12/2006, June 12, June, 2006
DateTime	날짜 및 시간 형식은 컴퓨터의 로컬 설정에 따라 다르며 1583년 1월 1일 이후 날짜가 지원된다. 예) 6/12/2006, Monday, June 12, 2006 1:05 PM, 6/12/2006 10:14:35 AM
Time(시간)	날짜 및 시간 형식은 컴퓨터의 로컬 설정에 따라 다르다. 예) 2006-06-12 10:14:35, 10:14, 10:14:35
TimeSpan	두 날짜 간의 차이를 설명하는 값으로 사용 가능한 필드는 5개이다. 일(최소값: -10675199, 최대값: 10675199) 시간(최소값: 0, 최대값: 23) 분(최소값: 0, 최대값: 59) 초(최소값: 0, 최대값: 59) 밀리초(분수 : 초의 소수)
String(문자)	String 값 양쪽에는 겹따옴표 또는 홑따옴표를 붙인다. 행에 분리 기호(' ' 또는 " ")를 두 번 입력하여 이스케이프한다. 예) "Hello world"

04 내보내기(Export)

Spotfire에서는 분석 결과물들을 다른 프로그램에서 사용할 수 있도록 시각화(이미지나 문서), 출력물(프린트), 데이터 등의 다양한 형태로 내보낼 수 있다.

내보내기를 할 때는 먼저 전체 화면을 내보낼 것인지, 아니면 일부(특정 시각화 혹은 마킹, 필터링 부분 등)만 내보낼 것인지를 미리 생각하고, 해당 내용으로 현재 화면을 마친 상태에서 작업을 시작해야 한다.

예를 들어 현재 페이지에서 여러 개의 차트들 중 하나의 차트만 내보내려면, 마우스의 커서가 해당 시각화를 특정하고 있어야 한다. 이를 특정하는 간단한 방법은 커서로 해당 시각화의 빈 공간을 한 번 클릭하는 것이다(차트 안의 내용물을 클릭하면 마킹이 되어버린다).

내보내기를 하려면 상단 메뉴에서 [파일] → [내보내기] 메뉴를 눌러서 원하는 방법을 선택한다. 설정창이 나타나면 이 중에서 원하는 형식을 선택한다.

4-1 이미지로 내보내기

상단 메뉴에서 [파일] → [내보내기] → [시각화에서 이미지로]를 선택
하면 설정창이 나타난다. 여기서 원하는 저장 장소(디렉토리)를 지정하
면 된다. 저장되는 파일은 '.png' 형식의 그림으로 저장된다.

4-2 데이터에서 파일로 내보내기

Spotfire에서 사용 중인 데이터에서 전체 혹은 필터링이나 마킹을 이
용하여 원하는 부분만 선택적으로 텍스트 파일, TIBCO Spotfire 2진
데이터 형식 파일(.sbdf) 또는 엑셀 파일로 내보낼 수 있다.

상단 메뉴에서 [파일] → [내보내기] → [데이터에서 파일로]를 선택
하면 추가로 설정창이 나타난다. 여기서 원하는 데이터 테이블과 범위
를 선택한다.

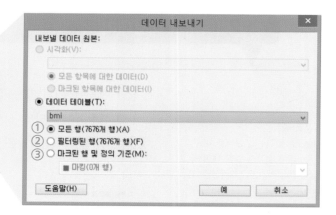

① 모든 행

최초에 Spotfire에 로드한 상태의 모든 데이터를 내보낸다.

② 필터링된 행

필터링 후 남아 있는 데이터(대상은 시각화에서 보이는 부분으로 식별할 수 있으며, 전체 화면 가장 오른쪽 하단의 상태 표시창에서 확인 가능)만 내보낸다.

③ 마크된 행 및 정의 기준

마크된 데이터(대상은 주로 색상으로 식별할 수 있으며 전체 화면 오른쪽 하단의 상태 표시창에서 확인 가능)만 내보낸다.

그러면 아래 그림과 같이 설정창이 나타난다. 원하는 파일 형식과 저장 위치(디렉터리)를 지정한다.

TIP

만일 데이터의 행 수가 많다면 데이터 행 수에 제약이 있는 .xls 형식보다 .csv나 .txt 형식을 추천한다. Spotfire는 인메모리 기반의 프로그램이므로 PC의 메모리가 충분하다면 대용량 데이터도 저장이나 취급이 가능하다.

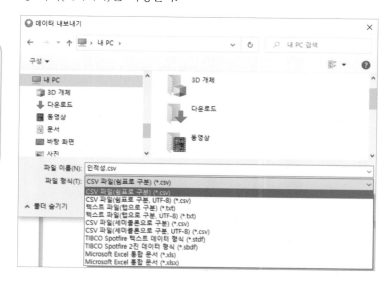

4-3 MS PowerPoint®로 내보내기

TIP

7.11버전까지는 어두운 테마가 적용된 경우라도, 분석을 내보낼 때는 기본 설정인 밝은 테마로 렌더링된다. 하지만 7.12버전부터는 보이는 그대로 PPT로 렌더링된다.

Spotfire에서 작업한 결과 화면 중에서 원하는 부분을 파워포인트로 내보낼 수 있다. 파워포인트로 내보내려면 파워포인트 프로그램이 컴퓨터에 설치되어 있어야 한다.

상단 메뉴에서 [파일] → [내보내기] → [Microsoft PowePoint로]를 선택하면 설정창이 나타난다. 원하는 설정을 지정한 후 [내보내기] 버튼을 누르면 설정창의 [옵션] → [내보낼 위치]에서 지정한 파워포인트 파일에 저장된다.

Spotfire로 만든 여러 페이지/시각화 중에서 어느 페이지/시각화(차트)를 내보낼지 아래 옵션 중에서 하나를 선택한다.

기존 PPT 슬라이드에 추가하는 형태로 내보낼지 아니면 새로운 PPT로 내보낼지 선택한다.

이미지를 편집할 수 있는 형태로 내보낼지 선택한다. 선택하지 않으면 png 형태로 내보낸다. 차트가 복잡하면 내보내는 데 많은 시간과 크기가 소요되므로 주의해야 한다.

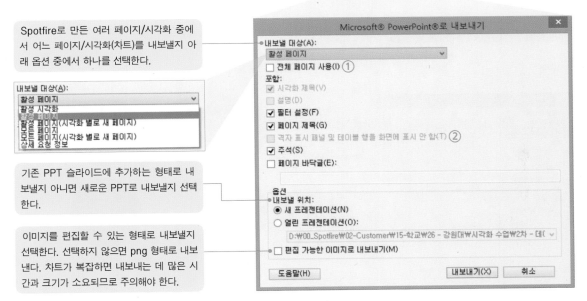

[내보낼 대상]의 각 옵션에 대한 상세 설명은 다음과 같다.

옵션	설명
활성 시각화 (Active Visualization)	여러 시각화(차트)들 중에서 활성화되어 있는 (마우스로 누른) 시각화(차트)만 PPT의 단일 슬라이드로 내보낸다.
활성 페이지 (Active Page)	활성화되어 있는 페이지에 있는 모든 시각화를 PPT의 단일 슬라이드로 내보낸다.
활성 페이지(시각화별로 새 페이지) (Active Page (new page for each visualization))	활성 페이지에 있는 모든 시각화를 각 시각화별로 PPT에 하나씩 슬라이드로 내보낸다.
모든 페이지 (All Pages)	Spotfire의 모든 페이지의 모든 시각화를 각각 새로운 PPT 문서의 새 슬라이드로 내보낸다.
모든 페이지(시각화별로 새 페이지) (All Pages (new page for each visualization))	분석에서 모든 페이지의 모든 시각화를 내보낸다. 분석의 각 시각화를 PPT 문서의 새 슬라이드로 내보낸다.

➜ 각 설정에 따른 실제 화면 구성의 예는 p. 104 〈내보낼 대상 설정〉 참조

① 전체 페이지 사용

　[전체 페이지 사용] 체크박스를 선택하면 출력되는 화면에 최대한 꽉 차게 이미지를 확대하여 파워포인트로 출력한다.

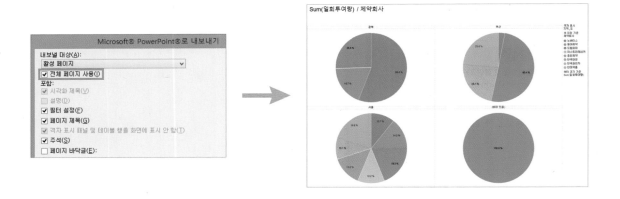

② 격자 표시 패널 및 테이블 행을 화면에 표시 안 함

Spotfire에서 차트를 격자 표시로 설정해놓아서 한 화면에 다 보이지 않고 다음 페이지에 화면이 더 있는 경우, 나머지 보이지 않는 화면들도 모두 파워포인트로 출력하도록 하는 옵션이다.

다음 그림은 Spotfire의 격자 표시를 적용하여 총 4개의 파이 그래프가 각각 다른 화면으로 구성되어 있다. 파이 그래프 오른쪽에 슬라이더 표시가 되어 있음을 알 수 있다.

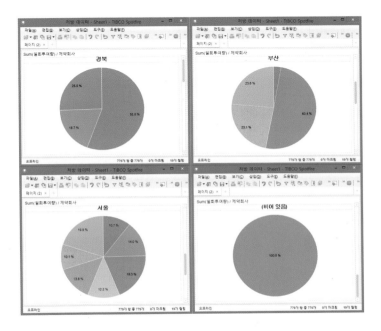

옵션을 적용한 파워포인트 이미지는 다음과 같다.

Spotfire에 총 4개의 화면이 있지만 파워포인트에는 첫 번째 1개의 이미지만 출력되었다.

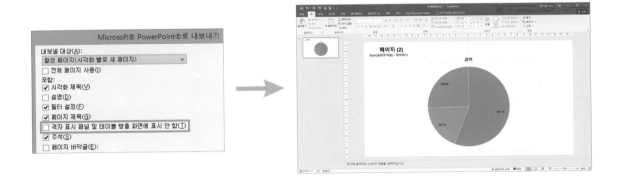

Spotfire에 총 4개의 화면이 파워포인트에서 각각 다른 4페이지에 걸쳐 출력되었다.

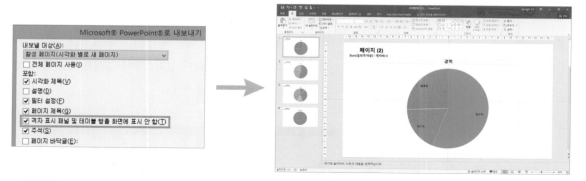

TIP

예를 들어 모든 학생들의 성적 차트를 각 학생(이름)별로 1장씩 PPT로 저장하고 싶을 때 이 옵션을 사용하면 유용하다.

이렇게 출력하기 위해서는 설정에서 반드시 체크해야 할 부분이 있다. 먼저 격자 표시로 원하는 컬럼을 설정한 후에 마우스 우클릭하여 [속성] → [격자 표시]에서 [패널] 라디오 단추 아래 [수동 레이아웃] 체크박스를 선택하고 [최대 행 수]와 [최대 컬럼 수]를 각각 1로 설정하여 원하는 부분만 한 화면에 크게 보이도록 설정한 후 내보내기를 해야 한다.

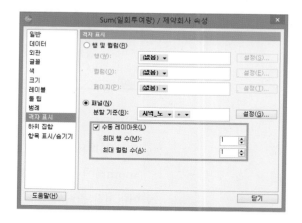

4-4 PDF로 내보내기

PDF 파일로 내보내려면, 상단 메뉴에서 [파일] → [내보내기] →
[PDF로]를 클릭한다.

다음과 같이 설정창이 나타난다.

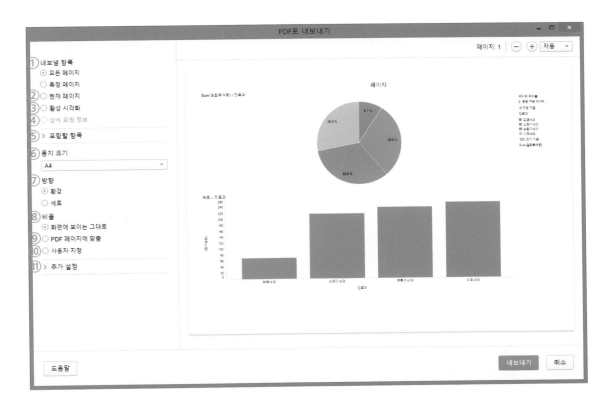

① 내보낼 항목

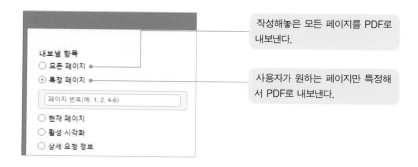

작성해놓은 모든 페이지를 PDF로 내보낸다.

사용자가 원하는 페이지만 특정해서 PDF로 내보낸다.

② 현재 페이지

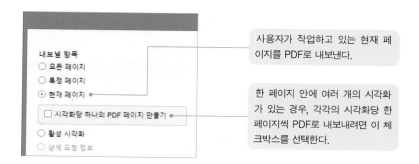

사용자가 작업하고 있는 현재 페이지를 PDF로 내보낸다.

한 페이지 안에 여러 개의 시각화가 있는 경우, 각각의 시각화당 한 페이지씩 PDF로 내보내려면 이 체크박스를 선택한다.

③ 활성 시각화

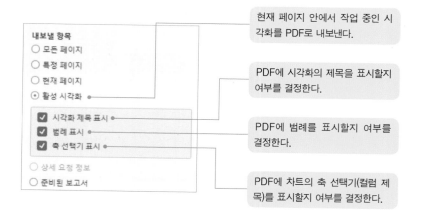

현재 페이지 안에서 작업 중인 시각화를 PDF로 내보낸다.

PDF에 시각화의 제목을 표시할지 여부를 결정한다.

PDF에 범례를 표시할지 여부를 결정한다.

PDF에 차트의 축 선택기(컬럼 제목)를 표시할지 여부를 결정한다.

④ 상세 요청 정보

작업 중인 시각화에서 원하는 데이터를 보기 위하여 상세 요청 정
보창을 활성화시켜놓고, 마킹을 한 상태일 경우에만 이 메뉴가 활
성화된다.

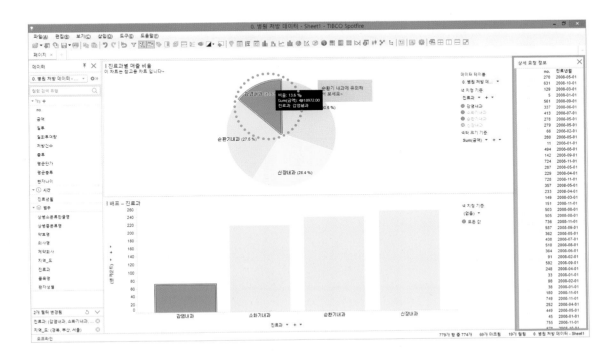

상세 요청 정보의 내용이 많아서 PDF 한 페이지에 다 출력되지 않지만, 상세 요청 정보의 모든 데이터 테이블을 PDF로 내보내려면 이 체크박스를 클릭한다.

컬럼의 머리글(제목)이 각 페이지마다 모두 반복해서 나오게 하려면 이 부분을 선택한다.

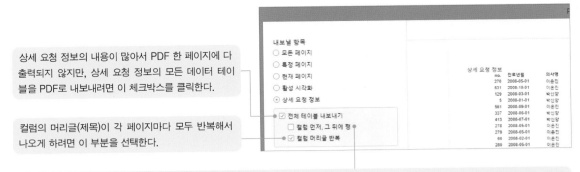

상세 요청 정보의 내용이 많아서 한 페이지에 출력되지 않을 때 이 체크박스를 클릭하면 한 화면에 내보낼 수 있는 만큼씩, 다음 페이지
에 화면이 옆 방향으로(컬럼들이 먼저) 순서대로 출력된다. 만일 이 체크박스를 해제하면 현재 보이는 컬럼의 내용이 밑으로(행이 먼저) 순
서대로 출력되고 모든 행이 끝나면, 그 다음 보이는 컬럼의 내용으로 동일하게 반복하여 마지막 컬럼까지 내보낸다.

⑤ 포함할 항목

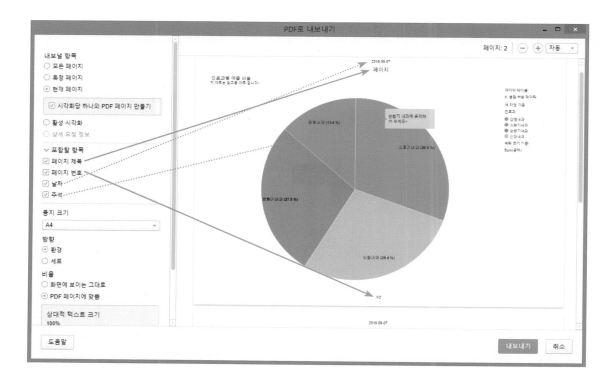

⑥ 용지 크기

PDF 용지의 크기를 다음 중에 선택하여 설정한다.

⑦ 방향

PDF 용지의 방향을 가로([환경])로 할지, 세로([세로])로 할지 선택
하여 결정한다.

⑧ 비율

실제 작성한 시각화를 PDF로 내보냈을 때, PDF 전체 화면의 가로:
세로 비율이나 텍스트 크기 등을 설정한다.

다음 그림은 화면에 보이는 그대로(기본 설정)의 PDF 화면을 보여
준다.

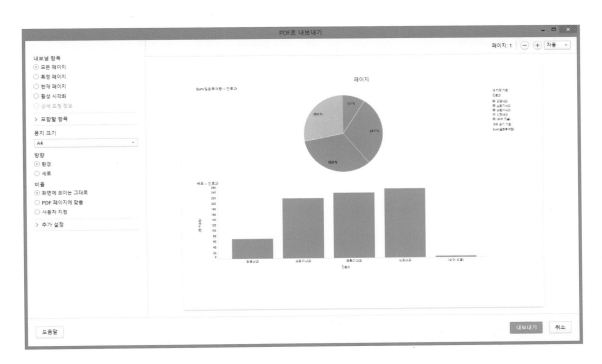

⑨ PDF 페이지에 맞춤

[PDF 페이지에 맞춤]을 선택하면 자동으로 [상대적 텍스트 크기] 설정 슬라이더가 나타난다. 기본 설정은 100%이며 이대로 내보내면 PDF 화면에 꽉 차게, 실제보다 조금 더 크게 보이는 것을 알 수 있다.

다음 그림은 텍스트 크기를 더 작게(80%) 설정한 결과 화면이다.
텍스트가 상대적으로 더 작게 보인다.

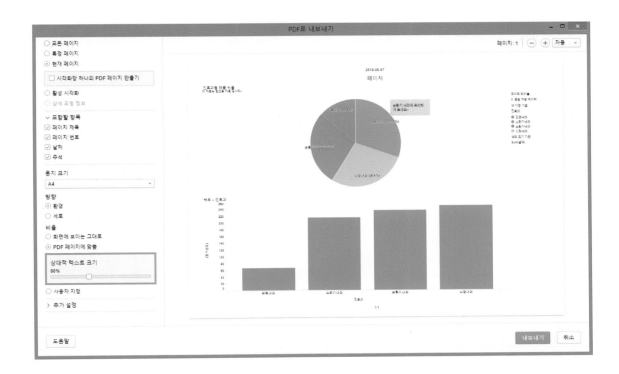

다음 그림은 텍스트 크기를 더 크게(130%) 설정한 결과 화면이다.
텍스트가 상대적으로 더 크게 보인다.

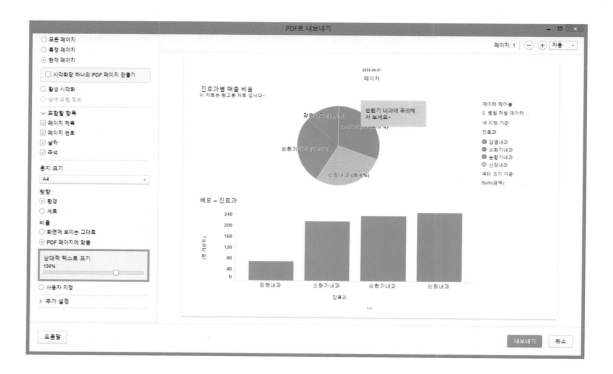

⑩ 사용자 지정

사용자가 가로:세로 비율과 상대적 텍스트 크기를 자유롭게 변경
할 때 사용한다. 이 2가지를 서로 다르게 설정한 다음 두 그림을 비
교해보기 바란다.

다음 그림은 [가로 비율]이 세로보다 더 크고 [상대적 텍스트 크기]
는 더 작게 설정되어 있다.

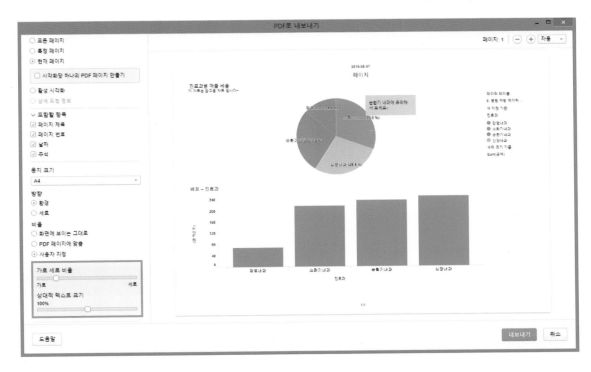

다음 그림은 위의 설정보다 상대적으로 [세로 비율]이 더 크고 [상대적 텍스트 크기]는 더 크게 설정되어 있다.

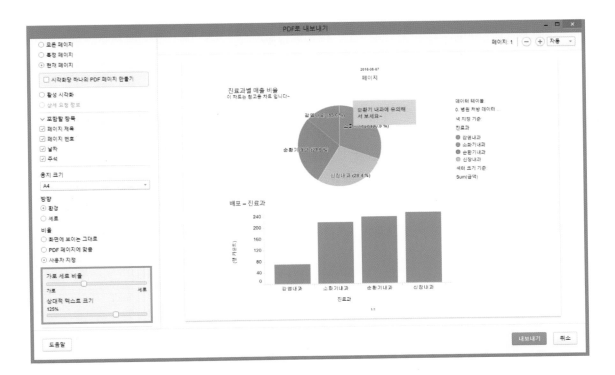

⑪ 추가 설정

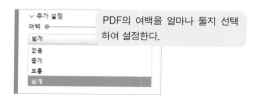

PDF의 여백을 얼마나 둘지 선택하여 설정한다.

PDF 이미지의 품질을 얼마나 높게 할지 선택하여 설정한다.

4-5 내보낼 대상 설정

데이터를 내보낼 때 먼저 원하는 부분(마킹 혹은 필터링)을 설정해야 한다. 이와 마찬가지로 시각화를 파워포인트, pdf로 내보낼 때도 각 설정창에서 [내보낼 대상]을 선택해야 한다.

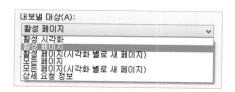

Spotfire에 아래 그림과 같이 총 2페이지에 걸쳐, 각 페이지에 하나씩 2개의 시각화가 구성되어 있다고 하자. 사용자가 마지막으로 작업한 시각화는 시각화(차트)의 외곽 부분이 사각형 모양으로 둘러싸여 있다. 만일 잘 모르겠다면 원하는 시각화에서 빈 공간을 마우스 왼쪽 버튼으로 한 번 눌러주면 된다.

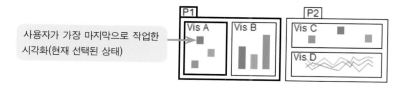

사용자가 가장 마지막으로 작업한 시각화(현재 선택된 상태)

선택한 [내보낼 대상]에 따라 다음과 같은 pdf 문서가 생성된다.

내보낼 대상	결과 PDF 문서
활성 시각화	1 pdf 페이지: 1. Vis A
활성 페이지	1 pdf 페이지: 1. P1(Vis A 및 Vis B 포함)
활성 페이지(시각화별로 새 페이지)	2 pdf 페이지: 1. Vis A 2. Vis B
모든 페이지	2 pdf 페이지: 1. P1(Vis A 및 Vis B 포함) 2. P2(Vis C 및 Vis D 포함)
모든 페이지(시각화별로 새 페이지)	4 pdf 페이지: 1. Vis A 2. Vis B 3. Vis C 4. Vis D

05 필터링 스키마(Filtering Schemes)

Spotfire의 강력한 사용자 편의 기능 중 하나는 데이터 필터링 기능이다. Spotfire에서는 사용자가 자기만의 새로운 필터링 조건을 만들어 별도의 이름으로 저장해놓고, 그 필터들을 각 페이지별 또는 한 페이지 내에서 시각화(차트나 테이블)별로 다르게 분석에 적용할 수 있다. 이와 같이 사용자가 지정한 필터링 조건들을 다르게 저장한 것을 '필터링 스키마'라고 한다.

예를 들어 '서울에 사는 20대 남자'와 '부산에 사는 40대 이상 여자' 라는 조건이 필요하다면, 사용자가 매번 필터를 이용하여 변경해가면서 사용할 필요 없이 미리 이 2가지 조건을 필터 목록에 저장해놓고 언제든지 차트나 페이지별로 적용할 수 있다.

5-1 필터링 스키마 이용 방법

필터링 스키마를 이용하는 방법에는 2가지가 있다.

1 메인 메뉴 이용

상단 메뉴에서 [파일] → [문서 속성]을 선택하여 설정창이 나타나면
[필터링 스키마] 탭을 선택한다.

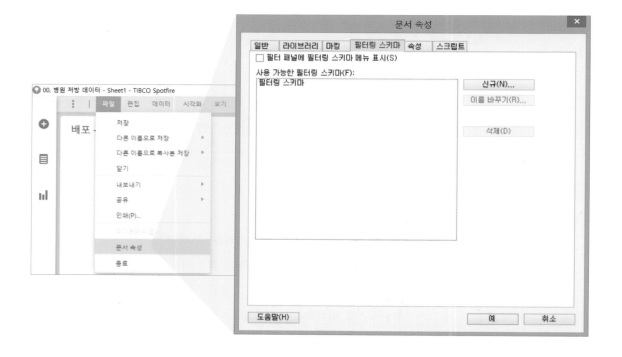

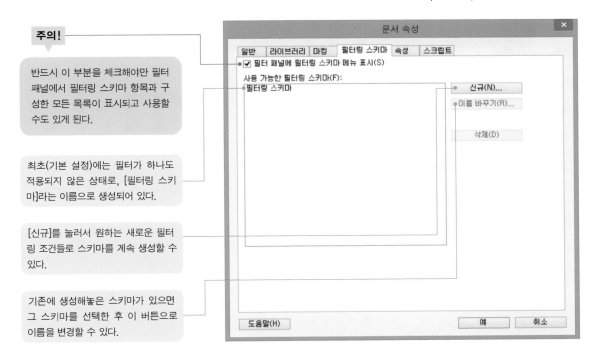

주의!

반드시 이 부분을 체크해야만 필터 패널에서 필터링 스키마 항목과 구성한 모든 목록이 표시되고 사용할 수도 있게 된다.

최초(기본 설정)에는 필터가 하나도 적용되지 않은 상태로, [필터링 스키마]라는 이름으로 생성되어 있다.

[신규]를 눌러서 원하는 새로운 필터링 조건들로 스키마를 계속 생성할 수 있다.

기존에 생성해놓은 스키마가 있으면 그 스키마를 선택한 후 이 버튼으로 이름을 변경할 수 있다.

2 필터에서 이용

일반적으로 Spotfire 화면의 오른쪽 상단에 위치하고 있는 '필터'의 타이틀 부분에서 마우스 우클릭으로 필터링 스키마 메뉴를 활성화시킬 수 있다.

필터는 상단의 아이콘들 중에서 깔때기 모양( )의 아이콘을 선택하면 화면에 표시되고, 다시 누르면 사라진다.

5-2 새로 만들어진 필터링 스키마의 확인 방법

필터 패널에서 타이틀 오른쪽에 있는 역삼각형 모양을 누르면 필터 링 스키마 목록이 표시되고 현재 사용하고 있는 스키마가 체크되어 있 다. 다른 스키마로 변경하여 적용하고 싶으면 여기서 원하는 스키마를 선택한다. 선택한 스키마는 현재 시각화에 바로 반영되어 변경된다.

현재 필터링 스키마에 어떤 필터 조건들이 적용되었는지를 확인하려 면 필터 패널의 오른쪽 하단의 화살표 부분을 클릭한다. 적용된 모든 필터 조건들이 적용한 순서대로 상세하게 표시된다.

5-3 각 페이지마다 다른 필터링 스키마를 적용하는 방법

Spotfire에 작성된 각 페이지마다 서로 다른 필터링 스키마를 적용해 보자.

따라하기 ·················· **1** 먼저 Spotfire에 2개 이상의 페이지를 생성하고 각 페이지에 서로 다른 시각화를 생성한다. 만일 두 페이지 중 어느 한 페이지에서 필터 조건을 변경한다면, 나머지 페이지에도 동시에 그 조건이 반영되어 실시간으로 차트가 변경될 것이다.

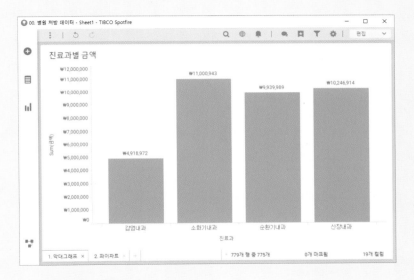

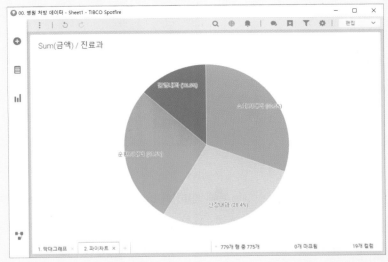

여기에서 각 페이지마다 서로 다른 필터링 조건을 적용해보자. 즉, 2개 이상의 페이지 중 어느 한 페이지에서 필터 조건을 변경하더라도 나머지 다른 페이지에는 반영되지 않고, 페이지마다 독립적으로 다른 필터링이 적용되도록 해보자.

매번 일일이 각 페이지에서 필터링 조건을 변경해도 되지만, 중요한 회의나 보고 등 실시간으로 필터링을 변경해가면서 봐야할 때 여러 페이지마다 필터링 조건이 모두 다르고 복잡하다면 조작이 불편할 것이다.

이 예제에서는 첫 번째 페이지에 '1. 막대 그래프'를 작성하여 '서울에 사는 20대 남자'의 데이터만 표시하고, 두 번째 페이지에는 '2. 파이 차트'를 작성하여 '부산에 사는 40대 이상 여자'의 데이터만 표시하고자 한다. 여기에 필요한 필터링 스키마를 만들어보자.

② 원하는 필터링 스키마 이름들을 등록한 후에 각각의 이름에 맞는 필터링 조건들을 설정해준다.

③ 메뉴에서 필터를 활성화시켜서 필터창이 보이게 한다.

④ '필터'의 타이틀 부근에서 마우스 오른쪽을 눌러서 [필터링 스키마] 메뉴를 활성화시킨 후, 필터링 스키마 옆의 역삼각형을 눌러서 [필터링 스키마 관리] 메뉴를 선택한다.

⑤ 문서 속성창이 나타나면 [신규] 버튼을 선택한다.

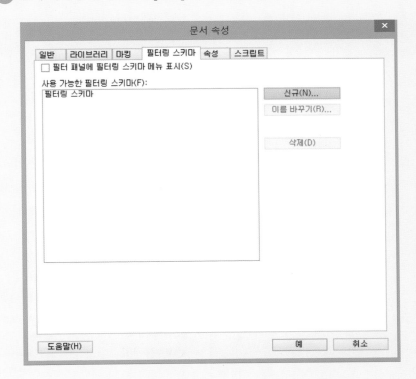

⑥ [이름] 입력 칸에 사용자가 쉽게 알 수 있도록 필터링 스키마 이름을 입력한다. 여기서는 '서울-20대-남자'라고 입력했다. 그러면 [사용 가능한 필터링 스키마] 목록에 새로 등록한 이름이 나타난다.

7 [신규] 버튼을 눌러서 동일한 방법으로 계속하여 원하는 필터링 스키마를 생성·등록할 수 있다. 여기서는 '부산-40대이상-여자'라는 필터링 스키마를 추가로 등록한다. 그 결과 [사용 가능한 필터링 스키마] 목록에 새로 추가한 이름이 하나 더 나타난다.

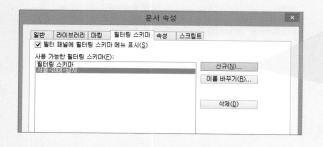

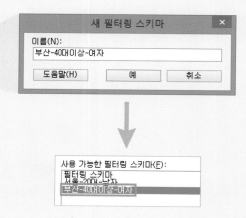

8 미리 등록해놓은 필터링 스키마 이름에 맞게 각각 필터링 조건을 설정해준다.

[서울-20대-남자]라는 필터링 스키마에 대한 설정부터 진행해보자. 먼저 필터링 스키마 메뉴 오른쪽의 역삼각형 버튼을 누른다. 펼쳐진 목록 중 [서울-20대-남자]를 선택한다. 그러면 현재 선택한 [서울-20대-남자] 필터링 스키마가 나타난다.

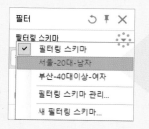 

9 아래 그림과 같이 [서울-20대-남자]라는 필터링 스키마 이름에 맞게 해당 필터들의 설정을 변경한다.

오른쪽 하단을 보면 각 필터링 스키마를 변경할 때마다 사용자가 적용(변경)한 필터링 조건들을 확인할 수 있다.

필터 조건의 변경이 없을 때와 필터 조건을 적용한 후의 그림은 아래와 같다.

필터 조건 변경이 없을 때

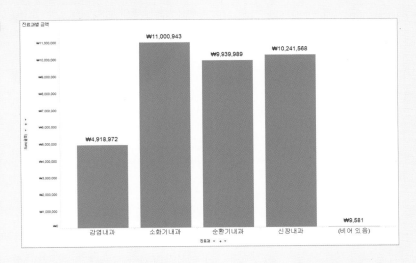

[서울-20대-남자]
조건으로 필터링 적용 후

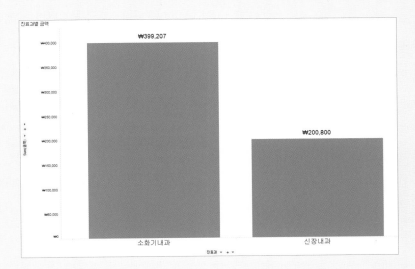

10 두 번째 페이지([2. 파이차트])에서 필터링 스키마를 확인해보면 앞서 한 작업에 영향을 받지 않고, 기본으로 설정되어 있는 최초의 필터링 스키마가 적용되어 있다.

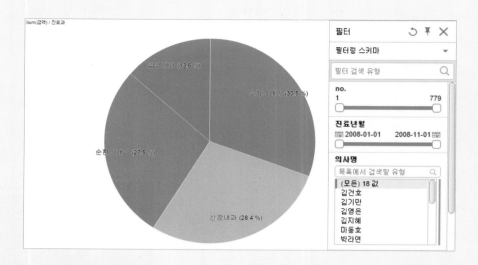

11 두 번째 필터링 스키마인 [부산-40대이상-여자]에 맞게 필터 조건을 설정해보자.

　먼저와 동일한 방법으로 설정한다. 미리 등록해놓은 필터링 스키마 목록 중 원하는 필터링 스키마를 선택한다. 필터링 스키마 메뉴 오른쪽의 역삼각형 버튼을 누르고 필터링 스키마 목록에서 [부산-40대이상-여자]를 선택한다. 그 결과 필터가 선택되면서 현재 선택한 필터링 스키마가 표시된다.

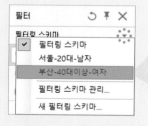 

⑫ [부산-40대이상-여자]라는 필터링 스키마 이름에 맞게 필터들을 변경한다. 전체 화면의 가장 오른쪽 하단에서 변경된 내용을 상세하게 확인할 수 있다.

그 결과 아래와 같이 차트가 변경된다.

필터 조건 변경이 없을 때

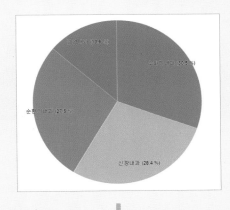

[부산-40대이상-여자]
조건으로 필터링 적용 후

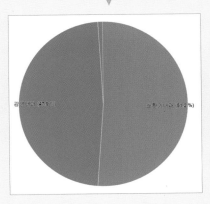

⓭ 필터링 스키마에 대한 실제 조건들을 모두 설정했으므로 이제 각 페이지마다 사용자가 원하는 필터링 스키마를 각각 다르게 적용할 차례다. 먼저 ① 페이지 탭에서 원하는 시각화 페이지를 선택하고, ② 필터에서 사전에 설정해놓은 필터링 스키마를 선택한다.

예를 들어 '1. 막대 그래프'에는 [서울-20대-남자]의 필터링 스키마를 적용해보자.

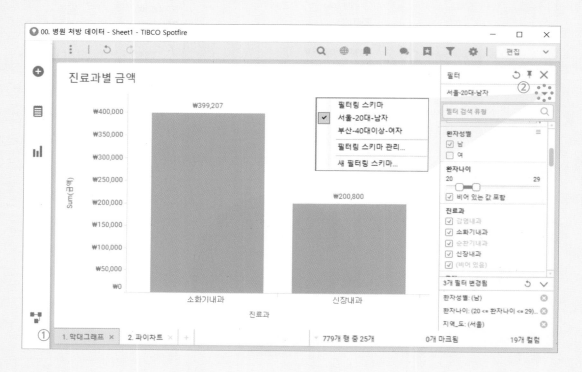

그런 다음 ③ '2. 파이차트' 페이지를 선택하고, ④ [부산-40대이상-여자]의 필터링 스키마를 적용해보자.

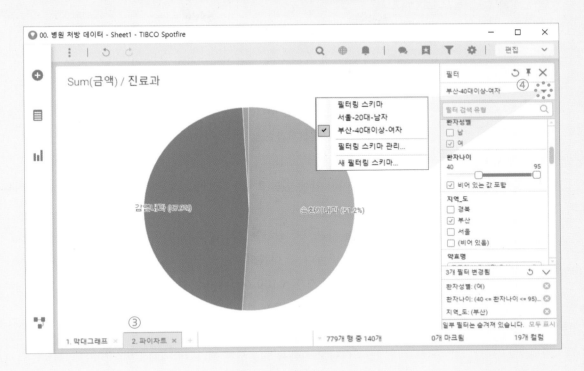

이와 같은 방법으로 각 페이지마다 서로 다르게 사용자가 원하는 필터링 스키마를 적용할 수 있다.

5-4 한 페이지 안에서 시각화마다 서로 다른 필터링 스키마를 적용하는 방법

따라하기 **1** Spotfire의 한 페이지 안에 2개 이상의 서로 다른 시각화를 생성한다.

만일 2개 이상의 시각화 중 어느 하나에서라도 필터 조건을 변경하면 나머지 차트(뿐 아니라 모든 시각화 차트)에도 동시에 그 필터링 조건이 반영되어 실시간으로 변경된다.

2 한 페이지 안에 있는 2개의 차트에 서로 다르게 필터링 스키마를 적용해보자.

먼저 사용자가 원하는 필터링 스키마 목록을 생성하여 등록해놓고, 각 스키마마다 그 이름의 내용에 맞게 필터링 조건들을 변경하여 설정한다. 이 과정은 p. 109 〈각 페이지마다 다른 필터링 스키마를 적용하는 방법〉의 **1** ~ **12** 단계와 동일하다.

앞의 **12** 단계까지의 과정을 모두 마쳤다면 이제 각 시각화마다 원하는 필터링 스키마를 적용하면 된다. 이 예제에서는 [라인 차트]에는 [서울-20대-남자]의 필터링 스키마를, 트리맵에는 [부산-40대이상-여자]의 필터링 스키마를 적용하고자 한다.

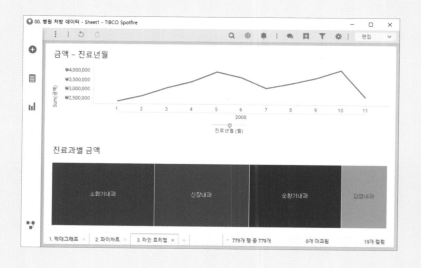

③ [라인 차트]에 [서울-20대-남자]의 필터링 스키마를 적용해보자. 라인 차트에서 마우스를 우클릭하여 [속성] → [데이터] 탭을 선택한다.

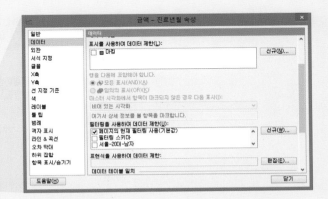

④ 속성 설정창의 [필터링을 사용하여 데이터 제한] 부분을 보면 기본으로 [페이지의 현재 필터링 사용(기본값)] 체크박스가 선택되어 있다.

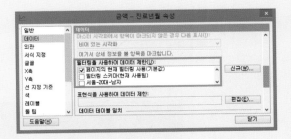

⑤ 다음 그림과 같이 [페이지의 현재 필터링 사용(기본값)] 체크박스를 해제하고 새로 생성한 [부산-40대이상-여자]의 체크박스를 선택한다. 이는 앞으로 이 시각화는 기본으로 제공되었던 [필터링 스키마]라는 곳이 아닌, 사용자가 새로 설정한 [부산-40대이상-여자]라는 필터링 스키마로부터만 데이터 필터링의 조건을 적용받을 것이라는 의미이다.

시각화 차트 오른쪽의 범례 부분을 보면 [데이터 제한] 부분에 방금 사용자가 작업한 내용이 반영·표시되어 있다.

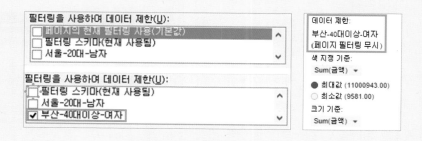

이 페이지에서 필터 조건을 변경하면 2개의 차트가 동시에 반영되어 자동으로 차트가 변경된다.

필터 조건 변경이 없을 때

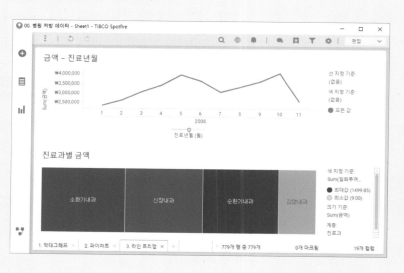

이 페이지에서 위아래 중 하나의 시각화 차트에서 필터 조건을 변경해도 나머지 차트의 필터링 조건은 변경되지 않는다.

각 차트에 서로 다른
필터 조건 적용 시

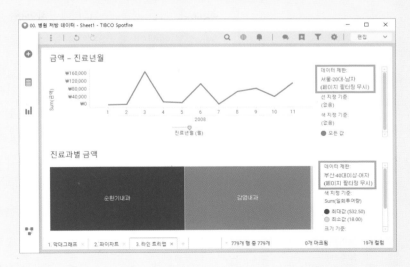

---

06 분석의 데이터(Data in Analysis)

Spotfire의 '분석의 데이터'는 데이터 테이블에 있는 모든 데이터 컬럼을 구조화한 목록, 즉 데이터에 대한 개요를 제공한다. 일부 기능은 '필터'와 유사하지만 그보다 더 많은 기능을 제공한다. 참고로 이 부분은 Spotfire 7.x버전까지는 '데이터 패널'이라는 명칭으로 사용되었던 기능이다.

필터와 분석의 데이터 간의 가장 큰 차이점은 필터는 실제 값들이 필터 타이틀 밑에 항상 표시되므로 각 컬럼마다 상세 값을 바로 볼 수 있는 것과 달리, 분석의 데이터는 컬럼들을 데이터 형식(문자, 숫자, 날짜 등)에 따라 그룹으로 표시할 수 있다는 점이다. 컬럼의 개수가 너무 많을 때 그중에서 문자나 숫자형으로 된 컬럼들만 별도로 그룹화할 수 있다면, 시각화를 구성할 때 효율적으로 축의 설정에 이용할 수 있을 것이다. 이런 경우 분석의 데이터가 유용하다. 또한 '선택한 컬럼의 상세 정보'에서만 제공하는 기능들도 많이 있다. 예를 들어 '컬럼 분할', '데이터의 분포 요약하여 보기', '비어 있는 값 처리' 등과 같은 기능들은 필터에서는 제공되지 않는 기능들이다.

컬럼은 분석의 데이터 목록에서 손쉽게 찾을 수 있도록 데이터 형식별로 구성된다. 예를 들어 아래(MS 엑셀) 파일을 Spotfire에 로드하면 분석의 데이터 목록이 만들어진다.

집계에 적합한 숫자 데이터가 포함된 컬럼들은 [숫자(NUMBERS)] 섹션에 나열되고, 시간, 날짜 등과 관련된 컬럼들은 [시간(TIME)] 섹션에 나열되며, 데이터 분할에 유용한 문자 컬럼들은 [범주(CATEGORIES)] 섹션에 나열된다.

TIP

필터처럼 데이터 패널의 타이틀 부분(맨 윗쪽)을 잡아서 전체 화면의 좌, 우, 아래 부분으로 데이터 패널의 위치를 이동할 수 있다(drag & drop).

만일 그룹별로 정렬되는 것을 원치 않고 다른 기준으로 컬럼들을 나열하고 싶다면, 아래 그림처럼 해당 데이터 테이블로 커서를 이동하여 마우스 우클릭한다. 우측에 표시되는 창에서 [정렬 순서]를 누르면 또 새로운 설정창이 나타나는데 여기서 원하는 정렬 방식을 선택하면 된다.

아래 그림은 정렬 순서를 [정렬 없음]으로 선택했을 때 보이는 컬럼목록 표시 화면이다. 최초에 데이터를 로딩할 때와 동일한 순서로, 별도의 정렬 기준이 없음을 알 수 있다.

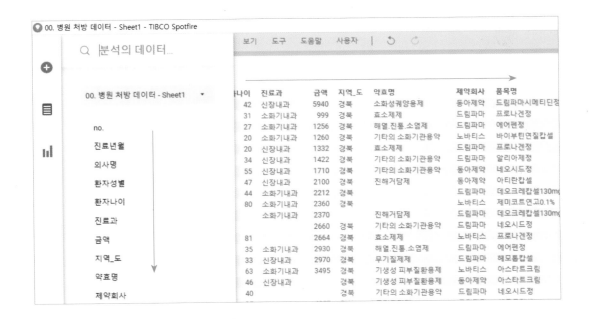

분석에 사용 가능한 데이터 테이블이 둘 이상 존재하는 경우, 먼저 '데이터' 드롭다운 메뉴에서 표시할 데이터 테이블을 선택해야 한다.

6-1 분석의 데이터 시작하기

분석의 데이터를 시작하려면 화면 좌측의 아이콘들 중에서 분석의 데이터 아이콘(▤)을 눌러 분석의 데이터 화면을 표시한다. 아이콘을 다시 누르면 사라진다.

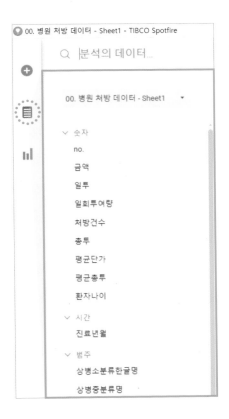

6-2 분석의 데이터 컬럼을 시각화에 이용하기

분석의 데이터에 있는 컬럼 중에서 특정 컬럼을 끌어서(drag & drop) 시각화 중앙의 아이콘(축, 색상, 격자 표시)이나 시각화의 설정 부분(축, 범례 등)에 놓을 수 있다. 분석의 데이터 컬럼을 시각화로 끌어와 파란색으로 표시된 컬럼 선택기 중 하나에 놓거나 드롭 대상에 놓으면 시각화에 새 설정이 즉시 반영된다.

아래 그림처럼 분석의 데이터 컬럼들 중에서 '금액'을 선택하여 오른쪽 막대 그래프 안으로 이동하면, 다음 중 원하는 곳에 놓아 설정을 변경할 수 있다.

- X축 선택기: X축이 변경된다.
- Y축 선택기: Y축이 변경된다.
- '색 지정 기준': 색이 '금액'별로 변경된다.
- 격자 표시: 행/컬럼/페이지별로 변경된다.

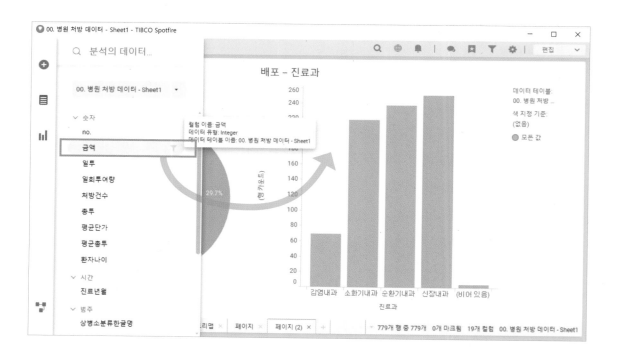

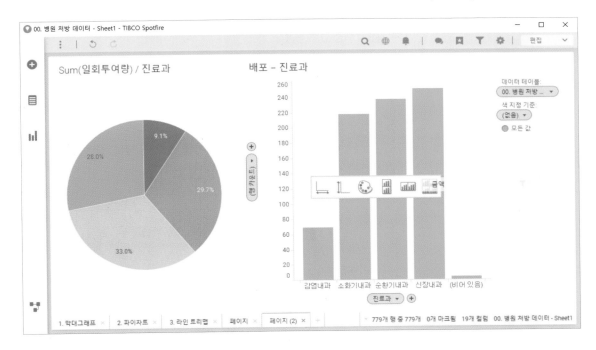

아래 그림은 '금액'을 막대 그래프의 Y축으로 설정하는 화면이다.

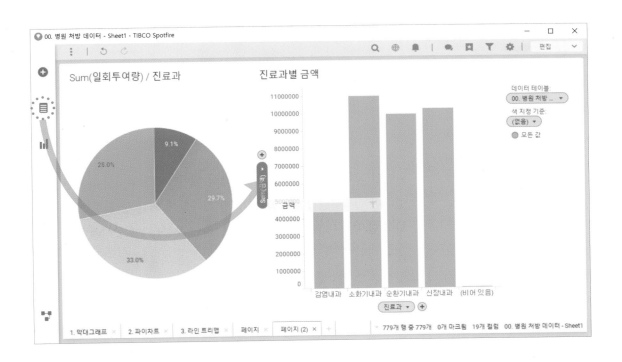

6-3 분석의 데이터에서 필터링 하기

분석의 데이터는 각 컬럼마다 필터와 연결되어 있으므로 이 패널에서
데이터를 바로 필터링할 수 있다.

분석의 데이터에서 컬럼 위에 커서를 놓으면 필터 표시 버튼(▼)이
나타나며 열린 필터를 사용해 데이터를 즉시 제한할 수 있다.

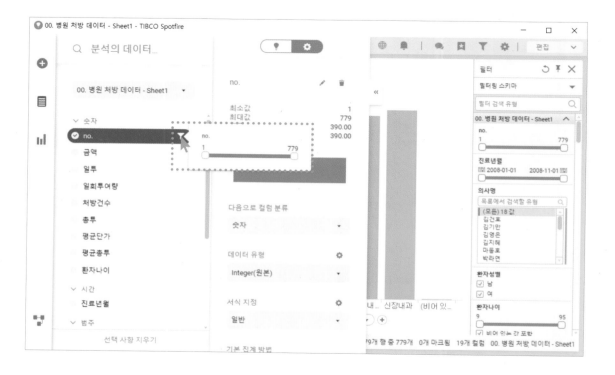

만일 아래 그림에서 보듯이 분석의 데이터에서 필터링을 적용(①)하
였다면 필터링된 컬럼(②)과 필터링 결과값에 대한 상세 정보가 [필터]
의 하단 부분(③)과 '분석의 데이터' 하단 부분(④)에 동시에 표시된다.

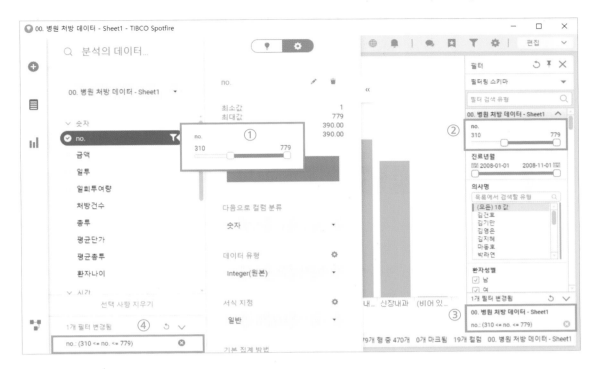

여러 컬럼들에 대하여 필터를 적용했다면 아래 그림처럼 '분석의 데이터' 하단 부분(①)과 [필터]의 하단 부분(②)에서 목록으로 정보를 확인할 수 있다.

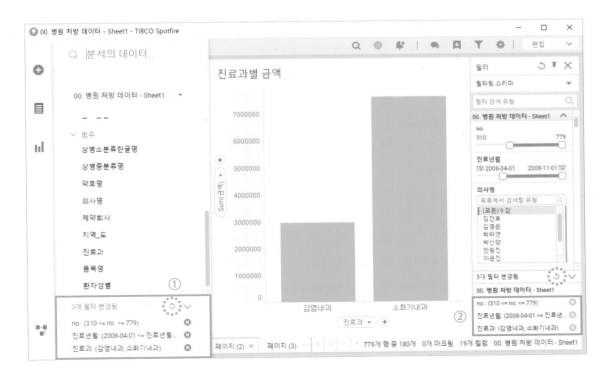

만일 이들 중에서 특정 컬럼에 대한 필터만 해제하려면 위 그림의 ①
이나 ② 중 어느 한 목록의 오른쪽의 ⊗ 표시를 클릭한다. 필터링 전체
를 한번에 해제하려면 ↻ 표시를 클릭한다. 이는 [필터]에서 우클릭하
여 [모든 필터 리셋]을 클릭하는 것과 동일한 기능이다.

6-4 분석의 데이터 내에서 섹션 이동하기

분석의 데이터는 사용자가 원하는 컬럼에 쉽게 접근할 수 있도록 데이
터 특성에 따라 자동으로 숫자, 시간, 범주 등의 그룹으로 분류된다. 처
음 분류에서 어떤 컬럼이 사용자가 원하는 그룹에 속하지 않은 경우에
는 사용자가 컬럼의 그룹을 임의로 이동시킬 수 있다.

예를 들어 아래 그림의 테이블에서 'no.'는 일종의 고유번호 같은 개
념으로 사용되므로, 합계나 평균 등의 숫자형 계산보다는 범주 형태로
다루고자 하는 경우가 많다. 정수인 경우 기본으로 제안되는 범주는
숫자가 될 수 있는데, 이때 범위를 [숫자] 그룹에서 [범주] 그룹쪽으로
이동할 수 있다.

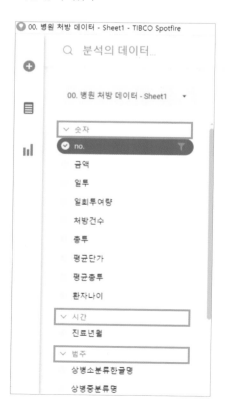

그룹을 이동하는 방법은 2가지가 있다.

첫 번째는, 이동을 원하는 컬럼으로 마우스를 이동하고 마우스 우클릭하여 [범주화 변경] 메뉴를 클릭한 다음 원하는 범위(항목)를 선택하는 것이다.

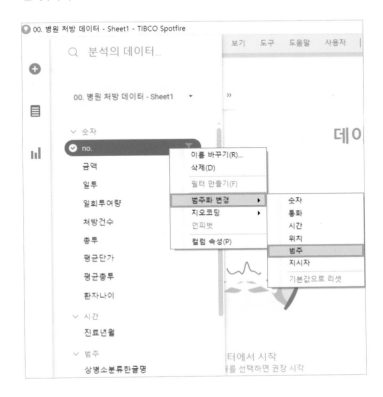

컬럼이 아래 그림과 같이 [숫자] 그룹에서 [범주] 그룹으로 이동하였음을 확인할 수 있다.

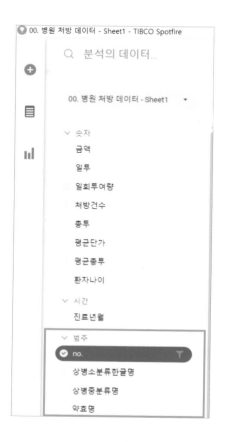

또 다른 방법은 직접 마우스로 컬럼을 이동시키는 것이다. 원하는 컬
럼을 클릭한 상태에서 원하는 그룹의 머리글로 끌어온다(이 방법은 원
하는 그룹이 패널에 이미 표시되어 있는 경우에만 가능하다).

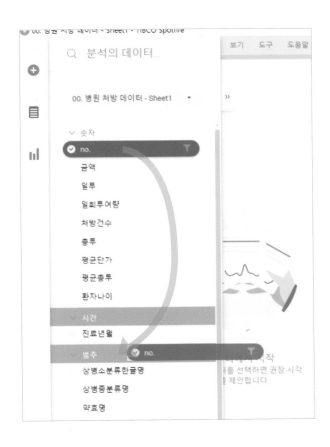

6-5 분석의 데이터의 필터링 상황창 활용하기

필터링된 컬럼과 필터링 결과값에 대한 상세 정보가 분석의 데이터 하단에 표시된다. 필터에서 필터링된 내용을 수정하려면 여기에서 해당 필터를 클릭하여 열 수 있다. 아래에 확장된 보기가 나와 있다.

필터 상세 정보를 축소하려면 ∨ 버튼을 클릭한다.

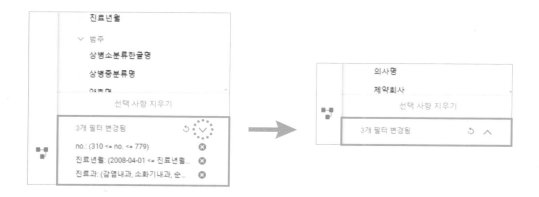

필터를 리셋할 수 있다. 개별 필터를 리셋하려면 해당 필터링 부분 끝에 있는 ⊗ 버튼을, 모든 필터를 리셋하려면 ↻ 버튼을 클릭한다.

6-6 분석의 데이터 확장(추천 및 상세 정보)

분석의 데이터에서 표시되는 컬럼 목록 중 원하는 컬럼을 선택하면 선택된 컬럼의 색이 진하게 표시되면서 바로 우측 부분에 자동으로 확장된 화면이 표시된다.

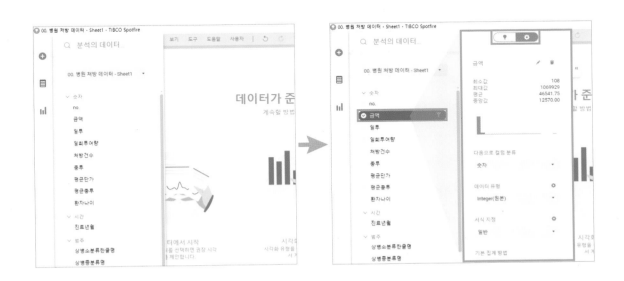

확장된 화면 상단에는 2개의 아이콘이 표시되는데, 좌측 아이콘(💡)을 누르면 선택된 컬럼(들)을 기반으로 Spotfire가 사용자에게 자동으로 여러 가지 시각화를 추천해주고, 우측 아이콘(⚙)을 누르면 선택한 컬럼의 상세한 정보를 보여준다.

① 선택한 데이터를 기반으로 한 권장 사항

② 선택한 컬럼의 상세 정보

① 선택한 데이터를 기반으로 한 권장 사항(추천)

Spotfire에서 제공되는 자동 추천 기능이다. 사용자가 Spotfire의 시각화 사용에 익숙하지 않더라도 이 추천 기능을 활용하여 손쉽게 다양한 시각화를 이용할 수 있다. 선택한 컬럼(값)들을 이용하여 사용자에게 여러 가지 시각화를 추천해준다.

만일 [Ctrl] 키를 눌러서 여러 개의 컬럼을 선택하면 선택된 여러 개의 컬럼들에 대한 시각화를 모두 추천해주므로 컬럼을 많이 선택할수록 더 많은 권장 시각화가 표시된다.

아래 그림은 1개 컬럼(금액)만 선택한 경우로, 3개의 시각화를 추천해주고 있다.

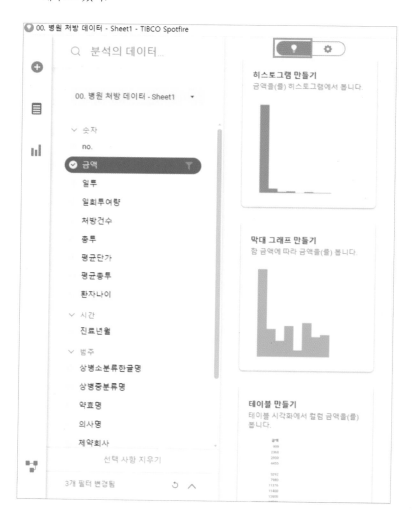

만일 [Ctrl] 키를 누른 상태로 '금액' 외에 추가로 2개 컬럼(진료년월, 환자성별)을 더 선택한다면, 총 3개의 컬럼을 모두 사용하여 더 많은(8개 그룹) 시각화를 추천해준다.

이 예제의 경우, 총 8종류의 시각화를 권장하고 있으며 각 그룹에
표시되는 [유사 항목 보기]를 누르면 아래 그림처럼 각 차트의 종류
별로 더 세분화된 시각화를 추천받을 수 있다.

② 선택한 컬럼의 상세 정보

선택한 컬럼에 대한 개요를 보거나 상세 정보를 확인하고 설정(유형, 서식 등)을 변경할 수 있다. 또한 원하는 방식으로 시각화를 하는 데 도움이 되도록 한 컬럼의 값을 여러 개로 분할하거나, [비어 있는 값] 처리 기능을 이용하여 값이 비어 있는 셀을 채울 수도 있다. 참고로 여러 컬럼이 선택된 상태에서는 컬럼 상세 정보는 볼 수 없고 추천 기능으로만 사용할 수 있다.

1 분석의 데이터에서 컬럼 보기

데이터 패널을 확장한 상태에서 컬럼을 누르면 해당 컬럼에 대한 요약 정보와 설정창이 표시된다. 데이터 유형에 따라 표시되는 화면과 정보가 조금씩 다르다.

1 '숫자' 컬럼 보기

1) 개요 보기

'숫자(number)' 그룹에 있는 컬럼을 누르면 컬럼 내에 있는 값들의 최소값(min), 최대값(max), 평균(average), 중앙값(median)과 값의 분포 정보를 볼 수 있다.

2) 다음으로 컬럼 분류

컬럼의 그룹을 확인하고 다른 그룹으로 변경할 수 있다. 예를 들어 숫자 그룹에 속해 있는 컬럼을 범주 그룹으로 이동할 수 있다. 참고로 이 기능은 p. 130 〈분석의 데이터 내에서 섹션 이동하기〉 방법과 동일하다.

3) 데이터 유형/서식 지정

데이터의 유형이나 서식을 변경하려면 각 표시된 줄의 우측에 있는 설정 버튼을 누른다.

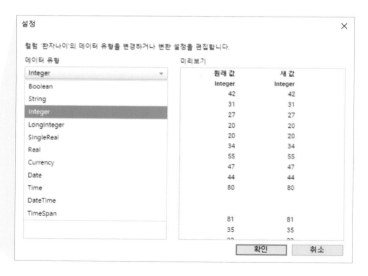

4) 기본 집계 방법

시각화 작성 시 축 설정에 사용되는 집계 방법을 미리 정해놓으려면 '기본 집계 방법'을 설정한다. 예를 들어 차트에서 '금액'이라는 컬럼을 사용할 때 합계(sum)를 주로 사용한다면 여기에서 집계 방법을 'sum'으로 지정한다.

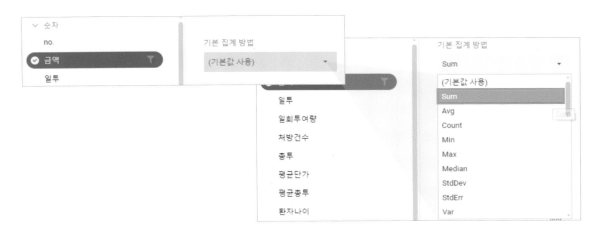

이렇게 설정해놓으면, '금액' 컬럼을 집계하여 사용하는 모든 시각화에서 자동으로 sum(금액)이 처음에 사용된다.

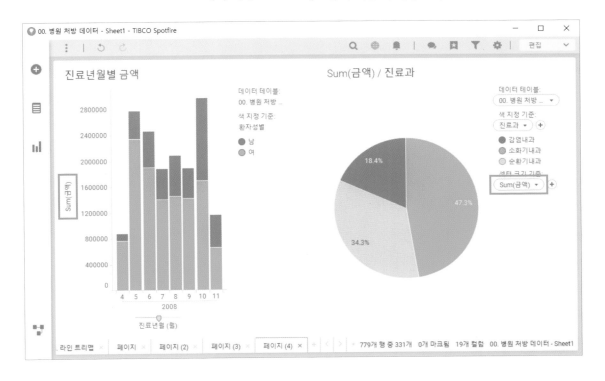

5) 비어 있는 값

만일 해당 컬럼 안에 비어 있는 값이 있다면 이를 아래 옵션 중에서 원하는 값으로 바꿀 수 있다.

6) 컬럼 값 상세 보기

컬럼의 값들을 데이터 테이블처럼 상세하게 볼 수 있다.

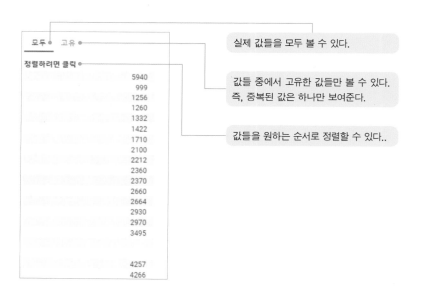

다음은 [정렬하려면 클릭] 부분을 누른 후의 화면으로 값들이 정렬
된 것을 볼 수 있다. [정렬하려면 클릭] 부분을 한 번 누를 때마다 오름
차순 → 내림차순 → 원래대로 순서로 반복하여 정렬된다.

모두　고유	모두　고유	모두　고유
정렬하려면 클릭　▲	정렬하려면 클릭　▼	정렬하려면 클릭
108	1069929	5940
168	820000	999
168	819180	1256
168	749250	1260
180	712661	1332
237	711225	1422
336	689310	1710
336	675468	2100
368	660000	2212
391	647000	2360
446	645000	2370
446	631098	2660
462	618831	2664
474	605259	2930
474	590121	2970
474	586413	3495
478	539000	
478	534465	
594	529470	4257
666	524475	4266

다음은 [고유(unique)]를 선택하고 [정렬하려면 클릭]을 한 번 눌러
서 오름차순으로 정렬한 화면이다. 컬럼의 고유한 값들만(중복된 값은
하나씩만 표시) 순서대로 정렬되어 있다.

모두　고유
정렬하려면 클릭　▲
108
168
180
237
336
368
391
446
462
474
478
594
666
672
711
743
804
840
891
900

2 시간(time) 컬럼 보기

[시간] 그룹에 있는 컬럼을 누르면 컬럼 내에 있는 값의 최소값(min)과 최대값(max)에 해당하는 날짜와 전체 분포를 표시한다. 나머지 부분들은 바로 앞의 내용과 모두 동일하다.

3 범주(Category) 컬럼 보기

[범주] 그룹에 있는 컬럼을 누르면 컬럼 내에 있는 값의 고유한 수 (unique value)와 최대값, 최소값들을 순서대로 보여준다. 이 정보들은 필터링이나 마킹과 상관없다.

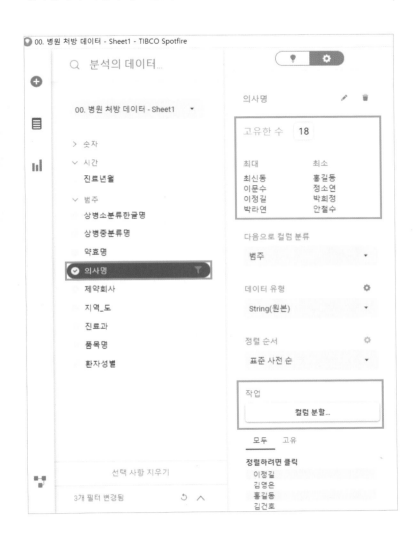

[범주] 그룹에 있는 컬럼의 설정에는 앞의 숫자나 시간과 다르게 '작업 → 컬럼 분할'이라는 기능이 제공된다. 텍스트가 포함된 컬럼(문자열 컬럼)을 사용자가 지정하는 구분자를 이용하여 원하는 개수만큼의 컬럼으로 쉽게 분할할 수 있는 기능이다.

데이터 테이블의 특정 컬럼을 이용하여 여러 개의 컬럼으로 분할해보자.

컬럼 분할 따라하기 ·················· ① '경기도+수원시_CCTV_20160831.csv' 데이터를 로드한다. '소재지지 번주소'라는 컬럼을 이용하여 이 1개의 컬럼을 '도, 시, 구, 동, 번지'라 는 5개의 컬럼으로 분할해보자.

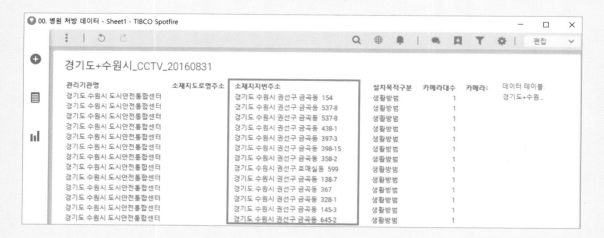

② 작성 막대에서 [분석의 데이터] 클릭 → 해당 컬럼(여기서는 '소재지지번 주소') 선택 → [작업(컬럼 분할)]을 클릭한다.

③ 컬럼 분할 설정창이 새로 표시된다.

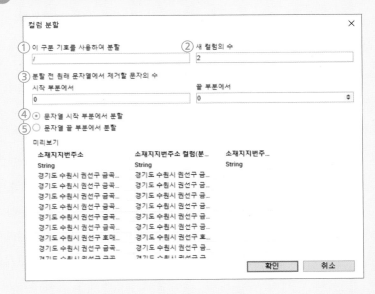

① 이 구분 기호를 사용하여 분할

'소재지지번주소' 컬럼에서 구분자로 사용할 기호를 [이 구분 기호
를 사용하여 분할]의 입력란에 똑같이 입력한다

이 예제에서는 컬럼 값들에 구분자로 빈칸이 하나씩만 사용되었으
므로(예: 경기도∧수원시∧권선구∧금곡동∧154), 입력란에 처음에 표
시되어 있는 기호(/)를 Backspace 를 이용하여 완전히 지운 후, 빈
칸(키보드의 스페이스 바)을 한 번만 입력해준다. 이때 빈칸이 원래
컬럼의 값에 사용된 구분자와 다르게 여러 번 들어가지 않도록 주
의한다.

② 새 컬럼의 수

입력란에 처음에 표시되어 있는 숫자(2)를 Backspace 를 이용하
여 완전히 지운 후, 원하는 컬럼의 수만큼 숫자를 입력한다.

예를 들어 '도/시/구/동/번지', 총 5개의 컬럼으로 나누려면 숫자 '5'
를, '도/시/구'까지 3개의 컬럼으로 나누려면 숫자 '3'을 입력하고
Tab 키를 누른다. 그 결과 컬럼이 아래 [미리보기] 부분에 바로 나
타난다.

③ 분할 전 원래 문자열에서 제거할 문자의 수

분할하기 전 컬럼 값을 기준으로 가장 앞쪽과 뒤쪽의 자릿수만큼 제거할 때 사용된다.

예를 들어 원래 컬럼 값이 'K543-235-SS4'라는 문자 값을 '-'라는 구분자로 3개의 컬럼으로 분할하는 경우를 가정해보자.

[시작 부분에서]를 '1'을 사용하여 분할한다면, 결과 컬럼 값은 시작할 때 1개(1)의 자리를 제거한 그다음 자리부터 분할한다. 결과는 각각 '543', '235', 'SS4'의 3개의 컬럼 값으로 분할된다. 생성된 가장 첫째 컬럼에서 한자리(1)가 제거되었음을 알 수 있다.

만일 [끝 부분에서]를 '2'를 사용하여 분할한다면, 결과 컬럼 값은 끝에서부터 2개(2)의 자리를 제거한 그다음 자리부터 분할한다. 결과는 각각 'K543', '235', 'S'의 3개의 컬럼 값으로 분할된다. 생성된 가장 끝 컬럼에서 두 자리(2)가 제거되었음을 알 수 있다.

④ 문자열 시작 부분에서 분할

컬럼을 분할하는 순서를 앞에서부터 순서대로 지정한다. 일반적으로 사용되는 옵션이다. Space bar 를 구분 기호로 하여 5개 컬럼으로 분할하도록 설정한 화면이다.

⑤ 문자열 끝 부분에서 분할

컬럼을 분할하는 순서를 뒤에서부터 순서대로 지정한다.
Space bar 를 구분 기호로 하여 5개 컬럼으로 분할하도록 설정한
화면이다.

소재지지번주소	소재지지번주소 컬럼(분할 1)	소재지지번주소 컬럼(분할 2)	소재지지번주소 컬럼(분할 3)	소재지지번주…	소재지지번주…
경기도 수원시 영통구 매탄4동 200-20	경기도	수원시	영통구	매탄4동	200-20

아래 그림을 보면 동일한 설정을 적용하였는데, 오른쪽에서 두 번
째 컬럼('…(분할 4))에 값이 비어 있음을 볼 수 있다. 이는 원본 값
에 빈 칸이 두 번 들어가 있기 때문이다.(경기도 ∧ 수원시 ∧ 권선구
∧금곡동 ∧ ∧ 154)

소재지지번주소	소재지지번주소 컬럼(분할 1)	소재지지번주소 컬럼(분할 2)	소재지지번주소 컬럼(분할 3)	소재지지번주소 컬럼(분할 4)	소재지지번주…
경기도 수원시 권선구 금곡동 154	수원시	권선구	금곡동		154

07 하위 집합(Subsets)

하위 집합을 사용하면 동일한 시각화 내에서 데이터 모음을 비교할 수
있다. 예를 들어 모든 데이터를 현재 필터링과 비교하거나, 필터링된 데
이터를 필터링에서 걸러진 데이터와 비교하거나, 마킹한 부분과 마킹하
지 않은 부분의 값을 비교할 수 있다.

아래 좌측 그림은 지역별 취업률을 나타낸다. 수도권 지역(경기, 서울,
인천)만 마킹하여 진한 색으로 표시했다. 만일 수도권 지역들과 나머지
지역들의 평균 취업률을 비교하고 싶다면 어떻게 할까? 이에 대한 결과
비교를 아래 우측 그림에 표시하였다. 수도권 지역(진한 색으로 표시된 마
킹한 부분들)과 나머지 지역(마킹하지 않은 희미한 색)의 취업률(평균)이
비교되어 있다. 이런 경우 하위 집합을 이용할 수 있다.

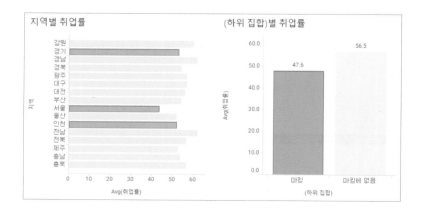

　　하위 집합은 시각화 속성의 하위 집합 페이지에서 정의하며 테이블을 제외한 모든 시각화 유형에 추가할 수 있다. 하위 집합 페이지에서는 기본적으로 3개의 하위 집합(모든 데이터, 현재 필터링, 현재 필터링에 없음)을 제공하지만 '마킹'과 '마킹에 없음'도 추가하여 사용할 수 있다.

7-1 현재 필터링 값과 현재 필터링에 없음 값 비교

　　시각화를 사용하다가 '현재 필터링된 부분'과 '현재 필터링에 없는 부분'의 값을 서로 비교할 때가 있다. 예를 들어 전체 영업조직 중에서 일부 팀만 필터링하여 필터링된 그룹군과 필터링되지 않은 그룹군의 실적을 비교하거나, 대학교 입학 데이터에서 수시로 입학한 학생들만 필터링 하여 필터링된 그룹군과 필터링되지 않은 그룹군의 입학 전형 점수를 비교하는 경우이다.

　　Spotfire에서는 하위 집합 개념을 이용하여 이 부분을 쉽게 구현할 수 있다. 실제로 따라해보자.

이 예제에서는 '대학정보공시.txt' 데이터를 이용하여 막대 그래프로 하위 집합을 설명하고자 한다.

하위 집합 따라하기(마킹) **①** Spotfire에 데이터(대학정보공시.txt)를 로드한다.

② 새로운 페이지에 막대 그래프 시각화를 생성한다.

③ 아래 그림처럼 막대 그래프에서 X축은 '지역' Y축은 'Avg(취업률)'를 선택하고 편의상 수평 막대 형태로 변경한다(시각화에서 마우스 우클릭하여 [수평 막대] 옵션을 클릭한다).

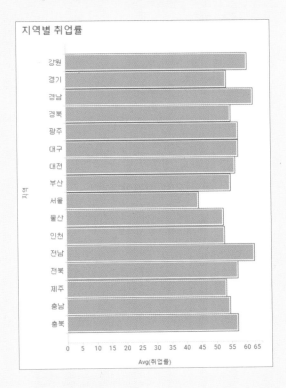

④ 동일한 페이지에 막대 그래프 시각화를 추가 생성(화면 좌측의 '시각화 유형' → [막대 그래프] 클릭)하고, X축은 [하위 집합]으로, Y축은 이전 막대 그래프와 동일하게 'Avg(취업률)'로 선택한다.

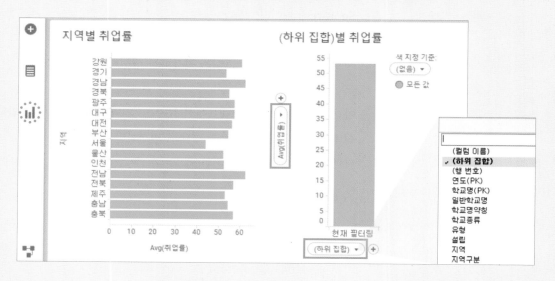

⑤ 추가로 생성한 막대 그래프 오른쪽의 범례에서 [색 지정 기준]을 [하위 집합]으로 선택한다.

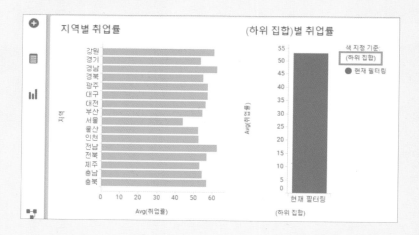

⑥ [색 지정 기준] 설정의 드롭다운 박스를 클릭하면 확장 화면이 나타난 다. 여기서 축 목록 오른쪽의 [표시 이름] 아래 부분에 생성된 [하위 집 합 관리…]를 클릭한다.

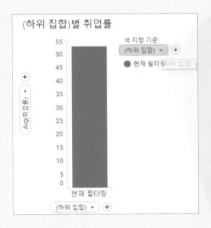

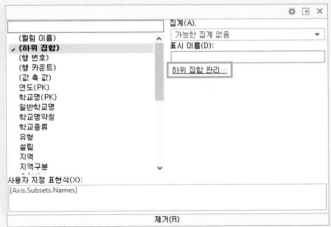

⑦ [하위 집합] 속성 대화상자가 다음과 같이 나타난다.

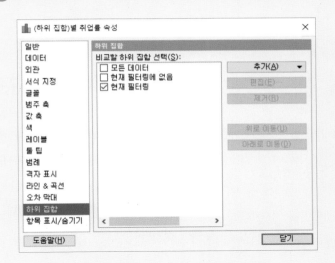

⑧ [하위 집합] 탭의 속성 설정창에서 [비교할 하위 집합 선택] 목록 중 [모든 데이터]와 [현재 필터링에 없음]을 모두 체크하고 [닫기]를 클릭한다.

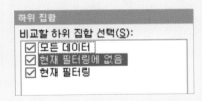

⑨ 설정창이 닫히고 시각화 캔버스로 돌아간다. 추가된(우측) 막대 그래프의 X축이 [모든 데이터]와 [현재 필터링]으로 변경되었다.

　현재 시각화에 아직 필터링을 한 부분이 없으므로 아래 그림에는 '모든 데이터'와 '현재 필터링' 2개만 표시되어 있다.

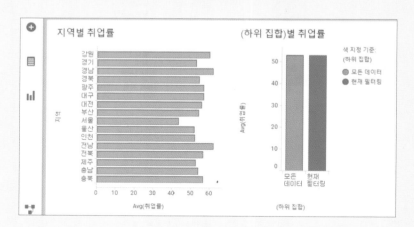

⑩ 필터 패널을 활성화시켜서 '수도권'만 보이도록 필터링해보자. 필터링 즉시 2개 막대 그래프 모두 변경된다. 특히, 아래 우측 막대 그래프에는 X축이 [모든 데이터], [현재 필터링에 없음], [현재 필터링] 3개로 그룹이 나뉘어 각각의 취업률 평균값을 표시해주고 있다. 즉, 현재 필터링한 '수도권'의 취업률이 현재 필터링에 없는 '지방'과 전체('수도권' + '지방')와 비교해서 가장 떨어짐을 알 수 있다. 필터링만으로 쉽게 비교가 가능해진 것이다.

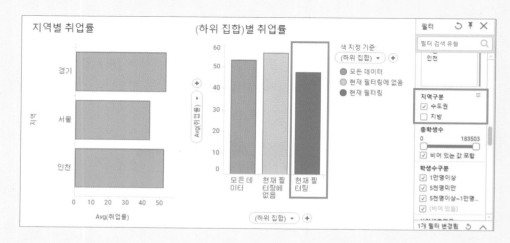

7-2 마킹 값과 마킹에 없음 값 비교

시각화를 사용하다가 사용자가 선택(마킹)한 부분과 그 나머지(마킹하지 않은) 부분을 서로 비교해야 할 경우가 있다. 예를 들어 전체 제품들 중에서 선택된 그룹군과 나머지 그룹군의 불량률을 비교하거나, 대학교 입학 전형에서 선택한 몇 개 전형들과 나머지 전형들 간의 지원율을 비교하는 경우이다.

Spotfire에서는 하위 집합을 이용하여 이 부분을 쉽게 구현할 수 있다.

하위 집합 따라하기(필터링) ⋯⋯⋯⋯ **1** p. 151 〈하위 집합 따라하기(마킹)〉 중 **1** ~ **6** 단계까지 동일하게 실행한다.

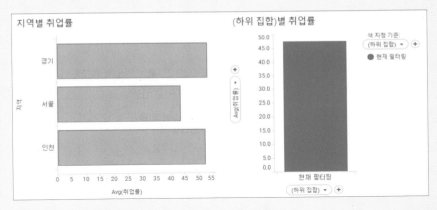

아래 그림과 같이 설정창을 보면 [비교할 하위 집합 선택] 목록에 기본 설정으로 [현재 필터링]이 체크되어 있다.

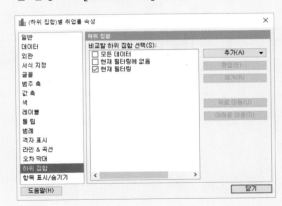

② [현재 필터링]의 체크를 해제하고 오른쪽의 [추가] 버튼을 눌러 나타나는 옵션 중 [마킹]을 선택한다.

③ [마킹 하위 집합 추가] 설정 화면이 표시되면 [확인]을 클릭한다.

그 결과 [비교할 하위 집합 선택] 목록에 [마킹]이 추가되었다.

④ [마킹]을 추가했으니, [마킹에 없음]을 추가해보자. [추가]를 누르고 [마킹]을 선택한다.

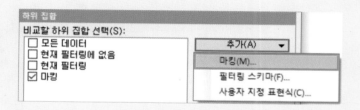

5 [마킹 하위 집합 추가] 설정 화면에서 [이 하위 집합의 보조 사용] 체크
박스를 선택하면, [이름 표시] 칸에 [마킹에 없음]으로 표시된다. [확인]
을 누른다.

주의!

하위 집합으로 마킹을 사용할 때
주의해야 할 부분은 바로 '마킹' 목
록 중에서 마스터 시각화(처음 생
성한 차트)와 동일한 '마킹'을 사용
해야 한다는 점이다. 만일 '마킹'의
드롭다운 메뉴에 있는 목록 중에서
다른 마킹(예를 들어, 마킹(2) 혹은
마킹(3) 등)을 선택하고 위 작업을
진행하면 하위 집합은 제대로 작동
하지 않는다.

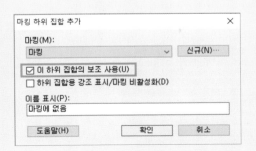

6 [하위 집합] 탭에서 [비교할 하위 집합 선택] 목록에 [마킹]과 [마킹에
없음]이 추가된 것을 확인하고 [닫기]를 누른다.

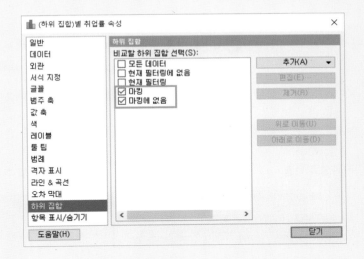

7 추가된(우측) 막대 그래프의 X축이 [마킹에 없음]으로 변경되고 [색 지 정 기준]도 다음 그림과 같이 변경된다. 현재 시각화에서는 아직 마킹 한 부분이 없으므로 아래 그림에는 [마킹에 없음]만 표시되어 있다.

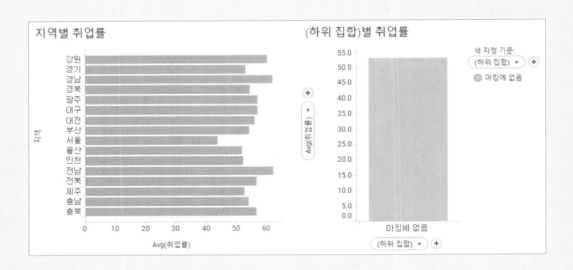

8 이제 처음 생성한 막대 그래프(왼쪽)에서 원하는 부분을 마킹하면 두번 째 생성한 막대 그래프(오른쪽)에 [마킹]과 [마킹에 없음] 부분이 자동 으로 분리되어 취업률(평균)을 표시해준다. 즉, 마킹된 부분과 마킹 안 된 부분의 취업률을 바로 비교할 수 있다.

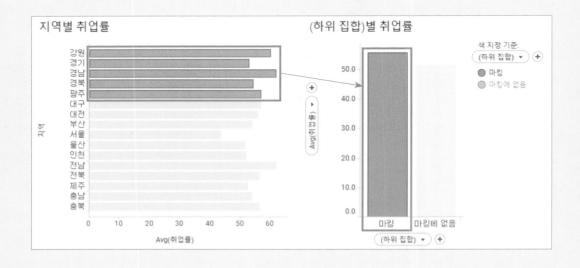

⑨ 만일 아래 그림처럼 전체(모든 데이터)도 같이 비교하도록 표시하고 싶다면,

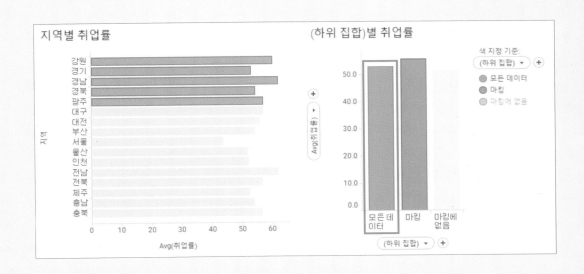

우측 막대 그래프의 범례에서 [색 지정 기준] 드롭다운 박스를 클릭하고, 컬럼 선택 창의 우측에서 [하위 집합 관리…]를 누른 후, [하위 집합] 대화창에서 [모든 데이터]를 선택하고 [닫기]를 누른다.

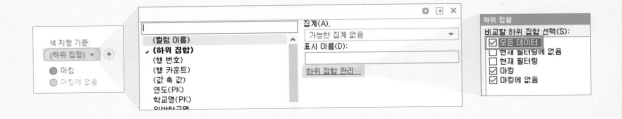

3장에서는 시각화 차트에 대한 부분을 다룬다. Spotfire는 시각화 분석 도구로 다른 제품들은 제공하지 않는 다양한 시각화 차트와 분석 기능을 제공한다. 시각화 자체에 중점을 둔 다른 대시보드나 시각화 제품들과 달리 Spotfire는 시각화만으로도 분석을 통한 인사이트를 발견할 수 있는 여러 기능을 제공한다.

Spotfire의 시각화 차트 사용법은 크게 어렵지 않다. 사용자 화면이 매우 직관적으로 구성되어 있고, 많은 시각화들이 대부분 동일한 개념과 화면으로 구성되어 있기 때문이다. 그래서 이 장에서는 시각화 차트에 관한 기본적 설명을 여러 시각화 차트 중 막대 그래프를 위주로 다루고, 동일한 기능들에 대해서는 중복 설명을 피하였다. 따라서 이 책을 처음 접하는 사용자는 반드시 막대 그래프의 기능들을 먼저 숙지하고 나서 다른 시각화 부분을 읽기 바란다.

시각화 차트

Spotfire 프로그램에서 가장 핵심적인 부분은 시각화, 즉 차트 부분이다. Spotfire는 사용자가 불러온 데이터뿐 아니라 그것을 바탕으로 새로 생성한 컬럼이나 계층 구조들을 활용하여 아주 빠르고 쉽게 차트를 생성할 수 있게 해준다.

시각화를 작성할 때 가장 중요한 사항은 '어떻게 하면 시각화를 보는 상대방(독자)이 가장 편안하고 빠르게 사용자가 전달하고자 하는 부분을 볼 수 있도록 할 것인가?' 하는 점이다. "완벽함이란 더 이상 추가할 것이 없을 때가 아니라, 더 이상 뺄 것이 없을 때다"라는 생텍쥐페리의 말은 핵심만 간략히 전달하는 것의 중요성을 일깨워준다. 시각화를 작성할 때 많은 사람들이 지나치는 부분 중 하나가 무조건 많은 정보를 표현하려 하는 것이다. 물론 처음 시각화를 작성할 때는 최대한 많은 시나리오를 적용하여 다양한 정보를 표현해보는 것이 좋다. 그러나 최종적으로 생성되는 결과물은 최대한 간결하게 작성해야 한다. 지나침은 모자람만 못한 경우가 종종 있다. 자세한 내용은 시각화를 디자인하는 데 도움이 될 만한 다양한 책들을 참고하기 바란다. 필자는 그 중 《데이터 디자인: 정보 디자인과 시각화 원칙》(비즈앤비즈, 2016)을 추천한다.

아래 그림의 파이 그래프를 살펴보자.

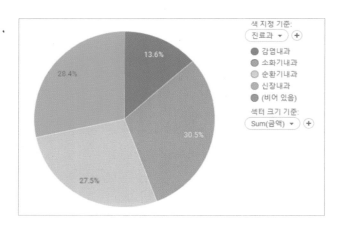

위 그림은 Spotfire에서 사용자가 별도의 설정을 변경하지 않고 기본으로 작성한 파이 그래프이다. 이 그림을 보면 각 색상이 어떤 진료과를 의미하는지, 어떤 진료과의 값이 가장 큰지 등이 한눈에 잘 파악되지 않는다.

다음 그림을 앞의 그림과 비교해보자.

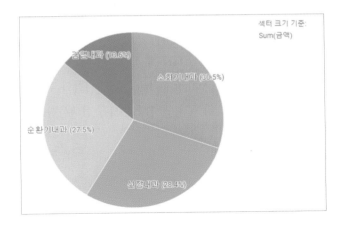

이 그림에서는 각 색상이 어떤 진료과를 의미하는지 바로 알 수 있게 범례 대신 차트에 진료과와 비율을 직접 표시하고, 글자 크기를 크게 하였다. 또 어떤 진료과의 값이 가장 큰지 시계 방향으로 정렬하여 큰 불편함 없이 한번에 차트를 이해할 수 있다. 이처럼 시각화를 보는 대상의 상황과 목적을 고려하여 최대한 간단하고 이해하기 쉽게 만드는 것이 Spotfire에서 시각화를 작성하는 중요한 포인트이다.

01 테이블(Table)

TIBCO Spotfire의 테이블 모습은 엑셀의 테이블과 거의 유사하다. 일반적으로 시각화를 생성하기 전에 사용자가 데이터를 로드하고 가장 먼저 하는 일은 데이터를 원본(보통 컬럼과 행의 형태) 그대로, 즉 테이블 형태로 보는 것이다. Spotfire에서도 엑셀과 같은 표 형태의 시각화인 '테이블'을 제공한다. 로드한 테이블은 행과 컬럼으로 이루어진 테이블 형식으로 데이터를 제공하며, 상세 정보를 보고 값을 비교하는 데 사용된다.

1-1 테이블 그리기

Spotfire에서 테이블을 생성하려면 화면 좌측 상단 '작성 막대 (Authoring bar)'에서 [시각화 유형]을 클릭하고 우측에 표시되는 시각화 목록 중 [테이블]을 선택한다.

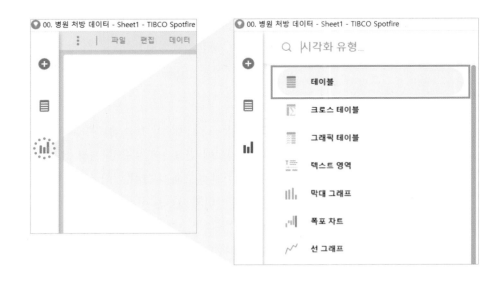

그러면 다음과 같은 테이블 시각화가 생성된다.

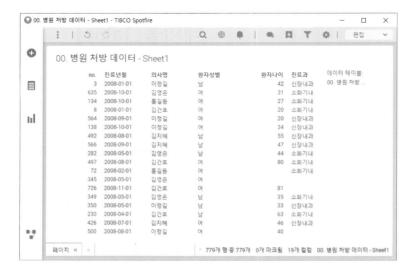

1-2 마킹

행을 클릭하여 마크한 후 마우스 포인터를 여러 행 위로 끌어서 하나
이상의 행을 마크할 수 있다. 마킹된 부분은 파란색으로 표시된다.

no.	진료년월	의사명	환자성별	환자나이	진료과
3	2008-01-01	이정길	남	42	신장내과
635	2008-10-01	김영은	여	31	소화기내
134	2008-10-01	홍길동	여	27	소화기내
8	2008-01-01	김건호	여	20	소화기내
564	2008-09-01	이정길	여	20	신장내과
138	2008-10-01	이정길	여	34	신장내과
492	2008-08-01	김지혜	남	55	신장내과
566	2008-09-01	김지혜	남	47	신장내과
282	2008-05-01	김영은	남	44	소화기내
497	2008-08-01	김건호	여	80	소화기내
72	2008-02-01	홍길동	여		소화기내
345	2008-05-01	김영은	여		
726	2008-11-01	김건호	여	81	

또는 원하는 행만 Ctrl 을 누른 상태에서 계속 선택할 수 있다.

no.	진료년월	의사명	환자성별	환자나이	진료과
3	2008-01-01	이정길	남	42	신장내과
635	2008-10-01	김영은	여	31	소화기내
134	2008-10-01	홍길동	여	27	소화기내
8	2008-01-01	김건호	여	20	소화기내
564	2008-09-01	이정길	여	20	신장내과
138	2008-10-01	이정길	여	34	신장내과
492	2008-08-01	김지혜	남	55	신장내과
566	2008-09-01	김지혜	남	47	신장내과
282	2008-05-01	김영은	남	44	소화기내
497	2008-08-01	김건호	여	80	소화기내
72	2008-02-01	홍길동	여		소화기내
345	2008-05-01	김영은	여		
726	2008-11-01	김건호	여	81	
349	2008-05-01	김영은	남	35	소화기내
350	2008-05-01	이정길	남	33	신장내과
230	2008-04-01	김건호	남	63	소화기내

1-3 컬럼 타이틀을 통한 설정

컬럼 머리글을 마우스로 클릭하면 컬럼의 정렬, 맞춤, 이동, 스타일, 숨
기기 등을 할 수 있는 별도의 설정창이 나타난다. 여기에서 테이블의
행을 컬럼별로 정렬하고, 컬럼의 폭을 맞출 수 있으며, 순서를 맨 앞이
나 맨 뒤로 이동시킬 수 있다. 또 컬럼 이름(머리글)이나 값이 테이블에

표시될 때 좌/우/중간 등 위치 정렬을 할 수 있고, 해당 컬럼만 테이블에서 보이지 않게 할 수도 있다.

1-4 이동

테이블상에서 순서를 변경하려면 해당 컬럼 머리글을 클릭한 상태로 원하는 컬럼 사이에 놓는다. 아래 그림에서는 [진료과] 컬럼 이름 부분을 클릭하여 [진료년월] 앞에 놓았다.

no.	진료년월	의사명	환자성별	환자나이	진료과
3	2008-01-01	이정길	남	42	신장내과
635	2008-10-01	김영은	여	31	소화기내과
134	2008-10-01	홍길동	여	27	소화기내과
8	2008-01-01	김건호	여	20	소화기내과
564	2008-09-01	이정길	여	20	신장내과
138	2008-10-01	이정길	여	34	신장내과
492	2008-08-01	김지혜	남	55	신장내과
566	2008-09-01	김지혜	남	47	신장내과
282	2008-05-01	김영은	남	44	소화기내과

그 결과 다음과 같이 표시되었다.

no.	진료과	진료년월	의사명	환자성별	환자나이
3	신장내과	2008-01-01	이정길	남	42
635	소화기내과	2008-10-01	김영은	여	31
134	소화기내과	2008-10-01	홍길동	여	27
8	소화기내과	2008-01-01	김건호	여	20
564	신장내과	2008-09-01	이정길	여	20
138	신장내과	2008-10-01	이정길	여	34
492	신장내과	2008-08-01	김지혜	남	55
566	신장내과	2008-09-01	김지혜	남	47
282	소화기내과	2008-05-01	김영은	남	44
497	소화기내과	2008-08-01	김건호	여	80

1-5 행 전체의 값 복사

Spotfire에서 테이블을 사용하다가 필요한 행(row)의 데이터 전체를
엑셀과 같은 다른 프로그램으로 가져가야 할 때가 있다. Spotfire에서
는 시각화 테이블에 있는 행 전체 값을 복사하여 엑셀에 붙여넣기해
사용할 수 있다. 테이블에서 원하는 행을 마킹(선택)하고 마우스 오른
쪽 버튼을 눌러 [복사]를 선택한다.

엑셀에서 Ctrl + V (붙여넣기)를 하면, 컬럼 제목과 선택된 값 전체 행이 복사된 것을 확인할 수 있다.

	A	B	C	D	E	F	G	H	I	J	K	L
1	no.	진료과	진료년월	의사명	환자성별	환자나이	금액	지역_도	약효명	제약회사	품목명	상병중분류명
2	134	소화기내과	2008-10-01	홍길동	여	27	1256	경북	해열.진통.소염제	드림파마	에어펜정	당뇨병
3												
4												

1-6 특정 셀의 값 복사

Spotfire를 사용하다 보면 정확한 셀(cell) 값을 확인해보고 싶을 때가 있다. Spotfire상에서는 값의 앞이나 뒤 자리에 빈칸이 보이지 않기 때문에 실제 값에 빈칸이 있어도 빈칸이 없는 값과 동일하게 보이고, 컬럼 내에 고유한 값이 별도로 존재할 수 있다. 이런 경우에 실제 값을 확인해보기 위해 이 기능을 사용할 수 있다.

마우스를 원하는 셀에 가져다 놓은 뒤 마킹(클릭)하지 말고 마우스를 우클릭하여 [셀 복사] → [값]을 선택한다.

엑셀에서 ⌈Ctrl⌉+⌈V⌉(붙여넣기)를 하면 값만 복사된다. 이 값을 엑셀
의 수식 입력줄에서 확인해보면 빈칸의 삽입 유무를 정확하게 판단할
수 있다.

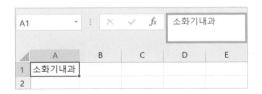

1-7 값 바꾸기

데이터 테이블에 있는 값의 글자가 틀렸거나 값을 바꾸고 싶다면 테이
블 시각화 또는 상세 요청 정보에서 직접 해당 값을 바꿀 수 있다.

이는 컬럼의 서식을 변경하거나 데이터 테이블 전체를 바꾸기 위한
것이 아니라 컬럼의 값 몇 개만 바꾸는 데 사용된다. 여러 개의 서로 다
른 범주를 하나로 결합하려면 마크된 범주에서 그룹화를 대신 사용할
수 있다.

값을 바꾸는 경우는 2가지로 생각해볼 수 있는데, 해당 컬럼 안의 값
을 모두 바꾸는 경우와 특정 행의 값만 바꾸는 경우이다.

1) 해당 컬럼 안의 값을 모두 바꾸는 경우
아래 예제에서 '환자성별' 컬럼에 있는 모든 '남' 값을 '남자'로 바꾸어
보자.

no.	진료년월	의사명	환자성별	환자나이
30000	2008-01-01	이정길	남	42
635	2008-10-01	김영은	여	31
134	2008-10-01	홍길동	여	27
8	2008-01-01	김건호	여	20
564	2008-09-01	이정길	여	20
138	2008-10-01	이정길	여	34
492	2008-08-01	김지혜	남	55
566	2008-09-01	김지혜	남	47

테이블 시각화 또는 상세 요청 정보에서 바꾸려는 값을 더블클릭하거나 우클릭하여 [값 바꾸기]를 클릭한다.

팝오버에서 새 값을 '남자'라고 입력한다. '컬럼의 모든 해당 항목'이 선택되어 있는지 확인하고 [적용]을 클릭한다.

데이터에 값이 변경되어 있음을 확인할 수 있다.

no.	진료년월	의사명	환자성별	환자나이
30000	2008-01-01	이정길	남자	42
635	2008-10-01	김영은	여	31
134	2008-10-01	홍길동	여	27
8	2008-01-01	김건호	여	20
564	2008-09-01	이정길	여	20
138	2008-10-01	이정길	여	34
492	2008-08-01	김지혜	남자	55
566	2008-09-01	김지혜	남자	47
282	2008-05-01	김영은	남자	44

컬럼에서 모든 해당 값이 바뀌고 이 데이터를 사용하는 모든 시각화가 업데이트된다. '값 바꾸기'는 데이터에 대한 변환으로 추가되고 데이터 소스의 원본 데이터는 이 변경의 영향을 받지 않는다. 따라서 기본 데이터가 다시 로드되는 경우, 로드 후 변환이 다시 적용되며 규칙에 일치하는 모든 추가 행도 분석에서 바뀐다.

2) 특정 행의 값만 바꾸는 경우

아래 예제에서 '환자나이' 컬럼의 4번째 행에 있는 '20' 값을 '19'로 바꾸어보자.

no.	진료년월	의사명	환자성별	환자나이
30000	2008-01-01	이정길	남	42
635	2008-10-01	김영은	여	31
134	2008-10-01	홍길동	여	27
8	2008-01-01	김건호	여	20
564	2008-09-01	이정길	여	20
138	2008-10-01	이정길	여	34
492	2008-08-01	김지혜	남	55
566	2008-09-01	김지혜	남	47

테이블 시각화 또는 상세 요청 정보에서 바꾸려는 값을 더블클릭하거나 우클릭하여 [값 바꾸기]를 클릭한다.

[값을 다음으로 바꾸기]에서 원하는 값을 입력하고 '이 항목만'이 체크되어 있는지 확인한다. 아래 그림처럼 [적용] 버튼이 활성화되지 않는 경우에는 '키 컬럼 선택' 링크를 클릭하여 데이터 테이블에서 행을 고유하게 식별하는 하나 이상의 컬럼을 지정해야 한다.

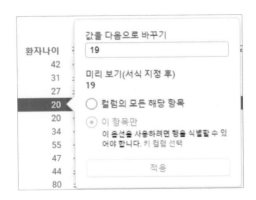

‘키 컬럼 선택’ 링크를 클릭하면 컬럼을 선택하는 대화상자가 나타난다. 여기에서 특정 행을 식별할 수 있는 컬럼을 아래 그림처럼 지정해준다. 이는 ‘no.’ 컬럼의 값은 각 행마다 고유하여 사용자가 선택한 행의 ‘no’ 값만 바꾸겠다는 의미이다.

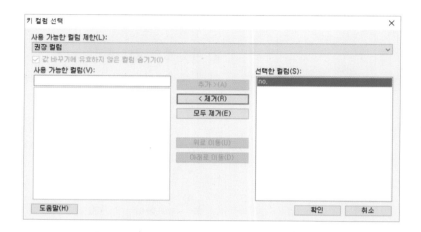

[확인]을 누르면 ‘키 컬럼 선택’ 대화상자가 사라지고 아래 그림처럼 팝오버의 [적용] 버튼이 활성화된다. [적용] 버튼을 클릭하면 값 바꾸기가 실행된다.

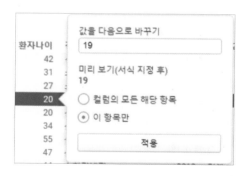

해당 행의 값만 변경(20 → 19)되었고 바로 아래 행의 값 '20'은 변경
되지 않았다.

no.	진료년월	의사명	환자성별	환자나이
30000	2008-01-01	이정길	남자	42
635	2008-10-01	김영은	여	31
134	2008-10-01	홍길동	여	27
8	2008-01-01	김건호	여	19
564	2008-09-01	이정길	여	20
138	2008-10-01	이정길	여	34
492	2008-08-01	김지혜	남자	55
566	2008-09-01	김지혜	남자	47
282	2008-05-01	김영은	남자	44

이 경우에도 '값 바꾸기'는 데이터에 대한 변환으로 추가되고 데이터
소스의 원본 데이터는 이 변경의 영향을 받지 않는다. 따라서 기본 데
이터가 다시 로드되는 경우, 로드 후 변환이 다시 적용되며 규칙에 일
치하는 모든 추가 행도 분석에서 바뀐다.

다음 그림은 위의 설정 적용 후 데이터 캔버스에서 [변환 편집]을 통
해 확인한 설정 내용이다.

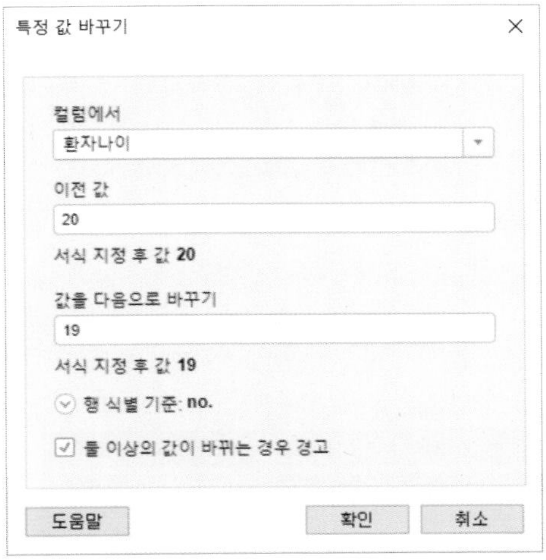

위 설정창을 보려면 데이터 캔버스에서 해당 노드를 클릭하여 좌측
하단의 '특정 값 바꾸기' [변환 편집] 아이콘을 누른다. [변환]에서 해
당 방법 선택 후 [편집]을 클릭한다.

1-8 속성 설정

테이블에서 필요한 부분들의 표시를 변경할 때 [속성]에서 설정할 수 있다. 글꼴을 변경하거나, 일부 컬럼을 표시하지 않도록 빼거나, 셀 값에 색상을 표시하는 등 여러 설정을 할 수 있다.

테이블에서 마우스를 우클릭하여 [속성]을 선택하면 속성 설정창이 표시된다.

1 일반 속성

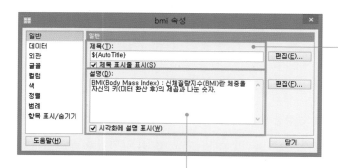

사용자가 해당 시각화(표)에 대한 주석을 메모하는 부분이다. 범례 또는 시각화에 이 설명을 선택적으로 표시할 수 있다. [시각화에 설명 표시] 부분의 체크박스를 해제하면 테이블에서 설명 표시 부분이 사라진다.

[제목]에서 ${Auto Title} 옵션을 사용하면 시각화를 다르게 구성할 때 시각화 제목이 자동으로 바뀐다. 사용자가 직접 입력하면 제목을 변경할 수 있다. 만일 [제목 표시줄 표시] 부분의 체크박스를 해제하면 테이블에서 제목 표시가 사라진다.

테이블 시각화에
설명 표시를 적용한 예

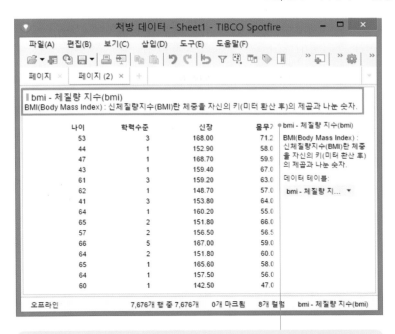

[속성] → [범례] → [다음 범례 항목 표시]의 [설명] 체크박스에서 표시를 설정할 수 있다.

2 외관

테이블의 왼쪽에서 동결
될 컬럼 수, 즉 스크롤 막
대를 오른쪽으로 이동해
도 스크롤되지 않는 컬럼
수를 지정한다. 컬럼이 많
을 때 특히 유용하다.

컬럼 머리글의 행 높이를 설정한다.

데이터의 행 높이를 설정한다.

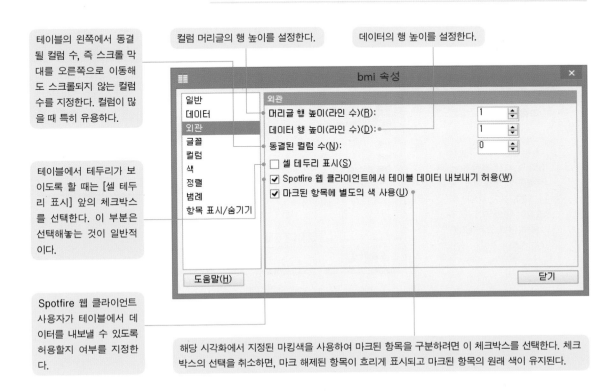

테이블에서 테두리가 보
이도록 할 때는 [셀 테두
리 표시] 앞의 체크박스
를 선택한다. 이 부분은
선택해놓는 것이 일반적
이다.

Spotfire 웹 클라이언트
사용자가 테이블에서 데
이터를 내보낼 수 있도록
허용할지 여부를 지정한
다.

해당 시각화에서 지정된 마킹색을 사용하여 마크된 항목을 구분하려면 이 체크박스를 선택한다. 체크
박스의 선택을 취소하면, 마크 해제된 항목이 흐리게 표시되고 마크된 항목의 원래 색이 유지된다.

3 글꼴

테이블의 글꼴(font)과 크기, 굵기, 기울기 등을 변경할 수 있다.

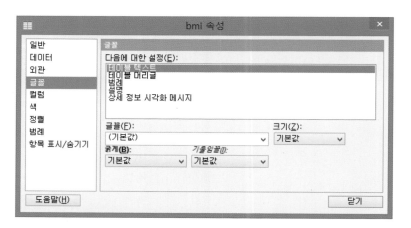

4 컬럼

테이블에 표시하고 싶은 컬럼만 선택할 수 있도록 설정하는 탭이다. 오른쪽의 [선택한 컬럼] 부분이 Spotfire 테이블에 표시되는 부분이다.

주의!

이 부분을 체크해놓지 않으면 새로 컬럼을 생성해도 테이블에서 볼 수 없다. 초기 설정은 체크되어 있지 않으므로 가능하면 체크해놓기를 권장한다.

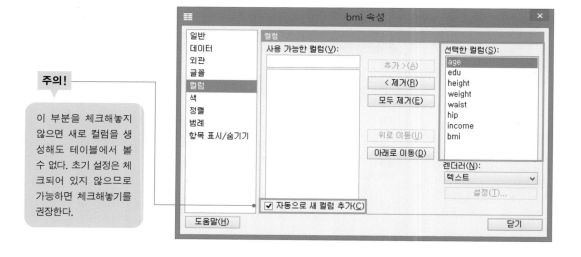

5 색

테이블 시각화에 원하는 색상을 적용할 수 있다.

1 추가

[추가]를 눌러 색상을 적용하고 싶은 컬럼을 하나씩 선택하거나, 그룹
으로 묶어서 선택해 추가할 수 있다. 선택된 컬럼은 [색 구성표 그룹화]
에 추가된다.

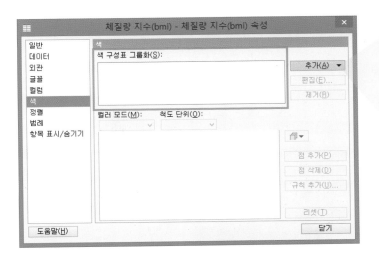
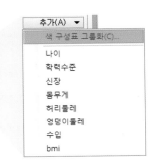

2 색 구성표 그룹화

위 그림에서 [색 구성표 그룹화]를 클릭하면 설정창이 나타난다. 여기
에서 원하는 컬럼들을 하나의 그룹으로 묶을 수 있고, 그룹화된 컬럼
들에 일괄로 색상을 적용할 수 있다.

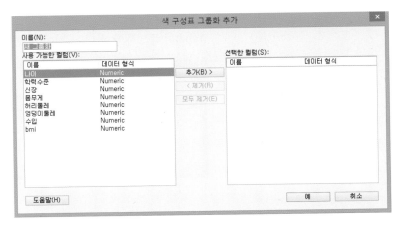

아래 그림에서 '나이, 신장, 학력수준' 3개의 컬럼을 '새 그룹화'라는
이름의 그룹으로 묶어보자.

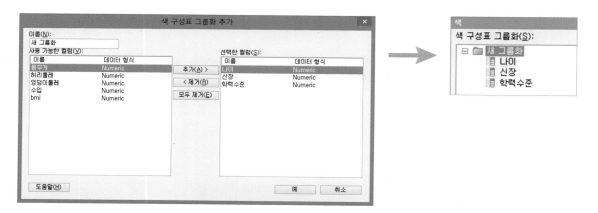

이들은 하나의 그룹이므로 3개 컬럼 중에서 어느 한 컬럼의 색을 변
경하면 아래 그림처럼 모두 동일하게 변경된다.

나이	학력수준	신장	몸무게	허리둘레	엉덩이둘레	수입
53	3	168.00	71.20	92.30	99.00	5
44	1	152.90	58.00	87.10	97.10	2
47	1	168.70	59.90	80.50	91.00	2
43	1	159.40	67.00	98.50	99.50	2
61	3	159.20	63.00	81.00	92.20	1
62	1	148.70	57.00	88.60	99.00	1
41	3	153.80	64.00	88.00	95.00	3
64	1	160.20	55.00	87.00	89.00	1
65	2	151.80	66.00	89.00	96.00	2
57	2	156.50	56.50	84.00	92.50	1
66	5	167.00	59.00	74.00	90.00	2
64	2	151.80	60.00	99.00	92.00	2
65	1	165.60	58.00	81.00	89.50	1
64	1	157.50	56.00	82.00	92.00	1
60	1	142.50	47.00	81.00	87.00	1
45	5	163.00	73.00	84.00	95.00	4
45	3	153.60	56.00	81.00	91.00	4
65	2	170.50	49.00	75.00	85.00	7
67	1	157.10	57.00	88.00	95.00	2
53	3	170.00	65.30	84.50	94.00	2
47	1	158.50	59.00	84.00	94.00	2
66	3	159.50	52.00	74.00	83.50	1
66	1	144.30	40.00	74.50	85.50	1
46	1	159.30	63.00	84.50	93.00	2
48	3	170.30	62.50	78.80	91.00	3

'색구성표 그룹화'를 이용할 때 주의할 점은 선택한 컬럼의 형식
(type)이 동일해야 한다는 것이다. 만일 선택한 컬럼들의 형식이 다르면
아래와 같이 에러 메시지가 표시된다.

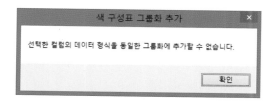

3 컬러 모드

색 구성표를 설정할 색 모드를 지정하는 부분이다.

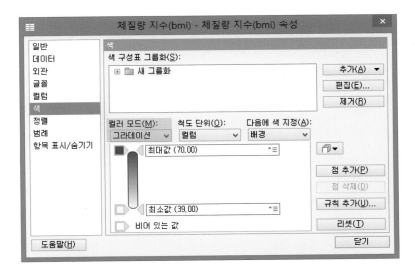

컬러 모드의 드롭다운 버튼을 누르면 사용 가능한 옵션 선택창이 나타난다.

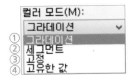

① 그라데이션(Gradient)

연속하는 척도 모드의 컬럼에 대해 사용하며 2개 이상의 수치 사이에 단계적 색상 변화(gradation)로 표시한다.

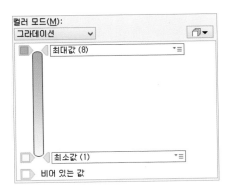

② 세그먼트(Segment)

세그먼트 색 모드는 연속형 척도 모드의 컬럼에 대해 사용할 수 있다. 2개 이상의 지점 사이에 있는 값을 나타내는 항목을 고정 색으로 지정한다.

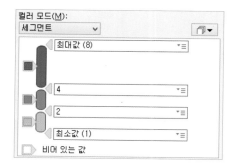

③ 고정(Fixed)

고정 색 모드는 범주별 척도 모드와 연속형 척도 모드에서 모두 사용할 수 있다. 고정 모드에서 시각화의 모든 항목은 단일의 고정 색을 갖는다.

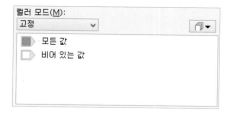

④ 고유한 값

문자형 또는 연속형 척도 모드의 컬럼에 대해 사용할 수 있다. 범주별 색 모드와 비슷하며 컬럼의 고유한 값별로 다른 색을 지정한다.

앞에서 살펴본 컬러 모드의 4가지 옵션 중에서 하나를 선택하면 그
아래 부분에 색상이 표시된다. 이 색상을 사용자가 변경할 수 있다.
먼저 [색 구성표 그룹화] 부분에서 색상 설정을 원하는 컬럼이나 그
룹을 선택하고, [컬러 모드]에서 속성을 설정한 후 그림처럼 아래
파란색 사각형을 마우스로 클릭한다.

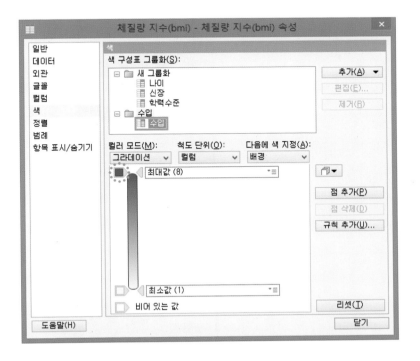

팔레트 모양의 색상표가 나타나면 원하는 색을 지정한다. 색상표에
원하는 색이 없다면 [기타 색]을 눌러 원하는 색을 선택한다.

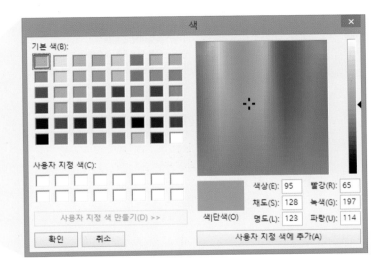

4 색 구성표

어떤 기준으로 컬럼에 색을 적용할지에 대하여 Spofire에서 자주 사용하는 기준에 따라 미리 색을 구성해놓은 표이다.

컬러 모드 옆 부분의 색 구성표 아이콘(　　)을 클릭하면 구성표가 펼쳐진다. 색 구성표는 컬럼의 형식(숫자인지 문자인지)에 따라 구성이 달라진다.

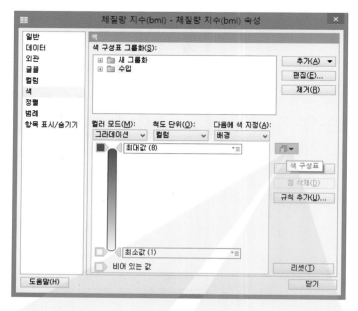

Spotfire 범주

Spotfire 범주별 클래식

파란색 범주(B)

회색 범주(C)

녹색 범주(D)

라이브러리에서 열기(O)...

파일에서 열기(E)...

다른 이름으로 저장(S)

시각화에 적용(A)...

문자형 컬럼의 경우

상위 n

하위 n(B)

x 초과

x 미만(C)

2색(D)

3색(F)

양수 및 음수(G)

2점 그라데이션(H)

3점 그라데이션(I)

최소-평균-최대(J)

윤곽 제외(K)

Spotfire 계속

Spotfire 연속 클래식

라이브러리에서 열기(O)...

파일에서 열기(E)...

다른 이름으로 저장(S)

시각화에 적용(A)...

숫자형 컬럼의 경우

컬럼의 속성이 숫자형일 경우 나타나는 색 구성표에 대한 자세한 설명은 다음 표를 참조하기 바란다.

백분위수

백분위수(percentiles)는 총 값의 백분율이 해당 값보다 작거나 같은 측정치. 예를 들어 데이터 값의 90%는 100개 중에서 90번째 백분위수 아래에 위치하고, 데이터 값의 10%는 10번째 백분위수 아래에 위치한다.

값	f값
4	0
8	0.2
9	0.4
11	0.6
16	0.8
17	1.0

사분위수

사분위수(quartiles)는 데이터 테이블 또는 그것의 일부를 거의 균등한 관찰값 수를 포함하는 4개의 그룹으로 나눈 값이다. 합계 100%를 4개의 균등한 부분(25%, 50%, 75%, 100%)으로 분할한다.
제1 사분위수(또는 하위 사분위수) Q1은 f값이 0.25인 값으로 정의된다. 즉 100개 중에서 25번째 백분위수와 같다. 제3 사분위수(상위 사분위수) Q3은 f값이 0.75이다. 사분위수 범위를 IQR(Inter Quartiles Range)이라고 하며 IQR은 'Q3-Q1'으로 정의된다. 그림처럼 f값 0.75를 보간하면 Q3=14.75가 된다.

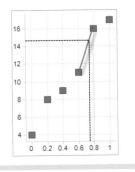

옵션	설명
상위 n (Top n)	기본적으로 데이터에서 가장 높은 값을 가진 10개의 항목이 주황색으로 표시되고 나머지는 회색으로 표시된다. '상위 10' 부분을 더블 클릭하여 '10'개를 변경할 수 있다(이 기능은 나머지 옵션들에서 모두 적용 가능하다).
하위 n (Bottom n)	데이터에서 가장 낮은 값을 가진 10개의 항목이 주황색으로 표시되고 나머지는 회색으로 표시된다.
x 초과 (Above x)	평균을 초과하는 값들은 주황색으로 표시되며 나머지는 고정 색(파란색)으로 표시된다.
x 미만 (Below x)	평균보다 작은 값을 나타내는 값들은 주황색으로 표시되며 나머지는 고정 색(파란색)으로 표시된다.
2색 (2 colors)	최소값부터 평균값 사이의 값을 나타내는 항목은 파란색으로 표시되고, 평균값부터 최대값 사이의 값을 나타내는 항목은 분홍색으로 표시된다.
3색 (3 colors)	최소값부터 Q1(25% Percentile) 사이의 값을 나타내는 항목은 파란색으로 표시되고, Q1부터 Q3(75% Percentile) 사이의 값을 나타내는 항목은 분홍색으로 표시된다. Q3부터 최대값 사이의 값을 나타내는 항목은 노란색으로 표시된다.
양수 및 음수 (Positive and negative)	양수값을 나타내는 항목은 녹색으로 표시되고, 음수값을 나타내는 항목은 빨간색으로 표시된다.
2점 그라데이션 (2-point gradient)	최소값과 최대값 사이의 색이 연한 파란색에서 진한 파란색으로 그라데이션 방식으로 전환된다.
3점 그라데이션 (3-point gradient)	그라데이션 색 모드의 색 구성표 최소값부터 0.00 사이의 값을 나타내는 항목은 빨간색에서 흰색으로 그라데이션 방식으로 전환된다. 0.00부터 최대값 사이의 값을 나타내는 항목은 흰색에서 파란색으로 그라데이션 방식으로 전환된다. 양수 값을 나타내는 항목은 항상 파란색으로 차이를 두어 지정하고 음수 값을 나타내는 항목은 빨간색으로 차이를 두어 지정하도록 사용자 지정 표현식을 사용하여 최소값 지점과 최대값 지점을 정의한다.
최소-평균-최대 (Min-average-max)	그라데이션 색 모드의 색 구성표 최소값부터 평균 사이의 값을 나타내는 항목은 녹색에서 검정색으로 그라데이션 방식으로 전환된다. 평균값부터 최대값 사이의 값을 나타내는 항목은 검정색에서 빨간색으로 그라데이션 방식으로 전환된다.
윤곽 제외 (Exclude outliers)	그라데이션 색 모드의 색 구성표 LIF부터 UIF 사이의 값을 나타내는 항목은 연한 파란색에서 진한 파란색으로 그라데이션 방식으로 전환된다. 한 규칙은 UIF보다 큰 값을 나타내는 항목을 흰색으로 나타내도록 규정하고, 다른 규칙은 LIF보다 작은 값을 나타내는 항목을 흰색으로 나타내도록 규정한다.
Spotfire 계속 (Spotfire continuous)	연속하는 컬럼에 대한 기본 색 구성표이다.
Spotfire 연속 클래식 (Spotfire continuous classic))	TIBCO Spotfire 6.5 이전에서 사용된 연속형 컬럼의 기본 색이다.

컬럼의 속성이 문자(범주)형일 경우 나타나는 색 구성표에 대한 자세한 설명은 다음 표를 참조하기 바란다.

옵션	설명
Spotfire 범주별 (Spotfire categorical)	범주별(문자형) 값 컬럼에 대한 기본 색 구성표이다. 컬러 모드를 [고유한 값]으로 선택할 때 이 메뉴가 보인다.
Spotfire 범주별 클래식 (Spotfire categorical classic)	TIBCO Spotfire 6.5버전 이전에서 사용된 범주별 컬럼의 기본 색 구성표이다. 컬러 모드를 [고유한 값]으로 선택할 때 이 메뉴가 보인다.
파란색 범주	파란색 계열로 값을 표시한다.
회색 범주	회색 계열로 값을 표시한다.
녹색 범주	녹색 계열로 값을 표시한다.

02 막대 그래프(Bar Chart)

막대 그래프는 숫자를 나타내는 여러 항목을 비교하거나 항목들의 순위를 매길 때 주로 사용한다. 막대 그래프에서는 여러 막대를 사용하여 데이터를 표시한다. 각 막대는 특정 범주를 나타내는데, 각 막대의 높이는 특정 집계(예: 표시된 범주에 있는 값의 합계나 평균 등)에 비례한다.

막대별로 색상을 지정할 수 있으며, 각 막대 내에서 데이터의 다른 범주 컬럼으로 분할하여 막대 그래프의 각 막대에서 차지하는 크기(비율)에 따라 각 범주를 표시할 수도 있다. Spotfire에서는 숫자같이 연속하는 데이터라 할지라도 자동 저장함(Auto bin)을 이용해 그룹화하면 범주처럼 이용할 수도 있다.

2-1 막대 그래프 그리기

Spotfire에서 막대 그래프를 생성하려면 화면 좌측 상단 '작성 막대 (Authoring bar)'에서 [시각화 유형]을 클릭하고 우측에 표시되는 목록에서 [막대 그래프]를 선택한다.

그러면 현재 페이지에 (자동으로 선택된 값들을 가지고) 막대 그래프가 생성된다. Spotfire가 엑셀과 같은 일반적인 프로그램들과 차별화되는 장점 중 하나는 속성들을 미리 생각한 후에 차트를 그리는 것이 아니라, 일단 차트를 생성해놓고 나서 대부분의 속성들을 쉽게 변경해볼 수 있다는 것이다.

막대 그래프 시각화에서는 크게 3가지를 설정하면 된다.

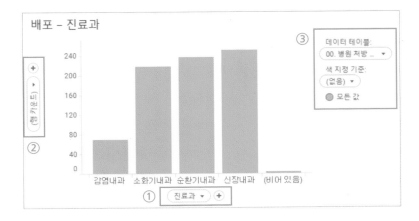

① X축

막대 그래프를 어떤 범주(category)별로 나타낼지 설정하는 부분이
다. 보통은 문자 형식으로 되어 있는 범주(category)형의 컬럼을 설
정하므로 Spotfire에서는 X축을 '범주 축'이라고 부른다. X축을 설
정하는 방법은 몇 가지가 있다.

①-1 축 선택키를 누르면 다음과 같은 컬럼 선택창이 나타나서 원하는 컬
럼과 집계 방법을 선택할 수 있다. 그림에는 [진료과]가 선택되어 있다.

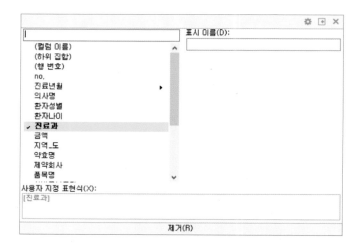

①-2 '필터'에서 컬럼 타이틀 부분을 선택하고 잡아끌어서 축 선택기에
놓는다.

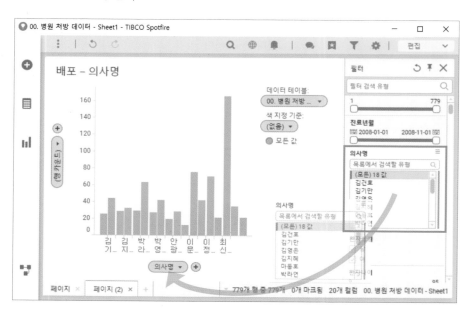

①-3 '분석의 데이터'에서 컬럼을 선택하고 잡아끌어서 축 선택기에 놓
는다.

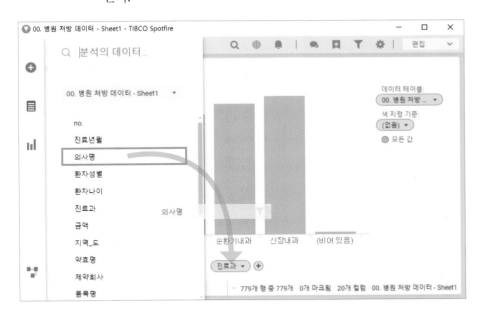

② Y축

X축에서 선택한 범주를 막대의 높이로 나타낼 컬럼을 지정한다.
보통은 숫자 형식으로 되어 있는 값(value)형의 컬럼을 설정하므로
Spotfire에서는 Y축을 '값 축'이라고 부른다. 참고로 [행카운트]는
데이터에서 해당 범주의 행(row) 개수를 의미한다.

Y축을 설정하는 방법은 X축(범주 축) 대신 Y축(값 축)을 대상으로
하는 것만 제외하면 앞의 X축 설정 방법과 동일하다.

③ 범례

보통 차트의 오른쪽 상단에 설정해야 할 요소들이 표시된다. 그림
에서는 '데이터 테이블'과 '색 지정 기준'을 설정할 수 있다.

③-1 데이터 테이블: 차트를 구성할 때 사용하는 데이터 테이블을 선택
한다. 만일 불러온 데이터가 하나라면 자동으로 표시되지 않지만, 2
개 이상의 데이터를 사용하고 있다면 자동으로 표시된다.

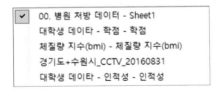

③-2 색 지정 기준: 막대의 색상으로 사용할 기준을 설정한다. 만일 X
축으로 사용된 '진료과'별로 다른 색상의 막대로 표시하고 싶다면
이 부분을 '진료과'로 선택하면 된다.

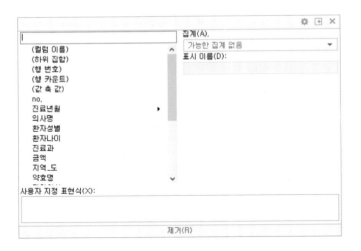

아래 그림은 '색 지정 기준'으로 [진료과]를 설정한 화면이다. 막대
의 색상이 '진료과'별로 다르게 표시되었다.

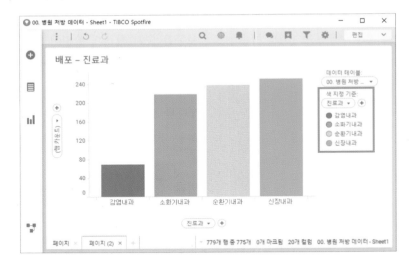

2-2 막대 그래프의 모양 설정

막대 그래프에서 마우스를 우클릭하면 그래프 모양을 변경할 수 있는 몇 가지 옵션이 제공된다. 여기에서 ①, ② 중 하나, ③, ④, ⑤ 중 하나를 각각 선택할 수 있다. ①, ②는 막대의 방향을, ③, ④, ⑤는 '색지정 기준'을 적용하였을 때 표시하는 방법을 선택하는 것이다.

① 수직 막대

막대 그래프에서 가장 일반적으로 사용되는 형태로, 기본으로 설정되어 있는 옵션이다. 범주로 설정된(x축) 값들 중에서 수치(y축)가 높은 것을 비교하기에 가장 적합하다.

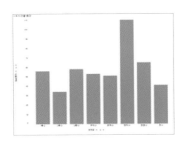

② 수평 막대

막대가 수평 형태라는 점을 제외하면 모든 면에서 수직 막대와 동
일하다.

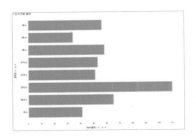

③ 바 나란히 표시

2개 이상의 막대가 서로 다른 색상으로 표시될 때 나란히(side by
side) 표시된다. X축으로 선택된 범주들에 대하여 색 지정 기준
(color by)의 인자들이 옆으로 나란히 표시된다. X축의 각 범주별로
색 지정 기준 인자들 간에 값(막대의 높이)의 차이를 쌍으로(pair)
비교할 때 사용한다.

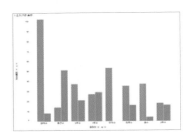

④ 스택 막대

2개 이상의 막대가 서로 다른 색상으로 표시될 때 색 지정 기준의
인자들이 X축으로 선택된 범주들에 대하여 쌓이는 상태(stack)로
합쳐져 표시된다. Y축의 값들을 절대값으로 비교할 때 사용할 수
있다.

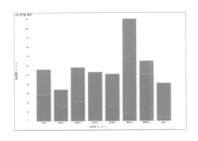

⑤ 100% 스택 막대

④ [스택 막대]의 Y축 절대값이 서로 다르더라도 각 범주의 최대값을 100%로 환산하여 전체 막대의 높이가 같게 표시한다. X축의 각 범주별로 색 지정 기준 인자들 간에 Y축의 값들을 상대적으로 (비율로) 비교할 때 사용한다.

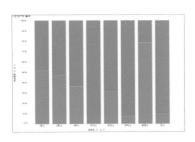

⑥ 값을 기준으로 막대 정렬

Y축의 값들을 기준으로 큰 순서대로 막대가 정렬된다.

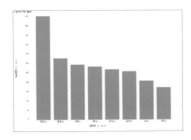

⑦ 막대 세그먼트 순서 반전

④ [스택 막대]나 ⑤ [100% 스택 막대]에서 표시된 색상의 순서를 반대로 표시한다.

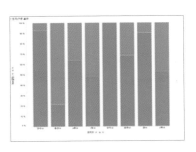

2-3 집계 컬럼과 형식을 변경하기

막대 그래프는 Y축의 값을 항상 집계(aggregation) 형태로 표시하는 시각화다. Spotfire에서는 Y축으로 사용할 컬럼을 먼저 선택하고 집계 방식을 지정하여 시각화를 완성할 수 있다.

완성된 막대 그래프 시각화에서 Y축의 컬럼과 집계 방식을 쉽게 변경할 수 있다. 먼저 Y축의 값 축에서 축 선택기를 클릭한다.

축 선택기에서 집계 방식을 더 넓은 화면으로 보려면 아래 왼쪽 그림처럼 확장 버튼을 누른다.

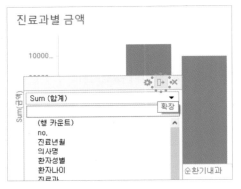

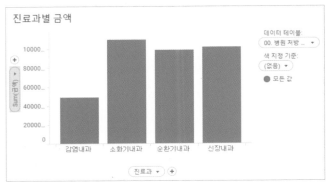

그러면 선택된 축 바로 옆에 별도의 설정창이 표시된다.

'축 선택기'에서 지정한 컬럼을 어떤 방식으로 집계할지를 결정하는 부분이다. Spotfire에서는 많이 쓰는 집계 방법들을 바로 사용할 수 있도록 미리 만들어서 제공하고 있다. 집계에 사용되는 함수는 컬럼의 형식(숫자, 문자)에 따라서 다르게 제공된다.

Y축에서 표시할 명칭을 직접 입력할 수 있다. 아무것도 입력하지 않으면, 아래 [사용자 지정 표현식] 부분에 표시되는 대로 막대 그래프에 표시된다.

Y축으로 지정할 컬럼을 선택하는 부분이다. 여기에서 Y축을 변경할 수 있다.

집계 방법에 사용할 표현식을 직접 작성할 수 있다. 만일 [집계]에서 집계 방법을 이미 선택했다면, Spotfire에서 사용된 내부 함수가 이 부분에 자동으로 표시된다. 이 부분에 사용자가 직접 수식을 입력하여 추가하거나 변경할 수 있다.

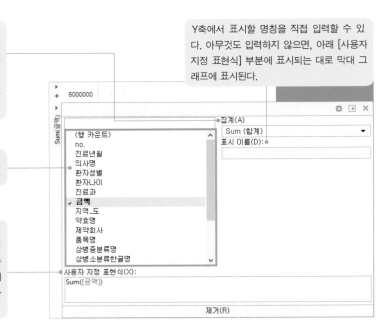

아래 왼쪽 그림은 선택된 컬럼이 문자 형식일 때 제공되는 집계 방법의 옵션이다. 오른쪽 그림은 선택된 컬럼이 숫자 형식일 때 제공되는 집계 방법의 옵션이다. 문자보다 훨씬 다양한 함수들을 제공하고 있다. 옆의 슬라이더 바를 밑으로 내리면 더 많은 함수들을 선택할 수 있다.

컬럼과 집계 방식을 선택하면 막대 그래프가 즉시 업데이트되어 새 정보로 표시된다. 막대 그래프뿐 아니라 다른 시각화에서도 집계 방식을 선택해야 할 때는 이 방법과 동일하게 적용한다.

2-4 연속형 범주 축(숫자형 데이터)을 X축에서 그룹화해서 사용하기

Spotfire에서는 막대 그래프의 X축에서 숫자를 범주형처럼 사용할 수 있는 기능을 제공한다. 즉 연령 컬럼과 같이 연속하는 값으로 해석될 수 있는 값들을 몇 개의 그룹들로 묶어서 표시하는 것이다. 예를 들어 모든 연령을 X축에 표시하는 대신에 10대, 20대, … 같이 연령대별로 표시한다.

Spotfire에서는 '자동 저장함(binning)' 기능으로 이 부분을 제공한다. 이 기능은 막대 그래프 X축의 '축 선택기'에 마우스를 이동시킨 후 오른쪽 버튼을 사용하거나, 왼쪽 버튼을 사용하는 2가지 방법으로 이용할 수 있다.

1 마우스 우클릭으로 저장함 사용하기

숫자를 범주형처럼 사용하는 첫 번째 방법을 살펴보자. 먼저, 원하는 연속형 값(여기서는 [환자나이])을 범주 축(X축)에 넣고 컬럼 선택기를 마우스 오른쪽 버튼으로 클릭한다. 팝업 메뉴에서 [저장함에 컬럼 자동 저장]을 선택한다.

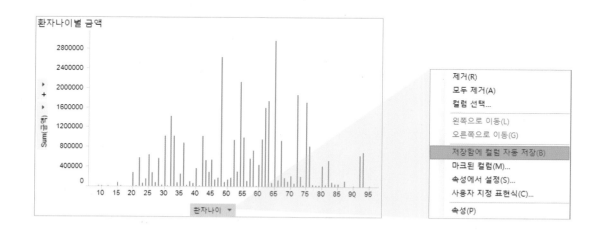

그 결과값을 배치할 저장함이 자동으로 생성된다.

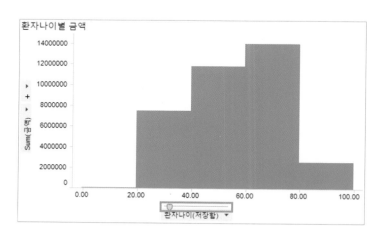

원하는 경우 '저장함 슬라이더'를 사용하여 시각화에 사용되는 저장
함(그룹)의 수를 변경한다. 다음 그림은 저장함 슬라이더를 오른쪽으로
많이 이동한 후의 결과이다.

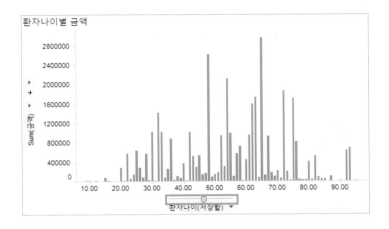

만일 그룹화되는 개수를 임의로 지정하고 싶다면, 컬럼 선택기를 마
우스 오른쪽 버튼으로 클릭하고 [함 수]를 선택하여 범주 축의 정확한
[저장함 수]를 입력할 수도 있다.

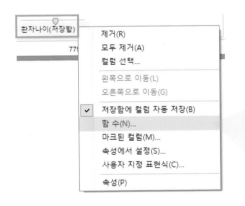

2 마우스 왼쪽 버튼으로 저장함 사용하기

숫자를 범주형처럼 사용하는 두 번째 방법을 살펴보자. 먼저, 원하는 연속하는 컬럼(여기서는 [환자나이])을 범주 축(X축)에 넣고, 컬럼 선택 기를 마우스 왼쪽 버튼으로 클릭한다.

　그러면 다음과 같이 별도의 축 설정창이 표시된다. 이 설정창의 설정 방법은 p. 192 〈집계 컬럼과 형식을 변경하기〉에서 막대 그래프의 Y축을 설정하는 방법과 유사하다. 그러나 다음 2가지 부분이 다른데, 이 부분에서 숫자를 범주형처럼 다룰 수 있게 하는 것이다.

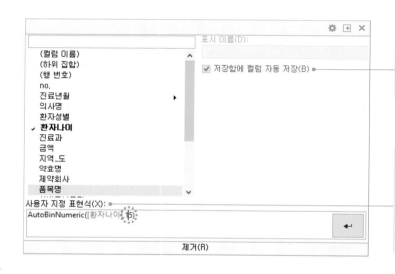

이 부분의 체크박스를 선택하면 Y축의 숫자들이 저장함 형태로 변경되어 표시된다. 그러면서 [사용자 지정 표현식]이 Spotfire의 자체함수가 표현된 수식으로 자동으로 변경된다.

[저장함에 컬럼 자동 저장]의 체크박스를 선택하면 수식이 자동으로 나타나는데, 이 때 끝부분의 숫자가 바로 현재 표시되고 있는 저장함의 개수를 의미한다. 만일 저장함의 개수를 변경하고 싶다면 이 부분의 숫자를 클릭하여 수정·입력하고 오른쪽 끝에 ↵ 부분을 클릭해주면 된다.

2-5 막대 그래프의 폭 조절하기

막대 그래프에서 숫자형 데이터는 처음에 매우 얇게 표시되어 보기가
좋지 않다. 이는 데이터의 타입에서 비롯되는 현상이다.

아래 왼쪽 그림을 보면 폭이 너무 얇아서 막대들이 잘 보이지 않는
다. 하지만 오른쪽 그림은 막대의 폭이 적절하게 넓어 훨씬 잘 보인다.

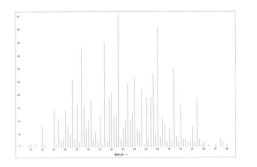
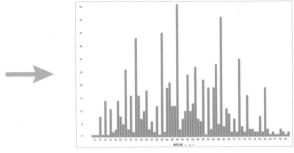

다음과 같은 순서로 작업하면 막대에서 얇게 표시된 숫자형 데이터
를 굵게 표시할 수가 있다.

먼저 막대 그래프에서 마우스를 우클릭하고 [속성] 버튼을 누른다.

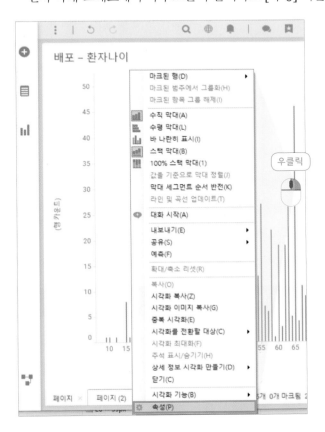

속성 설정창이 나타나면 아래와 같은 순서로 설정한다.

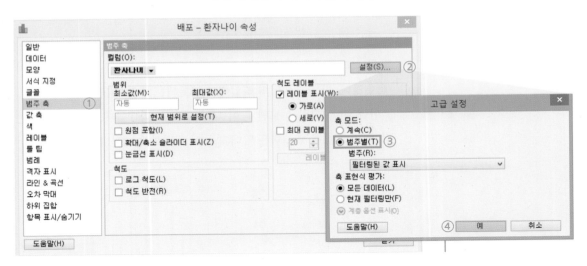

① [범주 축] 탭을 클릭한다.

② [설정] 버튼을 클릭한다.

③ 고급 설정창이 새로 나타나면, 여기에서 [범주별] 버튼을 체크한다.

④ 마지막으로 [예]를 누르고 빠져나온다.

그 결과 다음과 같이 막대의 굵기가 적절하게 표시된 형태로 시각화가 변경된다.

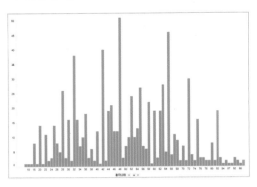

2-6 값 축에서 컬럼을 여러 개 사용하기

막대 그래프에서는 Y축의 값으로 여러 개의 컬럼 값을 표시할 수 있다. 이 기능을 사용하는 방법은 2가지가 있다. 첫 번째는 축 선택기를 사용하는 것이고, 두 번째는 필터에서 잡아끌기를 사용하는 것이다.

1) 축 선택기 이용

막대 그래프 값 축의 더하기 기호 옆에 있는 화살표를 클릭한다. 축을
선택하는 화면이 나오면, 원하는 컬럼과 집계 방법을 선택해 추가한다.

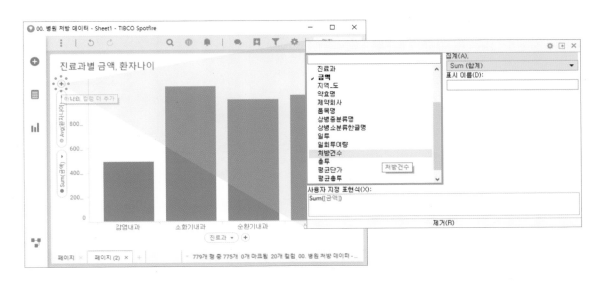

2) 필터 패널 이용

필터 패널에서 원하는 컬럼을 끌어다 놓을 수도 있다. 이때 주의해야
할 부분은 아래 그림과 같이 반드시 Y축의 축 선택기 사이에 끌어다
놓아야 한다는 것이다. 이렇게 하면 마우스의 모양이 아래 그림처럼 일
자로 바뀐다. 이때 마우스를 놓으면 된다. 놓는 즉시 축에 자동으로 추
가된다.

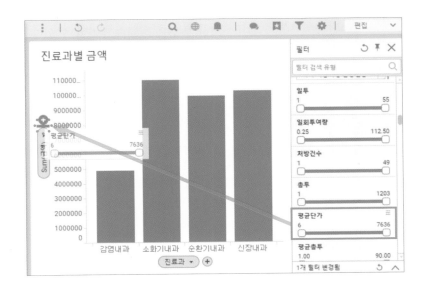

주의!

만일 두 번째 그림처럼 잡아끌기를 하면, 해당 컬럼이 Y축에 추가되지 않고 Y축이 변경되므로(축 선택기의 색상 전체가 파란색으로 변경됨) 주의해야 한다.

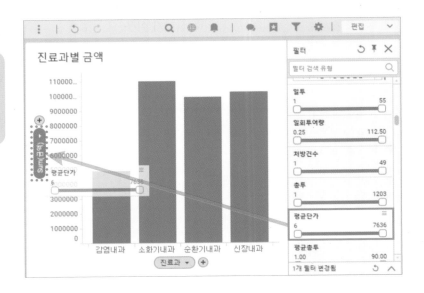

2-7 막대 또는 막대 세그먼트 마킹하기

막대 그래프를 사용하다가 막대의 전체 혹은 일부분만 마킹을 해야 할 경우가 종종 있다. 이때는 마크할 막대나 막대 세그먼트를 클릭해야 하는데, 전체를 선택하고 싶을 때는 마우스를 클릭한 후 끌어서 원하는 항목 위로 사각형을 그린다. 그러면 사각형과 접촉하거나 그 안의 모든 막대 또는 막대 세그먼트가 마크된다. 만일 부분적으로 선택하고 싶다면 Ctrl 키를 누른 상태에서 다른 막대나 막대 세그먼트를 클릭해 선택한 부분들을 계속 추가할 수 있다.

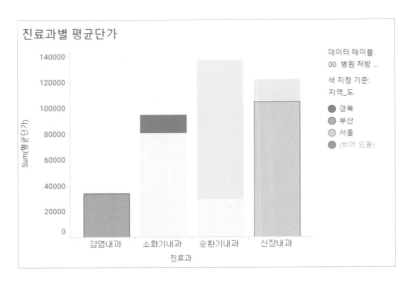

만일 Y축을 기준으로 특정 부분(예: Y축값 100 이상 전체 혹은 100~200 사이 등)을 선택하고 싶다면 마우스 포인터를 척도 레이블 영역에 놓는다. 그런 다음 마우스를 클릭한 상태에서 축을 따라 잡아끌면, 높이가 지정된 두 축의 값 사이에 끝부분이 걸쳐 있는 막대들을 마크할 수 있다. 그러나 축 마킹을 사용하면 막대 세그먼트를 마크할 수 없다.

아래 그림에서 사각형 박스 안에는 '소화기내과'와 '순환기내과'의 막대 끝부분이 걸려 있으므로 이 두 부분만 마킹이 된다.

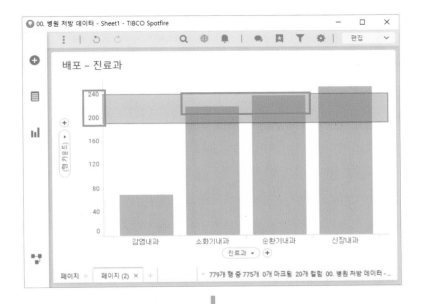

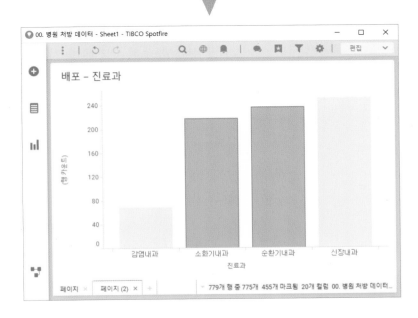

2-8 막대 그래프에 참조선 추가하기

막대 그래프를 사용하다 보면 추가적으로 통계적인 정보, 예를 들어서 전체의 평균이나 특정 값을 선으로 표시하고자 할 때가 있다. Spotfire 에서는 막대 그래프를 포함한 거의 모든 시각화에서 기본적인 통계 수치들을 참조선(라인) 형태로 표시해줄 수 있다. 아래 그림은 전체 막대의 평균값(Avg)을 참조선 형태로 표시한 것이다.

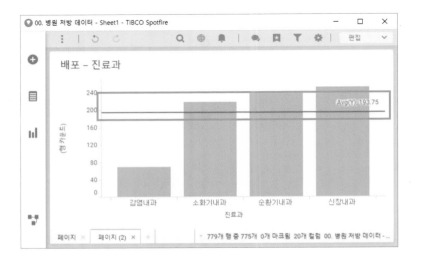

막대 그래프에 참조선을 표시하려면 다음 절차를 따른다. 막대 그래프에서 마우스를 우클릭하여 팝업 메뉴를 표시하고 [속성] → [라인& 곡선] 페이지로 이동한다.

→ 상세 설명은 p.327 〈라인&곡선〉 참조

[추가]를 클릭하면 시각화에 추가할 수 있는 참조선 리스트가 표시된다. 이 중에서 원하는 참조선을 선택하면 [보이는 라인 및 곡선] 부분에 자동으로 추가된다.

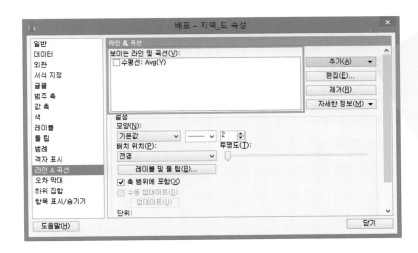

이와 같은 방법으로 계속해서 참조선을 추가할 수 있으며, 곡선을 만든 후 [라인&곡선] 페이지에서 기존 설정을 변경할 수도 있다. 일부 곡선 설정은 시각화의 팝업 메뉴에서도 사용할 수 있다.

아래 그림과 같이 [보이는 라인 및 곡선]에서 변경을 원하는 참조선을 먼저 선택하고 [편집] 버튼을 눌러서 설정값을 변경한다.

주의!

[보이는 라인 및 곡선]에 표시되는 목록들 중에서 체크박스가 선택된 것들만 시각화에 실제로 표시되며 선택이 해제되면 표시되지 않는다.

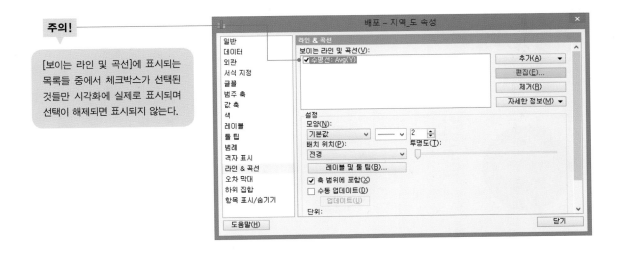

2-9 상세 정보 시각화 만들기

데이터를 분석할 때 가장 자주 사용하면서 필요한 기능 중 하나가 사용자가 원하는 부분만 세부적으로 분석할 수 있는 기능이다. 이를 드릴다운(drill down) 또는 상세 정보 시각화(detail visualization)라고 하며, 여러 단계로 데이터를 드릴다운 하는 분석 설정에 이용할 수 있다. 이는 한 시각화에서 수행하는 마킹에 따라 다음 시각화의 표시 내용이 결정되는 방식이다.

상세 정보 시각화는 상세 요청 정보(detail on demand)와 다소 관련이 있는 제한적 시각화의 특수한 경우이다. 상세 정보 시각화에 표시되는 정보는 하나 이상의 다른 시각화(마스터 시각화)에서 마크되는 항목에 따라 다르다. 테이블로만 볼 수 있는 상세 요청 정보와 달리 상세 정보 시각화는 어떤 유형의 시각화도 가능하며, 다른 시각화와 마찬가지로 페이지의 어느 곳에나 배치할 수 있다.

다음 그림을 보면, 앞의 막대 그래프에서 마킹한 부분이 아래의 파이 차트에 반영되어 표시된 것을 알 수 있다. 여기에서 선택하는 기준이 되는 시각화(막대 그래프가 이에 해당)를 '마스터 시각화'라고 하며, 마스터 시각화에서 마크하는 부분에 따라서 반영되는 두 번째 시각화(파이 차트가 이에 해당)를 '상세 정보 시각화'라고 한다.

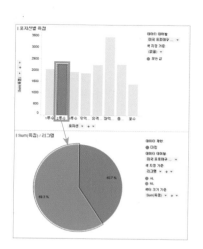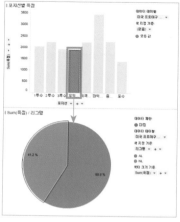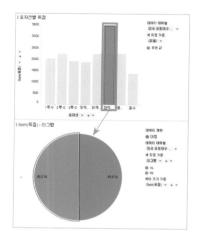

새 상세 정보 시각화를 만들려면 마스터 시각화(처음 사용할 첫째 시각화)에 대한 데이터를 불러온다. 데이터가 다른 경우 상세 정보 시각화

(첫째 마스터 시각화에서 선택한 부분을 가지고 그릴 두 번째 차트)에 대한 데이터를 불러온다. 상세 정보 시각화를 생성하기 전에 사용을 원하는 모든 데이터 테이블을 불러와 테이블 간 관계를 설정해야 한다.

따라하기 ·············· **1** 먼저 메인으로 사용할 마스터 시각화를 생성한다. 마스터 시각화는 항목을 마크하고 이러한 항목에 대한 상세 정보를 상세 정보 시각화로 가져올 수 있는 시각화여야 한다. 시각화를 마우스 오른쪽 버튼으로 클릭하고 [상세 정보 시각화 만들기]를 선택한 다음, 팝업 메뉴에서 상세 정보 시각화로 사용할 시각화 유형을 선택한다.

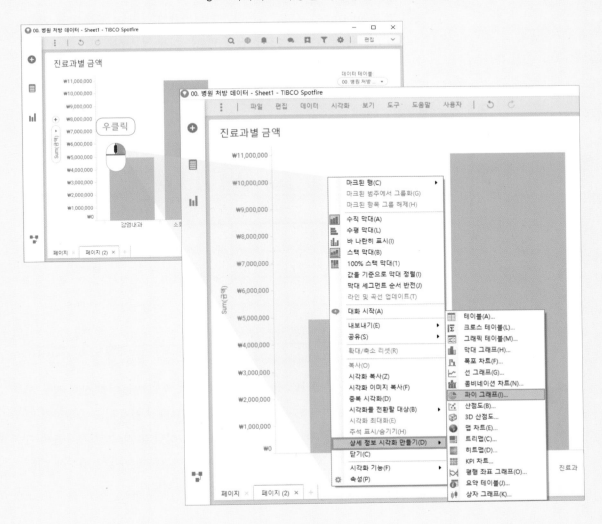

② 분석에서 사용 가능한 관련 데이터 테이블이 2개 이상인 경우 [상세 정보 시각화 만들기] 설정창이 열린다. 새로운 시각화에 대한 관련 데이터 테이블 드롭다운 목록에서 사용할 테이블을 선택한다. 만약 사용할 수 있는 관련 데이터 테이블이 없다면, 상세 정보 시각화는 자동으로 마스터 시각화와 동일한 데이터 테이블을 사용하게 된다.

아래 그림에서 보듯이 상세 정보로 사용할 데이터 테이블을 선택해야 한다.

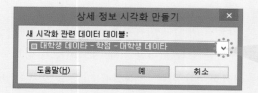 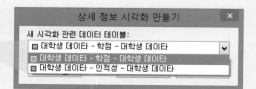

③ 만일 Spotfire에 로딩된 데이터가 하나밖에 없다면 이 부분은 표시되지 않고 자동으로 기존 차트 하단에 새로운 상세 정보 시각화가 표시된다.

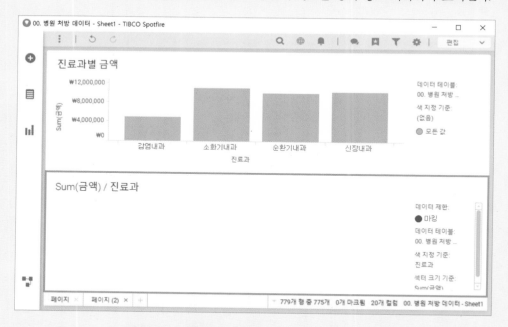

여기(아래 빈 공간)에서 원하는 조건으로 새로 만들어진 상세 정보 시각화를 설정할 수 있다. 현재는 막대 그래프에서 아무것도 마킹하지 않았으므로 아무 차트도 표시되지 않지만, 상단의 '마스터 시각화'(여기서는 막대 그래프)에서 특정 부분(막대)을 마킹하면 마킹한 부분에 대한 '상세 정보 시각화'(하단의 파이 그래프)가 표시된다.

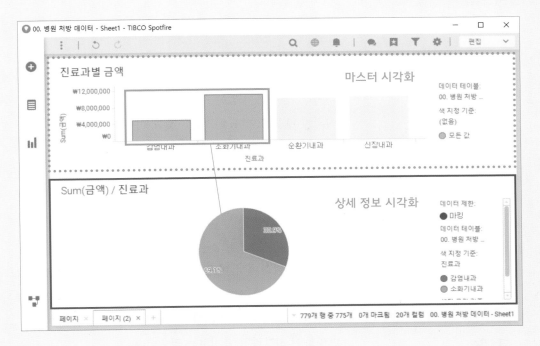

만일 마스터 시각화에서 아래 그림처럼 마킹을 변경하면 상세 정보
시각화의 차트에도 바로 반영된다.

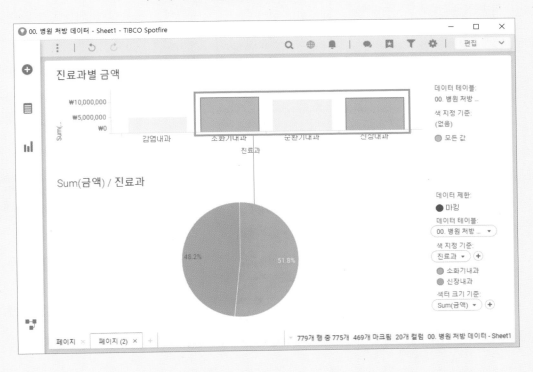

필요하면 상세 정보 시각화(파이 그래프)에서 범례 부분에 있는 '색 지
정 기준'이나 '색의 크기 기준' 등을 변경한다.

1 상세 정보 시각화 표시 형태

Spotfire의 기본 설정에 따라 작성하였다면, 마스터 시각화에서 마크되어 있는 부분이 없는 경우 '상세 정보 시각화' 화면에는 아무것도 표시되지 않을 것이다. 하지만 이렇게 아무것도 표시되지 않는 것을 원치않는 사용자들도 있기 마련이다. 그들을 위하여 Spotfire에서는 상세정보 시각화에 기본으로 표시되는 옵션을 3가지로 제공하고 있다.

1 모든 데이터

마스터 시각화에서 아무것도 마킹하지 않았더라도 기본적으로 모든데이터를 마킹한 것과 동일하게 '상세 정보 시각화' 화면에 표시하고 있다가, 사용자가 마스터 시각화에서 일부분을 마킹하면 즉시 그 부분만반영하여 시각화를 표시하는 방법이다.

   아래 그림을 보면 마스터 시각화(왼쪽)에서 아무것도 선택하지 않았지만 상세 정보 시각화(오른쪽)에 마스터의 모든 데이터에 대한 정보가표시되고 있다.

TIP

마우스 우클릭하여 [속성] → [데이터] → [마스터 시각화에서 항목이마크되지 않은 경우 다음 표시]에서 오른쪽 그림과 같이 설정을 확인할 수 있다.

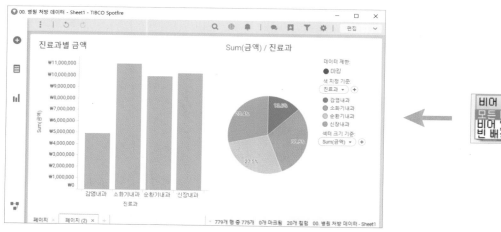

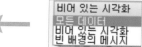

2 비어 있는 시각화

마스터 시각화에서 아무것도 마킹하지 않으면 '상세 정보 시각화' 화면에 아무것도 표시되지 않는 방법이다. 기본 옵션으로 설정되어 있다. 사용자가 마스터 시각화에서 일부분을 마킹하면 즉시 그 부분만 반영하여 시각화를 표시해준다. 아래 그림은 이 방법으로 설정된 화면이다.

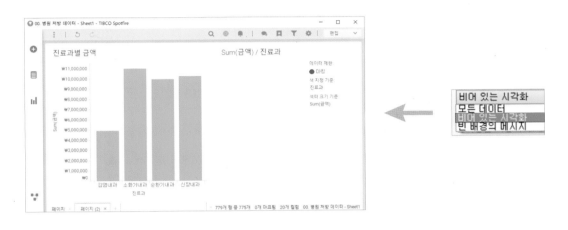

3 빈 배경의 메시지

마스터 시각화에서 아무것도 마킹하지 않으면 '상세 정보 시각화' 화면에 사용자가 입력한 메시지를 표시해주는 방법이다. 사용자가 마스터 시각화에서 일부분을 마킹하면 즉시 그 부분만 반영하여 시각화에 표시된다.

아래 그림에서 마스터 시각화에 아무것도 마킹하지 않았으므로 사용자가 미리 입력해놓은 '여기서 상세 정보를 볼 항목을 마크합니다'라는 메시지가 '상세 정보 시각화'에 표시되고 있다.

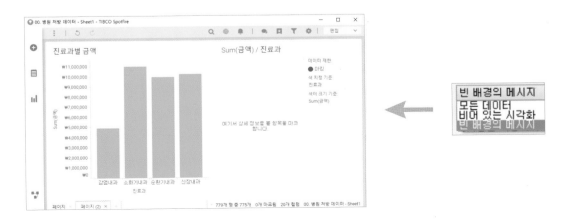

4 상세 정보 시각화 표시 형태 설정하기

1) '상세 정보 시각화'에서 마우스 우클릭 → [속성] → [데이터] → [마스터 시각화에서 항목이 마크되지 않은 경우 다음 표시] 설정창의 드롭다운 화살표를 누른다.

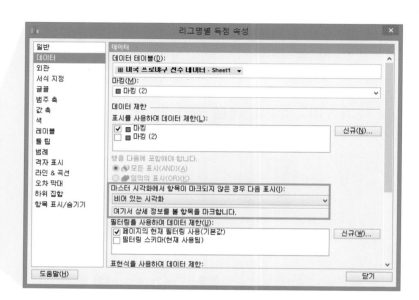

2) 사용 가능한 3가지 옵션 중에서 하나를 선택한 뒤 [닫기]를 누른다. 그러면 '상세 정보 시각화' 화면에 설정 사항이 반영된다.

아래 그림과 같이 옵션을 '빈 배경의 메시지'로 선택했을 때는 그 아래 부분(그림의 빨간색 사각형)에 '상세 정보 시각화'에 표시하기를 원하는 문구를 직접 입력하면 된다.

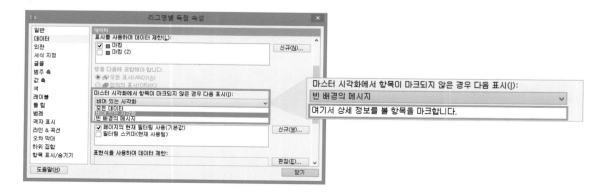

2-10 Y축에 다중 척도 사용하기

막대 그래프의 Y축에 여러 컬럼을 사용할 수 있는데, 값 구간이 차이
가 많이 나면 값이 아주 작은 부분은 막대 그래프가 거의 보이지 않게
된다.

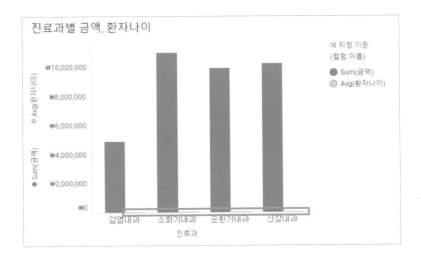

이때 Y축에 사용된 컬럼들 간의 척도(scale)를 달리 하면 값이 작은
컬럼의 막대를 상대적으로 크게 볼 수 있다.

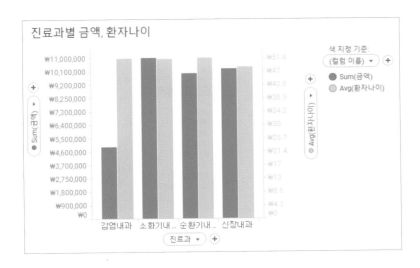

Y축에 다중 척도를 사용하도록 설정하는 방법은 2가지가 있다.

1) 막대 그래프에서 Y축 척도 레이블에 마우스를 이동한 후, 마우스를 우클릭하여 팝업 메뉴에서 [다중 척도]를 선택하거나,

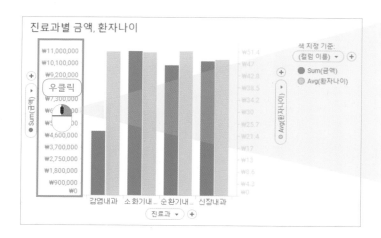

2) 막대 그래프의 시각화 중간 부분으로 마우스를 이동한 후, 우클릭하고 [속성] → [값 축]으로 이동하여 [다중 척도] 라디오 단추를 클릭한다. 여기서 다른 척도에 대한 설정을 변경하고, 특정 척도를 배치할 막대 그래프의 속성을 정의할 수 있다.

TIP

다양한 척도에서 서로 다른 컬럼의 값을 사용 중인 경우에는 드래그 앤 드롭을 사용하여 컬럼을 다른 쪽(왼쪽 축 ← → 오른쪽 축)으로 이동할 수도 있다.

2-11 속성 설정

막대 그래프의 다양한 속성들을 설정할 수 있다. 시각화에서 마우스를 우클릭하면 속성 설정창이 나타난다. Spotfire의 다른 거의 모든 차트에서 시각화를 설정하거나 변경하는 방법도 이와 동일하다.

1 외관

막대 그래프의 모양을 설정하는 화면이다. 시각화에서 마우스를 우클릭한 후 [속성] → [외관]을 선택한다.

아래 그림에서 각 옵션별 라디오 단추를 눌렀을 때 화면의 변화를 알 수 있다.

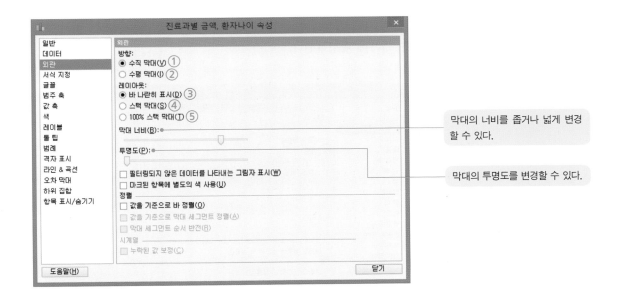

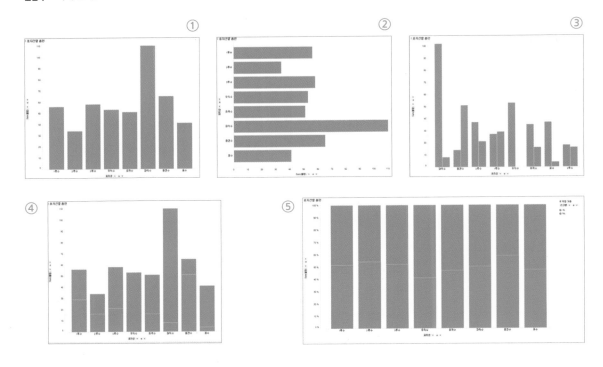

[정렬]은 [레이아웃]에서 [스택 막대] 혹은 [100% 스택 막대]가 선택된 경우에 활성화된다.

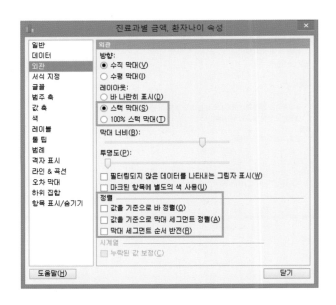

[색 지정 기준]을 '지역_도'로 적용하였을 때 각 옵션들의 선택 상태에 따라서 다음 그림과 같이 화면이 다르게 표시된다.

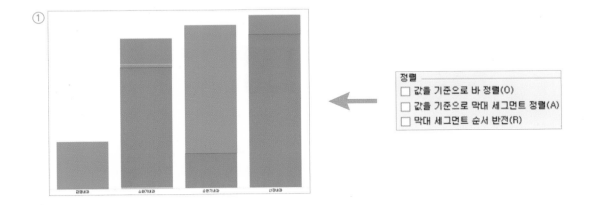

①번 그림과 세그먼트 순서가 반대로 정렬된다.

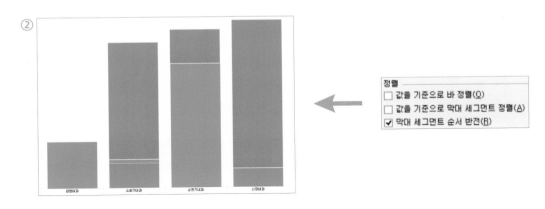

각 막대별로 세그먼트 비율이 큰 것부터 차례대로 아래에서 위로 정

렬된다.

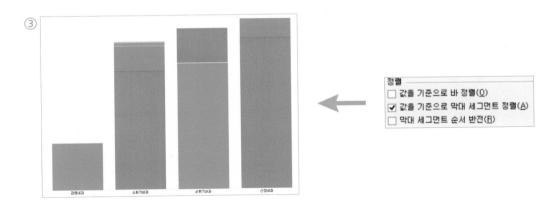

전체 막대의 값이 높은 것부터 차례대로 좌에서 우로 정렬된다.

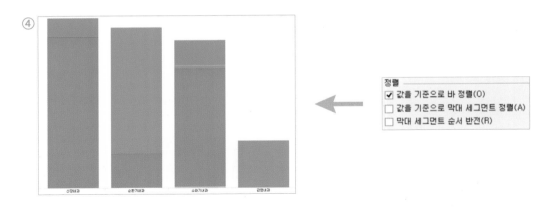

2 서식 지정

막대 그래프의 서식(숫자의 경우 천원 단위 표시 혹은 백분율 표시 등)을 설정하는 화면이다. 시각화에서 마우스를 우클릭한 후 [속성] → [서식 지정]을 선택한다.

1 값 속성이 문자형(텍스트)인 경우

별도의 서식 옵션은 없다.

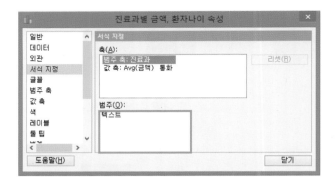

2 값 속성이 숫자형인 경우

표시할 수 있는 여러 가지 옵션이 있다. 값이 '1218'이라는 숫자를 예로
들어보자.

1) 일반

⇦ 선택 결과: 예) 1218

2) 통화

⇦ 선택 결과: 예) ₩1218

3) 백분율

⇦ 선택 결과: 예) 121800%

4) 과학(Scientific)

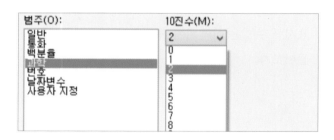

⇐ 선택 결과: 예) 1.22E+03

5) 번호(Number)

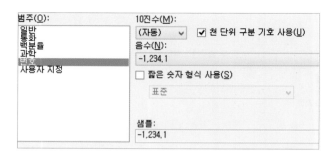

⇐ 선택 결과: 예) 1,218

6) 사용자 지정

사용자가 임의의 형식을 지정하여 표시하고 싶을 때 사용한다. 아래는
사용자가 다양한 표현식을 지정했을 때 표시되는 결과에 대한 예이다.
값이 '4918972'라는 숫자로 예를 들어보자.

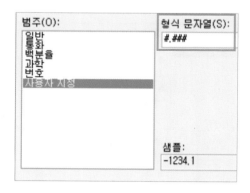

⇐ 기본 설정

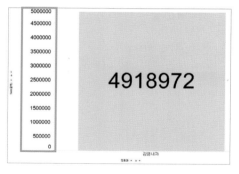

⇐ #.###

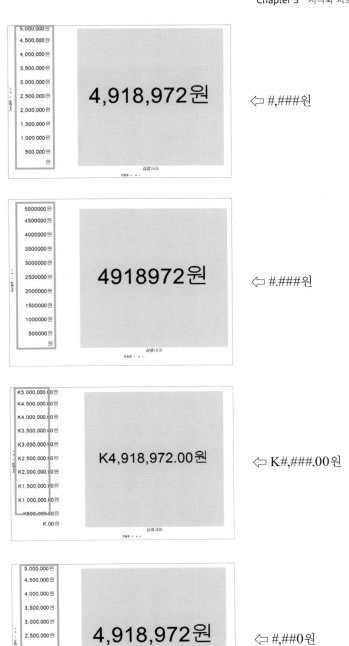

상세 옵션에 대한 설명은 아래 표를 참조하기 바란다.

옵션	설명
일반 (General)	다양한 소수를 포함하며 천 단위 구분 기호는 없는, 구성 불가능한 일반 서식이다. 숫자는 고정점 또는 과학적 표기의 가장 압축된 형식으로 변환된다. 빼기 기호는 음수 값에 대해 항상 사용된다. 예) 1 12345 1.23456E-6 -12345
통화 (Currency)	통화의 숫자 형식이다. 통화 문화는 현재 문화와 다를 수도 있다. 이 경우 숫자 형식은 현재 문화를 따르지만, 통화 기호와 패턴은 지정된 통화 문화에 따라 정의된다. 예) $1234.45 ₩1,234 ₩1234 ¥1,234 　　-1,234.45 kr ($ 1,234.45)
10진수 (Decimals)	표시할 소수점 이하 자릿수(0~15)를 지정한다. 다른 대체(자동)를 사용할 수도 있다. (자동)을 선택한 경우 후행 0이 포함되지 않으므로 숫자에 따라 소수점 이하 자릿수가 달라진다. 예) 1,234.560700(6자리) 1,234.560(3자리) 　　1,234.56(2자리) 1,234.5607(자동)
천 단위 구분 기호 사용 (Use thousands separator)	천 단위 구분 기호(Windows 지역 설정의 자릿수 구분 단위 기호)를 사용할지 여부를 지정한다.
통화 (Currency)	통화 유형(kr, £, $ 등) 및 위치를 지정한다.
음수 (Negative numbers)	음수를 표시하는 데 사용되는 패턴[-1.23 또는 (1.23)]을 지정한다. 참고로 Windows 지역 설정의 음수 서식 지정은 무시된다.
짧은 숫자 형식 사용 (Use short number format)	공간을 적게 차지하도록 숫자 값을 단축하려면 이 옵션을 사용한다. 예를 들어 1,000을 1k로 서식 지정할 수 있다. 드롭다운 목록에서 사용할 기호 집합을 선택한다.
백분율 (Percentage)	백분율 숫자 형식이다. 백분율 기호와 서식 패턴은 문화마다 다르다. 변환된 숫자에 100을 곱하면 백분율이 된다. 빼기 기호는 음수 값에 대해 항상 사용된다. 예) 100.00 % - 99 %
10진수 (Decimals)	표시할 소수점 이하 자릿수(0~15)를 지정한다. 다른 대체(자동)를 사용할 수도 있다. (자동)을 선택한 경우 후행 0이 포함되지 않으므로 숫자에 따라 소수점 이하 자릿수가 달라진다. 예) 1,234.560700(6자리) 1,234.560(3자리) 　　1,234.56(2자리) 1,234.5607(자동)
천 단위 구분 기호 사용 (Use thousands separator)	천 단위 구분 기호(Windows 지역 설정의 자릿수 구분 단위 기호)를 사용할지 여부를 지정한다.
과학 (Scientific)	소수점 이하 자릿수가 고정된 과학적 표기를 위한 숫자 형식이다. 빼기 기호는 음수 값에 대해 항상 사용된다. 예) 1.00000E+099 5.6E-001 -5.6E-001
10진수 (Decimals)	표시할 소수점 이하 자릿수(0~15)를 지정한다.

번호 (Number)	구성 가능한 숫자 형식이다. 예) 1234.45 1,234.45 -1,234.45 (1,234.45)
10진수 (Decimals)	표시할 소수점 이하 자릿수(0~15)를 지정한다. 다른 대체(자동)를 사용할 수도 있다. (자동)을 선택한 경우 후행 0이 포함되지 않으므로 숫자에 따라 소수점 이하 자릿수가 달라진다. 예) 1,234.560700(6자리) 1,234.560(3자리) 1,234.56(2자리) 1,234.5607(자동)
천 단위 구분 기호 사용 (Use thousands separator)	천 단위 구분 기호(Windows 지역 설정의 자릿수 구분 단위 기호)를 사용할지 여부를 지정한다. Windows 지역 설정을 통해서만 구분 단위 기호를 명시적으로 지정할 수 없다.
음수 (Negative numbers)	음수를 표시하는 데 사용되는 패턴[-1.23 또는 (1.23)]을 지정한다. 참고: Windows 지역 설정의 음수 서식 지정은 무시된다.
짧은 숫자 형식 사용 (Use short number format)	공간을 적게 차지하도록 숫자 값을 단축하려면 이 옵션을 사용한다. 예를 들어 1,000을 1k로 서식 지정할 수 있다. 드롭다운 목록에서 사용할 기호 집합을 선택한다.
날짜변수 (DatePart)	컬럼이 날짜 부분을 포함한다는 것을 지정하고 숫자 대신 문자열로 날짜 부분 값을 표시할 수 있게 한다(해당되는 경우).
유형 (Type)	컬럼이 포함하는 날짜 부분의 유형을 지정한다. 예) 분기 월 주 요일 시간
사용자 지정 (Custom)	사용자 지정 숫자 지정자를 지원하는 구성 가능한 숫자 형식이다(엑셀과 유사함). 예) (1.234E+099) 999,999.00 Dollars
형식 문자열 (Format string)	사용자 지정 형식 문자열을 지정할 수 있다.
텍스트 (Text)	문자열에 사용되는 텍스트 형식으로, 이것은 구성할 수 없다.
날짜/시간 (Date/Time)	날짜, 시간 또는 날짜/시간을 표시하는 데 사용할 수 있는 형식이다.
유형 (Type)	미리 정의된 목록에서 날짜 및/또는 시간을 표시할 형식을 선택할 수 있다(목록에 표시되는 내용은 로케일에 따라 다름). 예) • 짧은 날짜: 10/16/2009 • 긴 날짜: 16.10.09에서 발췌 • 짧은 시간: 3:25 오후 AM • 긴 시간: 3:25:55 오후 AM • 짧은 날짜/짧은 시간: 10/16/2009 3:25 PM • 짧은 날짜/긴 시간: 10/16/2009 3:25:55 PM • 긴 날짜/짧은 시간: Friday, October 16, 2009 3:25 PM • 긴 날짜/긴 시간: Friday, October 16, 2009 3:25:55 PM • 월간 일자: October 16 • RFC1123 : Fri, 16 Oct 2009 15:25:55 GMT • 정렬 가능(ISO 8601): 2009-10-16T15:25:55 • 연간 월: October, 2009
사용자 지정 (Custom)	사용자 지정 형식 문자열을 지정할 수 있다. 예) "d" 짧은 날짜 패턴 "T" 긴 시간 패턴 "G" 일반 날짜/시간 패턴

날짜 (Date)	날짜를 표시하는 데 사용할 수 있는 형식이다.
유형 (Type)	미리 정의된 목록에서 날짜를 표시할 형식을 선택할 수 있다(목록에 표시되는 내용은 로케일에 따라 다름). 예) • 10/16/2009 • Friday, October 16, 2009 • October 16 • October, 2009 • 16/Oct/09 • 16/Oct/2009 • 16-Oct-09 • 16-Oct-2009
사용자 지정 (Custom)	사용자 지정 형식 문자열을 지정할 수 있다.
시간 (Time)	시간을 표시하는 데 사용할 수 있는 형식이다.
유형 (Type)	미리 정의된 목록에서 시간을 표시할 형식을 선택할 수 있다(목록에 표시되는 내용은 로케일에 따라 다름). 예) • 짧은 시간: 8:32 오전 AM • 긴 시간: 08:32:24 AM
사용자 지정 (Custom)	사용자 지정 시간 형식 문자열을 지정할 수 있다.
시간대 (TimeSpan)	시간대를 표시하는 데 사용할 수 있는 형식이다.
유형 (Type)	미리 정의된 목록에서 시간대를 표시할 형식을 선택할 수 있다. 예) • 25 d • 25 d 09 h 03 m 07 s 015 ms • 25 days 09 hours 03 minutes 07 seconds 015 milliseconds • 25.9:3:7:015 • 09:03:07.015
사용자 지정 (Custom)	사용자 지정 시간대 문자열을 지정할 수 있다.
샘플 (Sample)	현재 설정을 적용했을 때 컬럼의 값이 어떻게 나타날지 보여주는 샘플을 표시한다.

3 레이블(Label)

막대 그래프에 각 막대에 대한 자세한 정보들을 표시할 수 있다. 이를 '레이블'이라고 하는데, Spotfire에서는 시각화에 표시되는 레이블에 여러 가지 설정을 할 수 있다. 다음 그림에는 범주(X축)별로 각 막대의 Y축에 대한 절대값과 세그먼트(색 지정 기준별)의 비율이 표시되어 있다.

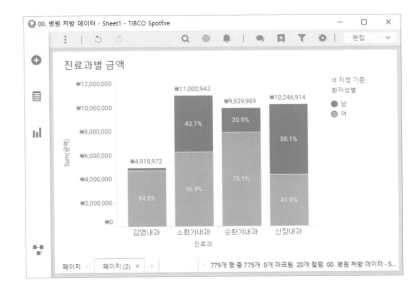

시각화에서 마우스를 우클릭한 후 [속성] → [레이블]을 선택한다. 이때 표시되는 설정창에 대한 각 부분별 설명은 다음과 같다.

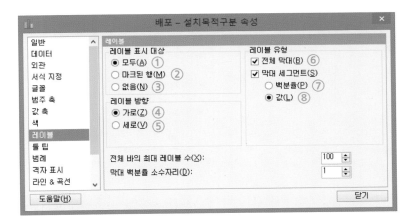

① 모든 막대값에 대하여 레이블을 표시한다.

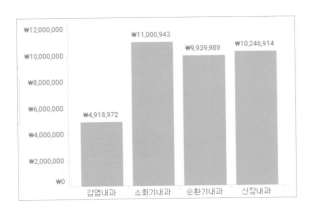

② 마크된 막대에 대해서만 레이블을 표시한다.

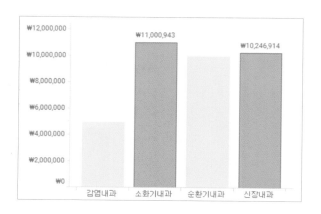

③ 어떤 경우에도 막대에 대한 정보를 레이블로 표시하지 않는다.

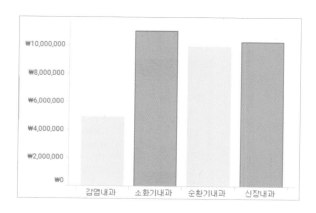

④ 레이블이 가로 방향으로 표시된다.

⑤ 레이블이 세로 방향으로 표시된다.

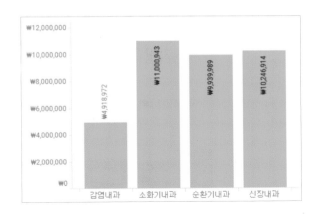

⑥ [전체 막대]의 체크박스를 선택하면 막대 전체의 값이 레이블로 표
시된다. 레이블 유형은 체크박스 형태로 선택할 수 있다.

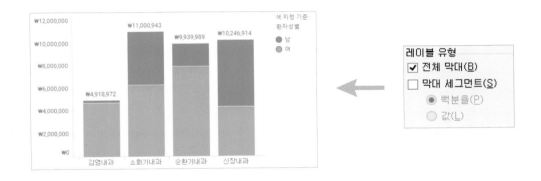

⑦ '막대 세그먼트'의 체크박스를 선택할 경우 세그먼트 정보도 같이
표시된다. 세그먼트의 비율을 %로 표시할 수 있다.

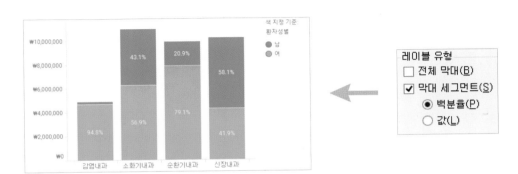

앞의 그림에서 막대 크기가 작은 경우에는 레이블이 표시되지 않았는데, 그 이유는 표시 공간이 확보되지 않았기 때문이다. 이때는 레이블 글자 크기를 작게 하여 표시하거나 주석 기능으로 직접 입력하여 표시할 수 있다.

⑧ 세그먼트의 비율을 값으로 표시할 수 있다.

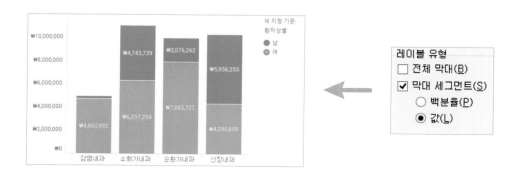

레이블에 대한 상세 설명은 다음을 참조하기 바란다.

옵션	설명
레이블 표시 대상 (Show labels for)	레이블을 모든 막대에 표시할지(모두), 마크된 행을 포함하는 막대에만 표시할지(마크된 행), 표시하지 않을지(없음) 여부를 결정한다.
레이블 유형 (Types of labels)	레이블을 전체 막대에 표시할지, 막대 세그먼트에만 표시할지 여부를 결정한다. 막대 세그먼트의 경우 막대 세그먼트의 값을 표시할지, 전체 값에 대한 막대 세그먼트의 백분율(%)을 표시할지 여부를 지정할 수 있다. 막대 세그먼트 레이블은 막대 세그먼트 내에 들어가는 경우에만 표시된다. 레이블이 표시되지 않을 때는 막대 너비를 늘리거나, 레이블의 글꼴을 작게 줄이거나, 일부 막대 백분율 소수자리를 제거하면 보일 수 있다.
레이블 방향 (Label orientation)	레이블을 가로로 표시할지, 세로로 표시할지를 결정한다.
전체 바의 최대 레이블 수 (Max number of labels on complete bars)	표시할 최대 레이블 수를 지정한다. 번호가 사용 가능한 막대 수보다 작은 경우 레이블이 범주 축을 따라 균등하게 분포된다. 최대 수는 200개까지다.
막대 백분율 소수자리 (Bar percentage decimals)	100% 막대를 사용할 때 표시할 소수 자릿수를 지정한다. 막대 백분율은 모양 페이지에서 100% 스택 막대 옵션을 선택한 경우에만 표시되고, 막대가 컬럼 또는 계층에 따라 색으로 구분될 때에만 해당 정보가 제공된다. 여기서 지정한 숫자는 툴팁의 막대 세그먼트에 표시되는 자릿수에도 적용된다.

4 범주 축

Spotfire에서는 막대 그래프의 X축을 '범주 축'이라고 부른다. 이는 막대 그래프의 X축에는 보통 범주에 해당하는 컬럼들이 선택되기 때문이다. 물론 X축에 연속형 숫자가 올 수도 있다. 그러나 막대 그래프의 특성상 X축을 범주로 보고 각 X축에 해당하는 집계 값을 Y축에 표시해야 하므로 범주 축이라고 부르는 것이다. 여기에서는 X축의 여러 부분에 대해 설정할 수 있다.

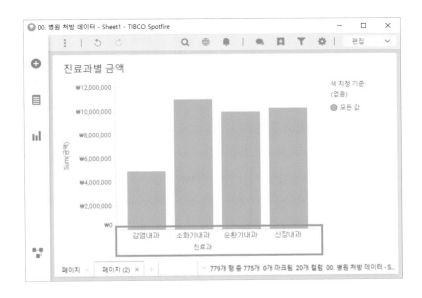

시각화에서 마우스를 우클릭한 후 [속성] → [범주 축]을 선택한다. 이때 표시되는 설정창에 대한 부분별 설명은 다음과 같다.

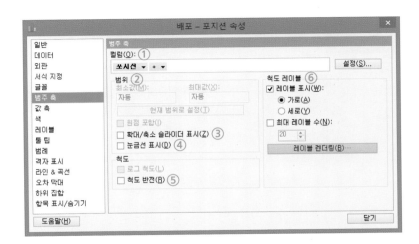

① 컬럼

X축으로 사용할 컬럼을 선택한다. '+'로 된 부분을 눌러서 X축을
추가할 수 있다.

아래 그림은 X축을 추가하여 X축에 2개의 컬럼을 사용하고 있다.
막대 그래프에서 X축에 2개 이상을 선택하면 X축이 계층 구조의
형태로 표시된다.

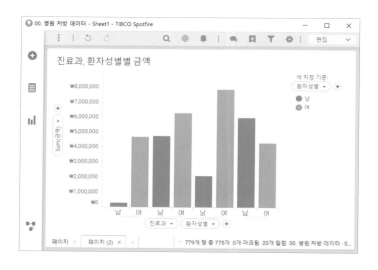

② 범위

X축으로 사용할 값의 최소, 최대 범위를 임의로 설정할 수 있다.
기본적으로 '범위'의 [최소값]과 [최대값]은 '자동'으로 설정되어 있
어 X축의 모든 값을 표시해준다.

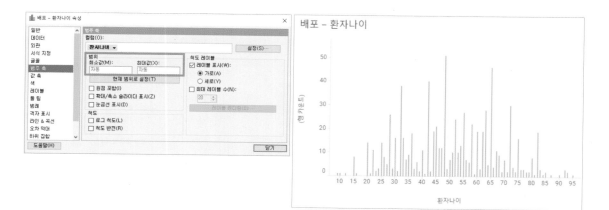

범위 설정을 11~30까지로 변경해보자. 그 결과 X축의 범위가 다음 그림과 같이 변경되었다.

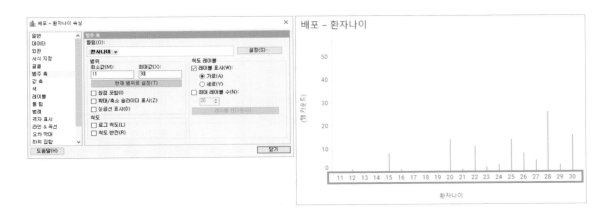

③ 확대/축소 슬라이더 표시

이 체크박스를 선택하면 X축의 범위를 확대/축소할 수 있는 슬라이더가 나타난다. 슬라이더 양쪽 끝을 잡아서 이동하면 된다.

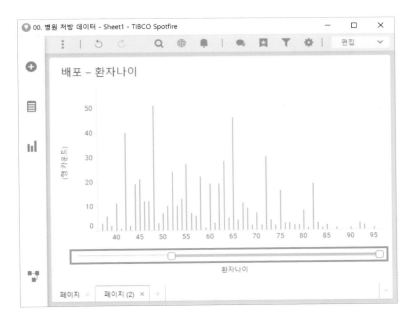

④ 눈금선(Grid Line) 표시

이 체크박스를 선택하면 X축에 대하여 시각화에 눈금선을 표시할 수 있다. 왼쪽 그림을 보면 X축 기준으로 눈금선이 표시되어 있다. 참고로 오른쪽 그림은 [값 축]의 설정에서 [눈금자 표시]를 선택한 경우이다.

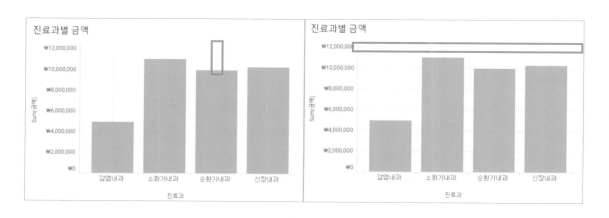

⑤ 척도 반전

이 체크박스를 선택하면 X축의 척도가 반대로 표시된다. 아래 그림을 보면 ④번 그림과 X축이 반대로 표시되어 있음을 알 수 있다. 기본적으로 숫자, 알파벳, 한글 등이 오름차순으로 정렬되던 것이 그 반대로 정렬된다.

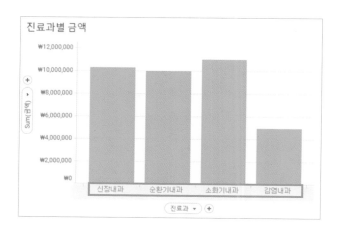

⑥ 척도 레이블

X축에 척도로 표시할 레이블에 대하여 표시 유무, 척도 방향 등의
설정을 할 수 있다.

⑥-1 레이블 표시

레이블을
표시하지 않은 경우

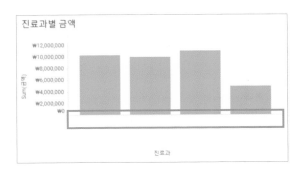

레이블을
가로로 표시한 경우

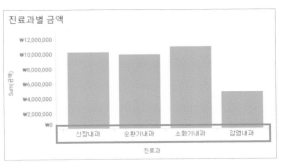

레이블을
세로로 표시한 경우

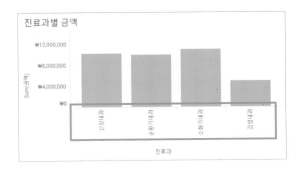

⑥-2 최대 레이블 수

아래 그림에서 X축의 레이블이 충분히 표시되지 않고 있다.

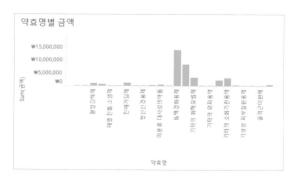

[최대 레이블 수]를 20에서 200으로 변경하고 [닫기]를 누른다. 그 결과 X축의 모든 막대에 대해 척도값이 표시된다.

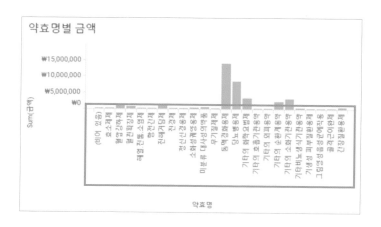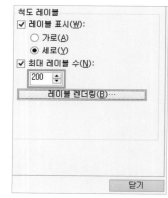

⑦ 레이블 랜더링

X축의 척도를 글씨뿐 아니라 그림으로도 표시할 수 있다. [범주 축] 탭 설정창에서 [레이블 랜더링] 버튼을 누르면 다음 설정창이 표시된다. [다른 형식으로 표시] 드롭박스를 누르면 선택 옵션이 나타난다. 기본 설정은 [텍스트]이다. X축에 컬럼 값으로 문자나 숫자의 일반 텍스트가 아니라 이미지를 표시하고 싶다면 [URL의 이미지]를 선택한다.

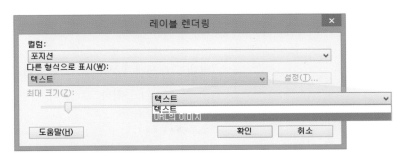

주의!

디렉터리(이미지)에는 아래와 같이 그림 파일(.png)들이 실제로 존재 해야 한다.

아래 그림처럼 되면 [설정] 버튼을 누른다. 추가로 설정창이 나타 나면 관련된 값을 입력해 사용한다. URL 입력란에는 'D:\00_ Spotfire\ ...... \문화재\이미지/{$}.png'와 같은 형식으로 입력한다.

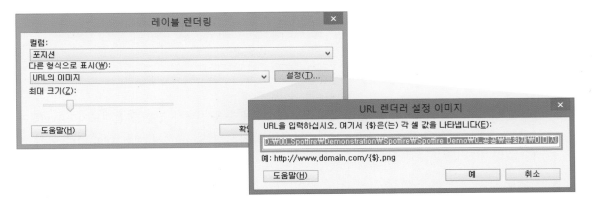

예제에서 X축의 척도가 글씨 대신 이미지로 표시되었다.

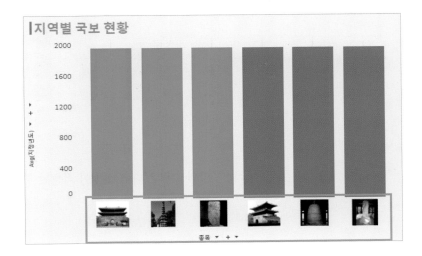

5 값 축

막대 그래프에서 Y축을 '값 축'이라고 한다. 이 부분의 설정 방식은 '범주 축'과 거의 동일하므로 앞의 내용을 참조하면 된다.

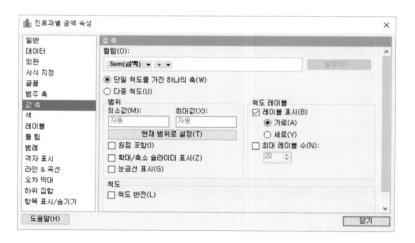

다음과 같이 Y축에 2개의 축을 선택한 경우를 살펴보자. 'Avg(환자나이)(분홍색)'의 값이 너무 작아서 'Sum(금액)(파란색)'의 값만 크게 보인다.

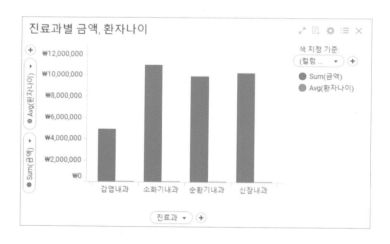

앞의 그림은 다음 설정이 적용된 것이다.

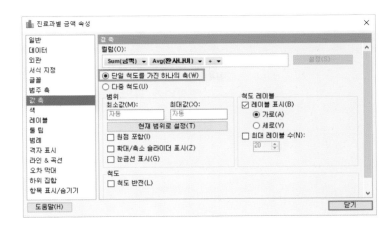

다음과 같이 설정을 변경해보자.

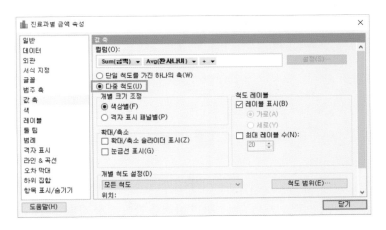

그 결과 두 값이 색상별로 척도를 달리하여 잘 표시된다. 각각의 척
도는 색상별로 좌우로 표시된다. 이때 좌우의 축을 잡아끌기로 서로 이
동할 수 있다.

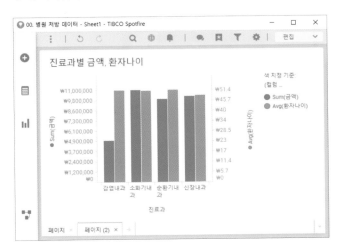

6 색(Color)

막대 그래프에 색을 적용하면 의미 있는 부분들을 훨씬 더 빠르고 정확하게 파악할 수 있다. 아래 그림에서는 의사의 금액 합계가 ₩3,000,000 이상이면 빨간색으로, 그 미만이면 파란색으로 표시했다.

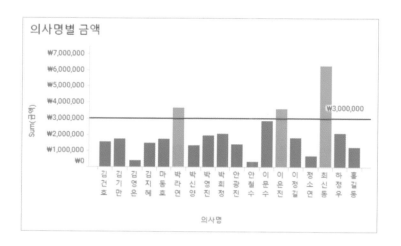

1 색 설정

시각화(막대 그래프)에서 마우스 우클릭하여 [속성] → [색] 탭을 클릭하면 아래와 같이 설정 화면이 나타난다.

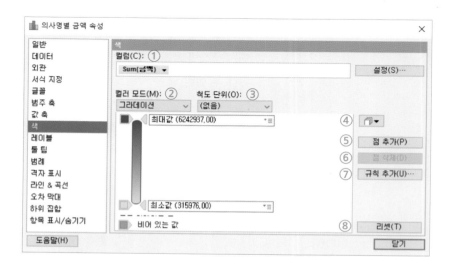

① 컬럼

어떤 컬럼으로 색상을 지정할지 설정하는 부분이다. 위 그림처럼 [Sum(금액)]으로 컬럼을 선택하면 막대의 색상이 [Sum(금액)]에 따라 표시되고 화면 우측 상단에 있는 범례에도 자동으로 '색 지정 기준'으로 설정된다. 범례에서 '색 지정 기준'을 지정해도 동일한 효력을 가진다.

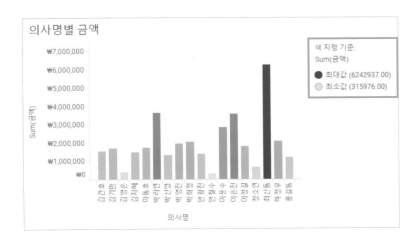

② 컬러 모드

컬러 모드는 '① 컬럼'에서 선택한 컬럼 값의 속성(숫자 혹은 문자)에 따라 선택 옵션이 다르다.

②-1 컬럼이 문자형일 경우의 옵션

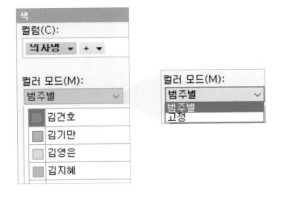

②-2 컬럼이 숫자형일 경우의 옵션

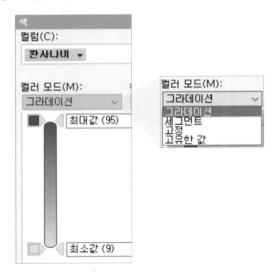

②-2-1 그라데이션: 최소값부터 최대값까지 단계적으로 차이를 가지고 색상을 표시하는 것이다.

②-2-2 세그먼트: 2개 이상의 값(지점) 사이에 있는 값을 나타내는 항목을 고정색으로 지정하여 표시한다. 아래 그림에서는 ₩3,000,000 이상은 빨간색으로, 그 미만은 파란색으로 하여 2개의 색상으로 표시하였다.

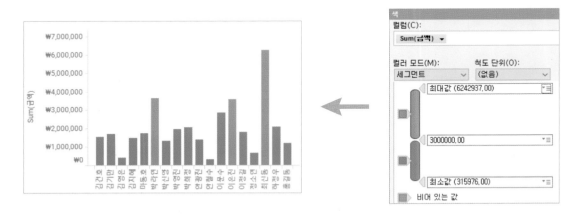

②-2-3 고정: 컬럼의 모든 값에 대하여 색상을 고정시킨다. 즉 컬럼의 모든 값들이 동일한 색으로 표시된다.

②-2-4 고유한 값: 컬럼의 모든 고유한(unique) 값에 대하여 색상을 다르게 한다. 즉 컬럼의 각 값들이 모두 다른 색으로 표시된다.

③ 척도 단위

막대 그래프에 격자 표시 기능을 이용하는 경우, 색 지정 기준을 전체뿐 아니라 각 격자별로도 적용할 수 있다.

아래 그림을 보면 색 지정 기준을 '상위 1개'와 '하위 1개'에 대하여 각각 녹색과 빨간색으로 적용하였다.

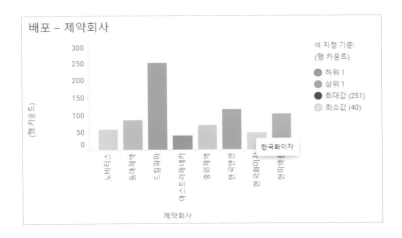

위 그림에 '환자성별'로 가로 격자 표시를 적용하면 다음과 같다.

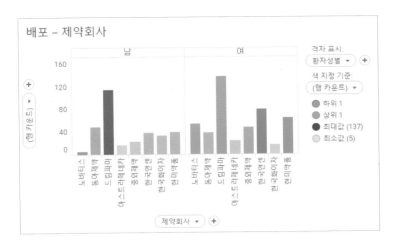

위 그림은 전체 막대를 대상으로 '상위 1개'와 '하위 1개'에 대하여 색상을 적용하였다. 하지만 격자별로, 즉, '환자성별'별로 각 격자 안에서 '상위 1개'와 '하위 1개'에 색상을 적용한다면 그것도 중요한 의미가 있을 것이다(아래 그림 참조). 이때 '척도 단위'에서 적용하는 설정 방법이 바로 '격자 표시'이다.

다음과 같이 설정하면 남자와 여자 각각 상위 1개와 하위 1개를 색
으로 쉽게 구별할 수 있다.

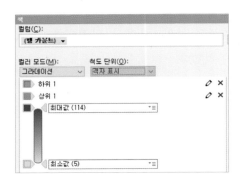
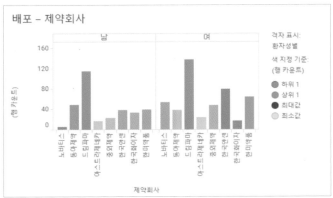

④ 색 구성표

시각화에 대한 전체 색 설정을 색 구성표()라고 한다. 시각화의
전체 색 구성표는 사용자가 선택한 색, 임계값 및 색 모드로 구성된
다. 시각화의 현재 색 구성표는 범례 및 시각화 속성의 색 페이지에
서 볼 수 있다. 여기서 색 구성표를 편집할 수도 있다.

④-1 시각화에서

동일한 **Spotfire** 분석 파일 안에서 작성해놓은 시각화들 중에 미리
설정해놓은 색 설정을 현재 시각화에 동일하게 적용하는 방법이다.
예를 들어 아래 그림처럼 페이지 (1), (2), (3)의 각 페이지에 시각화
를 작성하였고, 이 중에서 페이지 (1)의 막대 그래프와 산점도에는
사용자가 미리 별도로 색상을 설정해놓았다고 하자.

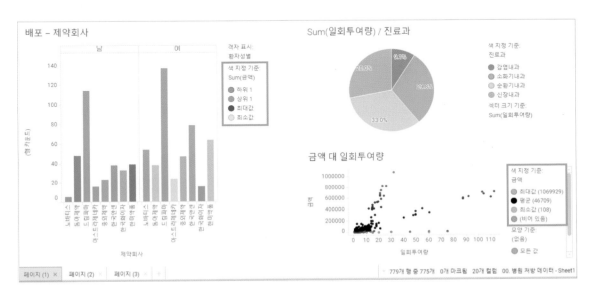

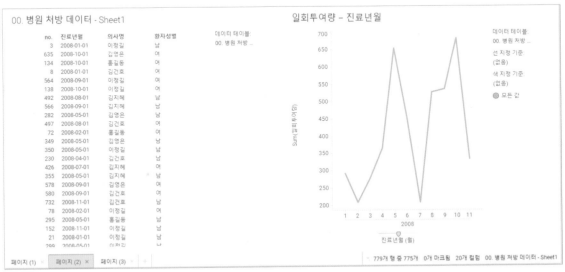

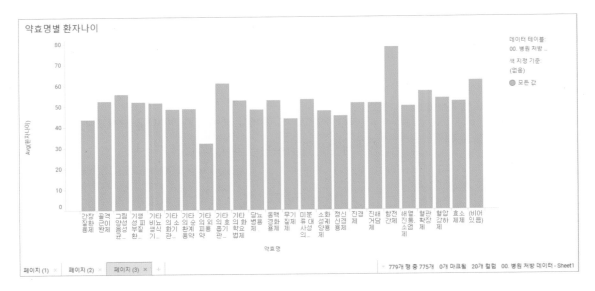

현재 작업 중인 페이지 (3)의 막대 그래프 색 설정을 페이지 (1)의 설정과 동일한 조건으로 적용하려 한다. 이때 새로 지정하는 것보다 이미 지정해놓은 페이지 (1)의 설정을 그대로 상속받아서 사용하면 훨씬 편리할 것이다. [시각화에서] 메뉴를 통해 그렇게 할 수 있다.

주의할 점은 이 메뉴를 사용하기 전에 먼저 컬럼을 선택하여 어떤 컬럼에 색을 지정할지 설정해야 한다는 것이다. 여기서는 현재 막대 그래프에서 사용하고 있는 Y축의 조건을 동일하게 적용하기 위하여 [컬럼]에서 '(값 축 값)'을 사용하였다.

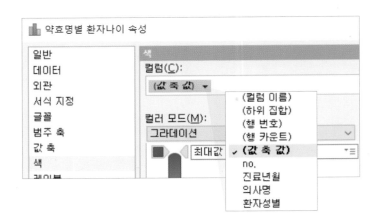

컬럼 설정이 되었으면, 색 설정 화면의 [시각화에서]를 클릭한다. 그 옆으로 페이지 목록이 보이고, 각 페이지를 클릭하면,

해당 페이지에 이미 작성해놓은 시각화들의 색 설정이 보인다. 페이지 (3)은 아직 설정을 하지 않은 상태이므로 이 목록에 표시되지 않는다.

이제 페이지 (1)의 시각화 3개 중에서 막대 그래프에 미리 설정해놓은 색 지정 방식을 현재 페이지(페이지 3)의 시각화에 적용해보자. 현재 페이지에서 마우스 우클릭하여 [속성] → [색] → '색 구성표' 아이콘 (3-3-11 그림) → [시각화에서]를 누르고 원하는 페이지를 선택하여 해당 페이지의 시각화를 클릭한다. 최종 목록에는 차트의 종류가 표시되지 않고 그림처럼 시각화의 제목과 적용된 색상이 막대 형태로 표시된다.

해당 대상 시각화를 클릭하면 설정창에 바로 결과가 표시된다.

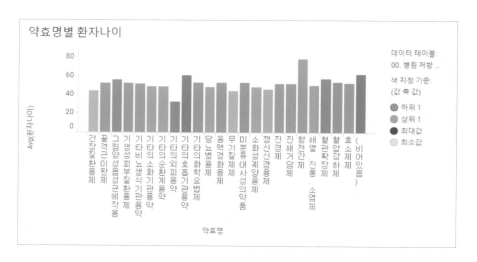

시각화에도 결과가 적용되고 범례에 색 지정 기준을 표시해준다.

→ 상세 설명은 p. 182 〈색 구성표〉 참조

TIP

차트를 처음 작성할 때 색을 미리 정의된 색 구성표 중에서 모양이 비슷한 것을 적용 후 사용자의 필요에 맞게 조정하면 시간을 줄일 수 있다.

④-2 미리 정의된 색 구성표

미리 정의된 색 구성표들을 나열한다. 연속형 척도 모드에 있는 컬럼에 대해서만 사용할 수 있다.

Spotfire의 시각화들(즉, 여러 차트들)에서 색 구성표에 대한 사용법은 모두 동일하다.

④-3 라이브러리에서 열기

라이브러리에서 열기 대화상자가 나타나며 이전 라이브러리에 저장된 색 구성표를 선택할 수 있다.

④-4 파일에서 열기

대화상자에서 이전에 저장된 색 구성표 파일(확장자는 .dxpcolor)을 가져와 현재 시각화에 적용할 수 있다.

④-5 다른 이름으로 저장

색 구성표를 라이브러리 항목, 로컬 파일, 또는 문서 색 구성표로 저장할 수 있다.

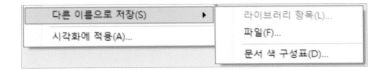

④-5-1 라이브러리 항목

라이브러리 항목으로 저장 대화상자를 연다. 여기서 나중에 다시 사용하기 위해 현재 열려 있는 색 구성표를 저장할 라이브러리 내 위치 및 파일 이름을 지정할 수 있다.

④-5-2 파일

나중에 다시 사용하기 위해 컴퓨터에 현재 로컬로 열려 있는 색 구성표를 저장할 위치 및 파일 이름을 지정할 수 있는 대화상자를 연다. Spotfire에서 사용하는 색 구성표 파일의 확장자는 '.dxpcolor'이다. 이 파일을 공유하면 다른 사람과 색 구성표를 공유할 수 있다.

④-5-3 문서 색 구성표

문서 색 구성표 저장 대화상자를 연다. 나중에 다시 사용하기 위해 현재 열려 있는 색 구성표의 이름을 지정하고, 저장할 수 있다

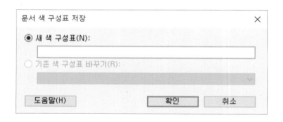

아래와 같은 이름으로 저장하면,

[색 구성표] 메뉴에 [문서 색 구성표] 메뉴가 보이고 방금 지정한 이름이 보인다. 이를 선택하여 사용할 수 있다.

④-6 시각화에 적용

현재 시각화에 적용한 설정 방법을 분석 파일 내에 있는 다른 페이지(들)의 시각화(들)에 적용시키는 방법이다. 현재 시각화의 색 구성을 적용할 대상 시각화를 지정한다. 그림의 좌측에서 적용시키고자 하는 대상 시각화('사용 가능한 시각화')를 클릭한다. [추가] 버튼을 눌러서 우측의 '선택한 시각화' 쪽으로 이동시키면 된다. 한 번에 여러 시각화에 색 설정을 동시에 적용할 수 있다.

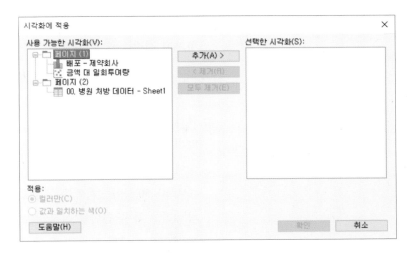

대상 선택 후 [확인]을 누르면 '선택한 시각화'로 이동시킨 시각화
들이 현재 색 설정 기준으로 모두 적용된 것을 확인할 수 있다.

⑤ 점 추가(Add point)

시각화에 색을 적용하는 기준(색상 구성) 중간에 값을 추가할 수 있
다. 아래 그림에서 [점 추가] 버튼을 클릭하면 색 구성표 안에 기준
값이 새로 추가된다. 이 지점을 변경하고 싶으면 사각형 컬러(아래
예제에서는 빨간색 사각형)를 눌러서 위아래로 이동할 수 있다. 또한
이 지점에 정확한 숫자를 입력하거나 평균값, 중앙값 등 통계값을
적용할 수도 있다.

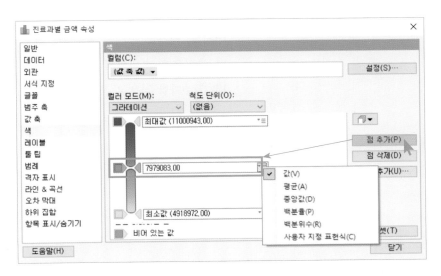

⑥ 점 삭제(Delete point)

추가된 지점들을 삭제한다. 추가된 지점을 클릭하면 이 메뉴가 활
성화된다.

⑦ 규칙 추가(Add rule)

막대 그래프에 색을 적용하는 기준(색상 구성)에 대하여 일반적으로
많이 사용되는 규칙들(예를 들어서 평균값 이상은 녹색, 하위 3개는 빨
간색, 10~50 사이는 회색 등)을 미리 정의해놓을 수 있다. 이를 '색 규
칙'이라고 하며, 간단한 설정만으로 바로 적용할 수 있다.

색 규칙은 시각화에 대한 색 구성표를 설정할 때 매우 유용하다. 이
대화상자를 사용하여 색 규칙을 정의하거나 편집하는데, 대화상자
에서 사용할 수 있는 규칙 형식 집합은 범주별(문자형) 색 구성표인
지, 연속하는(숫자형) 색 구성표인지 여부에 따라 다르다.

예를 들어 범주별 색 구성표의 경우 특정 문자로 시작하는 모든 값
을 서로 다른 색으로 나타내도록 지정하는 규칙을 추가할 수 있다.
연속하는 색 구성표의 경우 특정 값 이하의 값을 나타내는 모든 항
목을 특정 색으로 나타내도록 지정하는 규칙을 정의할 수 있다. 또
는 날짜 컬럼을 기준으로 색을 지정할 경우 2개의 특정 날짜 사이
의 값을 나타내는 항목을 특정 색으로 표시하도록 규정하는 규칙
을 설정할 수 있다.

모든 종류의 시각화와 모든 색 모드에서 규칙을 사용할 수 있으며
규칙은 나머지 색 구성표에 대한 예외 역할을 한다. 추가한 규칙은
범례 및 시각화 속성의 색 페이지에서 색 구성표의 맨 위에 배치된
다. 규칙은 항상 나머지 색 구성표보다 우선 순위가 높다. 규칙을 여
러 개 추가할 경우 가장 위에 위치한 규칙이 가장 마지막으로 실행
된다.

아래 예는 금액(합계)을 기준으로 색이 지정되는 막대 그래프로서 합계 금액이 높을수록 색상이 진하도록 설정되어 있다

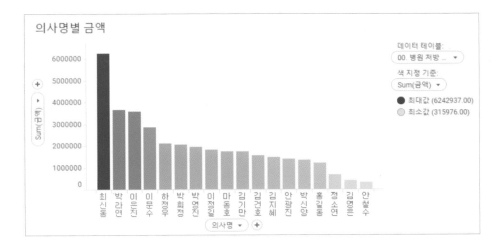

범례 부분에서 알 수 있듯이, 다음과 같은 색 규칙이 적용되었다.

Top 1을 빨간색으로 표시해보자. [규칙 추가] 버튼을 누르면 새로 대화상자가 나타난다.

먼저 [규칙 유형]을 정한다. 첫 번째 값 1개만 나타낼 것이므로 아래 목록에서 '상단(Top)'을 선택하고,

[값]을 클릭하여 1을 입력한다.

[색]을 눌러서 원하는 색을 지정한다. 여기서는 빨간색을 선택한다.

설정이 완료되면 [확인]을 누른다. 화면에 다음과 같이 표시되고, 시각화에도 상위 1개에 대한 설정이 반영되었다.

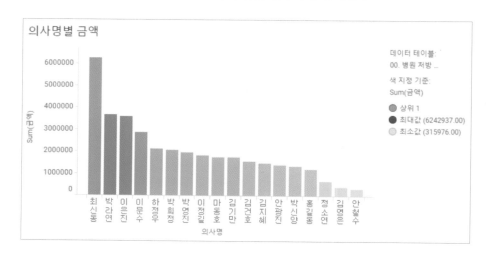

여기에 상위 5개에 녹색 표시를 추가해보자. 설정 방법은 앞의 설명과 동일하다. 즉, [규칙 추가] → [규칙 유형]에서 '상단' 클릭 → [값]에 '5' 입력 → [색]에서 녹색 선택 → [확인]을 클릭한다.

다음과 같이 설정창이 표시될 것이다.

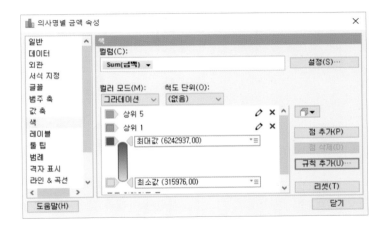

[닫기]를 누르고 시각화를 살펴보자.

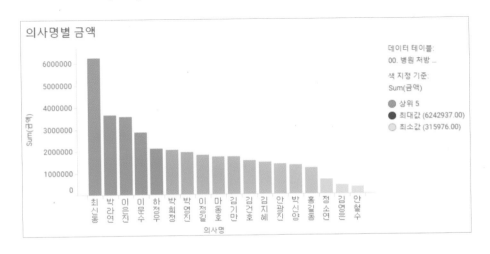

위 그림을 보면 상위 5개는 녹색으로 잘 표시되었으나, 처음에 설정했던 상위 1개의 빨간색은 사라졌다. 이는 규칙이 여러 개 존재할 경우 가장 상위에 위치한 규칙이 가장 마지막으로 실행되기 때문이다. 따라서 이러한 규칙이 배치되는 순서가 중요하다.

다시 상위 1개의 빨간색을 표시하려면 색 지정 기준의 순서를 변경하면 된다. 아래 그림에서 처럼 '상위 1' 표시 부분의 막대를 클릭하여 원하는 위치(상위 5 윗 부분)로 잡아끌어서 놓는다. 이때 놓일 위치가 가늘고 긴 선 모양으로 표시된다.

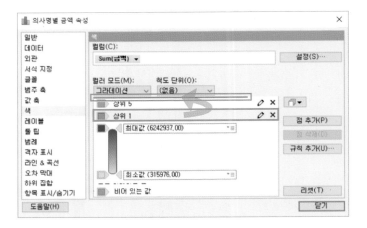

그 결과 아래와 같이 위치가 변경되었다.

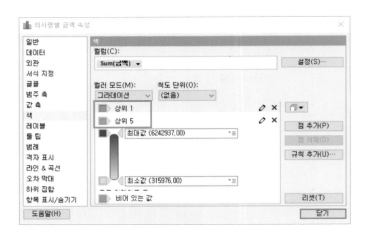

다음은 앞의 설정이 적용된 시각화이다. 상위 1개가 상위 5개와 같이 표시되었다.

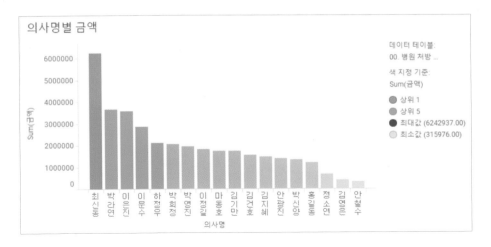

⑧ 리셋(reset)

　사용자가 생성한 모든 규칙을 제거하고 최초의 기본 구성으로 되돌린다.

7 툴 팁

시각화에서 마우스 포인터를 항목(예: 막대 세그먼트, 파이 섹터, 선 또는 마커) 위로 이동하면 강조 표시된 항목에 대한 정보를 보여주는 '툴 팁' 이 나타난다. 툴 팁은 기본적으로 몇 가지 항목을 표시하지만 추가 컬럼이나 표현식에서 정보를 표시하도록 구성할 수도 있다.

　아래 그림에서 커서를 '소화기내과'의 막대 위로 가져다 놓으면(클릭하지 않음) 자동으로 하얀색 사각형의 툴 팁에 기본 정보들이 표시된다.

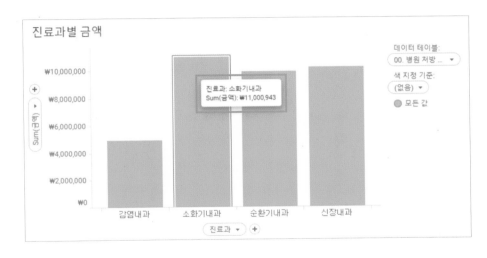

시각화에서 마우스 우클릭하여 [속성] → [툴 팁] 탭을 누르면 속성 설정창이 표시된다.

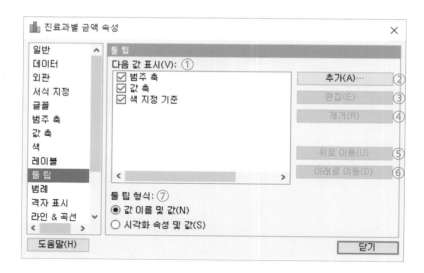

① 다음 값 표시

툴 팁에 표시할 항목을 지정한다. 여기에 정해진 순서대로 툴 팁에 표시된다.

② 추가

아래 화면은 [추가]를 눌렀을 때 나타나는 대화상자이다. 여기에서 툴 팁으로 추가하고 싶은 컬럼과 집계 방법, 표시되는 이름 등을 지정한다.

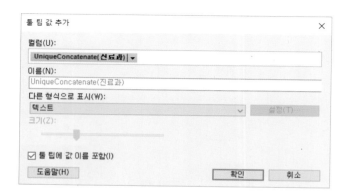

③ 편집

 툴 팁 값 편집 대화상자를 연다. 여기서 툴 팁에 표시할 정보를 변경할 수 있다.

④ 제거

 목록에서 선택한 값을 삭제한다.

⑤ 위로 이동

 목록에서 선택한 값을 위로 이동하면 툴 팁에서도 위로 이동한다.

⑥ 아래로 이동

 목록에서 선택한 값을 아래로 이동하면 툴 팁에서도 아래로 이동한다.

⑦ 툴 팁 형식

 툴 팁에 보이는 형식을 설정한다.

⑦-1 값 이름 및 값

 선택한 컬럼 이름, 계층 또는 사용자 지정 표현식이 표시되는 형식으로 툴 팁 내용을 표시한다. 기본(default) 선택 사항이다.

⑦-2 시각화 속성 및 값

 각 값에 대한 시각화 속성이 표시되는 형식으로 툴 팁 내용을 표시한다

8 범례(Legend)

범례는 시각화에서 어떤 데이터를 사용하였고, 각 색상이나 크기 기준이 무엇인지 등을 표시하며, 필요에 따라서 표시하거나 숨길 수 있다.

1 범례 표시/숨기기

기본적으로는 아래 그림처럼 시각화의 우측 상단에는 아무 메뉴 표시가 없다.

　그러나 마우스 포인터를 시각화 맨 위쪽에 제목 표시줄 영역(빨간색 사각형 부분)으로 이동하면 아래 그림처럼 아이콘들이 표시된다.

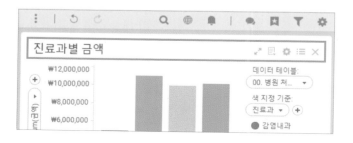

　상단 우측에서 두 번째 범례 아이콘을 누르면 범례의 '표시/숨기기'가 전환된다.

전체 화면이 작아서 차트를 표시할 공간이 넓지 않을 때에는 범례를
숨겼다가, 필요하면 시각화에서 볼 수 있다. 즉, 시각화 기능 메뉴에서
범례 아이콘을 클릭하여 범례 표시/숨기기를 전환할 수 있다.

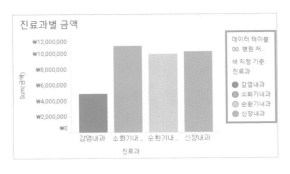 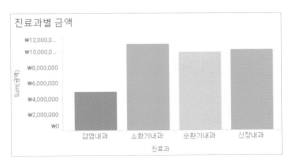

범례를 표시함   범례를 표시하지 않음

2 범례 표시 영역 확장/축소

범례 표시를 해도 범례가 안 보이거나, 고의로 범례를 거의 안 보이게
숨길 수도 있다. 아래 그림처럼 범례와 차트의 경계 부분에 마우스 포
인터를 이동하면 마우스 포인터 모양이 ◄▐► 로 바뀌게 되며, 이때 마우
스 왼쪽 버튼을 누르면 아래와 같은 선 모양이 나타난다. 이 상태에서
마우스를 원하는 위치로 이동하면 범례의 표시 부분을 늘리거나 줄일
수 있다.

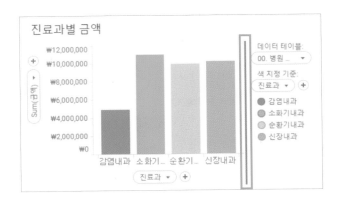

아래 그림은 범례 부분을 늘린 경우이다. 위 그림과 비교할 때 상대적으로 차트 크기가 축소되고 범례 부분이 차지하는 영역이 넓어졌다.

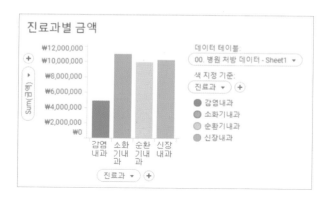

3 범례 설정

시각화에서 마우스 우클릭하여 [속성] → [범례] 탭을 누르면 속성 설정창이 표시된다.

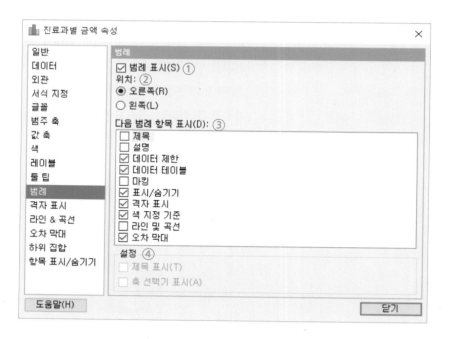

① 범례 표시

범례 표시 체크박스를 해제하면 범례 전체가 시각화에서 사라진다. 앞 부분의 '범례 표시 숨기기' 버튼과 동일한 기능을 한다.

② 위치

범례를 시각화의 어느 위치에 표시할지 선택한다. 기본 설정은 오른쪽으로 되어 있다.

③ 다음 범례 항목 표시

범례에 표시할 부분을 선택적으로 표시할 수 있다. 체크박스를 해제하면 해당 항목의 범례가 시각화에서 사라진다

④ 설정

범례에 세부적으로 표시할 부분을 설정한다. 여기에서 주의해야 할 점은 세부 설정을 하기 전에 먼저 표시할 대상을 선택해야 한다는 것이다. 대상이 선택되면 글씨가 아래 그림처럼 파란색 박스로 표시되고 '설정' 부분이 활성화된다.

아래는 [색 지정 기준]과 [축 선택기 표시]가 위 설정처럼 모두 선택되어 있는 시각화 화면이다.

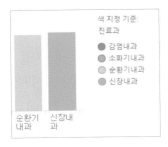

아래는 각각의 설정을 해제하였을 때의 시각화 결과를 나타낸다.

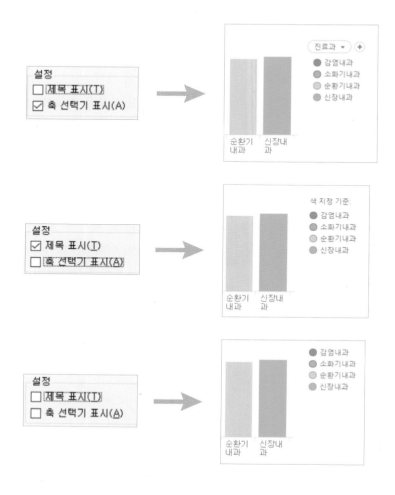

9 격자 표시(Trellis)

영어로 'Trellis'라고 표시되는 이 기능은 '격자 구조물'이라는 의미
인데, 여기에서는 '격자 표시'라고 한다. 격자로 표시된 차트는 small
multiple, Trellis chart, Panel chart 등으로도 부른다

데이터 시각화의 중요한 목적 중 하나는 많은 정보를 시각화 표현으
로 압축하여 위치, 형태, 크기, 색상으로 핵심을 전달하는 것이다. 그런
데 전체를 한번에 볼 때 나타나지 않던 특성이 카테고리(격자)별로 나
눠서 표시하면 특정 카테고리에서만 나타나는 경우가 있다. 이런 경우,
더 작고 비슷한 유형별로 나눠서 격자 표시로 표현하면, 하나의 차트에

서는 볼 수 없었던 패턴, 경향, 특이점을 볼 수 있으며, 데이터에서 범주 간의 유사성 또는 차이점을 빠르게 확인할 수 있다.

아래 그림은 격자 표시를 적용하지 않은 일반적인 막대 그래프다.

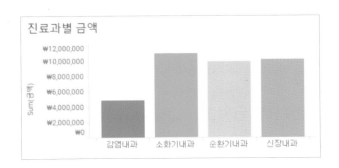

만일 위 그래프를 남자와 여자로 각각 작성해서 '환자성별'별 'Sum(금액)'을 비교해보고 싶다면 어떻게 해야 할까? 이럴 때 사용할 수 있는 기능이 '격자 표시'이다.

아래 그림은 위에서 사용한 것과 동일한 데이터로 동일한 Y축을 표시하고 있지만, '환자성별'별로 따로(격자 표시로) 나눠서 표시한 것이다. 더 세밀하고 정확하게 정보를 파악할 수 있다.

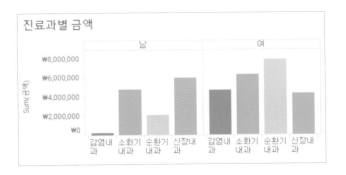

격자 표시를 이용하는 방법은 필터에서 컬럼을 지정하여 시각화로 끌어다 놓는 방법과 속성 설정창을 이용하는 방법, 2가지가 있다. 전자의 방법이 더 일반적으로 사용되며 훨씬 편리하다.

1 필터에서 컬럼을 이용하는 방법

가장 일반적인 방법으로 필터에서 컬럼을 선택하여 시각화로 잡아끌기 하는 방법이다. '환자성별'을 격자 표시하기 위해 아래 그림처럼 필터에서 '환자성별' 컬럼을 시각화 가운데로 잡아끌면 가운데에 이용 가능한 옵션들이 표시되는데, 이 6개 옵션 중 오른쪽 3개(점선 사각형)가 격자 표시 옵션들이다.

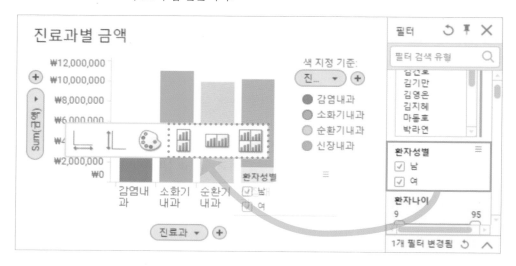

1) 세로 격자 표시 축으로 표시하기

격자 구성을 세로 방향으로 표시한다. 아래 그림에서 '환자성별'이 세로 방향으로 구분지어 격자 표시되었다.

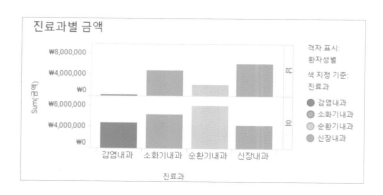

'환자성별' 컬럼을 시각화 가운데로 잡아끌기 했을 때 가운데 표시되는 옵션들 중에서 우측 세 번째 것이다.

2) 가로 격자 표시 축으로 표시하기

격자 구성을 가로 방향으로 표시한다. 아래 그림에서 '환자성별'이 가로 방향으로 구분되어 격자 표시되었다

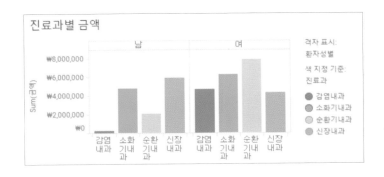

'환자성별' 컬럼을 시각화 가운데로 잡아끌기 했을 때 가운데 표시되는 옵션들 중에서 우측 두 번째 것이다.

3) 격자형태를 패널 형태로 표시하기

격자 구성을 가로세로 구분없이 전체로 표시한다. 격자 표시를 해야 할 것이 많을 때(즉, 격자 표시 대상 컬럼의 고유값이 많을 때) 주로 사용한다. 아래 그림에서 각 '제약회사'별로 구분하여 격자 표시되었다.

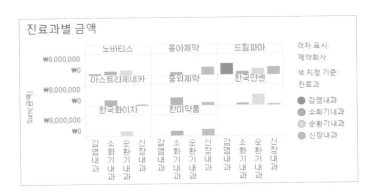

이때 격자 표시되는 순서는 변경이 가능하며, 기본적으로는 컬럼의 오름차순(현재는 알파벳 A~Z 순서로 정렬됨)을 따른다. 이 순서를 변경하고 싶다면 p. 522 〈컬럼 속성〉에서 컬럼의 정렬 순서 설정 방법을 참조하기 바란다.

'환자성별' 컬럼을 시각화 가운데로 잡아끌기 했을 때 가운데 표시되는 옵션들 중에서 가장 우측에 있는 것이다.

4) 격자 형태를 메트릭스(Metrics) 형태(가로+세로 조합)로 구성하기

격자 표시를 응용하면 조합 형태로 표시할 수가 있다. 예를 들어 아래 그림에서 '성별(고유값 2개)'과 '지역_도(고유값 3개)'라는 2개의 변수를 기준으로 시각화를 격자 표시한다면 남-경북, 남-부산, 남-서울, … 과 같은 방법으로 이들 조합을 나타내는 6가지 독립된 패널을 만들 수 있다.

먼저 '환자성별'을 세로로 격자 표시한 그림이다.

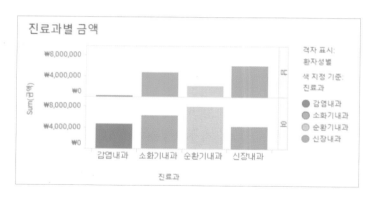

다음은 '지역_도'를 가로로 격자 표시한 그림이다.

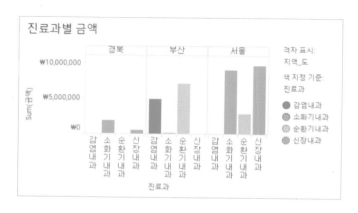

다음은 총 6개의 독립 패널 형태로 진료과를 '환자성별'과 '지역_도'
별로 각각 세로와 가로로 격자 표시한 그림이다.

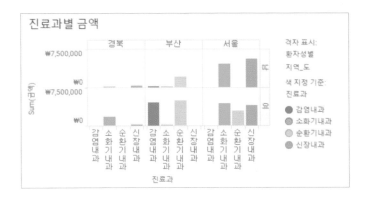

5) 격자 표시 삭제하기

범례 부분의 '격자 표시'에서 원하는 컬럼을 선택한다. 아래 그림에서는
'환자성별'을 선택하였다.

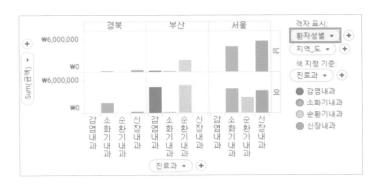

그 결과 다음과 같이 설정창이 표시되며, 맨 아래 부분의 [제거]를 누
르면 격자 표시가 삭제된다.

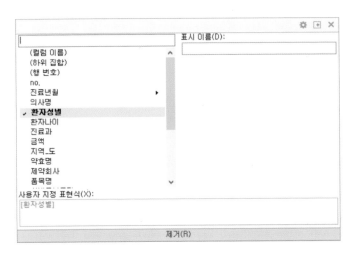

2 속성 창을 이용하는 방법

시각화에서 마우스 우클릭하고 [속성] → [격자 표시] 탭을 선택하면
대화상자가 표시된다.

① 행 및 컬럼

격자 표시 방향을 세로 방향으로 하고 싶으면 '행'에서 원하는 컬
럼을 선택하고, 가로 방향으로 하고 싶으면 '컬럼'에서 원하는 컬럼
을 선택한다. 만일 위 그림처럼 2가지 모두 각각 선택하면 앞 부분
p.264 〈격자 형태를 메트릭스 형태로 구성하기〉와 동일한 결과를
얻는다.

만일 각 격자별로 다른 페이지에 구성하고 싶다면 '페이지'에서 컬
럼을 선택한다. 다음은 '환자성별'을 격자의 '페이지'에서 선택한 그
림이다. 시각화 옆 부분에 페이지 슬라이더가 보인다

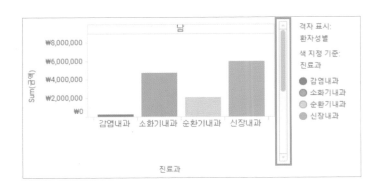

② 패널

'패널'의 '분할 기준'에서 컬럼을 선택하고 실행하면 p.263 〈격자 형태를 패널 형태로 표시하기〉와 동일한 결과를 얻는다.

이 설정창에서는 패널의 레이아웃도 지정할 수 있다. 격자 표시의 기본 설정은 '행 및 컬럼'으로 되어 있으므로 패널 기능을 사용하려면 반드시 패널 앞 부분의 라디오 단추를 클릭해야 한다.

레이아웃을 원하는 행과 컬럼의 개수로 변경하고 싶으면 먼저 [분할 기준]의 컬럼을 지정하고, '수동 레이아웃'의 체크박스를 선택한다. 그러면 '최대 행 수'와 '최대 컬럼 수'가 활성화된다.

표시하고 싶은 행 수(최대 행 수)와 컬럼 수(최대 컬럼 수)를 입력하면 원하는 레이아웃으로 표시할 수 있다. 예를 들어 아래 그림처럼 각각 '2'와 '4'를 입력하면

아래 그림처럼 2×4 형태로 격자 표시가 된다.

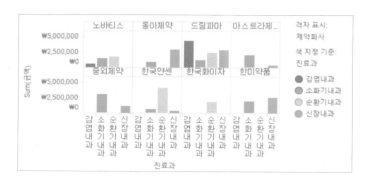

10 라인&곡선

Spotfire 시각화에서 통계적인 의미를 갖는 참조선을 표시할 수 있다. 라인&곡선에 대해서는 p. 616 〈라인&곡선〉 부분에 생성하는 방법부터 설정까지 상세하게 설명되어 있으므로, 이 장에서는 기본적인 사용 방법만 간략하게 설명한다.

라인&곡선 표시하려면, 시각화에서 마우스 우클릭하여 [속성] → [라인&곡선] 탭을 선택하여 대화상자를 연다.

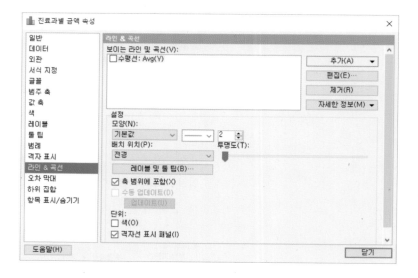

라인&곡선에서 사용할 수 있는 참조선들은 시각화 종류마다 거의 유사하지만 첫 화면에서 기본으로 보이는 메뉴는 상황에 따라 조금씩 다르다.

아래 막대 그래프에 평균선을 추가해보자.

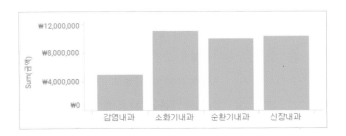

라인&곡선 속성 설정창에서 기본적으로 표시되어 있는 [수평선]의 체크박스를 선택하면 즉시 평균선이 표시된다.

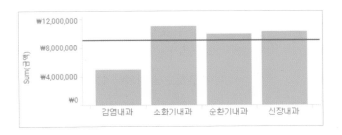

만일 [추가]를 선택하면 아래 그림과 같이 추가 대화상자가 나타나면서 새로 추가할 수 있는 선들이 표시된다. 참고로, 이 경우에는 X축이 문자 값으로 되어 있어 수직선을 표시할 수 없으므로 수직선 옵션이 비활성화되어 있다.

11 항목 표시/숨기기

값을 필터링하면 시각화에서 사용 가능한 항목을 계산하는 데 사용되는 기본 데이터가 변경된다. 계산은 정확히 이루어져야 하지만 결과 시각화에서는 일부 값만 표시하기 원하는 경우가 있다. 이런 경우에 항목 표시/숨기기를 사용한다. 예를 들어 실적순으로 전체 대상을 나열하도록 계산한 후에 그중에서 가장 좋은 상위 10개만 표시하는 것이다.

항목 표시/숨기기 탭은 대부분의 시각화 유형에 대한 시각화 속성 대화상자에서 사용할 수 있다. 규칙을 정의한 경우 항목 표시/숨기기 탭의 확인란을 사용하여 규칙을 임시로 사용하지 않도록 설정할 수 있다.

시각화에서 표시/숨기기 규칙이 적용된 경우 시각화의 제목이나 설명에 이 정보를 입력함으로써 시각화에서 일부 데이터가 표시되지 않는다는 것을 다른 사용자에게 알릴 수 있다

항목 표시/숨기기를 사용하려면, 시각화에서 마우스 우클릭하고 [속성] → [항목 표시/숨기기] 탭을 선택하여 대화상자를 연다. 기본으로 아무것도 설정되어 있지 않다. [추가] 버튼을 누른다.

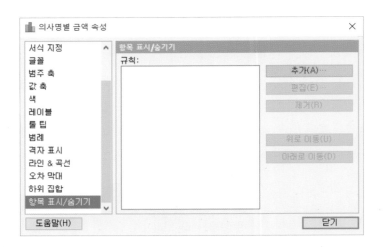

다음과 같은 대화상자가 새로 표시된다.

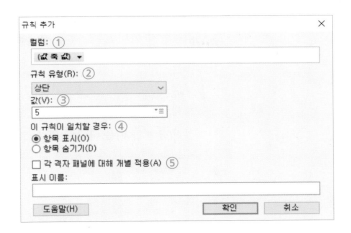

① 컬럼

표시/숨기기 할 대상 컬럼을 선택한다. 기본으로 설정된 것은 [값 축 값], 즉 Y축의 설정 컬럼 값이다.

② 규칙 유형

어떤 규칙으로 표시/숨기기 할지 선택한다. 드롭다운 버튼을 누르면 아래와 같은 옵션이 나타난다. 이 중에서 원하는 방법을 선택한다. 예를 들어 가장 상위(Top) 5개만 표시하고 싶다면 '상단'을 선택한다.

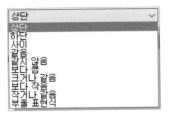

③ 값

'규칙 유형'에 따라서 설정 화면이 달라지며 필요한 입력값을 직접 입력하는 부분이다.

④ 이 규칙이 일치할 경우

위에서 설정한 기준으로 표시할지 숨길지를 결정하여 원하는 라디오 단추를 선택한다. 예를 들어 가장 하단(Bottom) 5개를 숨기고 싶다면 '항목 숨기기'을 선택한다.

⑤ 각 격자 패널에 대해 개별 적용

격자 표시를 적용한 경우, 위에서 설정한 기준들을 전체 대상으로 적용할지 아니면 각 격자 패널에 대해 개별 적용할지를 선택하는 부분이다.

예제로 상위 5명 항목만 표시를 적용해보자. 아래 그림은 의사별 실적(금액 합계)을 나타낸 막대 그래프이다.

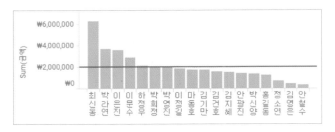

상위 5명만 표시하기 위하여 설정창을 열어서 다음과 같이 설정을 변경한다.

설정을 완료하고 [확인]을 누르면 다음과 같이 규칙이 목록에 표시된다.

[닫기]를 누르면 설정창이 사라지고 위의 설정이 반영되어 시각화에 상위 5명만 표시된다. 오른쪽 범례에 설정 내용이 자동으로 표시된다.

만일 원래대로 표시(전체를 모두 표시)하려면 설정된 표시/숨기기의 체크박스를 해제하면 된다. 설정 화면에서 다음과 같이 설정된 표시 이름 앞의 체크박스를 해제한다.

03 선 그래프(Line Chart)

선 그래프는 값들을 선으로 연결하여 표시하는 시각화 방법으로, 시간별 추세를 표시하는 데 적합하다. 예를 들면 주식시장에서 특정 회사의 주가가 시간별로 어떻게 전개되는지를 나타낼 수 있다. 그러나 반드시 X축이 시간일 필요는 없다. X축의 변수와 관련된 함수 역할을 하는 모든 데이터를 표시할 수 있다. 선 그래프에서는 일반적으로 변경 금액이 아니라 시간 흐름과 변화율을 강조한다.

다음은 '환자 성별'에 대하여 1~11월 동안의 금액 합계를 보여주는 선 그래프이다. 이 선 그래프에서는 환자 성별별로 색이 다르다.

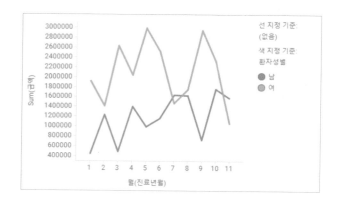

특정 컬럼 값의 데이터로 격자 표시하여 각각의 변화를 개별적으로 표시할 수 있다. 다음 그림은 위의 선 그래프를 지역별로 격자 표시한 결과를 나타내고 있다.

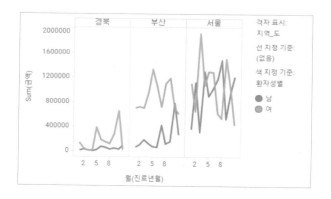

선 그래프를 계단식 그래프로 사용할 수도 있다. 계단식 그래프에서는 선들이 각 값 사이를 잇는 직선이 아니라 증분형 계단으로 그려진다. 계단식 그래프는 특정 시점에 변화가 발생하지만 그 변화들 사이에서 값이 어느 정도 일정한 수준을 유지하는 경우에 특히 유용하다.

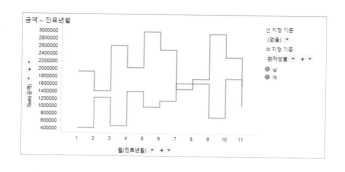

앞서 설명한 것처럼 Spotfire는 거의 모든 시각화 차트에서 속성을
설정하는 방법이 유사하다. 따라서 선 그래프의 일반적인 특성들은 앞
에서 설명한 p. 184 〈막대 그래프〉를 참조하면 된다. 특히 속성 설정
부분은 p. 213 〈속성 설정〉을 참조하면 되므로 여기서는 설명을 생략
한다.

3-1 선 그래프 그리기

Spotfire에서 선 그래프(Line chart)를 생성하려면, 화면 좌측 상단 '작
성 막대(Authoring bar)'에서 [시각화 유형]을 클릭하고 우측에 표시되
는 시각화 목록 중 [선 그래프]를 선택한다.

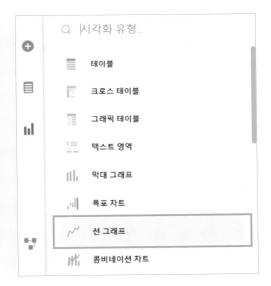

3-2 마크하기

1 선의 일부 마크하기

선 그래프는 점과 선으로 구성되며, 이때 선으로 연결되는 각 점을 '노드'라고 한다. 선은 2개의 노드를 연결한 것이다.

마크하려는 선의 일부 주변을 마우스로 클릭하여 드래그한다. 마우스를 끌 때 선의 한 노드가 포함될 경우 해당 노드가 마크된다. 2개 이상의 인접한 노드가 포함되어 있는 경우 노드 사이의 선이 마크되지만, 포함되지 않은 노드가 사이에 있을 때는 개별 노드만 표시된다.

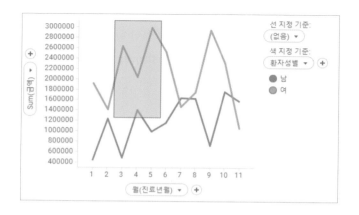

위의 그림에서 마크하는 부분(사각형 박스 안)에는 빨간색 선과 노드, 파란색 점 하나가 걸쳐 있다. 그 결과 다음과 같이 마크된다.

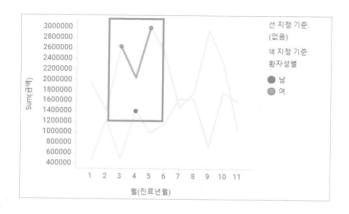

Ctrl 키를 누른 상태에서 마우스를 클릭한 후 끌어서 선의 여러 부분에서 여러 노드를 선택할 수 있다.

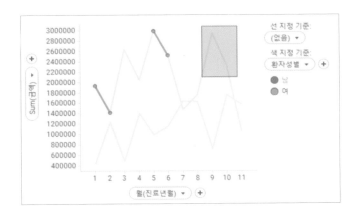

Alt 키를 누른 상태에서 마우스를 클릭한 후 끌어서 올가미(lasso) 마킹을 통해 해당 노드를 둘러싸는 방법으로 마크할 수도 있다.

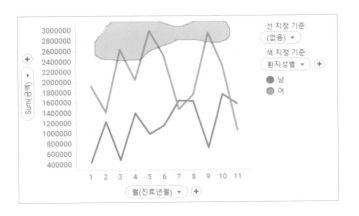

2 선 전체 마크하기

선 위의 아무 곳이나 한 번 클릭하면 선 전체가 마크(선택)된다.

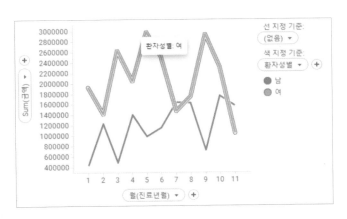

이 경우 선의 시작과 끝 지점의 노드가 함께 마크된다.

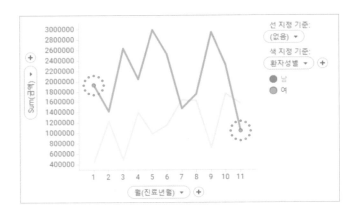

3-3 속성 설정

다른 시각화와 마찬가지로 선 그래프도 시각화에서 우클릭하여 [속성]
을 누르면 설정창이 표시되어 각종 설정값을 변경할 수 있다.

1 외관

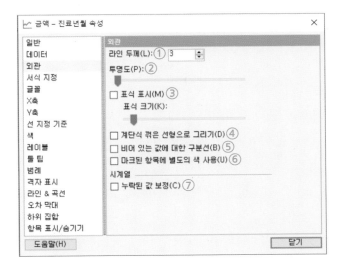

① 라인 두께

선의 굵기를 조절한다.

② 투명도

선의 투명도를 조절한다. 이 옵션은 배경에 배치된 라인이나 곡선을
더 명확히 볼 수 있게 하려는 경우, 선 그래프에 여러 라인을 겹치
게 그린 경우 등에 유용하게 쓰인다.

③ 표식 표시/크기

선에서 각 노드를 표시하고 싶으면 이 부분의 체크박스를 선택해야
한다. 그러면 노드(표식)가 선에 표시되고 그 크기를 조절할 수 있다.

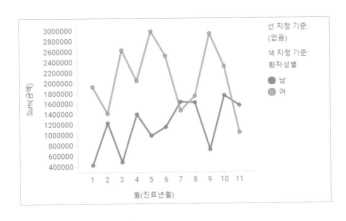

④ 계단식 꺾은 선형으로 그리기

이 부분의 체크박스를 체크하면 선들이 각 값 사이에 직선이 아니라 증분형 계단으로 그려진다.

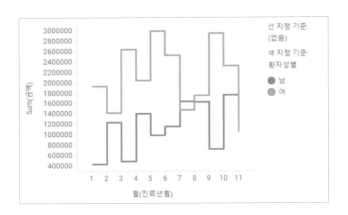

⑤ 비어 있는 값에 대한 구분선

선을 생성하는 데 사용된 데이터에 비어 있는 값이 있는 경우, 선을 끊을지 연결된 상태로 유지할지 여부를 결정한다.

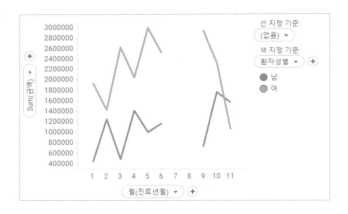

⑥ 마크된 항목에 별도의 색 사용

이 부분의 체크박스를 체크하면 마크한 부분만 특정 색(기본 설정은 녹색)으로 변한다. 반대로 체크를 해제하면 마크되지 않은 나머지 부분들이 모두 흐리게 표시된다.

→ 상세 설명은 p. 80 〈마킹의 색상〉 참조

⑦ 누락된 값 보정

시각화에서 날짜, 시간 또는 날짜/시간 컬럼을 사용하고 필요한 기간이 누락된 위치에서 일부 계산을 수행해야 하는 경우 이 확인란을 선택한다. 예를 들어, 누적 합계를 보여주는 시각화를 만들었으며 일부 범주에 누락된 데이터가 있는 경우에 이 확인란을 선택하면, 값들 간에 보간 대신 이전 값과 같은 크기의 값이 생성된다.

2 레이블

선이나 노드에 대하여 정보(레이블)를 표시하는 데 사용된다.

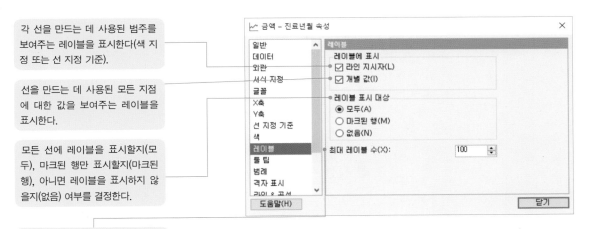

각 선을 만드는 데 사용된 범주를 보여주는 레이블을 표시한다(색 지정 또는 선 지정 기준).

선을 만드는 데 사용된 모든 지점에 대한 값을 보여주는 레이블을 표시한다.

모든 선에 레이블을 표시할지(모두), 마크된 행만 표시할지(마크된 행), 아니면 레이블을 표시하지 않을지(없음) 여부를 결정한다.

표시할 최대 레이블 수를 지정한다.

다음은 위의 설정들을 조합한 예다.

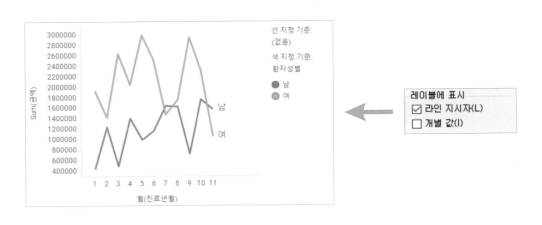

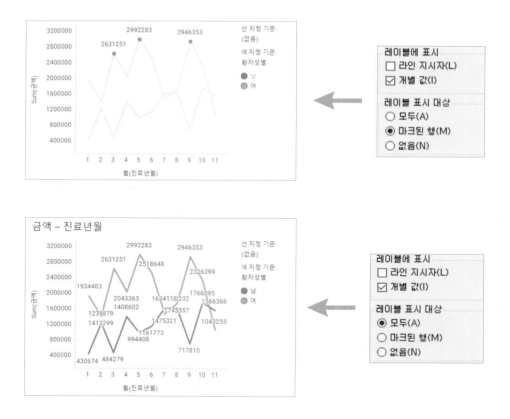

3 선 지정 기준(Line by)

색 구분 없이 선으로만 구분하고 싶은 경우에 선 지정 기준을 적용할 수 있다. 참고로 [색 지정 기준]을 설정하면 자동으로 [선 지정 기준]으로 설정한 것과 동일한 효과(색상별로 선이 구분됨)가 포함된다.

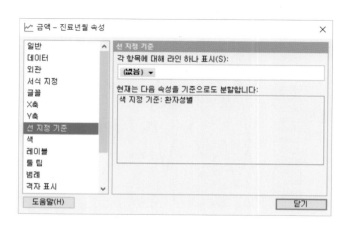

선 지정 기준과 색 지정 기준을 적용한 예를 살펴보자.

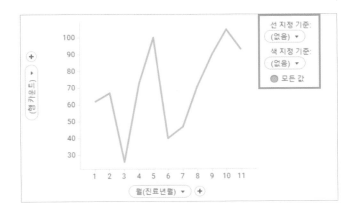

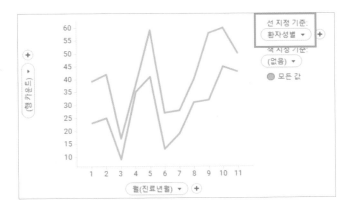

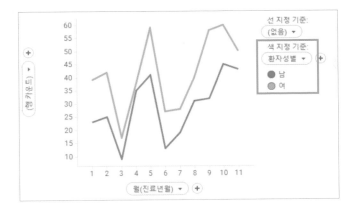

04 파이 그래프(Pie Chart)

파이 그래프는 전체를 기준으로 한 부분의 상대적 크기를 표시하는 데 사용되는 시각화로, 섹터로 구분된 원 그래프이며 각 파이 섹터는 일부 관련 정보의 크기를 표시한다. 파이 그래프는 전체를 백분율 또는 분수로 나누어 부분과 전체를 비교할 수 있게 해준다. 각 부분을 모두 더하면 전체 파이가 되며 이를 전체, 즉 100%로 나타낸다.

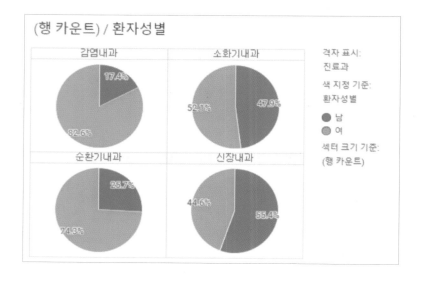

위 그림은 각 진료과별로 환자의 남녀 비율을 표시하고 있다. 감염내과에서 여자 환자(빨간색 섹터)의 비율이 가장 높음(82.6%)을 알 수 있다.

파이 그래프는 분할 막대 그래프로 대체할 수도 있다. 파이 그래프의 조각들을 꼭 비교해야 할 때는 분할 막대 그래프가 더욱 신속하고 정확하게 이해하기 좋을 수도 있다. 다음 그림에서 파이 그래프로 표시한 것과 막대 그래프로 표시한 것은 동일한 정보를 다른 시각화로 표시한 예이다.

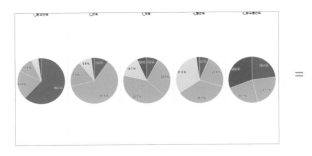
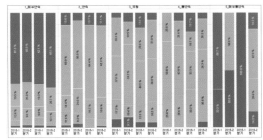

4-1 파이 그래프 그리기

1) Spotfire에서 파이 그래프를 생성하려면, 화면 좌측 상단 '작성 막대(Authoring bar)'에서 [시각화 유형]을 클릭하고 우측에 표시되는 시각화 목록 중 [파이 그래프]를 선택한다.

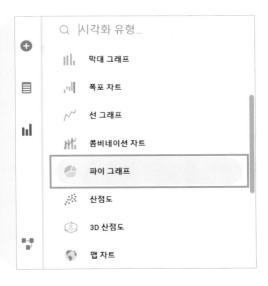

4-2 속성 설정

다른 시각화와 마찬가지로 파이 그래프도 시각화에서 마우스를 우클
릭하여 [속성]을 누르면 설정창이 표시되어 각종 설정값을 변경할 수
있다.

1 외관

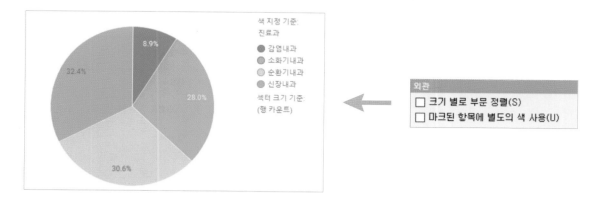

[크기별로 부문 정렬] 기준을 적용한 것과 적용하지 않은 것을 비교
해보자.

[크기별로 부문 정렬]을 체크하면 12시 방향으로 섹터의 크기가 큰
것부터 작은 순으로 정렬된다.

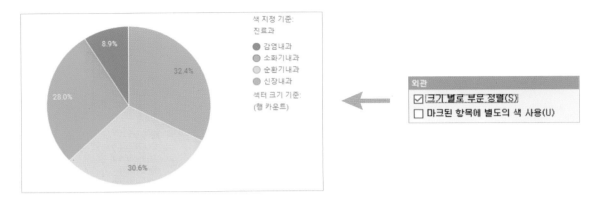

2 격자 표시

다음은 격자 표시 기준을 적용한 예이다.

1) 격자 표시: 적용 없음

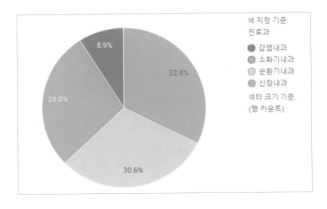

2) 격자 표시: 적용 ([패널])

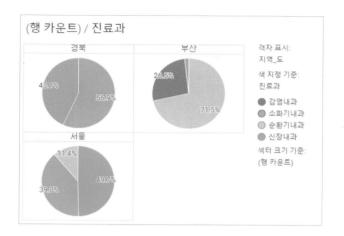

위 그림은 섹터 크기를 '행 카운트'(데이터에서 행의 수)로 하고 '지역_
도'별로 패널 격자 표시를 적용한 파이 그래프다. 순환기내과의 비중이
가장 높은 지역은 부산이다.

3) 크기

앞의 그림에서 다른 모든 원의 크기는 동일하게 하고, 특정 컬럼의 값
만 다르게 지정할 수 있다. 파이 그래프에서 섹터의 크기와 원의 크기
를 다르게 설정할 수 있다. '섹터 크기'는 하나의 파이 그래프 안에서
비율을 정하는데 사용되고, '원 크기'는 각각의 파이(원)마다 상대적인
크기를 정할 때 사용된다. 아래는 기본 설정 화면이다.

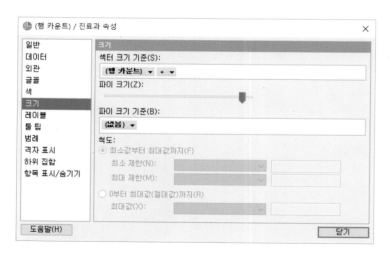

설정값을 아래와 같이 변경하여 적용하면,

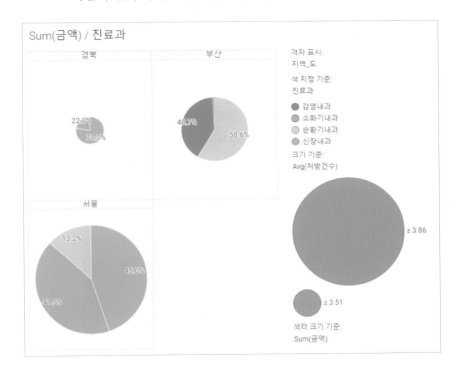

다음과 같이 파이 그래프가 표시된다.

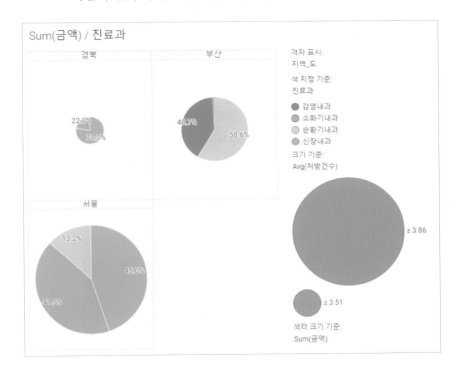

파이의 크기와 섹터의 크기가 다르게 설정되어 있다. 파이의 전체 크기(금액의 합계)와는 달리 섹터의 크기는 처방건수의 평균(Avg)으로 표시되어 있다. 즉, 평균 처방건수(원의 크기)는 서울 지역이 가장 많으며, 서울에서 금액의 합계(섹터 크기)가 가장 많은 진료과는 신장내과이다.

05 폭포 차트(Waterfall Chart)

폭포 차트는 다양한 요소에 의해 영향을 받은 이후의 값 변화(증가 또는 감소)를 나타내며 결과값이 표시된다. 시간별로 값의 전개를 시각화하거나, 총합계에 여러 요소가 차지하는 부분을 시각화 하는데 유용하게 사용할 수 있다. 이런 면에서 막대 그래프로 파이 그래프의 특성을 표현하는 차트라 할 수 있겠다.

아래 폭포 차트를 보면 전체 처방건수 중 10월 처방건수의 합계가 가장 많은 비중을 차지하여, 전체 11개월 중에서 10월이 약 1/3 이상을 차지(166건 중 64건)한다는 것을 쉽게 알 수 있다.

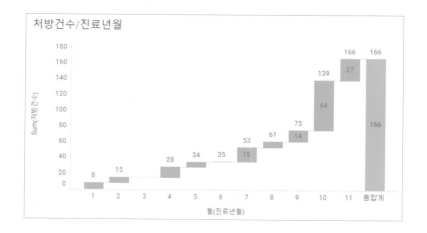

각 범주의 값 및 총합계 값은 시각화에서 막대로 표시되며, 사이값의 변경 사항은 상승 또는 하락을 나타내는 유동 블록으로 표시된다. 시작에서 끝으로 값의 전개를 따르기 위한 수단으로 전환 라인을 블록 사이에 추가할 수 있다.

양(+)의 값 변화(값이 증가하는 것)는 기본적으로 녹색으로 나타나며, 음(−)의 값 변화(값이 감소하는 것)는 빨간색으로 나타난다. 필요에 따라 다른 색상을 지정할 수도 있다. 아래 그림에서는 녹색과 빨간색을 지정하여 상승과 하락을 구별하고 있어 추세를 쉽게 구별할 수 있다. Labor

costs(인건비)와 Other costs(기타 비용)가 전체 합계 금액 기준으로 볼
때 손해를 입힌 것(빨간 색은 마이너스)을 알 수 있다.

5-1 폭포 차트 그리기

Spotfire에서 폭포 차트를 생성하려면, 화면 좌측 상단 '작성 막대
(Authoring bar)'에서 [시각화 유형]을 클릭하고 우측에 표시되는 시각
화 목록 중 [폭포 차트]를 선택한다.

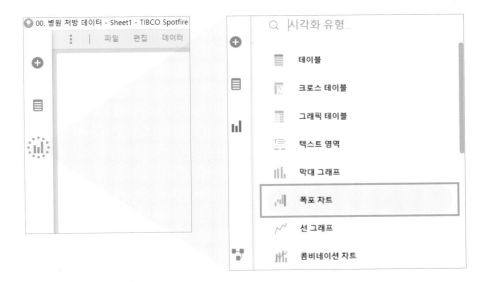

5-2 속성 설정

폭포 차트는 막대 그래프와 대부분 유사한 특성을 지닌다. 시각화 차트
에서 마우스를 우클릭하여 [속성]을 선택하면 설정창이 표시된다.

1 외관

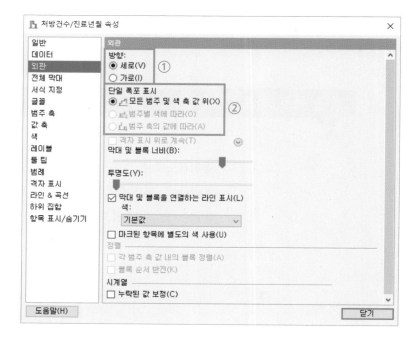

① 방향

막대의 방향을 세로 또는 가로 모양으로 표시한다.

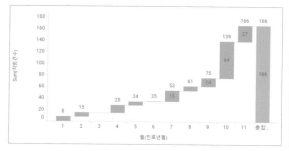

세로 방향

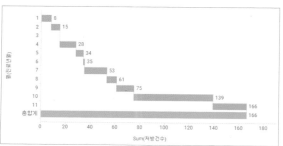

가로 방향

② 단일 폭포 표시

각 막대(단일 폭포)의 표시 방법을 설정할 수 있다. 각 설정 방법에
따른 표시의 차이는 아래 그림을 참조하기 바란다.

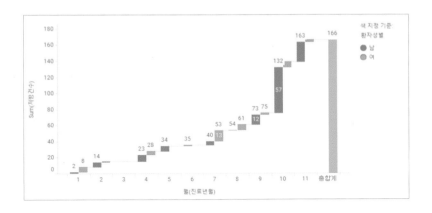

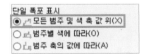

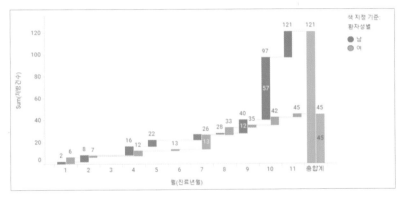

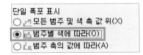

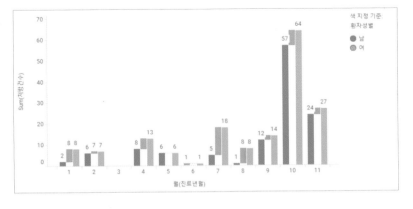

2 전체 막대

막대 전체에 대한 설정을 할 수 있다.

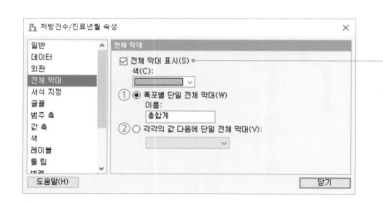

계산 합계를 표시하는 막대를 추가하려면 이 체크박스를 선택한다. 전체 막대는 전체 폭포 또는 중간 누계에 대한 결과값을 나타낼 수 있다.

① 폭포별 단일 전체 막대

합계의 이름을 지정할 수 있다.

② 각각의 값 다음에 단일 전체 막대

단일 막대 중간에 합계 막대를 추가할 수 있다. 이 옵션을 사용하기 위해서는 X축이 해당 내용으로 미리 설정되어 있어야 한다. 예를 들어 월별 막대 중간에 분기의 합을 보려면 X축이 단순히 월로만 설정되어 있으면 안되고, 미리 '연도 > 분기 > 월' 등의 계층 구조 형태로 되어 있어야 연도별 혹은 분기별 합을 표시할 수 있다.

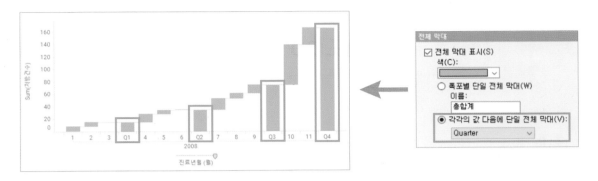

다음은 위에서 사용한 [범주 축] 설정 화면이다.

[범주 축]의 '컬럼'을 '진료년월'의 '연도 > 분기 > 월'로 선택하였다.

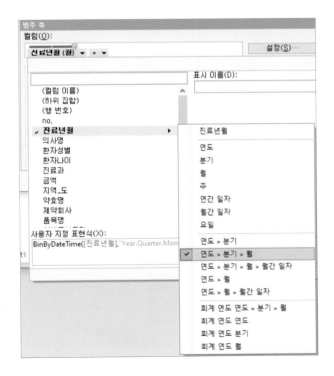

06 산점도(2D Scatter Plot)

TIP

Spotfire에서 '산점도'는 2차원 산점도를 의미하며, 3차원 산점도는 별도로 '3D 산점도'라고 칭한다.

산점도는 두 변수 간의 영향력을 보여주기 위해 가로 축과 세로 축에 데이터 포인트를 나타내는 차트이다.

아래 그림은 '처방건수'와 '금액'의 상관관계가 높은, 즉 처방건수가 많아질수록 금액도 증가함을 보여주는 산점도 시각화이다.

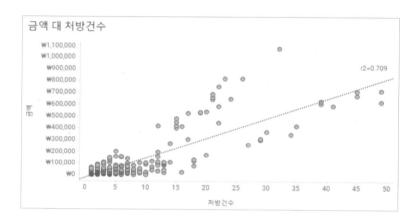

TIP

Spotfire에서는 r^2을 r2로 표시한다. 일반적으로 결정계수(r^2)는 항상 0과 1 사이의 값을 가지며, 상관계수 r의 제곱이다. 상관계수 r은 두 변수 사이의 직선관계 정도를 나타내며 −1과 1 사이의 값을 가진다.

➜ 결정 계수에 대한 상세 설명은 p.631 〈직선 맞춤〉 참조

마커의 색이나 크기에 해당하는 세 번째 변수를 설정하여 그래프에 다른 차원(dimension)을 추가할 수 있다. 아래 그림은 위 시각화에 '성별'의 차원을 추가하여 격자 표시한 예다. 금액이 가장 높은 성별은 남자이고, 남자보다 여자가 처방건수와 금액의 상관성이 더 높다(r^2 값이 더 높음)는 걸 알 수 있다.

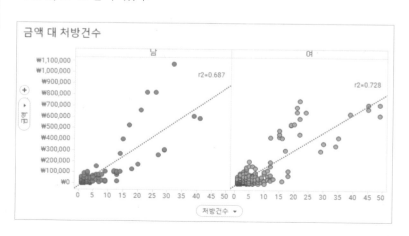

6-1 산점도 그리기

Spotfire에서 산점도(Scatter plot)를 생성하려면, 화면 좌측 상단 '작성 막대(Authoring bar)'에서 [시각화 유형]을 클릭하고 우측에 표시되는 시각화 목록 중 [산점도]를 선택한다.

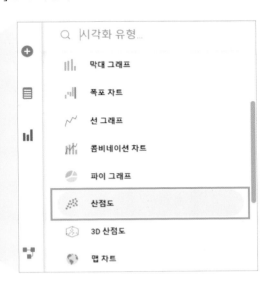

6-2 산점도의 해석

1 중요한 2가지 분석 용도

산점도는 크게 상관관계와 분포를 파악하는 2가지 용도로 사용된다. 다음 그림에서 X축과 Y축의 상관관계와 추세를 보고 이상치(outlier)를 확인할 수 있다.

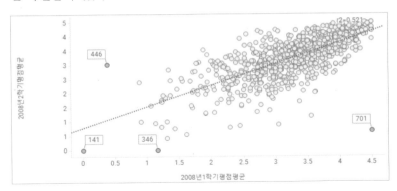

아래 그림에서는 데이터들의 분포를 알 수 있는데 사각형으로 마킹한 우측 상단 사분면은 나머지 부분들에 비하여 넓게 분포되어 있고 밀집도도 떨어지는 것을 확인할 수 있다. 드릴다운 기능을 이용하여 이 (마킹 된) 부분만 상세하게 추가 분석을 실행할 수 있다.

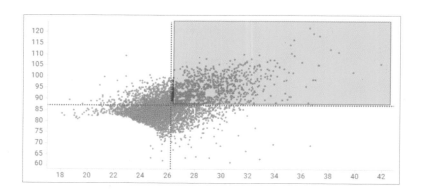

2 산점도에서 포인트의 의미

산점도는 두 변수 간의 영향력을 보여주기 위해 가로 축과 세로 축에 데이터 포인트를 그리는 데 사용된다. 데이터 테이블의 각 행은 마커로 표시되며, 마커의 위치는 X축과 Y축에 설정된 컬럼 값에 따라 다르다. 다음 그림에서 데이터 테이블의 한 행은 산점도에서 한 포인트를 나타낸다.

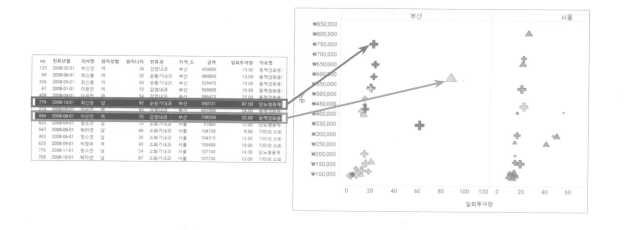

3 산점도의 다차원 정보 표시

Spotfire의 산점도에서는 두 변수 간의 분포(밀집도)나 상관성을 알 수 있다는 점 이외에도 2차원상에서 많은 정보들을 한꺼번에 표시할 수 있다는 장점이 있다. X축과 Y축 외에 마커의 색 또는 크기에 해당하는 세 번째 변수를 설정하여 그래프에 다른 차원을 추가할 수 있다. 아래 산점도에서는 X축, Y축, 격자 표시, 색 지정 기준, 모양 기준, 크기 기준 등 6가지 차원의 정보를 표시하고 있다.

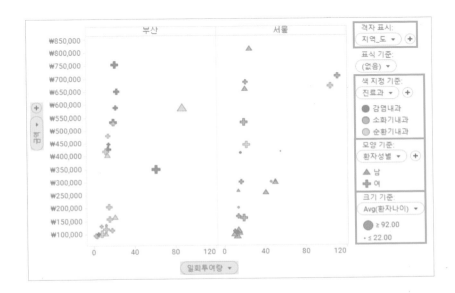

4 산점도와 상관관계

두 변수 간의 관계를 '상관관계(correlation)'라고 한다. 마커들이 산점도에서 직선에 가까운 경우 두 변수의 상관관계가 높다. 상관관계를 나타내는 지표로 결정계수(r^2)를 사용하는데, 마커가 산점도에 균등하게 분산될수록 상관관계가 낮고 결정계수는 '0'에 가깝다.

상관관계가 없는 것처럼 보이지만 실제로 그렇지 않은 경우도 있다. 두 변수가 다른 변수와 모두 연관될 수 있으므로 상세하게 변형된 원인을 찾아봐야 한다. 격자 표시(trellis)를 활용한 아래 예제를 살펴보자.

아래 산점도에서는 변수A와 변수B 간의 상관관계가 매우 낮아 보인다($r^2 = 0.156$).

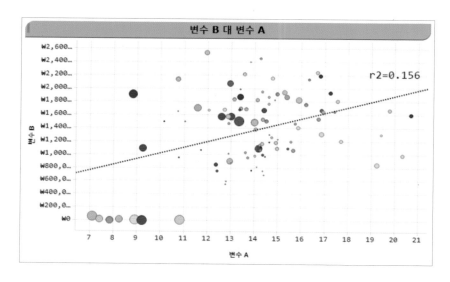

그런데 위 시각화와 동일한 데이터이지만 격자 표시를 적용해보면, 이와 다른 의미 있는 결과를 얻을 수 있다. 위의 산점도에 팀별로 격자 표시를 적용해보았다. 그 결과 변수A와 변수B 간의 상관관계가 격자(팀)별로 서로 다르다는 것을 잘 알 수 있다. 즉 1팀과 2팀은 변수A와 변수B 간의 상관관계가 높지만(변수A 값이 증가하면 변수B 값도 증가한다.) 3팀의 경우에는 결정계수가 0에 가까우므로 상관성이 없다고 할 수 있다.

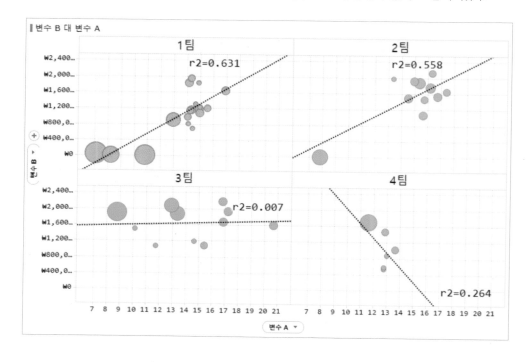

상관관계를 나타내는 결정계수는 일반적으로 낮을수록 마커가 산점
도에 균등하게 분산된다. 아래 그림에서 환자나이는 금액과 상관성이
매우 낮다(r²: 0.027).

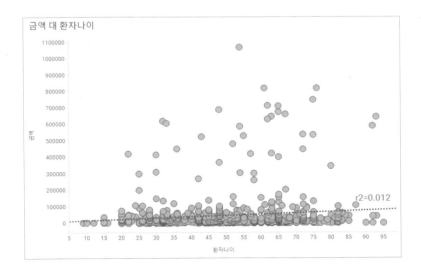

하지만 결정계수가 높다고 무조건 상관성이 높은 것은 아니다. 상관
관계가 있는 것처럼 보이지만 그렇지 않은 경우도 있다. 예를 들어 두
변수가 다른 변수와 모두 연관될 수 있으므로 변형을 설명하거나, 우연
한 일치로 상관관계가 생성될 수도 있다.

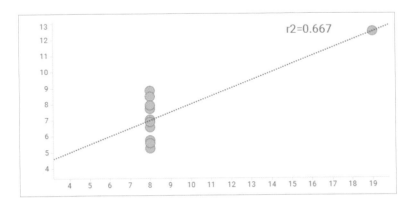

위 그림에서 결정계수는 0.667로 높은 편이지만, X와 Y 간에 상관관
계가 높다고 말하기는 어렵다. 이처럼 통계적인 수치를 시각적 이미지
를 통해 정확히 파악할 수 있는 것이 시각화가 갖는 힘이다.

5 산점도에서 집계 표시

표식 기준(Marker by) 설정을 사용하여 산점도에서 집계(예: 합계 또는 평균)를 함께 사용할 수도 있다. 이 경우 특정 범주에 대한 값을 함께 결합하여 범주별로 하나의 마커를 표시한다. 또한 각 범주의 항목 수 또는 다른 컬럼을 기준으로 집계된 마커의 크기를 지정할 수 있다.

'일회 투여량'과 '금액'의 관계를 나타내는 다음과 같은 산점도가 있다. 색상은 '진료과'를 나타내며 각 마커는 데이터 테이블상의 한 행을 나타낸다([표식 기준]이 '행 번호'로 설정되어 있음).

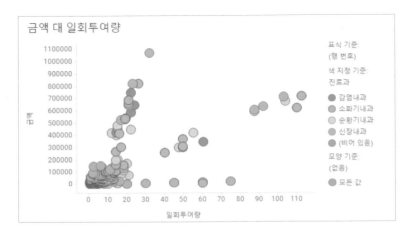

앞의 산점도에서 [표식 기준]을 '진료과'로 변경해보면 X축과 Y축 집계 방법이 각각 Sum(일회투여량)과 Sum(금액)으로 자동 변경 적용됨을 알 수 있다. 이 시각화를 통해서 진료과별로 '일회투여량'과 '금액'의 판매 합계를 한번에 볼 수 있다.

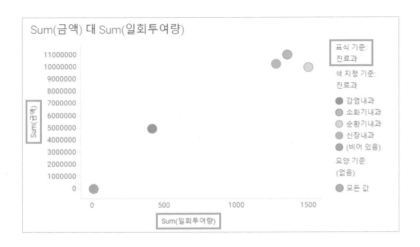

이와 같이 표시하는 간단한 방법은 [표식 기준]을 [색 지정 기준]과 동일한 컬럼으로 설정하는 것이다. 첫 번째 그림에서 [표식 기준]을 설정하는 것만으로 X축과 Y축의 설정이 자동으로 Sum(합계)으로 변경되면서 집계된 값의 결과를 위 그림처럼 보여주게 된다.

한편, 합계가 아닌 다른 집계 방법을 원하면 각 축의 선택기를 눌러서 원하는 집계 방법으로 변경할 수 있다.

6 산점도와 레이블

산점도에서 레이블을 사용하여 마커와 마커에 연결된 데이터를 식별하고 설명할 수 있다. 다음 산점도에서는 미리 마크된 부분만 레이블(마커가 속하는 범주)을 표시하도록 설정하여 마크된 2개('소화기내과'와 '신장내과')의 레이블만 표시하고 있다. 레이블을 직접 마우스로 클릭하여 위치를 이동시킬 수 있다.

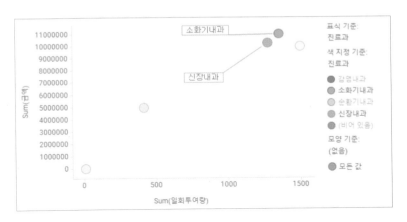

7 산점도와 마커 모양

마커 모양을 변경하여 시각화에 다른 차원을 추가하거나 사용자 데이터를 더 보기 좋게 변경할 수 있다.

다음은 앞의 산점도에 [모양 기준]을 '환자 성별'로 추가한 것이다. 그 결과 4개 과별, 남녀별로 총 8개의 마커가 표시된다. 예를 들어 '소화기내과(빨간색)' 마커가 '소화기내과의 남(빨간색 사각형)'과 '소화기내과의 여(빨간색 원형)'로 모양을 달리하여 각각 표시된다.

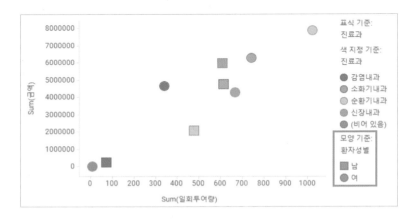

1 버블 차트 작성 방법

마커 모양이 컬럼의 다른 값에 일치하도록 하거나 마커를 파이 그래프처럼 표시할 수도 있다. 아래는 버블 차트라고도 불리는 차트이다. 산점도에서 버블 차트를 만드는 상세한 방법은 다음 '따라하기'에 설명하였다.

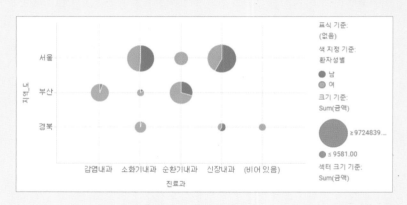

따라하기 ····················· ① 새로운 페이지를 추가하거나 기존 페이지에서 메뉴 상단에 있는 산점
도 아이콘을 눌러 새로 산점도를 추가한다.

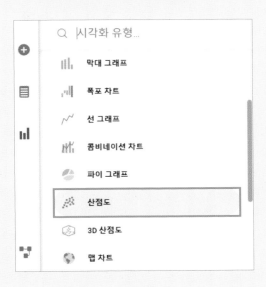

② 범례에서 [표식 기준(marker by)]의 드롭다운 버튼을 누른다. 그런 다음
표시되는 축 선택 화면에서 하단의 [제거]를 눌러 (없음)으로 만든다. 그
러면 아래와 같이 표시된다.

표식 기준:
(없음)

③ 범례에서 [색 지정 기준(color by)]의 드롭다운 버튼을 누른다. 그런 다
음 표시되는 축 선택 화면에서 하단의 [제거]를 눌러 (없음)으로 만든
다. 그러면 아래와 같이 표시된다.

색 지정 기준:
(없음)

④ X축과 Y축을 원하는 컬럼으로 지정한다. 이 예에서는 X축을 '제약회사'로, Y축을 '지역_도'로 선택한다.

⑤ 산점도에서 마우스를 우클릭하여 [속성] → [모양]을 선택한다. 라디오 단추 중에서 [파일(표식 기준과 함께 사용하는 경우에만 해당)]에 체크한다.

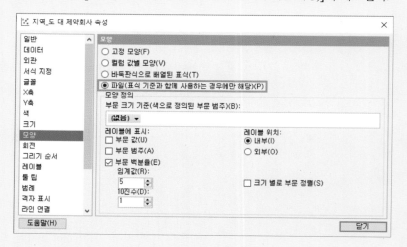

⑥ 범례에서 [색 지정 기준]에 원하는 컬럼을 선택한다. 여기서는 [환자성별]을 선택한다.

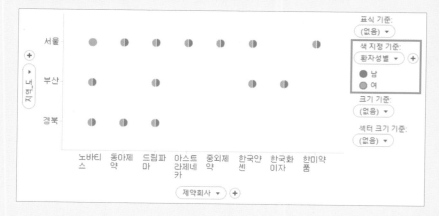

⑦ 범례에서 [크기 기준(size by)]을 눌러 원하는 컬럼을 선택한다. 크기 기준은 각 원의 전체 크기를 의미한다. 이 예제에서는 'Sum(금액)'을 선택한다.

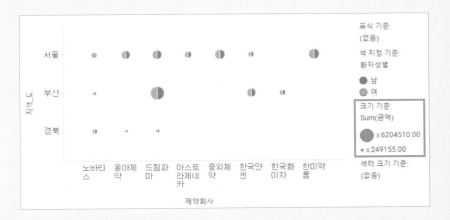

만일 범례에 [크기 기준]의 선택기가 표시되어 있지 않다면 마우스를 범례 부분으로 이동한다. 마우스를 우클릭하면 다음과 같은 창이 나타난다. 여기에서 크기 기준을 선택하면, 크기 기준의 선택기가 범례에 표시된다.

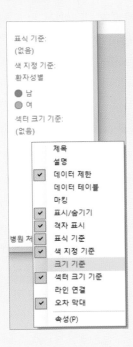

8 범례에서 [섹터 크기 기준(sector size by)]을 눌러 원하는 컬럼을 선택한다. 섹터 크기 기준이란 원 안의 섹터별로 어떤 값을 기준으로 크기를 나눌 것인지를 말한다. 이 기준에는 크기 기준과 동일한 컬럼을 지정하는 것이 일반적이지만, 두 기준이 반드시 동일할 필요는 없다. 여기서는 'Sum(금액)'을 선택했다.

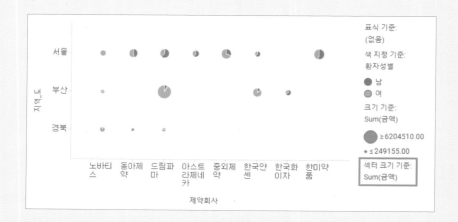

9 색상이나 마커의 크기를 변경하여 원하는 모양으로 변경할 수 있다. 이 예제에서는 전체 원의 크기를 크게 하고, '여'의 색상을 빨간색으로 변경해 다음과 같이 표시하였다.

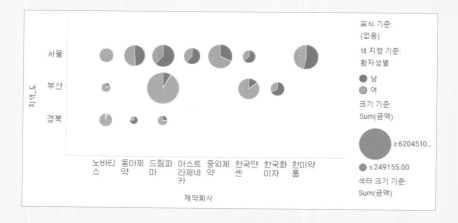

⑩ 앞의 그림과 같이 나타내기 위하여 다음과 같이 설정한다. 먼저 표시되는 원들의 크기를 조절하기 위해 마우스를 우클릭하여 [속성] → [크기]를 선택한 후 [표식 크기] 슬라이더 바를 움직여 원하는 크기로 조정한다.

⑪ 범례 부분에서 원하는 값의 원형의 색 부분(여기서는 '여' 부분 녹색)을 클릭한 후 설정창이 나타나면 색상을 선택한다. 그러면 지정한 색으로 바뀐다.

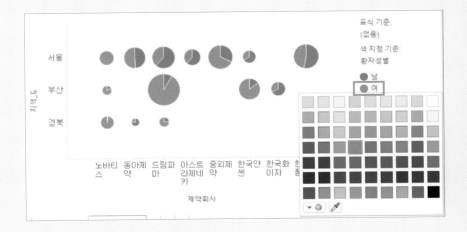

12 X축과 Y축에 그리드 라인을 표시하도록 설정해줄 수 있다. Y축 부분에 마우스를 이동하면 Y축에 옅은 회색의 사각형이 나타난다. 이때 마우스를 우클릭하여 설정창이 나타나면 [눈금선 표시]를 체크한다. X축에 대해서도 동일한 방식으로 적용한다.

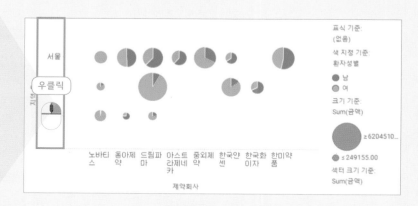

다음은 눈금선 표시를 X축과 Y축에 모두 적용한 결과이다.

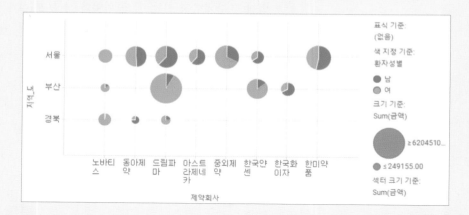

위 그림은 최종 완성된 버블 차트로서 각 제약사별(X축), 지역별(Y축)로 남녀별(색) 기준으로, 총 금액(크기)과 금액 간의 비율(섹터 크기)을 한번에 표시할 수 있다.

필요시 여기에 격자 표시를 적용하면 또 다른 컬럼에 대한 정보를 추가적으로 표시하여 의미를 파악할 수 있다. 아래 그림은 진료과별로 격자 표시를 적용한 결과이다. 제약회사들 중에서 전체 원의 크기가 가장 큰 드림파마가 감염내과에서 그리고 부산 지역에서 매출이 가장 큰 것을 알 수 있다.

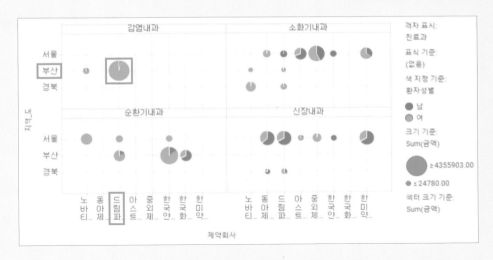

2 바둑판 마커

마커 모양을 변경하여 시각화에 다른 차원을 추가할 수 있고, 사용자 데이터에 보다 적합하게 시각화를 변경할 수 있다. 바둑판식 마커를 사용하면 모든 마커가 동일한 크기로 나타나며 아래 그림과 같이 격자 모양의 레이아웃으로 표시된다.

바둑판 마커를 이용한 3가지 사례를 살펴보자.

첫 번째 사례는 plate의 분석 결과를 나타내는 산점도로, Life Science R&D 분야에서 실제 사용되고 있는 것이다.

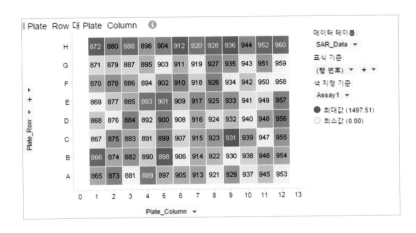

이 예는 96개(12x8)의 well(홈)이 있는 assay plate에서 이루어진 실험 결과를 보여준다.

산점도의 각 마커는 assay plate의 well을 나타내며, 마커의 색은 assay plate의 각 well에 대한 실험 결과(Assay1)를 나타낸다. 이 설정을 사용하여 assay plate의 실제 레이아웃과 동일하게 표시함으로써 데이터를 더 쉽고 빠르게 이해할 수 있다. 색이 진한 부분들로 표시된 well이 다른 well들에 비해 색상으로 쉽게 비교된다. 레이블은 항상 중앙에서 바둑판식 마커 위에 직접 표시된다. 따라서 다른 경우에 산점도에서 가능한 것처럼 이동할 수는 없다.

두 번째 사례는 각 대학에 대한 언론사(중앙일보지표) 평가를 상관성 분석 후에 결과를 바둑판 마커로 표시한 것이다. '등록금 대비 교육비 지급률 점수'는 '세입 중 납입금 비중 점수'와 양의 상관성이 매우 높다는 것을 알 수 있다.

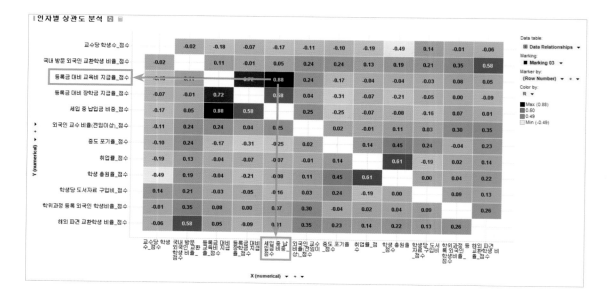

세 번째 사례는 게임에서 자신의 직업(세로 축)과 상대의 직업(가로 축)에 대한 상대 승률을 나타내는 차트이다. 청색이라면 해당 직업을 대상으로 승리가 쉬운 것이고, 적색이라면 패배가 많음을 나타낸다. 가령 '빙결사'와 '엘리멘탈바머'라는 마법사 직업군은 '아수라'라는 근접 공격 직업에 상대적으로 우위를 보인다. 하지만 '거너' 종류의 원거리 캐릭터에게는 상대적으로 약세를 보인다.

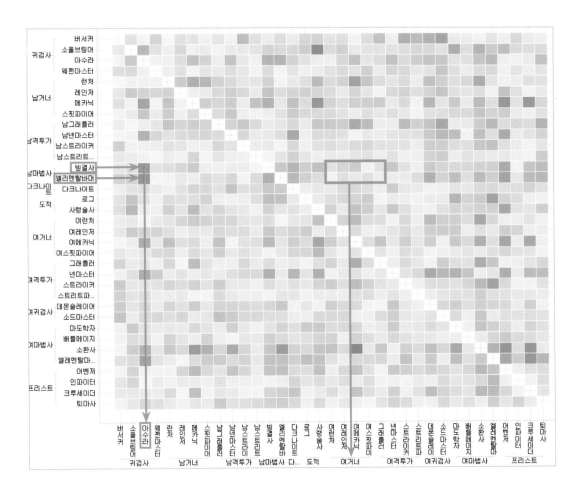

3 버블 차트와 마커 비교

버블 차트는 모양을 변경하면 바둑판식 마커로 바로 전환하여 보여줄
수 있다. 아래 그림은 제약회사와 지역 간의 금액 합계를 원의 크기로
나타내고, 평균 환자 나이를 색상으로 표시한 일종의 버블 차트이다.

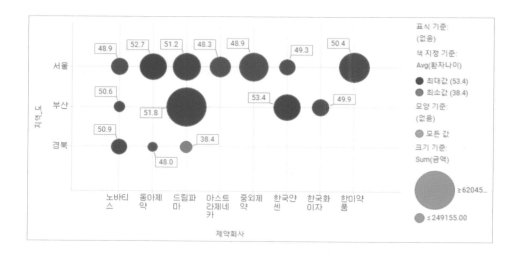

시각화에서 마우스를 우클릭하여 [속성] → [모양] 탭을 선택하면 앞
산점도의 설정 사항을 볼 수 있다.

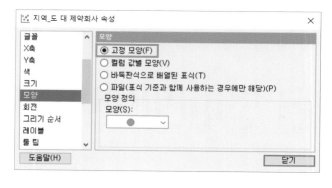

그림의 설정을 다음과 같이 변경해보자.

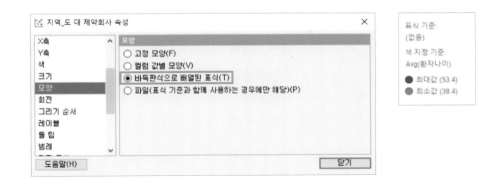

그러면 다음과 같이 산점도의 모양이 변경된다. 여기에서는 금액 합계를 나타내는 기준(원의 크기)이 제거되고 환자나이의 평균이 색상으로 표시된다.

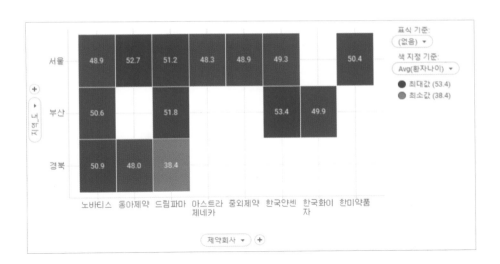

바둑판 마커에서는 버블 차트의 원의 크기를 나타낼 수 없다는 단점이 있지만, 모양을 X와 Y축으로 규칙적으로 배열하여 보여준다는 장점도 있다.

6-3 속성 설정

앞서 지적하였듯이, Spotfire는 여러 시각화들 간의 속성 설정이 매우 유사하다. 다음 두 그림은 막대 그래프(왼쪽)와 산점도(오른쪽)의 속성 설정창이다. 막대 그래프에서 '범주 축'과 '값 축'으로 표시되는 부분이 산점도에서는 'X축'과 'Y축'으로 표시된다.

막대 그래프 속성

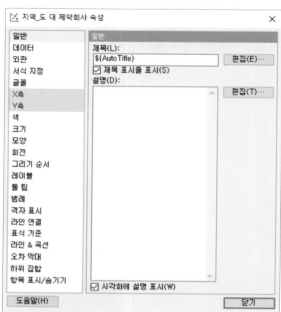

산점도 속성

1 외관

산점도에서 마우스를 우클릭하여 [속성] → [외관] 탭을 클릭하면 다음과 같이 표시된다.

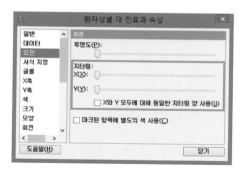

동일한 값을 지닌 마커들이 한 지점(좌표)상에 중첩되어 있는 경우 마치 하나의 마커처럼 보일 수 있다. 이런 문제를 해소하기 위하여 마커들을 가로나 세로 방향으로 조금씩 이동해 모두 잘 보이도록 표시하는 기능이 바로 지터링(Jittering)이다.

다음 그림은 지터링을 적용하지 않은 상태이다.

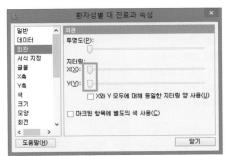 

다음 그림은 지터링을 어느 정도 적용한 결과이다.

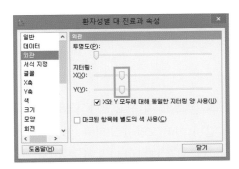 

다음 그림은 지터링을 더 많이 적용한 결과이다.

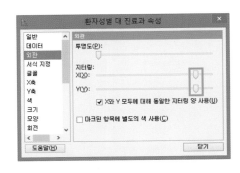 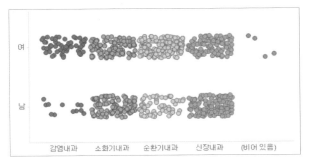

위의 예를 보면 지터링을 많이 적용할수록 각 마커들이 원래의 좌표 위치에서 더 많이 벗어난다는 것을 알 수 있다.

2 모양

산점도에서 마우스를 우클릭하여 [속성] → [모양] 탭을 클릭하면 다음과 같이 표시된다.

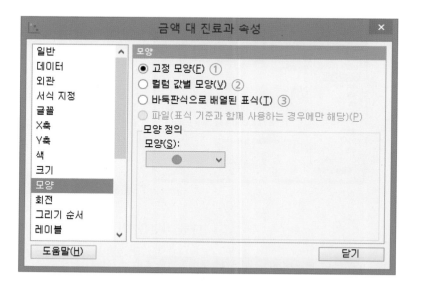

① 고정 모양

마커의 모양을 한 가지로 고정할 때 사용한다. [모양]의 드롭다운 버튼을 누르면 다음과 같이 여러 모양의 도형이 나타난다. 이 중에서 원하는 모양을 선택한다. 원을 택하면 다음과 같이 시각화된다.

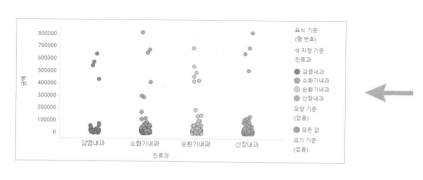

[모양]의 드롭다운 버튼에서 십자가 모양(✚)을 누르면 다음과 같
이 마커가 변한다.

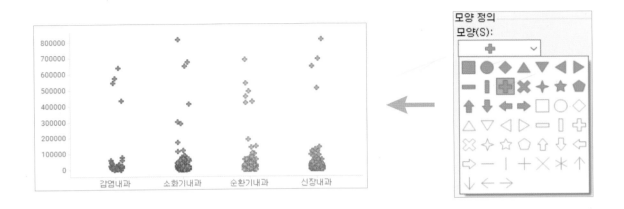

② 컬럼 값별 모양

마커의 모양을 컬럼 값에 따라서 표시할 수 있다. [컬럼 값별 모양]
라디오 단추를 누르면 아래와 같이 모양을 정의하는 별도의 설정창
이 나타난다.

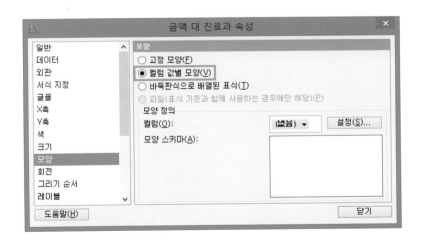

여기에서 컬럼(이 경우에는 '의사명')을 선택하면 자동으로 해당 컬럼
의 값별로 마커 모양이 할당되어 표시된다.

아래 그림에서 '김건호'라는 값의 모양을 변경하고 싶다면, 해당 값 앞의 도형 모양을 마우스로 클릭해 다른 모양을 선택하면 된다. 아래 그림은 '김건호'라는 값의 모양을 사각형에서 십자 모양으로 변경한 결과이다.

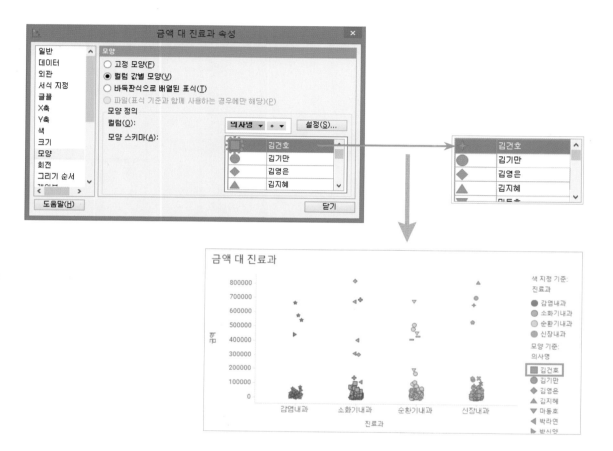

③ 바둑판식으로 배열된 표식

이 부분에 대해서는 p. 311 〈바둑판 마커〉와 p. 314 〈버블 차트와 마커 비교〉 부분을 참조하기 바란다. 참고로 이 옵션으로 산점도를 표시할 때는 X축과 Y축의 형식이 숫자형일 경우에는 적당하지 않으며 범주형일 경우에 모양이 적절하게 표시된다.

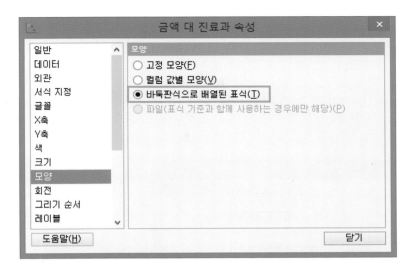

3 라인 연결

[라인 연결] 설정은 산점도 내에서 시간의 흐름에 따라 정보를 표시할 때 유용하다. 아래 그림은 산점도에 표시된 마커들의 이동 경로를 시간의 흐름에 따라 화살표로 표시한 것이다.

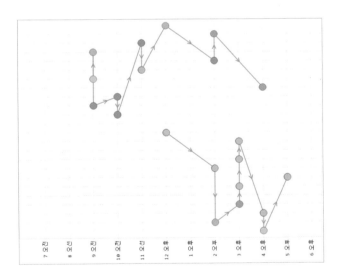

산점도에서 마우스를 우클릭하여 [속성] → [라인 연결] 탭을 클릭하면 다음과 같이 표시된다.

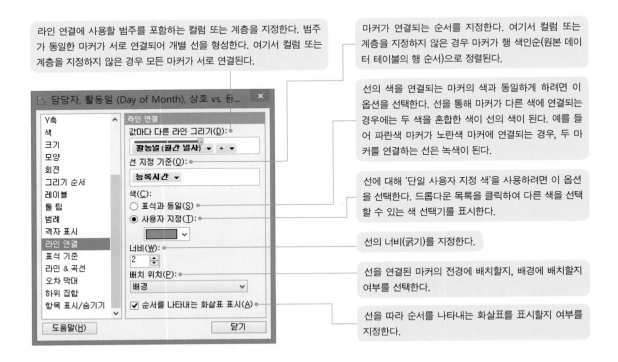

라인 연결에 사용할 범주를 포함하는 컬럼 또는 계층을 지정한다. 범주가 동일한 마커가 서로 연결되어 개별 선을 형성한다. 여기서 컬럼 또는 계층을 지정하지 않은 경우 모든 마커가 서로 연결된다.

마커가 연결되는 순서를 지정한다. 여기서 컬럼 또는 계층을 지정하지 않은 경우 마커가 행 색인순(원본 데이터 테이블의 행 순서)으로 정렬된다.

선의 색을 연결되는 마커의 색과 동일하게 하려면 이 옵션을 선택한다. 선을 통해 마커가 다른 색에 연결되는 경우에는 두 색을 혼합한 색이 선의 색이 된다. 예를 들어 파란색 마커가 노란색 마커에 연결되는 경우, 두 마커를 연결하는 선은 녹색이 된다.

선에 대해 '단일 사용자 지정 색'을 사용하려면 이 옵션을 선택한다. 드롭다운 목록을 클릭하여 다른 색을 선택할 수 있는 색 선택기를 표시한다.

선의 너비(굵기)를 지정한다.

선을 연결된 마커의 전경에 배치할지, 배경에 배치할지 여부를 선택한다.

선을 따라 순서를 나타내는 화살표를 표시할지 여부를 지정한다.

4 표식 기준

산점도에 개별로 표시된 마커들을 '표식' 기능을 이용하여 집계된 형태로 표시할 수 있다.

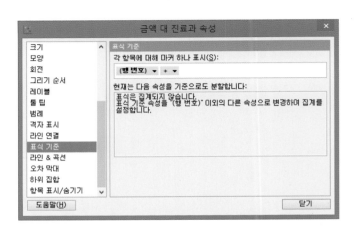

아래 그림은 각 마커마다 '지역_도'별로 금액에 대해 '환자성별'로 색으로 구분하여 표시하고 있다. 하나의 마커(원)는 데이터 테이블의 한 행을 나타낸다. 일부 마커는 서로 겹쳐져 있다.

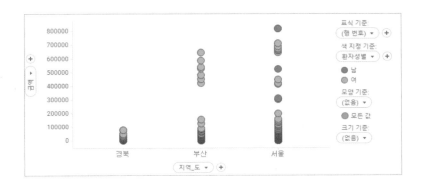

만일 '지역_도'별로 환자성별에 대해서 금액을 알고 싶다면, 즉 각 지역별로 어느 성별이 더 금액이 높은지 알려면 어떻게 해야 할까? 이때 사용하는 방법이 [표식 기준]이다.

산점도에서는 각 마커가 나타내고 있던 한 행의 값들을 각 항목에 대하여 하나의 마커로만 표시하기 위하여 [각 항목에 대해 마커 하나 표시] 기능을 이용한다. 아래와 같이 '환자성별'을 선택한다. 그 결과 '지역_도'별로 '환자성별'에 대하여 각각 하나의 마커로만 표시된다. 이때 자동으로 Y축의 집계 방식이 선택(기본 설정은 Sum(합계))된다. Sum(금액) 부분을 클릭하여 집계 방식을 변경할 수 있다.

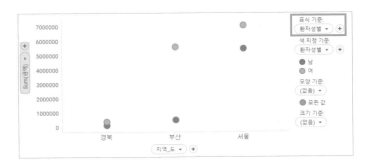

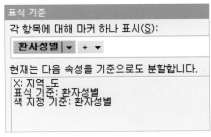

5 회전

컬럼의 값을 이용하여 산점도에서 마커의 방향을 회전 형태로 표시할 수 있다. 표식 모양으로 화살표를 지정하는 경우 표식 회전은 움직임의 방향을 나타내는 데 유용하다.

기상청에서 제공하는 기상관측 데이터를 예시로 살펴보자.

지점	일시	풍속(m/s)	풍향(16방위)
서울	2018-08-12 1:00	1.5	140
서울	2018-08-12 2:00	1.4	140
서울	2018-08-12 3:00	1.6	110
서울	2018-08-12 4:00	0.8	140
서울	2018-08-12 5:00	1.4	140
서울	2018-08-12 6:00	0.9	90
서울	2018-08-12 7:00	0.6	160
서울	2018-08-12 8:00	1.1	160
서울	2018-08-12 9:00	1.6	140
서울	2018-08-12 10:00	2.3	160
서울	2018-08-12 11:00	2.8	160
서울	2018-08-12 12:00	2	140
서울	2018-08-12 13:00	1.4	160
서울	2018-08-12 14:00	2.2	180
서울	2018-08-12 15:00	2	160
서울	2018-08-12 16:00	2.5	160
서울	2018-08-12 17:00	2.3	160
서울	2018-08-12 18:00	1.6	180
서울	2018-08-12 19:00	2.1	360
서울	2018-08-12 20:00	1.1	20
서울	2018-08-12 21:00	0.3	0
서울	2018-08-12 22:00	0.2	0
서울	2018-08-12 23:00	0.4	0
서울	2018-08-13 0:00	1.3	50
부산	2018-08-12 1:00	2.8	50
부산	2018-08-12 2:00	3.2	50
부산	2018-08-12 3:00	2.9	50
부산	2018-08-12 4:00	2.7	50
부산	2018-08-12 5:00	2.3	50
부산	2018-08-12 6:00	2.4	50

산점도를 추가하고 다음과 같이 X축, Y축을 설정한다.

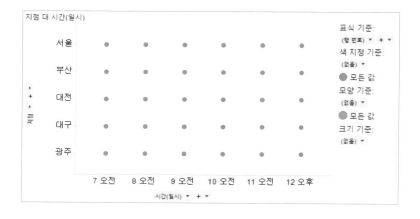

산점도에서 '회전' 기능을 이용하기 위해 먼저 표식의 모양을 화살표로 변경한다.

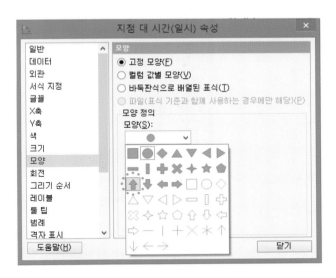

설정창에서 [크기] 탭을 눌러서 다음과 같이 설정한다. 표식 크기는 필요에 따라 슬라이더를 움직여 원하는 대로 변경할 수 있다.

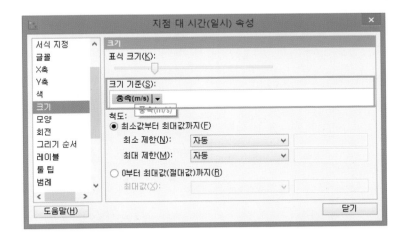

설정창에서 [회전] 탭을 눌러서 다음과 같이 설정한다.

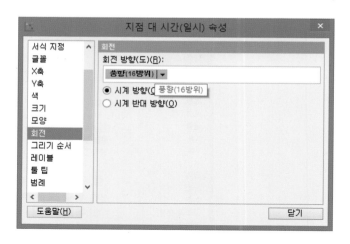

산점도에 다음과 같이 표식의 방향은 12시를 기준으로 시계 방향으로 '풍향' 컬럼의 값으로, 표식의 크기는 '풍속' 컬럼의 값으로 표시되었다. 대전 지역이 전체적으로 크기가 크고(풍속이 세다), 대구는 오전 8시~9시 사이에 풍향이 '0'이고(12시 방향 화살표에서 0도), 서울은 풍향이 거의 180도에 가깝다(12시 방향 기준으로 180도)는 것을 알 수 있다.

방향은 한 바퀴 회전은 360도이며 값 361은 1도로 해석된다.

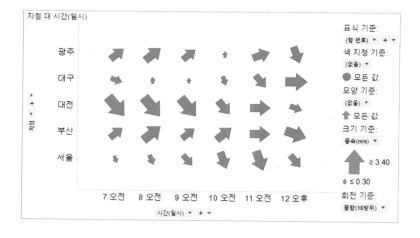

위 산점도 표시 결과를, 다음과 같이 크로스 테이블에서 풍속과 풍향을 각각 표시한 값과 비교해서 살펴보기 바란다.

지점 및 일시별 풍속(m/s)

지점	7 오전	8 오전	9 오전	10 오전	11 오전	12 오후
광주	2.1	2.6	2.0	0.4	2.2	2.2
대구	1.2	0.4	0.3	1.0	1.9	3.0
대전	3.4	3.4	3.2	2.2	2.6	1.4
부산	1.9	3.0	2.0	2.4	2.6	3.0
서울	0.6	1.1	1.6	2.3	2.8	2.0

시간(일시) ▼ + ▼

Sum(풍속(m/s)) ▼ + ▼

지점 및 일시별 풍향(16방위)

지점	7 오전	8 오전	9 오전	10 오전	11 오전	12 오후
광주	50	50	50	0	70	160
대구	110	0	0	160	140	90
대전	140	140	140	140	90	110
부산	50	50	50	50	90	110
서울	160	160	140	160	160	140

시간(일시) ▼ + ▼

Sum(풍향(16방위)) ▼ + ▼

6 라인&곡선

'라인&곡선' 기능의 사용법은 모든 시각화에서 거의 동일하다. 여기에서는 특히 수동으로 업데이트를 하는 기능에 대해 설명하고자 한다.

라인&곡선 기능은 일반 시각화와 마찬가지로 필터링을 하면 자동으로 차트에 반영되는 것이 기본이다. 그러나 별도의 설정을 적용하면 수동으로 업데이트 버튼을 눌러야만 필터가 반영되도록 할 수 있는데, 이는 때에 따라서 유용하게 사용할 수 있다. 예를 들어 참조선을 2개로 만들어놓은 후에 첫 번째 것은 수동으로 업데이트 버튼을 눌러야만 필터가 반영되도록 하고, 두 번째 것은 보통처럼 필터링하는 즉시 반영되도록 한다. 그러면 전체 데이터에 대한 참조선과 필터링하였을 때의 참조선을 쉽게 비교해볼 수 있다. 전체 데이터에 대한 참조선에 수동 업데이트 기능을 적용해놓으면 최초 필터를 적용하기 전에 반영된 전체 데이터가 남아 있어서 그렇지 않은 두 번째 참조선과 비교가 가능하기 때문이다.

따라하기 ······················· **1** 산점도에서 마우스를 우클릭하여 [속성] → [라인&곡선] 탭을 클릭하면 다음과 같이 표시된다.

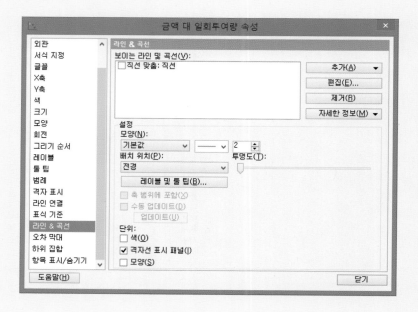

2 앞의 설정과 같이 '직선 맞춤' 참조선을 만들면, 다음 그림처럼 산점도에 참조선이 추세선으로 표시된다. 현재는 아무런 필터링을 적용하지 않은 상태이다.

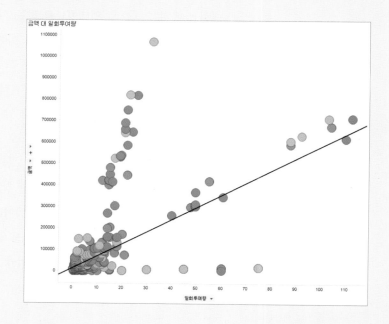

❸ 동일한 직선 맞춤 참조선을 하나 더 만든다. [보이는 라인 및 곡선] 목록에서 [직선 맞춤: 직선]을 클릭하고 [자세한 정보]를 눌러서 [복제]를 선택한다. 그 결과 아래 그림처럼 하나가 복제되었다. 두 번째 [직선 맞춤: 직선]을 클릭하고 중간 부분에 있는 [수동 업데이트]의 체크박스를 선택한다. 이것은 '이 참조선은 수동으로 업데이트 버튼을 누르기 전까지는 바로 그 상태의 조건으로 계속 그대로 있다'는 것을 의미한다.

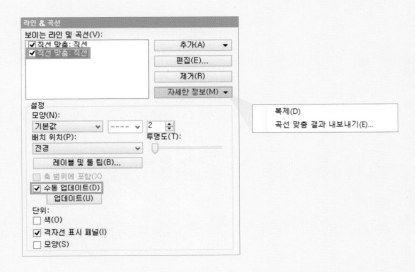

혼동되지 않도록 두 번째 참조선의 이름을 '직선'에서 '직선2'로 변경한다. [보이는 라인 및 곡선] 목록에서 원하는 라인의 이름을 클릭한 후 [편집] 버튼을 눌러서 [사용자 지정] 라디오 단추를 선택하고 입력 칸에 이름을 입력한다.

④ 아래 그림과 같이 처음에 만든 직선 맞춤 참조선('직선')은 [수동 업데이트]의 체크박스가 선택되어 있지 않다. 이것은 필터링을 변경하는 즉시 자동으로 시각화가 반영된다는 뜻이다.

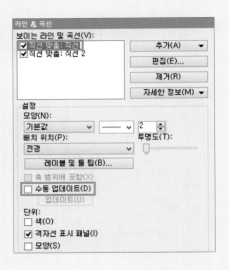

그 결과 현재는 다음과 같이 두 참조선이 겹쳐져 표시된다. 아직까지는 아무런 필터링 조건을 변경하지 않았다.

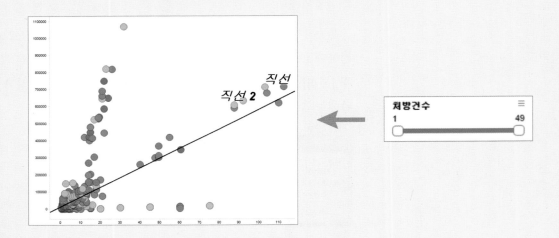

❺ 필터링에서 '처방건수' 컬럼의 값을 변경해보자. 그 결과 '직선2'는 그 대로인데 '직선'이라는 이름의 참조선은 필터링의 영향을 받아 변경되었다.

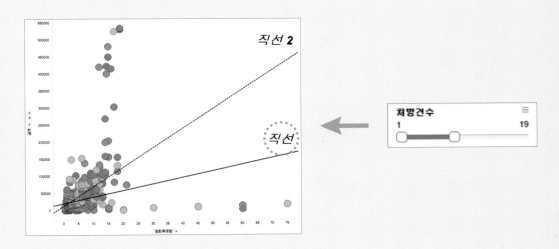

　　이런 식으로 참조선(추세선)이 '필터링 하지 않은 전체에 대한 경우 (직선2)'와 '필터링 한 후(직선)'에 서로 어떻게 차이가 나는지를 비교해 볼 수 있다.

3D 산점도(3D Scatter Plot)

3D 산점도는 2D 산점도에 변수를 하나 더 추가한 것이다. 즉, 세 변수 간의 관계를 보여주기 위해 세 축에 데이터 포인트를 그리는 데 사용된다. 데이터 테이블의 각 행은 마커로 표시되며 마커의 위치는 X, Y, Z 축에 설정된 컬럼의 값에 따라 다르다. 마커의 색 또는 크기에 해당하는 네 번째 변수를 설정하여 그래프에 다른 차원을 추가할 수 있다.

다음 3D 산점도에서는 색으로 구분한 많은 제품들에 대하여 처방건수, 금액, 환자나이 항목을 기준으로 표시하고 있다.

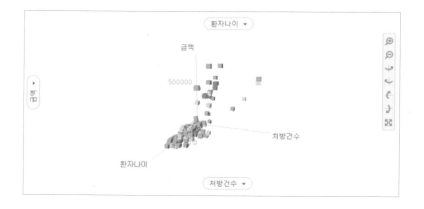

3D 산점도의 3차원 공간에서 특정 방향으로 직선을 형성할 정도로 마커가 서로 가까이 있으면, 해당 변수 간의 상관관계가 높은 것이다. 마커가 3D 산점도에 균등하게 분산되는 경우는 상관관계가 낮거나 0에 해당한다.

3D 산점도는 확대/축소할 수 있으며 시각화의 오른쪽 상단에 있는 탐색 컨트롤을 회전하여 표시되는 방법을 변경할 수 있다. 참고로 3D 산점도는 Spotfire 웹 클라이언트(Spotfire Consumer)에서는 지원되지 않는다. Spotfire 웹 클라이언트에서 3D 산점도를 포함하는 분석을 열 수는 있지만 3D 산점도가 표시되지는 않는다.

3D 산점도는 속성 설정 부분에 축(Z축)이 하나 더 있다는 점을 제외하면 2D 산점도와 동일한 특성을 지닌다.

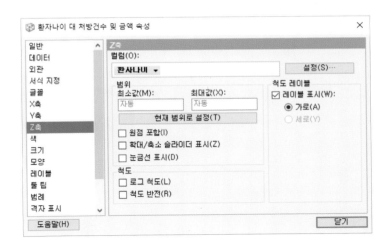

아래 그림과 같이 시각화 오른쪽에 시각화 컨트롤 버튼이 생성된다. 이에 대한 설명은 다음을 참조하기 바란다.

TIP

3D 산점도는 마우스 키보드를 이용하여 조작할 수 있도록 바로가기 기능을 제공하기도 한다.

버튼	바로가기	설명
🔍	Shift 키와 마우스 오른쪽 버튼을 동시에 누른 채 마우스를 위로 이동한다.	확대한다.
🔍	Shift 키와 마우스 오른쪽 버튼을 동시에 누른 채 마우스를 아래로 이동한다.	축소한다.
⚓	Ctrl 키와 마우스 오른쪽 버튼을 동시에 누른 채 마우스를 오른쪽으로 이동한다.	오른쪽으로 회전한다.
↩	Ctrl 키와 마우스 오른쪽 버튼을 동시에 누른 채 마우스를 왼쪽으로 이동한다.	왼쪽으로 회전한다.
↰	Ctrl 키와 마우스 오른쪽 버튼을 동시에 누른 채 마우스를 위로 이동한다.	위로 회전한다.
↱	Ctrl 키와 마우스 오른쪽 버튼을 동시에 누른 채 마우스를 아래로 이동한다.	아래로 회전한다.
⛶		탐색을 리셋한다.

다음 그림은 반도체 wafer의 모양을 3D 산점도로 표시한 것이다. 여기에서 Z축은 wafer ID로, 색상은 BIN 값으로 설정하였다.

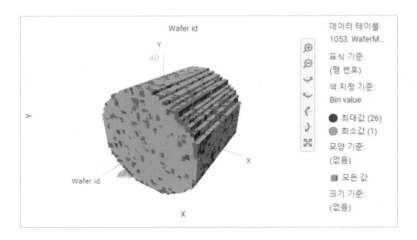

7-1 3D 산점도 그리기

Spotfire에서 3D 산점도(Scatter plot)를 생성하려면, 화면 좌측 상단 '작성 막대(Authoring bar)'에서 [시각화 유형]을 클릭하고 우측에 표시되는 시각화 목록 중 [3D 산점도]를 선택한다.

08 트리맵(Treemap)

트리맵은 중첩된(nested) 사각형을 사용하여 계층적(hierarchical) 데이터를 표시하는 방법으로, 많은 계층 구조(트리 구조) 데이터를 표시하는 데 적합하다. Spotfire 시각화에서는 트리맵 계층을 새로 만들거나 이미 정의된 계층을 사용할 수 있다. 시각화(차트)는 사용자가 지정하는 양적 변수에 의해 크기와 순서가 정해지는 사각형으로 나뉜다.

트리맵의 계층에서 수준(level)은 다른 사각형을 포함하는 사각형으로 시각화(표시)된다. 계층에서 동일한 수준에 속하는 각각의 사각형은 컬럼의 범주를 나타낸다. 예를 들어 시도를 나타내는 사각형은 해당 시도의 여러 시군을 나타내는 몇 개의 사각형을 포함하고, 시군에 해당하는 각 사각형은 해당 읍면동을 포함하게 할 수 있다. 나아가 최종적으로 읍면동은 시도/시군/읍면동을 나타내는 계층적 구조의 사각형을 포함하게 만들 수 있다.

아래 그림에서는 시도별로 포함되는 시와 동을 표시하고 있다.

8-1 트리맵 그리기

Spotfire에서 트리맵(Treemap)를 생성하려면, 화면 좌측 상단 '작성 막대(Authoring bar)'에서 [시각화 유형]을 클릭하고 우측에 표시되는 시각화 목록 중 [트리맵]을 선택한다.

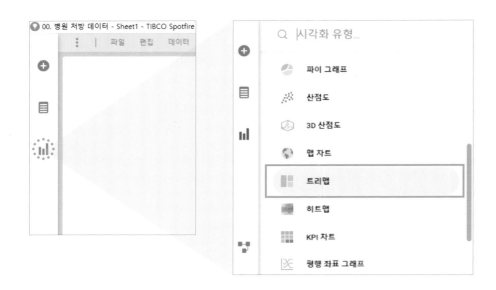

8-2 알고리즘

다양한 알고리즘을 사용하여 트리맵의 사각형 크기와 순서 지정 방식을 결정할 수 있다. Spotfire의 트리맵은 다음 그림과 같은 squarified 알고리즘을 사용한다.

트리맵의 사각형은 시각화의 왼쪽 상단 모서리에서 오른쪽 하단 모서리까지 크기가 다양하다. 가장 큰 사각형이 왼쪽 상단 모서리에, 가장 작은 사각형이 오른쪽 하단 모서리에 위치한다. 사각형이 중첩된 계층의 경우에도 이와 같은 순서가 트리맵의 각 사각형에 반복된다. 따라서 다른 사각형을 포함하는 사각형의 크기와 위치는 포함된 사각형의 면적의 합에 의해 결정된다.

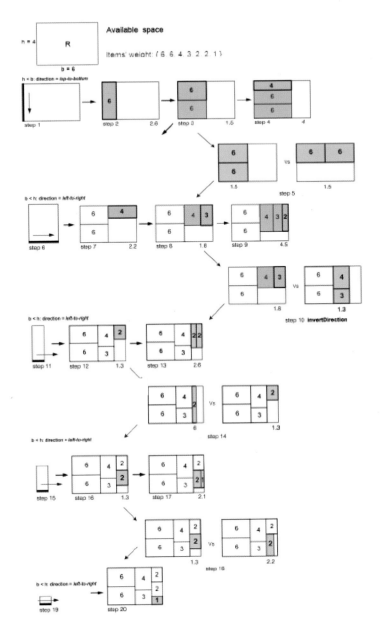

Figure 3: *Squarified+ execution example*

출처 : https://arxiv.org/pdf/1609.00754.pdf

8-3 계층 구조

다음 그림은 사각형이 시도를 나타내고 판매량 컬럼(Sum(금액))을 기준으로 크기를, 환자나이의 평균으로 색상을 지정한 트리맵이다. 즉 금액의 합계가 클수록 사각형의 크기가 상대적으로 크다. 또한 '환자나이'의 평균이 높을수록 색상이 진하다. 이 트리맵은 한 수준에 대한 데이터만 포함하고 있다.

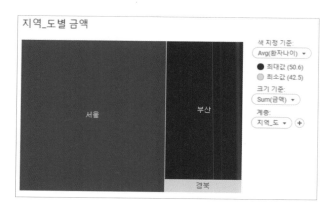

아래 그림에서는 전체 지역별로 성별에 대한 기여를 비교하기 위해 '성별'을 트리맵 계층에 추가하였다. 즉 각 지역별로 성별에 대하여 값을 표시하고 있으므로 지역과 성별에 대한 정보를 잃지 않으면서 동시에 비교할 수 있다. 서울 지역이 금액의 합계가 가장 높고, 금액의 합계가 여자와 남자의 비율이 비슷한 반면에 부산은 여자의 비율이 훨씬 더 높은 것을 알 수 있다.

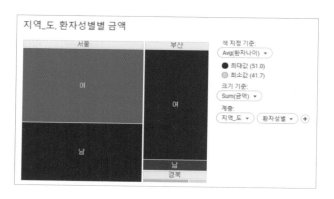

트리맵의 특정 부분을 자세히 보기 위해 상위 계층 수준에서 하위 계층 수준으로 탐색할 수 있다. 방법은 탐색하려는 수준의 계층 머리글을 클릭하면 된다. 아래 예제의 트리맵에서 서울에 대해서만 상세하게 보고 싶으면 '서울' 부분을 누른다.

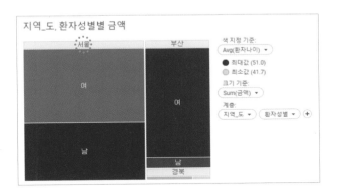

그러면 아래와 같이 서울 부분만 상세하게 확대되어 하위 구조가 표시된다. 만일 원래대로 돌아가려면 원하는 계층을 누르면 된다(아래 그림에서는 (모두)를 누르면 된다).

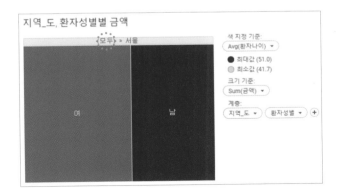

이와 같이 계층에서 위나 아래로 이동하려면 원하는 수준을 클릭해 해당 계층으로 이동하면 된다.

한편, 언제든지 시각화에서 마우스를 우클릭하여 메뉴에서 트리맵의 계층 머리글과 레이블을 모두 숨길 수 있다.

아래 그림은 [계층 머리글 표시]의 체크박스를 해제한 경우이다.

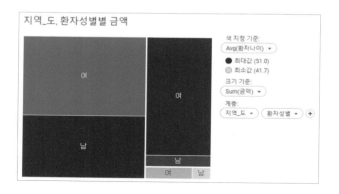

계층을 나타내는 컬럼을 슬라이더 바 형태로 만들어서 보다 편하게 계층 간 이동을 할 수 있다. 먼저, 마우스를 시각화 오른쪽의 범례 부분 중에서 계층을 나타내는 컬럼으로 이동한다. 그 위에서 마우스를 우클릭하면 설정창이 나타나는데 이때 [계층 만들기]를 선택한다. 그러면 [계층] 부분의 컬럼들이 사라지고 대신에 아래 그림과 같이 계층 슬라이더가 생긴다. 이 슬라이더를 움직여서 계층 간 이동을 쉽게 할 수 있다.

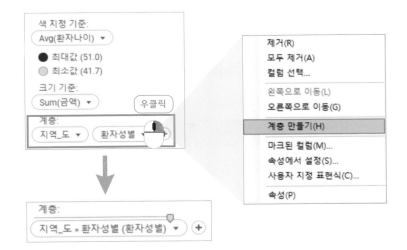

8-4 속성 설정

시각화에서 마우스를 우클릭해 [속성]을 클릭하면 설정창이 나타난다.

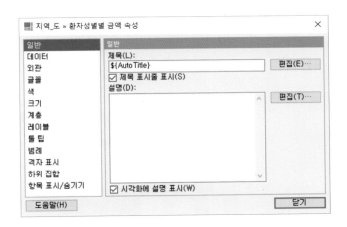

1 크기

트리맵에 표시되는 사각형의 크기를 결정하는 컬럼을 설정한다. 아래
그림에서 금액의 합계가 사각형의 크기를 결정한다.

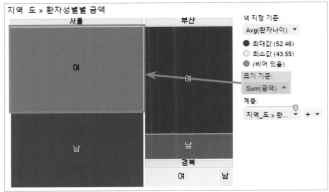

2 계층

트리맵에 표시할 계층 컬럼을 선택한다. [계층]의 + 버튼을 눌러서 계
층을 계속 추가할 수 있다.

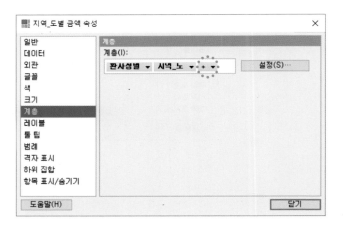

3 격자 표시

다른 시각화와 마찬가지로 트리맵도 격자 표시를 이용할 수 있다. 컬럼을 격자 표시에 활용할 때와 계층 구조에 활용할 때는 서로 다른 특성을 지닌다. 즉 [크기]를 사용하는지, 사용하지 않는지에 따라 차이가 있으니 주의해서 용도에 맞게 활용해야 한다. 다음을 살펴보자.

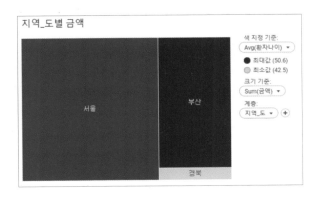

위 그림에서 '환자성별'을 [격자 표시]로 적용해보자. 그 결과 시각화가 다음과 같이 표시된다.

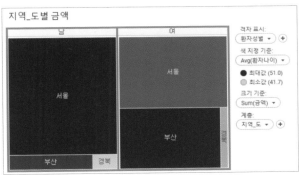

이 그림을 자세히 살펴보면 '남'과 '여'의 크기가 동일하다. 즉 격자 표시에 적용되는 컬럼(환자성별)은 사각형의 크기가 모두 동일하며, 단지 컬럼의 값(남, 여)에 따라 격자 형태로 각각 표시해줄 뿐이다.

이제 '환자성별'을 격자 표시 대신에 계층 구조로 적용해보자. 계층 구조에서는 적용하는 순서가 매우 중요하니 다음 그림과 같이 '환자성별' → '지역_도'의 순서로 계층을 설정해보자. 그 결과 시각화가 다음과 같이 표시된다.

이 그림을 자세히 살펴보면 남과 여의 크기가 다르다. 즉 [계층]에 적용되는 컬럼(환자성별)이 [크기 기준]에 설정된 값(금액의 합계)에 따라서 사각형의 크기가 다르므로 '여'의 크기가 '남'보다 더 크다. 즉, '여'의 금액 합계가 '남'의 금액 합계보다 더 많다.

크로스 테이블(Cross Table)

크로스 테이블은 컬럼과 행으로 구성된 양방향 테이블로, 피벗 테이블 또는 다차원 테이블이라고도 부른다. 크로스 테이블의 가장 큰 강점은 많은 양의 데이터를 구조화하고, 요약·표시할 수 있다는 것이다. 또한 크로스 테이블을 사용하여 행 변수와 컬럼 변수 사이에 관계가 존재하는지 여부를 결정할 수도 있다.

다음과 같은 데이터 테이블을 고려해보자.

no.	진료년월	의사명	환자성별	환자나이	진료과	금액	지역_도	약효명
295	2008-05-01	홍길동	남	29	소화기내과	5940	경북	무기질제제
152	2008-11-01	이정길	남	42	신장내과	6240	경북	미분류 대사성...
21	2008-01-01	이정길	남	42	신장내과	6465	경북	그림양성음성...
299	2008-05-01	이정길	남	32	신장내과	6990	경북	기생성 피부질...
82	2008-02-01	홍길동	남	21	소화기내과	7840	경북	기타의 소화기...
25	2008-01-01	김건호	여	54	소화기내과	8848	경북	진해거담제
365	2008-06-01	이정길	남	42	신장내과	104...	경북	기생성 피부질...
245	2008-04-01	김건호	여	36	소화기내과	114...	경북	기타의 소화기...
442	2008-07-01	김건호	여	28	소화기내과	114...	경북	기타의 소화기...
169	2008-03-01	이정길	여	30	신장내과	121...	경북	소화성궤양용제
372	2008-05-01	김영은	여	54	소화기내과	126...	경북	기타의 소화기...
374	2008-08-01	이정길	남	42	신장내과	139...	경북	골격근이완제
97	2008-02-01	김영은	여	37	소화기내과	151...	경북	진해거담제
377	2008-08-01	김건호	여	78	소화기내과	157...	경북	진해거담제
101	2008-02-01	김지혜	남	55	신장내과	201...	경북	간장질환용제

앞 데이터의 여러 컬럼 값들 중에서 '환자성별'과 '지역'별로 금액의 합계만 요약해서 테이블 형태로 보고자 한다. 이러한 경우에 다음과 같이 크로스 테이블로 간단하게 요약할 수 있다.

모든 값이 표시되는 일반 테이블은 많은 공간을 차지하며 집계 특성을 신속히 파악하기 어렵다. 이에 반하여 크로스 테이블에서는 동일한

데이터의 집계 특성이 훨씬 적은 공간에 표시되며 파악하기도 더 쉽다.

크로스 테이블도 일종의 시각화이므로 다른 시각화와 마찬가지로 모양을 변경할 수 있다. 머리글은 가로 또는 세로로 표시할 수 있으며, 셀의 세로맞춤뿐만 아니라 가로맞춤도 지정할 수 있다. 아래는 앞의 크로스 테이블에 다양한 설정을 적용한 결과이다.

크로스 테이블에서는 컬럼, 행 또는 전체 측정에 대한 총합계를 선택적으로 표시할 수 있다. 또한 다음 그림과 같이 컬럼의 부분합을 표시하거나 가로 또는 세로 축에 이미지를 표시할 수도 있다.

환자성별	진료과	경북	부산	서울	총합계
남	감염내과	-	₩257,980	-	₩257,980
	순환기내과	-	₩2,076,262	-	₩2,076,262
	소화기내과	₩83,089	₩13,746	₩4,646,904	₩4,743,739
	신장내과	₩304,935		₩5,645,974	₩5,950,909
	부분합	₩388,024	₩2,347,988	₩10,292,878	₩13,028,890
여	(비어 있음)	₩9,581	-	-	₩9,581
	신장내과	₩211,794	-	₩4,078,865	₩4,290,659
	감염내과	-	₩4,660,992	-	₩4,660,992
	소화기내과	₩1,767,814	₩82,168	₩4,404,852	₩6,254,834
	순환기내과	-	₩5,007,977	₩2,855,750	₩7,863,727
	부분합	₩1,989,189	₩9,751,137	₩11,339,467	₩23,079,793
총합계		₩2,377,213	₩12,099,125	₩21,632,345	₩36,108,683

집계된 부분합과 총합계 값은 크로스 테이블에 표시된 값이 아니라 기본 행 값에 대해 계산된다. 즉 정렬 페이지에서 행을 숨기거나 '항목 표시/숨기기' 규칙을 사용할 경우, 총합계나 부분합은 보이는 값의 합계가 아니라 모든 값의 합계가 된다.

9-1 크로스 테이블 그리기

Spotfire에서 크로스 테이블(Cross Table)을 생성하려면, 화면 좌측 상단 '작성 막대(Authoring bar)'에서 [시각화 유형]을 클릭하고 우측에 표시되는 시각화 목록 중 [크로스 테이블]을 선택한다.

9-2 축 레이블 이미지 설정

크로스 테이블에서는 축의 값을 텍스트뿐 아니라 이미지로 나타낼 수 있다. 아래 그림들은 그 예를 보여준다.

나라이름 대신 국기로 표시

종목에 대한 사진으로 표시

이미지는 URL을 통해 가져오며 선택된 표현식/컬럼의 내용으로 구성한다. 실제 이미지는 네트워크의 파일이나 인터넷에 위치하는데, 레이블 렌더링 설정창의 'URL의 이미지' 옵션을 사용하여 렌더링한다. 이미지는 메모리 내 데이터 테이블의 BLOB 컬럼에 저장되며 이미지로 직접 렌더링된다.

선택된 표현식/컬럼의 값을 원하는 출력으로 변환할 수 있는 가상 컬럼 생산자를 사용할 수 있다. 예를 들어 TIBCO Spotfire for Lead Discovery 사용자인 경우에는 분자의 ID가 포함된 컬럼을 축에 사용할 수 있으며, 해당 Molfile을 데이터베이스에서 가져와 Spotfire에서 이미지로 렌더링할 수 있다.

따라하기 .... ❶ 크로스 테이블 시각화에서 마우스를 우클릭하여 [속성] → [축] 탭을 선택한다.

문화재구분 및 지역구분별 연번 속성

일반
데이터
외관
서식 지정
글꼴
축
합계
색
정렬
범례
하위 집합
항목 표시/숨기기

축

가로(Z):
(없음) ▼
레이블 렌더링(L)...   설정(S)...

세로(V):
(없음) ▼
레이블 렌더링(A)...   설정(T)...

셀 값(E):
(없음) ▼

도움말(H)   닫기

② [가로], [세로]에 사용할 컬럼을 선택한다. 여기에서는 [세로]에 '사진'
컬럼을 추가로 선택하고 [레이블 랜더링]을 클릭한다.

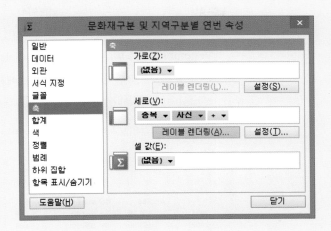

③ 아래와 같이 설정창이 나타나면 [컬럼]에서 이미지로 표시하고 싶은 컬
럼을 선택(여기에서는 '사진')하고 [다른 형식으로 표시]에서 'URL의
이미지'를 선택한다.

④ 'URL의 이미지' 옆의 [설정] 버튼을 클릭하여 이미지가 저장되어 있
는 패스를 '디렉터리/{$}.png'와 같은 형식으로 입력한다. 그 결과 왼쪽
과 같이 사진(그림)이 축에 표시된다.

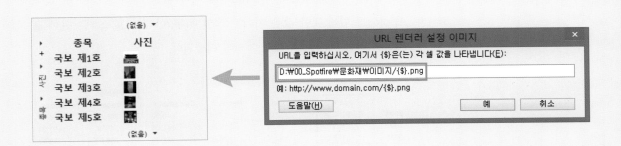

9-3 서식 지정

아래 크로스 테이블은 2001년에서 2003년까지 Fruit(과일)과 Vegetables(채소)의 판매 합계(Sum(Sales))를 보여준다. 가로 축에는 범주와 유형, 두 컬럼이 있다. 범주 컬럼에는 과일과 채소의 두 축 값이 포함되어 있고, 유형 컬럼에는 Apples(사과), Banansa(바나나), Pears(배), Cucumber(오이), Lettuce(상추), Tomatoes(토마토) 값이 포함되어 있다.

Year	Fruit			Vegetables		
	Apples	Bananas	Pears	Cucumber	Lettuce	Tomatoes
2001	150.00	332.00	267.00	140.00	246.00	156.00
2002	153.00	336.00	266.00	141.00	245.00	161.00
2003	162.00	344.00	279.00	152.00	258.00	168.00

2001년에 대한 모든 값의 서식을 통화로 지정하려면 행 머리글 '2001'을 마우스 오른쪽 버튼으로 클릭하고 서식 지정을 선택한다. 그런 다음 팝업 메뉴에서 통화를 선택하면, 해당 행의 값이 새 설정으로 즉시 업데이트된다.

2003년에 대한 값을 포함하는 행의 서식을 지정하려면 동일한 과정을 수행한다. 그 결과 크로스 테이블이 아래와 같이 나타난다. 이때 $ 가 아닌 다른 통화를 선택하려면 속성 설정창을 열어야 한다.

Year	Fruit			Vegetables		
	Apples	Bananas	Pears	Cucumber	Lettuce	Tomatoes
2001	$150.00	$332.00	$267.00	$140.00	$246.00	$156.00
2002	153.00	336.00	266.00	141.00	245.00	161.00
2003	$162.00	$344.00	$279.00	$152.00	$258.00	$168.00

동일한 과정을 수행하여 2002년에 대한 값을 서식 지정할 수 있다. Apples 컬럼에 대한 값을 서식 지정할 경우, 아래 크로스 테이블에 표시된 것처럼 모든 이전 서식 설정이 리셋된다.

Year	Fruit			Vegetables		
	Apples	Bananas	Pears	Cucumber	Lettuce	Tomatoes
2001	$150.00	332.00	267.00	140.00	246.00	156.00
2002	$153.00	336.00	266.00	141.00	245.00	161.00
2003	$162.00	344.00	279.00	152.00	258.00	168.00

한 방향으로 한번에 한 수준씩만 값의 서식을 지정할 수 있으므로 사과 컬럼에 있는 값만 통화로 서식 지정한다. 즉 Vegetables에 대한 값을 서식 지정할 경우에는 아래 크로스 테이블에 표시된 것처럼 Apples 컬럼의 값이 리셋된다.

Year	Fruit			Vegetables		
	Apples	Bananas	Pears	Cucumber	Lettuce	Tomatoes
2001	150.00	332.00	267.00	$140.00	$246.00	$156.00
2002	153.00	336.00	266.00	$141.00	$245.00	$161.00
2003	162.00	344.00	279.00	$152.00	$258.00	$168.00

정의한 서식 설정을 손실하지 않고 측정을 다른 축으로 이동할 수 있다. 즉 범주 컬럼을 가로 축에서 세로 축으로 이동하더라도 Vegetables에 대한 모든 값은 여전히 통화로 서식 지정된다.

셀 값 축에 다른 컬럼을 추가할 경우에는 셀 값의 서식만 지정할 수 있다. 아래 크로스 테이블에서는 Sum(Cost)이 셀 값 축에 추가되고 유형 컬럼이 제거되었다.

Year	Fruit		Vegetables	
	Sum(Sales)	Sum(Cost)	Sum(Sales)	Sum(Cost)
2001	749.00	563.00	542.00	446.00
2002	755.00	584.00	547.00	476.00
2003	785.00	624.00	578.00	501.00

Sum(Cost)에 대한 두 머리글 셀 중 하나를 마우스 오른쪽 버튼으로 클릭하고 서식을 통화로 설정하면, 크로스 테이블이 아래와 같이 된다.

Year	Fruit		Vegetables	
	Sum(Sales)	Sum(Cost)	Sum(Sales)	Sum(Cost)
2001	749.00	$563.00	542.00	$446.00
2002	755.00	$584.00	547.00	$476.00
2003	785.00	$624.00	578.00	$501.00

우클릭

- 컬럼 크기를 조정하여 맞춤(R)
- 기본 색 그라데이션 적용(A)
- 서식 지정(F) ▶
  - 일반(A)
  - 숫자(B)
  - 통화(C)
  - 백분율(D)
  - 과학(E)
  - 사용자 지정(F)
  - 짧은 숫자 형식(S)
  - 속성(P)
- 대화 시작(B)
- 공유(S) ▶
- 복사(O)
- 시각화 복사(Z)
- 중복 시각화(D)
- 시각화를 전환할 대상(E) ▶
- 주석 표시/숨기기(H)
- 상세 정보 시각화 만들기(V) ▶
- 닫기(C)
- 시각화 기능(I) ▶
- 속성(P)

9-4 속성 설정

크로스 테이블에서 속성을 설정하는 방법도 다른 시각화와 동일하다.

1 외관

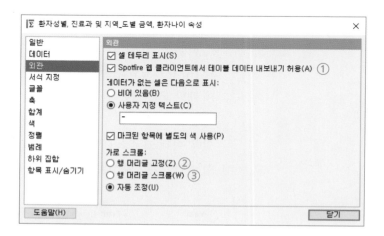

① Spotfire 웹 클라이언트에서 테이블 데이터 내보내기 허용

Spotfire 웹 클라이언트 사용자(Spotfire Consumer)가 크로스 테이블에서 데이터를 저장할 수 있도록 허용할지 여부를 지정한다.

② 행 머리글 고정

크로스 테이블의 내용이 많아서 한 화면에 다 볼 수 없을 때 화면 아래에 자동으로 스크롤 막대가 생성된다. 이때 스크롤 막대를 움직이면 세로축으로 설정한 부분이 고정되고 나머지 가로 방향만 움직인다. 즉, 테이블에서 축을 고정(freezing)시키는 것과 동일한 효과를 갖는다.

③ 행 머리글 스크롤

크로스 테이블의 내용이 많아서 한 화면에 다 볼 수 없을 때 화면 아래에 자동으로 스크롤 막대가 생성된다. 이때 스크롤 막대를 움직이면 화면 전체가 움직인다.

2 합계

1 합계 표시

크로스 테이블의 합계 방식을 멀티로 선택할 수 있다.

① 컬럼에 대한 총합계

컬럼(세로 방향)에 대한 총합계를 표시하려면 체크박스를 선택한다.

② 행에 대한 총합계

행(가로 방향)에 대한 총합계를 표시하려면 체크박스를 선택한다.

③ 지역_도의 부분합

컬럼 부분합은 컬럼이 2개 이상, 즉 계층 구조를 갖는 크로스 테이블에서 해당 계층만의 부분합계(반드시 합계일 필요는 없음)를 보고자 할 때 사용할 수 있다. 다음과 같은 축 설정을 갖는 크로스 테이블을 고려해보자.

[합계] 설정창에서 원하는 부분합 부분(여기서는 [지역_도의 부분합])을 클릭한다.

마우스를 우클릭하여 [속성] → [합계] 탭을 클릭한다. 원하는 부
분합의 체크박스를 선택하고 [닫기]를 누른다. 그러면 선택된 위치
(여기에서는 값 뒤)에 부분합이 '지역_도'별로 표시된다.

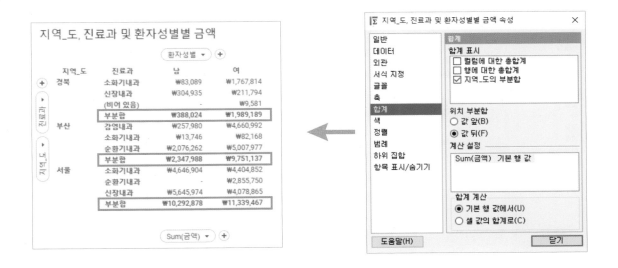

부분합의 위치를 '값 앞'으로 설정하면 해당 위치에 '지역_도'별로
표시된다.

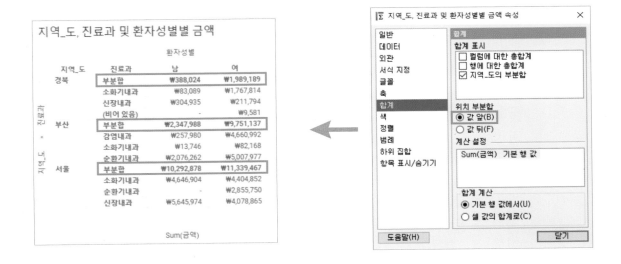

3 축

다음과 같이 각각의 위치에 대한 설정을 한다.

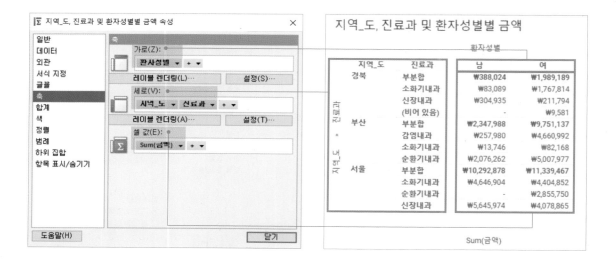

4 정렬

셀 값들에 대한 정렬 순서를 설정할 수 있다. 기본 설정값은 '(없음)'이다. 즉 별도의 순서가 정해져 있지 않고, '축'의 세로 값을 기준으로 오름차순으로 표시된다.

다음 크로스 테이블을 보면 축의 세로 값인 '지역_도', '진료과'와 축의 가로 값인 '환자성별'이 모두 가나다순으로 정렬되어 있다. 이 순서는 값의 순서와는 무관하다.

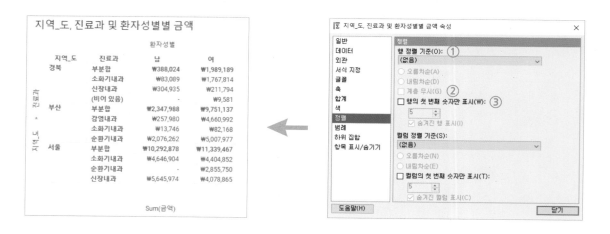

① 행 정렬 기준

셀 값을 정렬하는 기준으로 '행'의 값을 정한다. 아래와 같이 '남'을 기준으로 행을 정렬해보자. 그 결과 세로 축으로 설정(지역_도 → 진료과)된 가장 하위 계층(진료과)에 대하여 가로 축(환자성별)의 '남'에 대해 오름차순으로 정렬된다. 보는 바와 같이 전체 '남'의 숫자 값에 대해서 정렬된 것은 아니다.

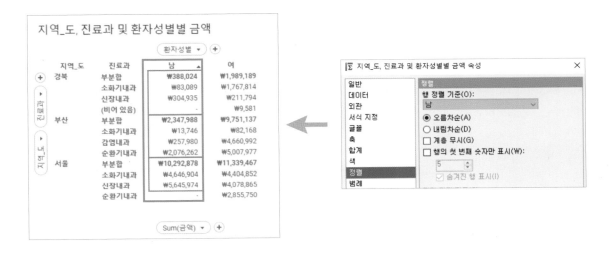

[속성] 설정을 이용하지 않고 크로스 테이블에서 바로 정렬을 지정할 수도 있다. 정렬을 원하는 컬럼(여기서는 '남')으로 마우스를 옮겨 컬럼의 제목 부분을 클릭한다. 추가창이 나타나면 [정렬]의 맨 왼쪽에 있는 위 방향 화살표를 클릭하면 된다.

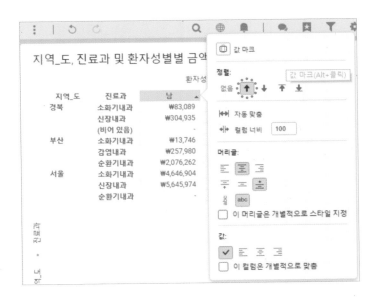

② 계층 무시

만일 '남'의 숫자 값 전체를 계층구조와 상관없이 오름차순으로 정렬하고 싶다면 아래와 같이 [계층 무시] 체크박스를 선택해야 한다 (참고로 이 기능은 Spotfire 7.7버전 이상에서만 제공된다). 그러면 다음과 같이 계층을 무시하고 전체에 대하여 '남'의 숫자 값이 정렬된다. 이때 계층 구조가 파괴된 것을 확인할 수 있다.

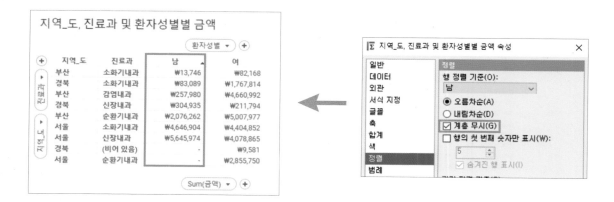

[속성] 설정을 사용하지 않고 크로스 테이블에서 바로 적용하려면, 정렬을 원하는 컬럼(여기서는 '남')으로 마우스를 옮겨 컬럼의 제목 부분을 클릭한다. 추가창이 나타나면 [정렬]의 맨 오른쪽 두 번째에 있는 화살표를 클릭하면 된다.

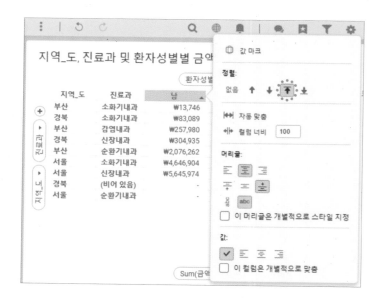

③ 행의 첫 번째 숫자만 표시

셀에 값들이 아주 많은데 셀 값을 일일이 모두 크로스 테이블에 표시할 필요가 없는 경우에 이 옵션을 사용한다. 아래 그림을 보면 '서울'의 경우에 '의사명'이 매우 많다.

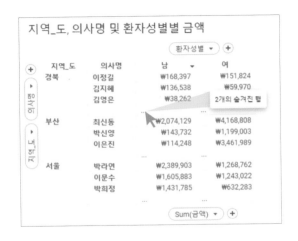

지역_도	의사명	남	여
경북	김건호	₩31,047	₩1,431,238
	김영은	₩38,262	₩176,739
	김지혜	₩136,538	₩59,970
	이정길	₩168,397	₩151,824
	홍길동	₩13,780	₩169,418
부산	김건호	₩13,746	₩82,168
	박신양	₩143,732	₩1,199,003
	박영진	₩2,133	₩839,169
	이은진	₩114,248	₩3,461,989
	최신동	₩2,074,129	₩4,168,808
서울	김기만	₩598,990	₩1,122,303
	김영은	₩22,848	₩175,834
	김지혜	₩1,019,932	₩263,955
	마동호		₩1,746,459
	박라연	₩2,389,903	₩1,268,762
	박영진		₩1,109,291
	박희정	₩1,431,785	₩632,283
	안광진	₩178,840	₩1,219,232
	안철수	₩315,976	
	이문수	₩1,605,883	₩1,243,022
	이정길	₩673,408	₩817,302
	정소연	₩672,799	
	하정우	₩1,311,557	₩784,505
	홍길동	₩70,957	₩956,519

다음 그림에서 각 지역별로 Sum(금액)이 가장 적은 순서부터 '의사명'을 3명씩만 표시해보자. '⋯'으로 표시된 부분에 마우스를 갖다 대면 툴 팁이 나타나면서 여기에 몇 개가 숨겨져 있는지 보여준다.

지역_도, 의사명 및 환자성별별 금액

지역_도	의사명	남	여
경북	이정길	₩168,397	₩151,824
	김지혜	₩136,538	₩59,970
	김영은	₩38,262	2개의 숨겨진 행
	⋯		⋯
부산	최신동	₩2,074,129	₩4,168,808
	박신양	₩143,732	₩1,199,003
	이은진	₩114,248	₩3,461,989
	⋯		⋯
서울	박라연	₩2,389,903	₩1,268,762
	이문수	₩1,605,883	₩1,243,022
	박희정	₩1,431,785	₩632,283
	⋯		⋯

위의 크로스 테이블에 적용된 옵션을 보면 다음과 같다. [행 정렬 기준]은 [내림차순]으로 선택한다. 그런 다음 [행의 첫 번째 숫자만 표시]의 체크박스를 선택하고 숫자를 입력(여기서는 3)한다.

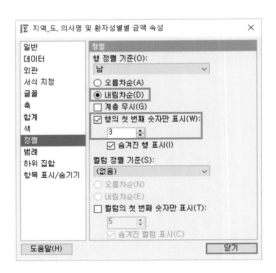

만일 [숨겨진 행 표시]의 체크박스를 해제하면 나머지 숨겨진 부분을 알 수 없으므로 주의해야 한다.

5 색

크로스 테이블의 셀 값들을 셀(박스)이나 값(텍스트)에 직접 색상으로 표시할 수 있다.

다음 그림은 아무런 색상 설정을 하지 않은 경우다.

여기에 색상을 설정해보자

먼저 시각화에서 마우스 우클릭하여 [속성]을 클릭하고, 설정창에서 [색] 탭을 선택한다. 우측에 [추가] 버튼을 눌러서 원하는 색상으로 표시할 컬럼을 선택한다(여기서는 Sum(금액)).

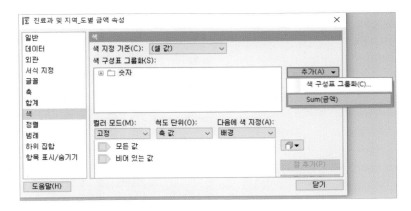

그 결과 다음과 같이 셀 박스가 색상으로 표시되었다.

설정창의 [컬러 모드] 부분은 아직 설정하지 않아 기본값인 '고정'으로 되어 있다. 이 부분을 눌러서 아래 그림처럼 '그라데이션'을 선택한다.

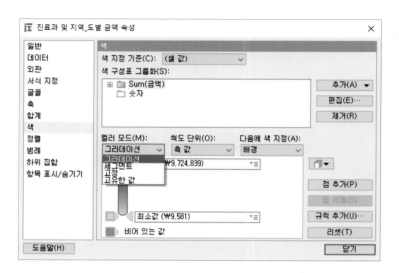

그 결과 설정창은 다음과 같이 표시된다.

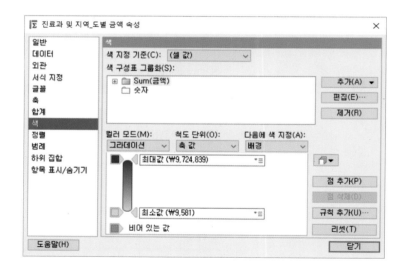

다음 그림처럼 크로스 테이블의 셀이 설정한 컬럼 값(Sum(금액))에 따라 값이 클수록 진한 색으로, 적을수록 연한 색으로 그라데이션 형태의 색상으로 표시된다.

이제 설정창에서 [다음에 색 지정] 부분을 그림과 같이 '텍스트'로 변경해보자.

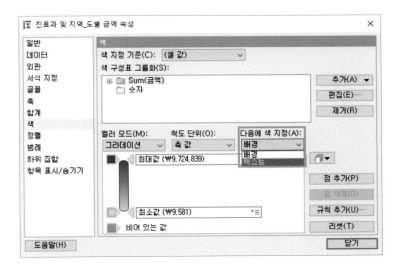

그 결과 크로스 테이블의 텍스트가 다음과 같이 그라데이션 형태의 색상으로 표시되었다.

최대값, 최소값 앞의 사각형 색상을 클릭하여 각각 색상을 다음과 같이 변경해보자.

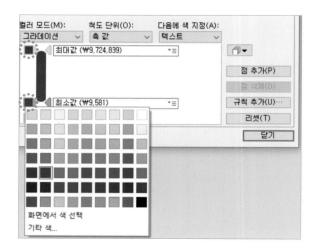

다음과 같이 크로스 테이블의 텍스트 색상이 변경된다.

진료과 및 지역_도별 금액

	지역_도			색:
진료과	경북	부산	서울	● 최대값
감염내과	-	₩4,918,972	-	● 최소값
소화기내과	₩1,850,903	₩95,914	₩9,051,756	
순환기내과	-	₩7,084,239	₩2,855,750	
신장내과	₩516,729	-	₩9,724,839	
(비어 있음)	₩9,581			

Sum(금액)

설정창에서 [규칙 추가] 버튼을 클릭하여 다음 그림과 같이 규칙을 추가해보자.

다음과 같이 평균보다 큰 값은 파란색 텍스트로, 평균보다 작거나 같은 값은 녹색 텍스트로 표시된다.

10 콤비네이션 차트(Combination Chart)

콤비네이션 차트는 막대 그래프와 선 그래프의 기능을 결합한 시각화다. 콤비네이션 차트에서는 특정 범주를 나타내는 여러 막대와 선을 사용하여 데이터를 표시한다. 동일한 시각화에서 막대와 선을 결합하면 어느 범주가 더 높고 낮은지를 쉽게 확인할 수 있기 때문에 여러 범주의 값을 비교할 때 유용하다.

아래 차트는 2가지 시리즈로 구성되어 있다. 빨간색 막대는 각 달의 예상 판매 목표를 나타내고, 파란색 선은 해당 달의 실제 판매 실적을 나타낸다.

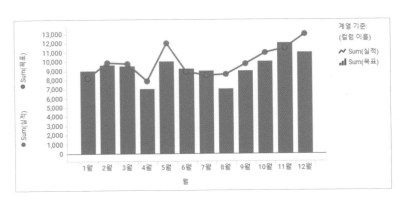

다음 차트는 값의 범위가 크게 다른 여러 개의 선과 막대를 비교할 때 Y축에서 여러 개의 척도를 사용할 수 있음을 보여준다.

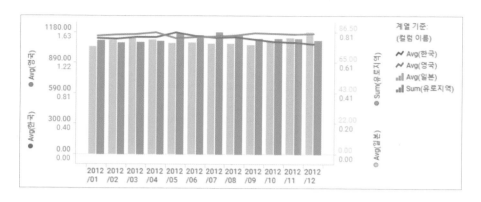

10-1 콤비네이션 차트 그리기

Spotfire에서 콤비네이션 차트(Combination Chart)를 생성하려면, 화면 좌측 상단 '작성 막대(Authoring bar)'에서 [시각화 유형]을 클릭하고 우측에 표시되는 시각화 목록 중 [콤비네이션 차트]를 선택한다.

10-2 속성 설정

콤비네이션 차트는 막대 그래프와 선 그래프의 기능을 결합한 것이므로 두 그래프와 속성이 매우 유사하다.

다음과 같은 콤비네이션 차트를 만들기 위해 속성을 설정해보자.

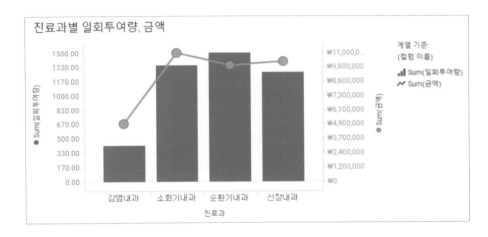

1 Y축

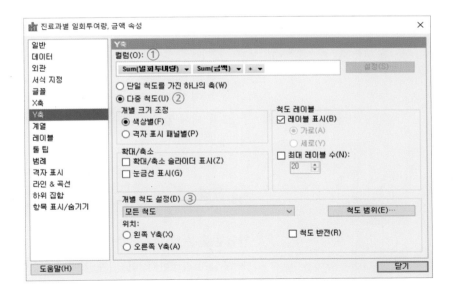

① 컬럼

[컬럼]에서 막대나 선으로 표시하고 싶은 컬럼들을 순서와 상관없이 설정한다.

② 다중 척도

컬럼마다 척도(scale)가 많이 다른 경우에는 [다중 척도] 라디오 단추를 체크해주어야 한다. 만일 이 옵션을 선택하지 않으면 다음과 같이 표시된다. 'Sum(일회투여량)'의 척도가 'Sum(금액)'에 비해 상대적으로 너무 작아서 거의 보이지 않는다.

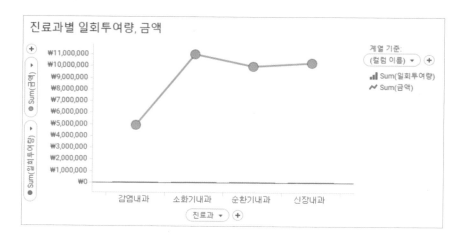

③ 개별 척도 설정

Y축으로 선택된 각 컬럼들에 대하여 척도 위치와 범위, 표시 순서등을 설정할 수 있다. 기본 설정은 왼쪽, 오른쪽으로 Y축을 표시하도록 되어 있다.

2 계열

컬럼 값들을 막대나 선 중에서 무엇으로 표시할지, 각각의 색상은 무엇으로 할지 결정한다. 먼저 [계열]에서 원하는 컬럼을 선택하고 나서, [유형]과 [색]을 선택한다.

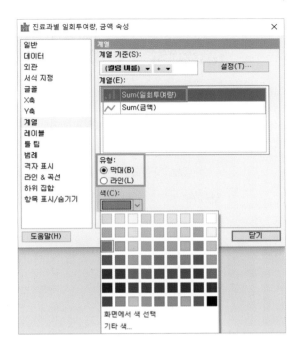

3 외관

시각화의 모양, 즉 막대 그래프의 정렬 순서나 표시 모양, 폭 등을 설정한다. 선 그래프의 두께나 표식 크기 등도 설정한다.

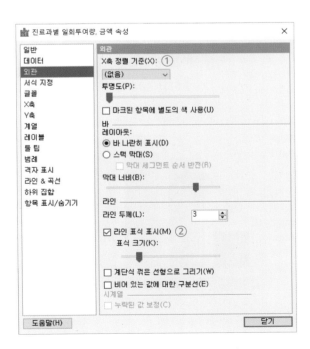

① X축 정렬 기준

표시된 값들을 막대나 선으로 순서대로 정렬하고 싶다면 기준 컬럼을 설정한다. 기본은 (없음)이며, 컬럼을 선택하면 내림차순으로 정렬된다.

막대 그래프(Sum(일회투여량))에 대해서 정렬해보자. 위의 설정에 따라 시각화가 순서대로 표시된다. 즉, Sum(일회투여량)의 내림차순으로 정렬되는 것이다.

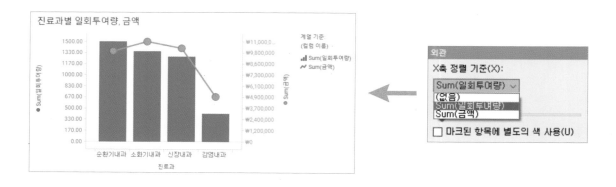

X축의 순서를 반대로 하고 싶다면 마우스를 X축으로 이동하고 이때 나타나는 회색 사각형 안에서 마우스를 누른다. 아래와 같이 설정창이 나타나면 [척도 반전]을 누른다. 그 결과 막대 그래프의 표시가 이전과 반대로 된다.

만일 원래대로 복귀하고 싶으면, 다시 동일한 방법으로 [척도 반전] 버튼을 누른다. 아래 그래프에서 선 그래프(Sum(금액))에 대해서 정렬하고 싶다면, 동일한 방법으로 적용하면 된다.

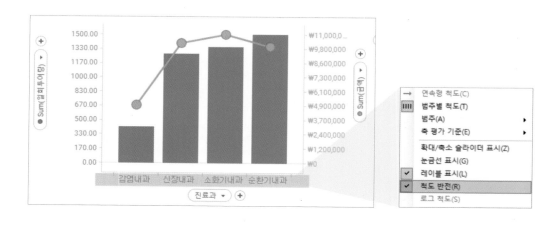

② 라인 표식 표시

선 그래프에 점(노드)을 표시하고 싶으면 체크박스를 선택한다. [표식 크기] 슬라이더 바를 이용하여 노드의 크기를 조절할 수 있다.

4 레이블

막대와 선의 값에 모두 레이블을 표시할 수 있다. 다음은 막대 그래프에만 레이블을 표시한 것이다.

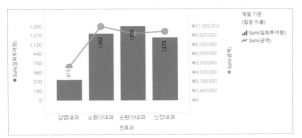

다음은 선 그래프에만 레이블을 모두 표시한 것이다.

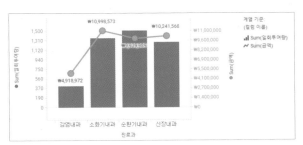
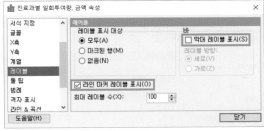

다음은 막대 그래프와 선 그래프 모두 레이블을 표시한 것이다.

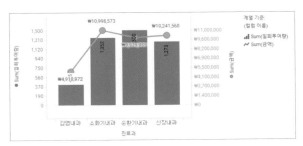

만일 바로 앞의 그림처럼 레이블들이 겹쳐서 모두 잘 표시되지 않는 경우에는 Y축 값의 척도 범위를 조절함으로써 해결할 수 있다.

다음 그림은 모든 레이블을 잘 표시하도록 한 결과 화면이다.

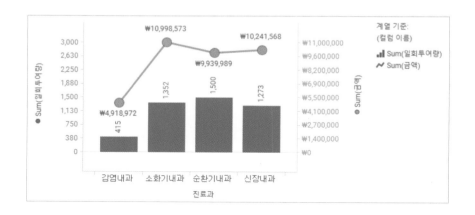

위와 같이 설정을 변경하려면 시각화에서 마우스를 우클릭하여 [속성] → [Y축] → [개별 척도 설정]에서 다음과 같이 한 컬럼을 지정(여기서는 Sum(일회투여량))하고 [척도 범위]를 클릭한다. 척도 범위 설정창이 나타나면 최소값이나 최대값을 적절하게 입력하고 [확인]을 눌러서 완료한다.

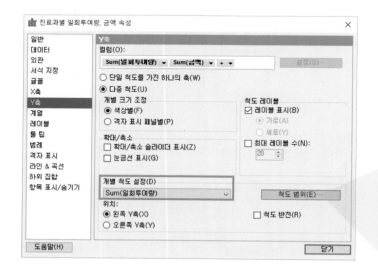

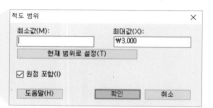

11 히트맵(Heat Map)

히트맵은 열을 뜻하는 히트(heat)와 지도를 뜻하는 맵(map)을 결합시킨 단어로, 색상으로 표현할 수 있는 다양한 정보를 일정한 이미지 위에 열 분포 형태의 시각적인 그래픽으로 표현한 것이다. 숫자 대신 색상이 포함된 크로스 테이블이나 스프레드시트를 생각하면 히트맵을 가장 쉽게 이해할 수 있다. 히트맵은 대량의 다차원 데이터를 시각화하는 데 매우 적합하다. 유사한 값이 있는 행의 클러스터가 유사한 색으로 표시되므로 이러한 행 클러스터를 식별하는 데 유용하다.

다음 그림에서는 KOSPI Index(한국 주가 지수), 국제 금값, 국제 유가, S&P500 지수들을 날짜 순서로 히트맵으로 표시하고 있다. 색상이 빨간색으로 갈수록 각 컬럼의 값들이 높음을 의미한다. 전반적으로 예전(위쪽)보다 최근(아래쪽)에 빨간색이 더 많이 나타나고 있음을 쉽게 파악할 수 있다.

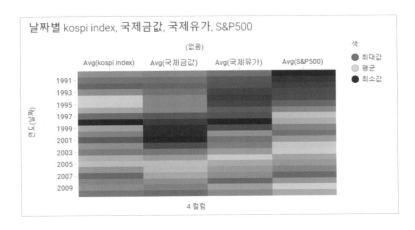

위 그림에서처럼 Spotfire의 기본색 그라데이션에서는 히트맵의 최소값을 파랑으로, 최대값을 빨강으로 설정한다. 중간 범위값을 연한 파란색으로 설정하고 양쪽(최대값과 최소값) 사이에 그라데이션을 적용하였다.

히트맵을 사용할 때는 기본적으로 X축과 Y축, 값 이렇게 3가지를 설정한다. 아래 왼쪽 그림에서 X축은 '환자성별', Y축은 '진료과', 값은 'Sum(금액)'으로 설정하였다. 순환기내과 여자 환자의 경우가 금액 합계가 가장 높음을 알 수 있다. 참고로 오른쪽 그림은 동일한 정보를 갖는 막대 그래프이다. 두 그림을 비교해보면 히트맵은 값 자체의 절대값보다 상대적 비교에 더 장점이 있다는 것을 알 수 있다.

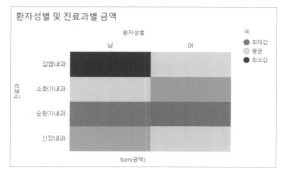

히트맵

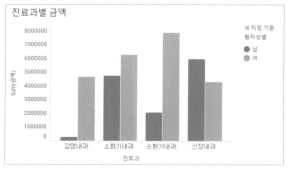

막대 그래프

테이블의 값이 색 그라데이션으로 히트맵 셀에 어떻게 표시되는지 아래 예를 통해 살펴보자.

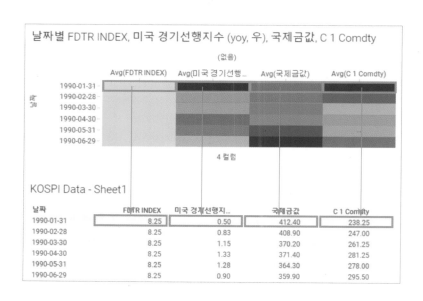

축의 왼쪽과 위쪽이 테이블과 동일하게 설정되어 있고, 테이블의 셀 값 하나하나가 히트맵의 셀에 1:1로 대응하면서 숫자 대신 색으로 값의 높고 낮음을 표시해준다. 히트맵에서 사용하는 컬럼 값(위 그림에서 X축

에 해당)은 항상 집계 방법을 선택해주어야 한다. 그러나 테이블과 히트
맵의 셀이 항상 1:1로 대응되는 것은 아니다. 데이터의 특성이나 모양에
따라서 다르게 나타난다.

11-1 히트맵 그리기

Spotfire에서 히트맵을 생성하려면, 화면 좌측 상단 '작성 막대
(Authoring bar)'에서 [시각화 유형]을 클릭하고 우측에 표시되는 시각
화 목록 중 [히트맵]을 선택한다.

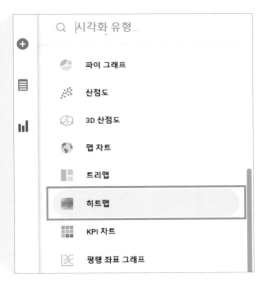

11-2 데이터 형식에 따른 표시 방법

다른 시각화처럼 히트맵에서 마킹을 하면 데이터 테이블의 행에도 마킹이 적용된다. 반대로 테이블의 행을 마크하면 히트맵의 셀이 마킹된다.

　데이터 형식에 따라 히트맵에서 표시하는 방법도 조금씩 다르다. 데이터는 '길고 좁은(tall-skinny)' 것과 '짧고 넓은(short-wide)' 것, 2가지 형태로 나눌 수 있다.

1 길고 좁은(Tall/Skinny) 형식의 데이터

다음 예에서 데이터는 길고 좁은 형식이고, 데이터 테이블의 각 행은 히트맵의 단일 셀에 해당한다. 히트맵의 Y축에서 '날짜' 컬럼을, X축(위 축)에서 '지역'을 선택하며, 셀 값은 '기온(Avg)' 컬럼으로 설정한다.

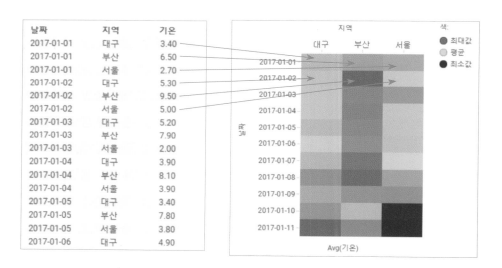

　히트맵 셀의 모양이 데이터 피벗 결과와 유사하게 된다. 한 컬럼 안의 고유값들이 컬럼명으로 사용되며 배열된다. 위 그림을 보면, 테이블의 [지역] 컬럼 값들(대구, 부산, 서울)이 히트맵에서 컬럼 제목처럼 사용되었다.

➡ 데이터 형태와 변환에 대한 p.584 〈데이터 변환 방법〉 참조

2 짧고 넓은(Short/Wide) 형식의 데이터

다음 예에서 데이터는 짧고 넓은 형식이고, 데이터 테이블의 각 행은 히트맵의 전체 행에 해당한다. 히트맵에서 Y축은 '날짜' 컬럼으로 설정하고, X축(위 축)은 '(없음)'으로 설정한다. 셀 값은 데이터 테이블의 각 컬럼과 동일하게('FDTR INDEX', '미국경기선행지수', '국제금값', 'C1 Comdty'의 각 평균) 선택한다.

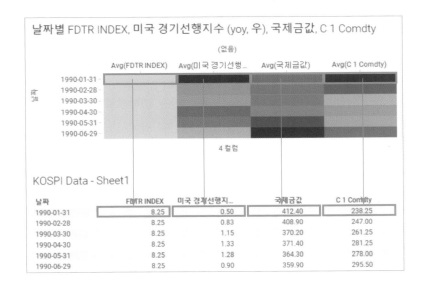

히트맵 셀의 모양(위치나 순서 등)이 데이터 테이블의 모양과 매우 흡사하게 된다.

11-3 계통수(Dendrogram)

히트맵에서 행과 컬럼을 모두 군집(clustering)분석할 수 있다. 계층적 군집분석 계산의 결과는 히트맵에 계통수로 표시된다.

 '계통수'란 계층적 군집분석 계산의 결과를 시각화하기 위해 히트맵에 사용하는 트리 구조의 그래프이다. 군집분석의 결과는 선택한 거리 측정에 따라 클러스터링된 행, 컬럼 간의 거리 또는 유사성으로 제공된다.

계통수는 계층의 트리 구조이다. 행 계통수에서는 행 사이의 거리 또는 유사성과 각 행이 속하는 노드를 군집분석 계산의 결과로 표시한다. 열 계통수에서는 변수(선택한 셀 값 컬럼) 사이의 거리 또는 유사성을 표시한다. 왼쪽 그림에는 행 간 거리가 계산된 행 계통수가 포함된 히트맵이 표시된다.

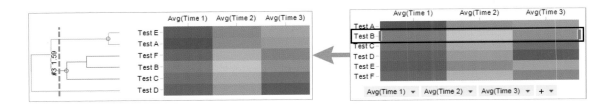

위 그림을 분석해보면 군집분석 계산의 결과로 히트맵의 행이 군집분석 계산과 일치하도록 다시 정렬되어 아래 빨간색 사각형과 같이 몇 개의 군집으로 나뉘어진 것을 알 수 있다.

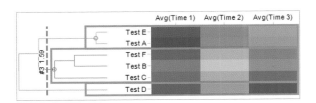

'Test E'와 'Test A'는 동일한 클러스터에 배치된다. 'Test F'와 'Test B'는 다른 클러스터에 함께 배치되며, 이 클러스터는 'Test C'와 함께 다른 클러스터를 형성한다. 'Test D'는 어느 클러스터에도 포함되지 않는다. 즉 Test E와 Test A는 Test F, Test B, Test C 또는 Test D와의 거리보다 서로 더 가까이 있다. 또한 Test D는 다른 모든 행으로부터 가장 멀리 있다.

군집분석 시에는 숫자 컬럼만 포함된다.

1 행 계통수(Row Dendrograms)

행 계통수에서는 행 사이의 거리 또는 유사성과 각 행이 속하는 노드를 군집분석의 결과로 표시한다. 아래 그림은 행 계통수의 예이다.

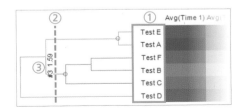

① 리프 노드(leaf node)

클러스터링된 데이터의 각 행은 그림에서 빨간색 사각형으로 표시된, 행 계통수에서 맨 오른쪽 노드인 리프 노드로 제공된다. 계통수의 맨 오른쪽에 있는 각각의 노드는 모든 행을 표시한다. 즉 행 계통수에서 리프 노드는 테이블의 각 행을 말한다.

클러스터링은 계통수의 맨 오른쪽 노드로부터 왼쪽으로 한 단계씩 진행된다. 따라서 계통수의 맨 왼쪽 노드는 모든 행이 포함된 클러스터이며 테이블의 행 전체를 말한다.

② 자르기 라인(pruning)

위 그림에서 빨간색 세로 점선으로 표시된 선은 자르기 라인으로, 계통수 내에서 마우스를 잡아끌어 옆으로 이동시킬 수 있다.

③ 계통 라인

자르기 라인 옆에 있는 값은 라인의 현재 위치에서 시작하는 클러스터의 수뿐 아니라 해당 위치에서 계산된 거리 또는 유사성을 나타낸다. 위 예제에서 계산된 거리는 1.59이고 자르기 라인 위치에는 3개의 라인이 걸려 있는데, 이는 3개의 클러스터가 있다는 의미(#3)이다. 분홍색 원으로 표시된 두 클러스터에는 2개 이상의 행이 있지만, 아래 클러스터에는 하나의 행만 있다.

2 컬럼 계통수(Column Dendrograms)

컬럼 계통수는 행 계통수와 같은 방법으로 표시하지만, 변수(셀 값 컬럼) 간의 거리 또는 유사성을 나타낸다.

아래 예제의 자르기 라인에는 2개의 클러스터가 있다(#2). 맨 왼쪽 클러스터에는 2개의 컬럼이 있지만, 맨 오른쪽 클러스터에는 하나의 컬럼만 있다. 계산된 거리는 6.08이다.

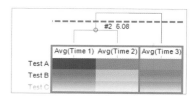

3 계통수로 상호 작용

계통수를 사용하면 히트맵에서 강조 표시나 마크를 쉽게 할 수 있다. 아래 그림에서 계통수의 라인을 선택하여(이때 해당 셀 값들의 범위가 표시됨) 클러스터를 표시할 수 있다.

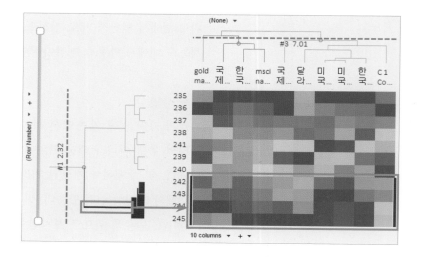

또한 히트맵에서 해당 셀을 마크하여 클러스터를 표시할 수도 있다. 아래 그림에서 가운데 빨간색 점선 사각형을 마크하면 왼쪽의 계통수 라인이 녹색으로 표시된다.

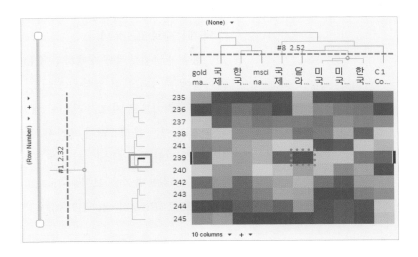

마우스를 히트맵의 클러스터로 이동하면 툴 팁에는 클러스터에 대한 정보가 표시된다.

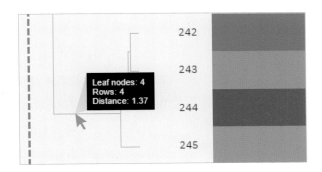

마우스를 히트맵의 셀로 이동하면 툴 팁에는 셀 값에 대한 정보가 표시된다.

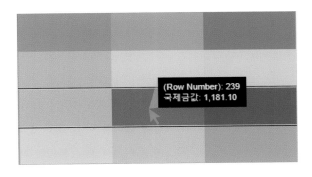

4 클러스터링(Clustering)

히트맵에서 행과 컬럼을 모두 클러스터링 분석할 수 있다. 보통 클러스터링은 계층적 군집분석을 수행하여 얻어지며, 계산의 결과는 히트맵에 계통수로 표시된다.

계층적 군집분석을 수행하면 'Cluster IDs'라는 새 컬럼이 데이터 테이블에 추가되고 이 컬럼을 필터로 사용할 수 있는데, 이 클러스터 컬럼은 동적이므로 자르기 라인이 해당 내용을 결정한다. 즉 자르기 라인에 걸려 있는 클러스터에 따라서 수시로 변경된다.

아래 그림은 클러스터 컬럼과 클러스터 필터가 위의 행 계통수에 대해 표시되는 방식을 보여준다. 자르기 라인에 3개의 클러스터가 걸려 있으므로 'Row cluster IDs'에는 3개의 고유값이 표시된다(#3).

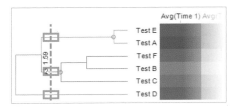

Test	Time 1	Time 2	Time 3	Row cluster IDs
Test A	2.02	3.21	5.57	5
Test B	2.92	4.37	6.02	3
Test C	2.64	5.02	7.19	3
Test D	2.37	3.48	8.21	*6
Test E	2.21	3.12	5.38	5
Test F	2.43	3.84	6.47	3

Row cluster IDs
☑ *6
☑ 3
☑ 5

클러스터 컬럼에는 자르기 라인의 위치에 해당하는 클러스터 노드의 고유한 ID가 있다. 위의 예제에는 2개의 노드가 있다. Test B, Test C와 Test F는 ID 3인 클러스터 노드에 속하는 반면, Test A와 Test E는 ID 5인 클러스터 노드에 속한다. 세 번째 ID인 *6은 Test D가 속한 리프 노드이다. 클러스터 컬럼은 전체 클러스터를 한번에 필터링할 수 있게도 하며, 다른 시각화의 색상 지정이나 격자 표시 기준으로 사용할 수도 있다.

➜ 상세 설명은 p.663 〈계층적 군집분석〉 참조

5 리프(Leaf)

계통수의 가장 마지막 소 단위(오른쪽 가지 끝)를 리프라고 한다. 가장 위부터 아래로 0부터 하나(1)씩 증가하면서 리프에 번호가 부여된다. 실제 테이블의 각 행과 같다. 아래 두 그림을 비교해보자. 이들은 자르기 라인에서 모두 동일한 레벨값을 갖는다(여기서는 5).

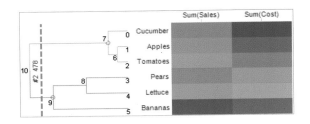

NodeID	ParentID	PruningLevel	Height	LeafOrder	Type
0	7	5	0.00	0	Cucumber
1	6	5	0.00	1	Apples
2	6	5	0.00	2	Tomatoes
3	8	5	0.00	3	Pears
4	8	5	0.00	4	Lettuce
5	9	5	0.00	5	Bananas
6	7	4	69.92		
7	10	3	106.25		
8	9	2	230.77		

위와 같이 계층적 방식으로 리프의 순서를 정할 수 있는 모든 계산을 사용할 수 있다. 그리고 위 절차의 결과로 데이터 테이블이 작성되므로 해당 테이블을 분석에 추가하고, 히트맵에 가져오고, 계통수를 표시하는 데 사용할 수 있다.

Spotfire의 모든 계통수는 데이터 테이블로 표시할 수 있다. 다음 그림과 같이 테이블 형태로 계통수 결과를 내보내기 하려면, 시각화에서 마우스를 우클릭하여 [속성] → [계통수] → [계산된 계층적 군집분석]의 [내보내기]를 클릭하여 데이터 테이블 이름을 저장해주면 된다.

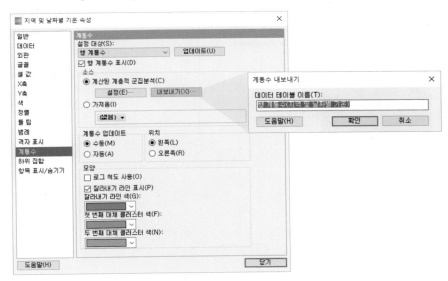

위와 같이 내보내기를 하면 Spotfire 안에 자동으로 데이터가 로드된다. 테이블에서 이를 확인할 수 있다.

행 계통수(지역 및 날짜별 기온)

NodeID	ParentID	PruningLevel	Height	LeafOrder	날짜	데이터 테이블:
0	18	10	0.00	0	2017-01-11	행 계통수(지역 및 날짜별 기온)
1	18	10	0.00	1	2017-01-10	
2	13	10	0.00	2	2017-01-09	
3	13	10	0.00	3	2017-01-03	
4	15	10	0.00	4	2017-01-01	
5	11	10	0.00	5	2017-01-05	
6	11	10	0.00	6	2017-01-04	
7	12	10	0.00	7	2017-01-07	
8	14	10	0.00	8	2017-01-06	

6 계층적 군집분석 예

아래 그림과 같이 각 나라별 여러 가지 인자(문맹률, 5세 이하 사망률 등) 를 포함한 데이터를 살펴보자.

아래 좌측 그림은 계층적 군집분석을 시행하기 전의, 초기 로드된 데 이터 테이블을 그대로 히트맵으로 표시한 것이다. 각 행은 하나의 국가 를 나타내며, 각 국가의 10개의 각종 지표들(식자율, 5세 이하 사망률, 1인 당 GNI, 기대수명 … 저체중 신생아 비율)을 색으로 표시하고 있다.

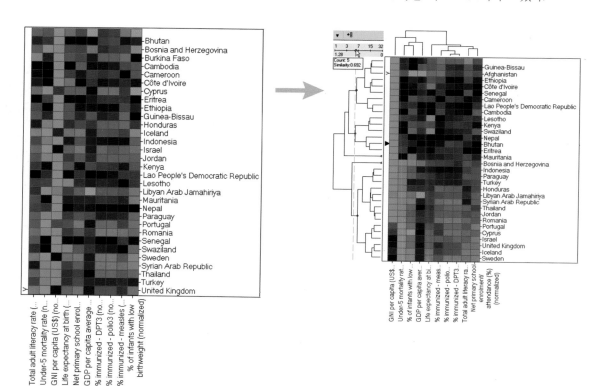

이들 데이터에 대하여 계층적 군집분석을 실행한 후 클러스터링한 결과는 우측 그림 같이 히트맵으로 재편성되어 표시된다. 각 컬럼과 행 을 모두 고려하여 유사한 컬럼과 행끼리 순차적으로 클러스터링되어, 좌측 상단일수록 녹색이, 우측 하단으로 갈수록 빨간색이 나타나도록 그라데이션으로 재편성 되었다. 좌측과 상단에 각각 계통수가 표시되 어 10개의 인자들 중 어떤 인자들이 가장 유사한지(상단에 표시된 컬럼 계통수로 표시), 여러 나라들 중 어느 나라끼리 가장 유사한지(좌측에 표 시된 행 계통수로 표시) 바로 확인할 수 있다.

7 계층적 군집분석 원리

계층적 군집분석은 데이터들 간의 거리 혹은 유사도를 기반으로 하여 나뭇가지 모양의 구조로 되어 있는 계층구조(hierarchy)로, 행 또는 열 (items)을 정렬한다. 다음 그림에서 Profile2와 Profile4가 가장 가까이 있고, 그 근처에 Profile5가 있으며 Profile1과 profile3이 서로 가까이 있다. 이를 라인으로 정리해보면 오른쪽과 같다.

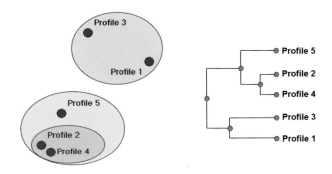

여기에 사용된 방법은 다음과 같다.

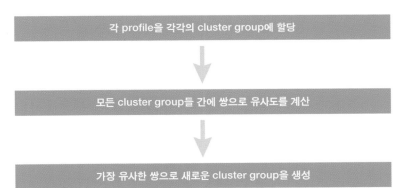

11-4 히트맵의 응용

만일 컬럼에 날짜 형태의 데이터가 포함되어 있다면, 히트맵을 이용하여 달력(calendar) 형태로 컬럼 값을 표시할 수 있다. 다음 테이블은 3월 한 달간 상품별 일별 판매금액을 나타낸다. 이 데이터를 달력 형태로 표시해보자.

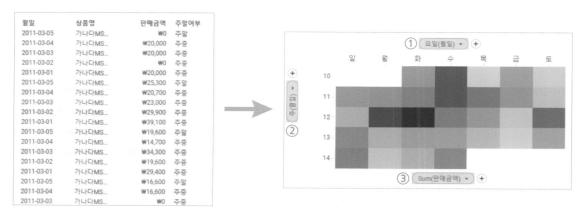

히트맵으로 달력 형태를 표시하려면 X축, Y축, 셀 값, 3가지를 설정해야 한다. Spotfire에서 새 페이지를 열고 [히트맵] 시각화를 추가한다.

① X축

화면 상단의 X축 선택기를 누르면 컬럼이 표시된다. 여기에서 날짜에 해당되는 컬럼을 택한 후 나오는 옵션 중에서 '요일'을 선택한다.

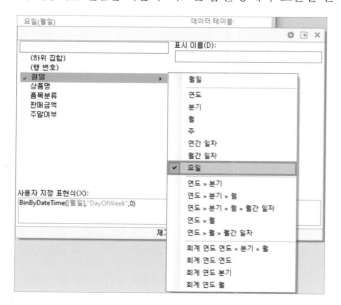

② Y축

화면 왼쪽의 Y축 선택기를 누르면 컬럼이 표시된다. 여기에서 날짜에 해당되는 컬럼을 택한 후 나오는 옵션 중에서 '주'를 선택한다.

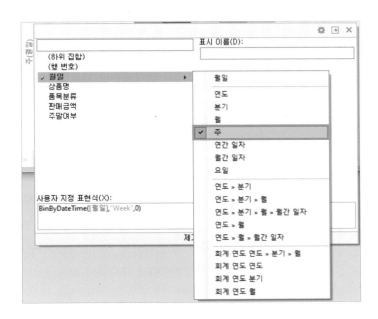

③ 셀 값

화면 하단의 셀 값 선택기를 누르면 컬럼이 표시된다. 여기에서 셀에 색상으로 표시하고자 하는 컬럼과 집계 방식을 선택한다.

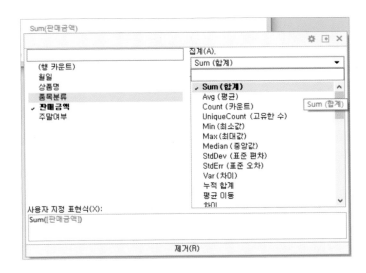

12 그래픽 테이블(Graphical Table)

그래픽 테이블은 전체적인 시각화의 모양은 테이블의 형태를 취하면서 그 안에 담긴 정보는 그래픽으로 제공하는 시각화로, 이러한 특징 때문에 '그래픽 테이블'이라 불린다. 많은 정보를 한번에 제공하도록 설계된 요약 시각화이다.

그래픽 테이블은 4가지 동적 항목(스파크라인, 계산된 값, 아이콘, 불릿 그래프)과 함께 컬럼을 표시하도록 설정할 수 있다. 값은 행 축에 지정된 대로 행별로 표시된다. 아래 예제에서는 그래픽 테이블에 각 진료과의 평균 금액이 각각 스파크라인, 아이콘, 계산된 값, 불릿 그래프 형태로 컬럼별로 표시되어 있다.

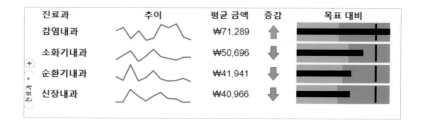

다음 그림은 각 진료과에 대해 성별로 나누어 더 상세한 계층구조로 정보를 표시하고 있다. 이와 같이 계층구조가 행 축에 사용되는 경우, 그래픽 테이블이 섹션으로 그룹화되며 크로스 테이블이나 테이블과 마찬가지로 각 섹션에서 컬럼 머리글을 클릭하여 정렬을 수행할 수 있다.

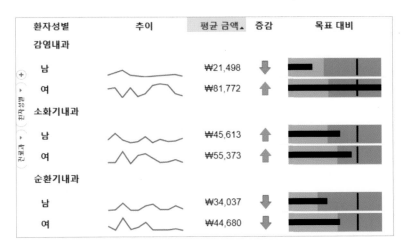

환자성별	추이	평균 금액 ▲	증감	목표 대비
감염내과				
남		₩21,498	⬇	
여		₩81,772	⬆	
소화기내과				
남		₩45,613	⬆	
여		₩55,373	⬆	
순환기내과				
남		₩34,037	⬇	
여		₩44,680	⬇	

12-1 그래픽 테이블 그리기

Spotfire에서 그래픽 테이블(Graphic Table)을 생성하려면, 화면 좌측 상단 '작성 막대(Authoring bar)'에서 [시각화 유형]을 클릭하고 우측에 표시되는 시각화 목록 중 [그래픽 테이블]을 선택한다.

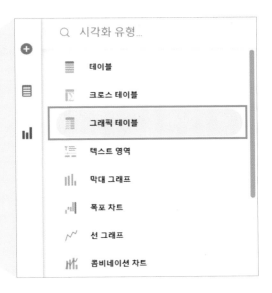

12-2 속성 설정

시각화에서 마우스를 우클릭해 [속성]을 누르면 설정창이 나타난다.

1 외관

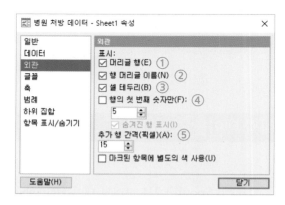

① 머리글 행

머리글 행의 체크박스를 해제하면 다음과 같이 머리글이 표시되지
않는다.

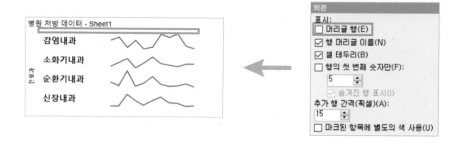

② 행 머리글 이름

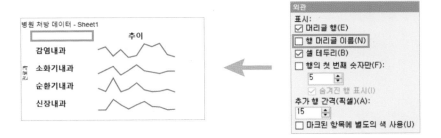

③ 셀 테두리

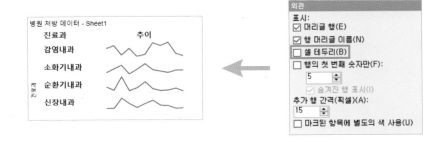

④ 행의 첫 번째 숫자만

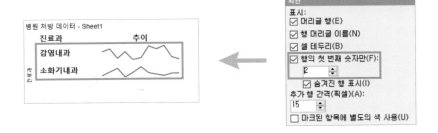

⑤ 추가 행 간격

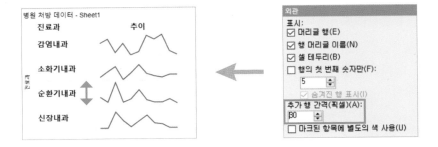

2 축

그래픽 테이블에서 4가지 동적 항목, 즉 스파크라인, 계산된 값, 아이콘, 불릿 그래프를 추가할 수 있다. 속성 창에서 [축] 탭을 누르면 설정 창이 뜨는데, 여기에서 [추가] 버튼을 클릭하면 4가지 항목의 목록이 나타난다.

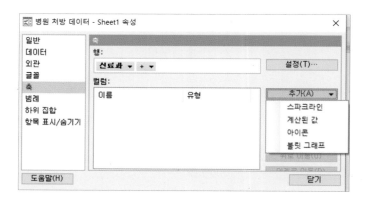

4가지 항목의 특징과 설정 방법 등을 살펴보면 다음과 같다.

1 스파크라인(Spark Line)

스파크라인은 다음과 같은 작고 간단한 선 그래프로, 일부 변수의 추세 또는 변형을 표시하는 데 사용한다.

컬럼 머리글을 그래픽 테이블의 컨텍스트에 표시하거나 텍스트 영역에 별도로 표시할 수 있다. 값에 상황을 부여하기 위해 테이블 또는 텍스트 형식의 스파크라인을 원하는 위치에 직접 삽입할 수 있다는 것이 스파크라인의 일반적인 개념이다.

[속성]에서 '스파크라인'을 추가하면 다음과 같이 [컬럼]에 등록된다.

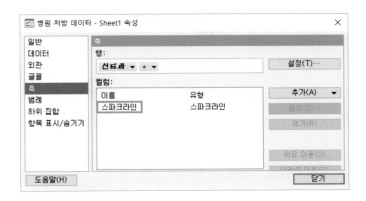

'스파크라인'을 선택하고 [설정]을 누르면 설정창이 나타난다.

1) 일반

[일반] 탭에서 이름을 설정할 수 있다.

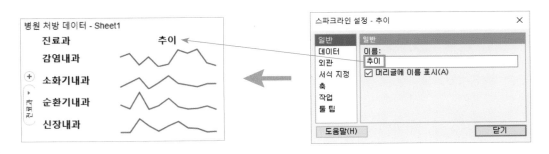

2) 외관

라인의 너비나 두께 등 모양에 대한 표시 설정을 한다.

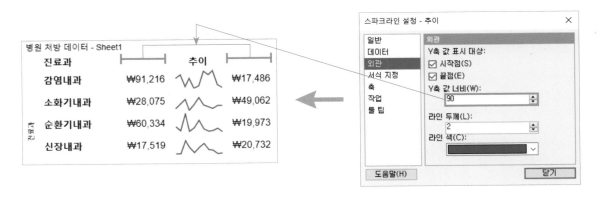

3) 축

[축] 안에서 '척도'를 설정할 수 있다.

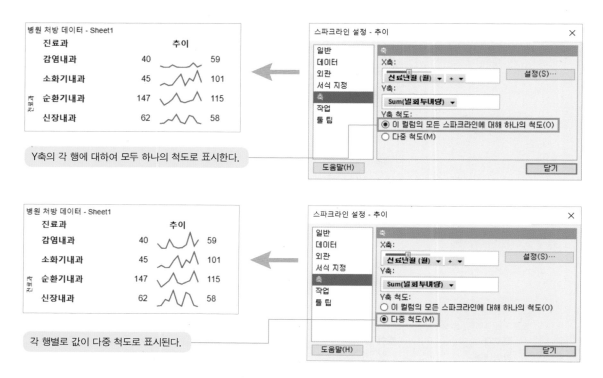

Y축의 각 행에 대하여 모두 하나의 척도로 표시한다.

각 행별로 값이 다중 척도로 표시된다.

4) 작업(Actions)

그래픽 테이블에서 라인을 눌렀을 때 관련된 별도의 페이지나 시각화로 이동하도록 설정할 수 있다. 이러한 기능을 '작업'이라고 한다. 작업이 설정되어 있으면 시각화에서 마우스를 그 근처로 이동했을 때 마우스 모양이 자동으로 손 모양(🖑)으로 바뀐다.

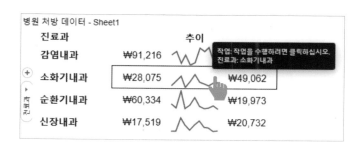

설정창의 [작업] 탭에서 [마우스를 클릭할 때 작업 수행]에 체크박스
를 선택하고 [설정] 버튼을 누른다. 그러면 다음과 같은 설정창이 나타
난다.

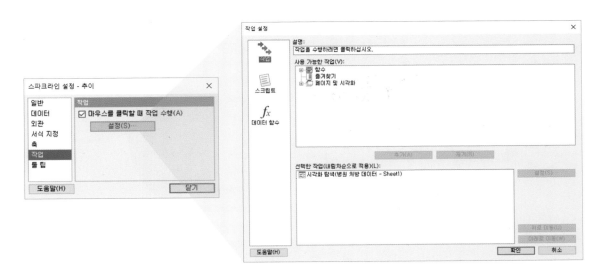

해당 라인을 선택했을 때 이동을 원하는 페이지나 시각화를 선택하
고 [추가]를 누른다(여기에서는 페이지(4)에 있는 시각화로 이동해보자).
[선택한 작업]에 사용자가 선택한 시각화나 페이지가 추가된다. [확인]
을 누르면 설정이 완료된다.

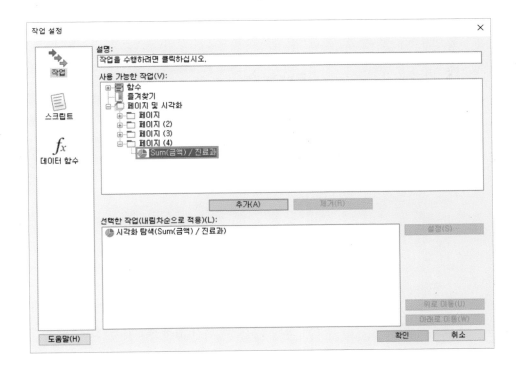

이제 그래픽 테이블에서 설정한 스파크라인을 클릭해보자(현재는 페이지(2)). 그러면 페이지(4)의 파이 차트 시각화로 화면이 이동한다. 페이지(2)의 스파크라인에서 마크한 부분(소화기내과)이 페이지(4)의 시각화에도 마크된 채 나타난다.

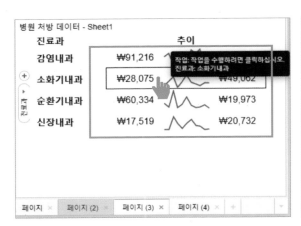
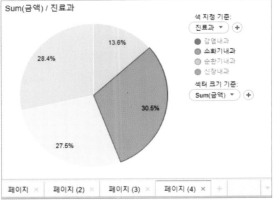

2 계산된 값(Calculated Value)

계산된 값은 일종의 집계된 표현식에서 파생된 값이며, 크로스 테이블에 표시된 데이터와 비슷하다. 필터링 등 조건의 변화에 따라 표시된 값이 동적으로 변하기 때문에 동적 텍스트(Dynamic Text)라고도 불린다. 컬럼 머리글을 그래픽 테이블의 컨텍스트에 표시하거나 텍스트 영역에 별도로 표시할 수 있다.

테이블 또는 텍스트 형식의 계산된 값을 원하는 위치에 직접 삽입하여 정보를 한눈에 보기 쉽게 제공할 수 있다. 또한 색과 글꼴 스타일을

제어하는 규칙을 추가하여 값이 지정된 제한을 벗어나는지를 확인할 수 있다. 아래 예에서 값이 빨간색이면 정해진 값 미만임을 나타낸다.

다음 2개의 차트는 필터 조건을 변경했을 때 텍스트의 색깔이 변경된 예이다.

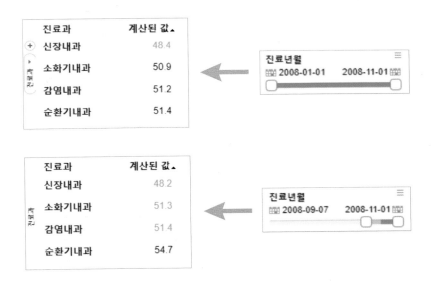

1) 일반

계산된 값의 이름(타이틀)을 설정할 수 있다.

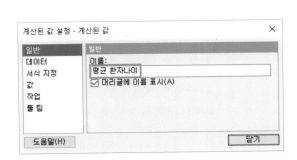

2) 값

값에 대하여 집계 방식을 선택하고 규칙(예: 상위 5개 혹은 하위 1개 등)을 적용하여 색상으로 나타낼 수 있다. [규칙 추가] 버튼을 누르면 설정 창이 표시된다. 여기에서 표시 대상의 규칙, 표시되는 텍스트의 원하는 색상과 글꼴을 선택한다.

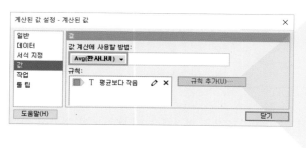

3) 작업

스파크라인과 동일하므로 앞에서 설명한 p. 394 〈스파크라인〉의 '4) 작업' 부분을 참조하기 바란다.

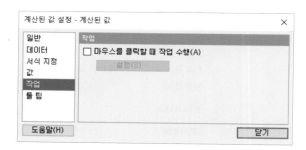

3 아이콘(Icon)

아이콘은 일부 변수의 추세나 변형을 표시하는 데 일반적으로 사용되는 작고 간단한 이미지다. 아이콘의 장점은 테이블이든 텍스트이든 필요한 곳에 직접 사용하여 간략한 정보를 제공할 수 있다는 것이다. 컬럼 머리글을 그래픽 테이블의 컨텍스트에 표시하거나 텍스트 영역에 별도로 표시할 수 있다.

'그래픽 테이블'에서 마우스 우클릭하여 [속성] → [축] 설정창에서 [추가] 버튼을 눌러서 '아이콘'을 추가한다.

아래 그림은 '진료과'별 'Avg(환자나이)'가 평균보다 크면 녹색 상향
화살표, 평균보다 작거나 같으면 빨간색 하향 화살표 아이콘으로 증감
을 표시한 것이다.

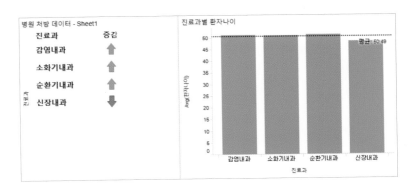

아래 그림에서 우측(막대 그래프에)에 Y축 값이 Avg(환자나이)로, 점
선으로 표시된 평균선에 미치지 못하는 평균 이하인 '신장내과'의 값은
빨간색 막대로 표시되어 있다. 왼쪽 그림에는 동일한 정보가 그래픽 테
이블의 아이콘으로 표시되어 값 설정 기준대로 아이콘의 색과 모양을
보여준다. 좌측 아이콘과 우측 막대 그래프는 동일한 정보(평균 나이)
를 표시하고 있지만 좌측 아이콘이 더 직관적으로 기준에 대한 정보를
표시한다.

아이콘은 규칙과 함께 사용한다. 예를 들어 기준보다 작거나 좋지 않
으면, 빨간색이나 하향 화살표, 또는 마이너스 기호로 표시한다.

1) 일반

아이콘 타이틀의 이름을 설정할 수 있다. 여기에 '환자나이(평균 이상)'라고 입력해보자.

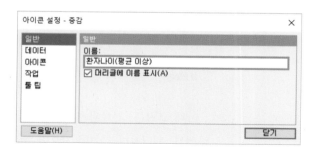

2) 아이콘

아이콘에 사용할 방법과 규칙, 색상, 위치 등을 설정하는 가장 중요한 탭이다.

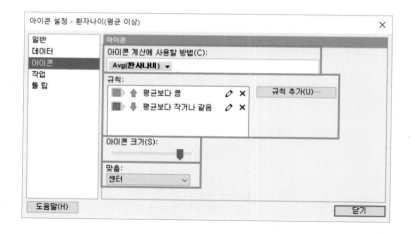

2-1) 아이콘 계산에 사용할 방법

아이콘 계산에 사용할 컬럼과 집계 방법을 선택한다. 이 예제에서는 환자나이의 평균을 선택한다.

2-2) 규칙

아이콘에 적용할 규칙을 추가한다. [규칙 추가] 버튼을 누르면 다음과 같은 설정창이 나타난다.

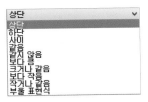

2-2-1) 규칙 유형

규칙 유형을 다음 옵션 중에서 선택한다. 예를 들어 Top n을 고르면 [상단]을 선택하고, 특정 값 이상을 고르면 [크거나 같음]을 선택한다.

2-2-2) 값

규칙 유형에서 선택한 규칙에 해당하는 값을 선택한다. 규칙 유형을 [상단]이라고 선택하면 값의 옵션은 왼쪽과 같다. 만일 규칙 유형을 [크거나 같음]이라고 선택하면, 값의 옵션은 오른쪽과 같이 표시될 것이다. 즉 '값'의 선택 옵션은 규칙 유형에 따라서 다르게 표시된다.

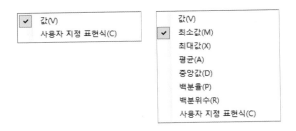

2-2-3) 색

위에서 선택한 규칙 유형과 값의 기준에 걸맞는 색상을 고른다. 예를 들어 평균보다 '크거나 같음'이라면 양호함을 의미하는 파란색이나 녹색을 택하고, '하위 1'개라면 경고를 의미하는 빨간색을 적용하는 식으로 지정한다.

2-2-4) 모양

위에서 선택한 규칙 유형, 값, 색에 어울리는 아이콘의 모양을 아래 그림 중에서 고른다. '상위 3'이라면 양호함을 의미하는 상향 화살표나 삼각형을, '평균보다 작음'이라면 후퇴를 의미하는 하향 화살표나 역삼각형을 적용하는 식으로 지정한다.

2-2-5) 표시 이름

규칙으로 설정한 내용에 알맞은 이름을 설정한다. 별도로 설정하지 않으면 기본 설정 이름이 자동으로 표시되므로 일반적으로는 특별히 설정하지 않아도 된다. 다음은 기본으로 설정된 이름들을 표시하고 있다.

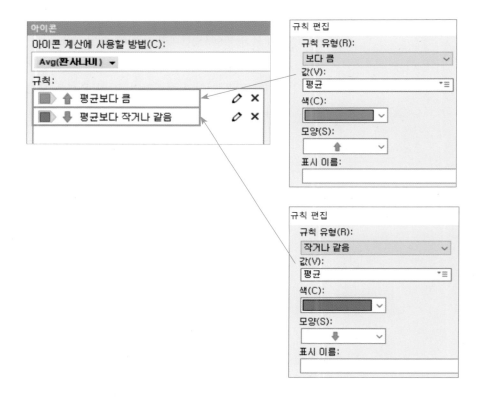

2-3) 아이콘 크기

표시되는 아이콘의 크기를 슬라이더 바로 조정한다.

2-4) 맞춤

아이콘의 위치를 다음 중에서 지정한다.

4 불릿(Bullet) 그래프

불릿 그래프는 수평 막대에 표시된 값을 수직선에 표시된 다른 값과 비교하고, 두 값을 질적 범위에 연결하는 데 사용한다. 정보를 한눈에 보기 쉽게 제공하기 위해 테이블 또는 텍스트 형식의 불릿 그래프를 원하는 위치에 직접 삽입할 수 있다.

다음은 불릿 그래프의 표시 정보에 대한 설명이다.

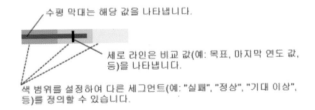

불릿 그래프를 그래픽 테이블의 컨텍스트에 표시하거나 텍스트 영역에 별도로 표시할 수 있다. 다음 예에서는 불릿 그래프가 그래픽 테이블 안에 있다.

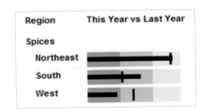

이 불릿 그래프에서는 다양한 지역(Region)의 이번 연도(This Year) 향신료(Spices) 판매성과를 지난 연도(Last Year)의 판매성과와 비교하고 있다. 배경색 범위는 질적 범위를 나타낸다. 막대가 맨 왼쪽 색 범위 내에 있으면(South) 판매성과가 나쁜 것이고, 맨 오른쪽 색 범위 내에 있으면(Northeast) 판매성과가 양호한 것이다. 세로 라인은 지난 연도의 판매성과를 표시하여 비교할 수 있도록 한다.

다음 예에서는 불릿 그래프를 텍스트 영역에 척도로 표시하였다. 이것은 독자들이 불릿 그래프를 쉽게 이해하도록 설명하는 일종의 범례 역할을 하고 있다.

'그래픽 테이블'에서 마우스 우클릭하여 [속성] → [축] 설정창에서 [추가] 버튼을 눌러서 '불릿 그래프'를 추가한다.

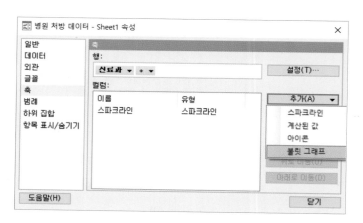

[추가] 버튼을 누르면 다음과 같은 대화상자가 표시된다. 불릿 그래프의 속성을 살펴보면 다음과 같다.

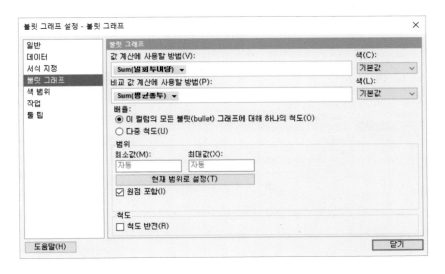

불릿 그래프의 속성을 아래 좌측과 같이 설정하면, 불릿 그래프는 우측과 같이 표시된다. '배율'이 하나의 척도로 되어 있어 오른쪽 그림의 보라색 얇은 막대(목표값)의 위치가 서로 다르다. 즉, 목표값이 감염내과가 가장 높고, 신장내과가 가장 낮다.

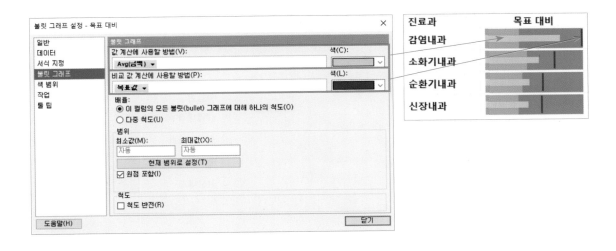

앞의 설정 중에서 '배율'을 [다중 척도]로 변경하면, 표시 결과는 다음과 같다. 그림에서 '비교값 계산에 사용할 방법'을 나타내는 보라색 얇은 막대(목표값)가 각각 최대치로 조정되어 전체적으로 목표값이 마치 동일한 것처럼 보인다. 각 척도(scale)가 모두 다르게(다중 척도) 적용되어 목표값의 절대치를 서로 비교할 수는 없지만 각 막대와의 상대적인 거리를 평가함으로써 목표 대비 현재 실적이 어느 정도인지 알 수 있다. 이 그림에서는 각 진료과의 목표 대비 현재 실적 비율(얇은 막대와 막대 그래프의 거리)이 모두 동일함을 알 수 있다.

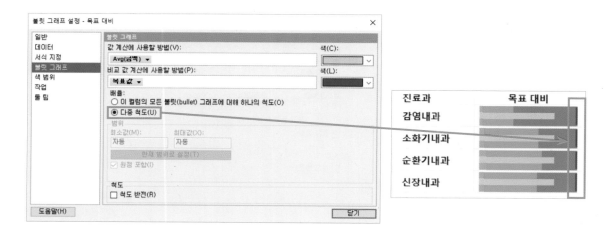

앞의 설정 중에서 [척도 반전] 체크박스를 선택하면, 표시 결과는 다음과 같다. 그림을 보면 '비교값 계산에 사용할 방법'을 나타내는 보라색 얇은 막대가 '값 계산에 사용할 방법'을 나타내는 노란 막대 그래프와 앞뒤 순서가 반대로 표시되었다.

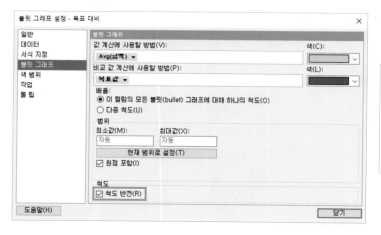

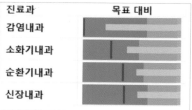

불릿 그래프의 색 범위 속성을 설정해보자.

기본 설정 상태는 [색 범위 표시]의 체크박스가 해제된 상태이다. [색 범위 표시]의 체크박스를 선택하면 [추가] 버튼이 활성화된다.

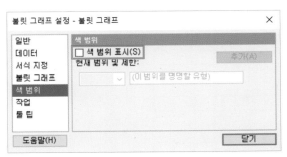 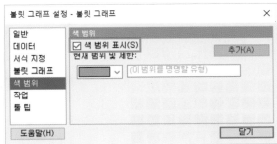

[색 범위 표시]를 활성화하면 다음 그림처럼 막대 그래프의 배경이 정해진 색상으로 변경된다.

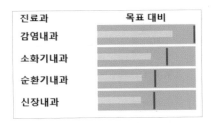

[추가] 버튼을 누를 때마다 [현재 범위 및 제한] 설정 칸이 하나씩 계속 추가된다. 여기서는 아래와 같이 3개를 생성해보자.

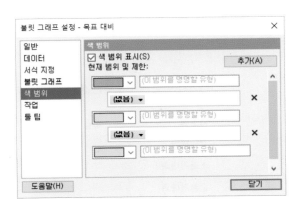

'환자 나이'의 Q1(사분위수 25%)과 Q3(사분위수 75%)를 색 범위로 표시해보자. 다음 그림처럼 드롭다운 버튼을 눌러서 각 제한 기준을 설정한다.

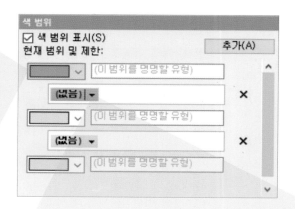

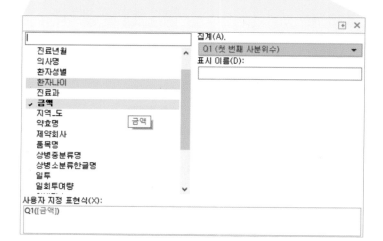

그 결과 막대 그래프의 배경 일부(각 막대의 Q1 영역)가 정해진 색상(여기서는 진한 분홍색)으로 변경되었다.

진료과	목표 대비
감염내과	
소화기내과	
순환기내과	
신장내과	

같은 방법으로 나머지도 아래 그림처럼 색상, 대상 컬럼, 집계 방법을 설정하고 불릿 그래프의 변화를 확인해본다.

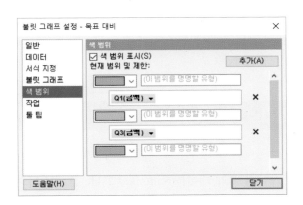 

13 요약 테이블(Summary Table)

요약 테이블은 데이터에 대한 통계 정보를 테이블 형식으로 요약한 시각화(차트)로서, 정보는 TIBCO Spotfire의 데이터 테이블 하나를 기반으로 한다. 아래 차트에는 각 컬럼(아래 빨간색 사각형으로 표시된 첫 번째 컬럼)에 대하여 Sum(합계), Avg(평균), Min(최소값), Max(최대값), Median(중앙값), StdDev(표준편차) 등 다양한 통계 정보들을 표시하고 있다.

처방 데이터 - Sheet1

컬럼	Sum	Avg	Min	Max	Median	StdDev
no.	303810.00	390.00	1	779	390.00	225.02
환자나이	39076.00	50.29	9	95	49.00	17.23
금액	36111053.00	46534....	108	10699...	12570.00	118295.28
일투	4894.00	6.28	1	55	3.00	8.27
일회투여량	4549.45	5.84	0.25	112.50	2.00	12.81
처방건수	2923.00	3.75	1	49	2.00	6.08
총투	58716.00	75.37	1	1203	30.00	164.83
평균단가	389131.00	499.53	6	7636	190.00	882.40
평균총투	13108.47	16.83	1.00	90.00	14.33	12.58

요약 테이블도 시각화의 일종이므로 보고자 하는 측정(평균, 중앙값 등)과 이 측정의 기반이 될 컬럼을 언제든지 선택할 수 있다. 필터를 적용하는 즉시 모든 요약 테이블에는 표시된 값이 자동으로 업데이트되어 통계 수치들이 표시된다.

13-1 요약 테이블 그리기

Spotfire에서 요약 테이블(Summary Table)을 생성하려면, 화면 좌측 상단 '작성 막대(Authoring bar)'에서 [시각화 유형]을 클릭하고 우측에 표시되는 시각화 목록 중 [요약 테이블]을 선택한다.

13-2 속성 설정

1 외관

만일 Spotfire 웹 사용자 프로그램(Spotfire Consumer)에서 요약 테이블의 정보에 대하여 내보내기를 허용하고 싶다면(예: 엑셀로 내보내기) [Spotfire 웹 클라이언트에서 테이블 데이터 내보내기 허용] 부분에 체크박스를 선택한다.

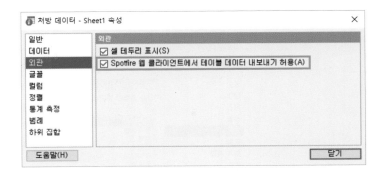

2 컬럼

요약 통계 정보를 보고 싶은 컬럼만 선택할 수 있다. 아래 설정창에서 오른쪽 [선택한 컬럼] 목록에 있는 컬럼들만 정보를 볼 수 있다.

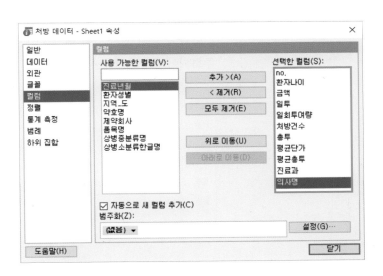

설정 결과 다음과 같은 시각화가 생성된다.

처방 데이터 - Sheet1

컬럼	Sum	Avg	Min	Max	Median	StdDev
no.	303810.00	390.00	1	779	390.00	225.02
환자나이	39076.00	50.29	9	95	49.00	17.23
금액	5111053.00	46534...	108	10699...	12570.00	118295.28
일투	4894.00	6.28	1	55	3.00	8.27
일회투여량	4549.45	5.84	0.25	112.50	2.00	12.81
처방건수	2923.00	3.75	1	49	2.00	6.08
총투	58716.00	75.37	1	1203	30.00	164.83
평균단가	389131.00	499.53	6	7636	190.00	882.40
평균총투	13108.47	16.83	1.00	90.00	14.33	12.58
진료과			감염내과	신장내...		
의사명			김건호	홍길동		

이때 [범주화]를 클릭하여 아래 그림처럼 [환자성별]로 설정하고 [닫기]를 클릭한다.

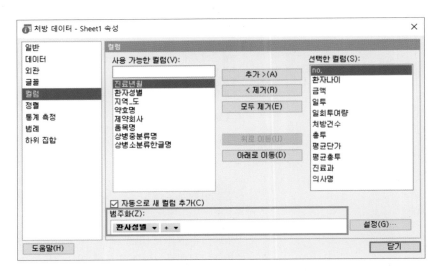

다음과 같이 결과 요약 테이블이 각 컬럼에 대하여 환자성별별로 범주화되어 계산값이 표시된다.

처방 데이터 - Sheet1

컬럼	환자성별	Sum	Avg	Min	Max	Median	StdDev
no.	남	123664.00	391.34	2	779	387.50	223.36
	여	180146.00	389.08	1	778	392.00	226.39
환자나이	남	16046.00	50.78	9	95	52.00	17.13
	여	23030.00	49.96	10	93	48.00	17.31
금액	남	13028890.00	41230...	168	10699...	10328.00	115944.90
	여	23082163.00	50178...	108	749250	14100.00	119872.50
일투	남	1865.00	5.90	1	55	3.00	7.94
	여	3029.00	6.54	1	51	3.00	8.48
일회투여량	남	1770.60	5.60	0.50	87.50	2.00	11.79
	여	2778.85	6.00	0.25	112.50	2.00	13.48
처방건수	남	1087.00	3.44	1	41	2.00	5.52
	여	1836.00	3.97	1	49	2.00	6.43
총투	남	21299.00	67.40	1	1071	28.00	155.01
	여	37417.00	80.81	1	1203	30.00	171.17
평균단가	남	157581.00	498.67	6	7636	190.00	797.89
	여	231550.00	500.11	6	7636	201.00	936.56
평균총투	남	4867.11	15.40	1.00	60.00	12.75	11.98
	여	8241.36	17.80	1.00	90.00	15.00	12.90
진료과	남			감염내과	신장내...		
	여			감염내과	신장내...		
의사명	남			김건호	홍길동		
	여			김건호	홍길동		

3 통계 측정

Spotfire에서 제공하는 다양한 통계 수치들을 요약 테이블에 표시할
수 있다. 왼쪽에서 필요한 통계 방법을 선택한 후에 [추가] 버튼을 누르
면 오른쪽으로 이동한다. 아래 오른쪽의 [선택된 측정] 부분이 요약 테
이블에 표시되는 컬럼의 통계 방법(함수)들이다.

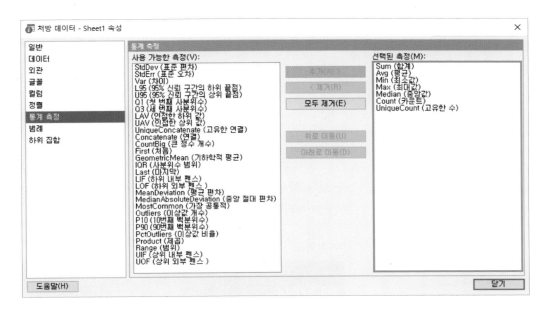

다음은 위 그림에서 설정한 통계치들을 나타내는 요약 테이블 결과
화면이다. 문자 데이터의 경우에는 평균, 합계처럼 계산과 관련된 통계
치들은 없지만, 행의 수(count)나 고유한 수(UniqueCount) 같이 셀 수
있는 종류의 정보들이 표시된다.

컬럼	환자성별	Sum	Avg	Min	Max	Median	Count	UniqueCount
no.	남	123664.00	391.34	2	779	387.50	316	316
	여	180146.00	389.08	1	778	392.00	463	463
환자나이	남	16046.00	50.78	9	95	52.00	316	67
	여	23030.00	49.96	10	93	48.00	461	67
금액	남	13028890.00	41230...	168	1069929	10328.00	316	227
	여	23082163.00	50178...	108	749250	14100.00	460	317
일투	남	1865.00	5.90	1	55	3.00	316	33
	여	3029.00	6.54	1	51	3.00	463	38
일회투여량	남	1770.60	5.60	0.50	87.50	2.00	316	35
	여	2778.85	6.00	0.25	112.50	2.00	463	47
처방건수	남	1087.00	3.44	1	41	2.00	316	24
	여	1836.00	3.97	1	49	2.00	463	29
총투	남	21299.00	67.40	1	1071	28.00	316	86
	여	37417.00	80.81	1	1203	30.00	463	121
평균단가	남	157581.00	498.67	6	7636	190.00	316	42
	여	231550.00	500.11	6	7636	201.00	463	48
평균총투	남	4867.11	15.40	1.00	60.00	12.75	316	92
	여	8241.36	17.80	1.00	90.00	15.00	463	140
진료과	남			감염내과	신장내과		316	4
	여			감염내과	신장내과		459	4
의사명	남			김건호	홍길동		316	17
	여			김건호	홍길동		463	16

14 KPI 차트(Key Performance Indicator)

KPI (핵심성과지표)

목표를 성공적으로 달성하기 위해 핵심적으로 관리해야 하는 요소들에 대한 성과지표를 말한다. KPI는 '주주들이 진정으로 중요하게 생각하는 것은 무엇인가?'라는 질문에 답하는 것으로, 미래 성과에 영향을 주는 여러 핵심 자료를 묶은 성과 평가의 기준이다.

출처: 《시사경제용어사전》, 기획재정부, 2010.

KPI 차트는 회사나 조직의 현재 성과에 대한 정보를 빠르게 한눈에 볼 수 있게 제공해준다. 회사가 성과를 내는 방식을 모니터링하는 데 중요한 요소를 측정한 후 KPI(핵심성과지표) 형식으로 표시해준다. 표시되는 정보 유형은 순수익, 매출 증가율, 고객 만족도 등 다양하다.

KPI 차트는 타일 그리드로 구성된다. 여기서 각 타일은 특정 범주에 대한 다양한 KPI 값을 표시하며, 타일 배경의 색상은 성과를 나타내기 위한 수단을 나타낸다. 값을 기반으로 하는 데이터는 타일마다 다를 수 있다. 한편, 타일 내에서 표시된 값을 계산하는 데 다양한 데이터 테이블의 데이터를 사용할 수 있다.

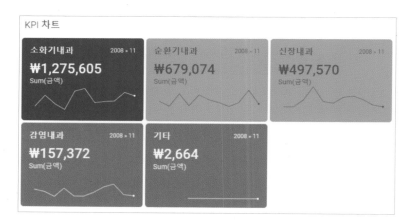

타일에서 성과는 다양한 방식으로 시각화할 수 있다. 대화 패널에서 수행할 수 있는 작업은 다음과 같다.

- 특정 요소의 최신 측정을 보여주는 기본값을 표시한다.
- 기본값의 평가를 나타내는 비교값을 표시한다. 평가의 예로는 실제 값과 대상, 또는 다른 기간의 해당 값과의 비교가 있다.
- 타일 배경 색상을 사용하여 현재 성과(performance) 수준을 표시한다. 예를 들어 현재 기본값이 평가 기준이 되는 임계값이 포함된 색

상 지정 규칙을 설정할 수 있다. 평가 결과에 따라 타일 배경 색상이
다르게 지정된다.

타일이 나타내는 정보에 대한 설명은 아래와 같다.

14-1 KPI 차트 그리기

Spotfire에서 KPI 차트(KPI Chart)를 생성하려면, 화면 좌측 상단
'작성 막대(Authoring bar)'에서 [시각화 유형]을 클릭하고 우측에 표시
되는 시각화 목록 중 [KPI 차트]를 선택한다.

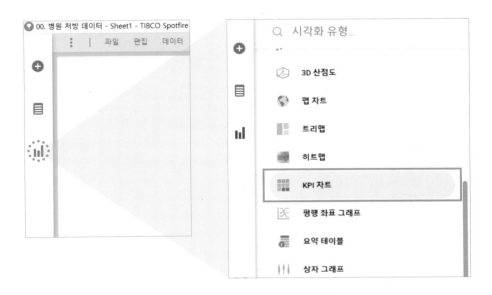

14-2 속성 설정

KPI 차트에서 마우스 우클릭하여 [속성]을 선택하면 설정 대화상자가
나타난다.

1 일반

KPI 차트의 제목과 설명을 작성, 수정할 수 있다. [시각화에 설명 표시]
앞의 체크박스를 해제하면 설명에 입력한 내용이 시각화에 표시되지
않는다.

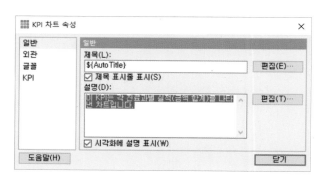

입력한 설명은 다음과 같이 KPI 차트에 표시된다.

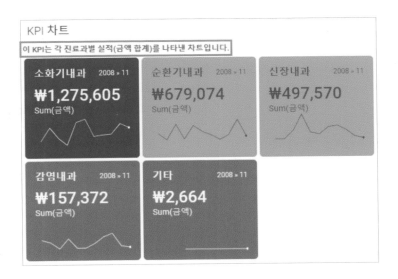

2 외관

[최소 타일 너비]를 설정할 수 있다. 입력칸에 숫자를 직접 입력하면
KPI 차트에 각 타일의 너비가 입력한 값으로 변경된다.

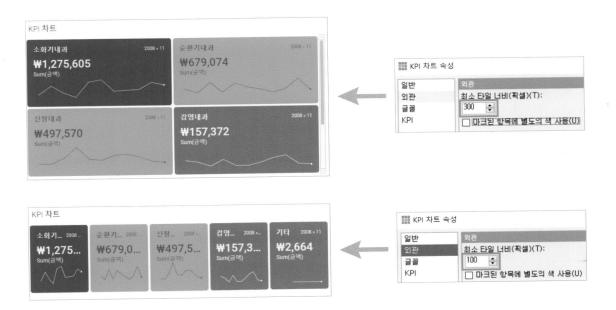

3 글꼴

설명 부분의 글꼴을 설정할 수 있다.

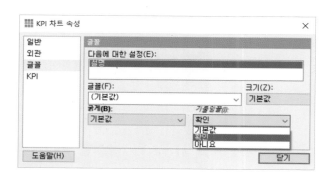

위 그림에서 기울임꼴을 적용([확인] 선택)하면 아래 그림처럼 표시된다.

4 KPI

KPI 차트 설정에서 가장 중요한 부분이다. 만일 새로 KPI 차트를 만들고 싶으면 [추가] 버튼을 누르고, 이미 표시되어 있는 KPI 차트를 수정하려면 [이름] 목록에서 해당 KPI를 선택하고(선택하면 파란색으로 변함) [설정]을 누른다.

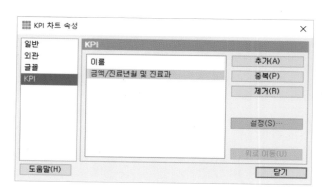

1 외관

KPI 차트에서 각 타일의 외관을 설정한다.

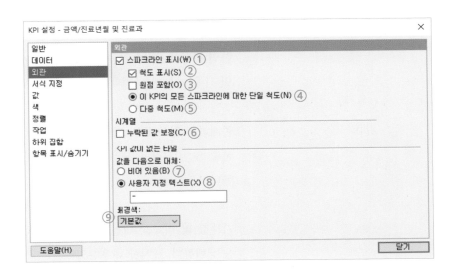

① KPI의 타일에 스파크라인을 포함하려면 이 체크박스를 선택한다.
스파크라인에 값 축에서 지정한 변수에 대한 시간별 트렌드가 표시
된다.

② 수직 척도를 사용하여 KPI의 스파크라인을 보완하려면 이 체크박
스를 선택한다. 척도의 범위는 값 축에서 지정한 변수의 하위 값에
서 상위 값까지이나, 언제든지 원점을 포함할 수 있다.

③ 척도 범위에 값 0을 항상 포함하려면 이 체크박스를 선택한다.

④ KPI 타일 내에서 공통 스파크라인 척도를 사용하려면 이 옵션을
선택한다.

⑤ KPI 타일 내의 스파크라인에 대해 각기 다른 척도를 사용하려면
이 옵션을 선택한다. 예를 들어 각 스파크라인에 표시하려는 데이
터의 크기가 매우 다르며 각 타일 범주의 트렌드를 우선적으로 확
인하려는 경우 이 옵션이 유용하다.

⑥ KPI의 시간 축에서 Date, Time 또는 DateTime 컬럼을 사용하는 데 시계열에서 누락된 인스턴스가 있는 경우 이 체크박스를 선택한다. 이 체크박스를 선택하면 누락된 시간 값이 축에 삽입되며 다른 축의 해당 값은 비어 있게 된다. 예를 들어 값 축에 최근 값을 표시해야 하는데 해당하는 시간 값이 누락된 경우 이 체크박스를 선택하면 타일에 (비어 있음)이 표시된다. 이 체크박스를 선택하지 않으면 사용 가능한 마지막 기간의 값이 표시된다.

⑦ 존재하지 않는 KPI 값에 대한 대체로 표시할 항목을 지정한다. 기본값 및 비교값을 채우지 않은 상태로 유지하려면 이 옵션을 선택한다.

⑧ 기본값 및 비교값 대신 사용자 지정 텍스트를 표시하려면 이 옵션을 선택한다. 표시할 내용은 텍스트 필드에 입력한다.

⑨ 드롭다운 색상표에서 KPI 값이 없는 타일에 사용할 배경색을 선택한다.

각 설정 변경 시 표시되는 화면은 다음과 같다.

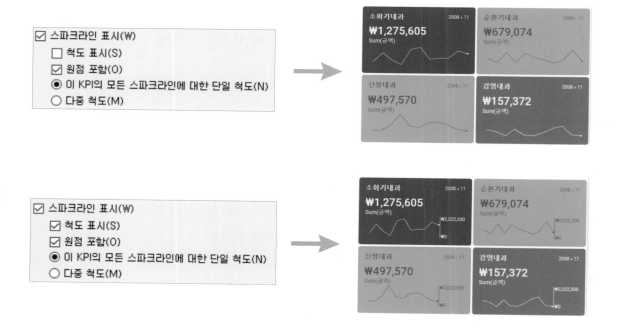

2 서식 지정

시각화에 표시되는 숫자의 서식을 지정한다. 앞의 그림처럼 통화와 천
단위 구분자(,)를 넣어서 금액을 표시하면 더 쉽고 명확하게 알아볼 수
있다. 다음은 평균 환자 나이를 나타내도록 서식 지정한 대화상자와
그 결과를 KPI 차트에 표시한 것이다.

3 값

[값] 탭은 KPI 차트에서 가장 중요한 설정 부분이다.

KPI 차트에서 표시하는 숫자 값과 스파크라인의 Y축에 표시할 컬럼을 선택한다.

KPI 차트에서 스파크라인의 x축에 표시할 컬럼을 선택한다. 만일 데이터에서 시간의 흐름에 따라 값을 표시할 만한 내용이 있다면 [시간]을 이용한다. (없음)이 지정된 경우에는 전체 기간이 값 계산에 고려된다.

기간을 타일에 표시하려면 체크박스를 선택한다.

타일의 기준이 될 범주에 해당하는 컬럼이나 계층을 선택한다.

기본값 평가에 사용할 컬럼이나 표현식을 선택한다. 평가 결과는 타일의 왼쪽 하단에 표시된다.

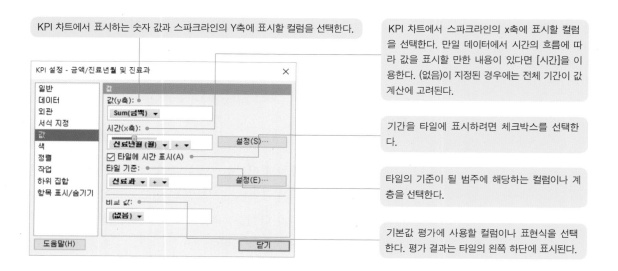

위의 설정에 따른 KPI 차트는 다음과 같이 표시된다.

4 정렬 순서

타일의 정렬 순서를 정할 수 있다. 기본은 아래 그림처럼 '타일 기준'에
따라서 가나다순(사전순)으로 표시된다.

[정렬] 탭을 클릭하여 [타일 정렬 기준] 컬럼을 지정한다.

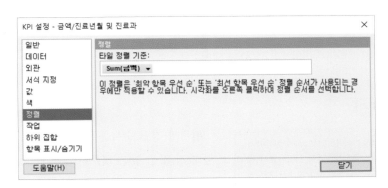

설정 대화상자를 모두 닫은 직후의 화면은 다음과 같다.

앞의 그림에서 알 수 있듯이, 대화상자에서 설정한다고 바로 **KPI** 차트에 적용되는 것은 아니다. 대화상자에서는 단지 정렬 순서의 기준만 설정할 뿐이다. 정렬 순서를 실행하려면 다음과 같이 **KPI** 차트에서 마우스 우클릭하여 방법을 선택해야 한다.

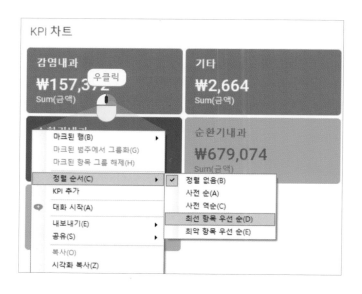

위에서 정렬 순서를 [최선 항목 우선 순위]로 선택하면, 아래 그림처럼 가장 값이 높은 것부터 낮은 순으로 타일이 정렬된다. [최악 항목 우선 순위]로 선택하면, 이와 반대로 가장 값이 낮은 것부터 높은 순으로 정렬된다.

15 평행 좌표 그래프(Parallel Coordinate Plot)

평행 좌표 그래프에서는 데이터 테이블의 각 행을 선 또는 프로파일로 매핑한다. 행의 각 속성은 선 위에 점으로 표시된다. 이로 인해 평행 좌표 그래프와 선 그래프의 모양은 비슷하지만, 데이터를 그래프로 변환하는 방법은 많이 다르다.

아래 그림은 좌측 데이터 테이블을 우측에 평행 좌표 그래프로 표현한 것이다. 좌측의 데이터 한 행에 해당하는 정보가 우측의 선 하나에 해당하도록 나타내고 있다.

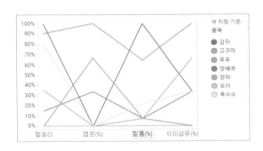

품목	칼로리	지방(%)	염분(%)	칼슘(%)	탄수화물(%)	식이섬유(%)	비타민A(%)	비타민C(%)	철(%)	철(%)
오이	10	0	0	4	1	4	4	10	2	2
양배추	25	0	1	5	2	8	0	70	4	2
양파	45	0	0	5	4	12	0	20	4	4
감자	110	0	0	18	9	8	0	45	2	6
무우	10	0	2	5	1	4	0	30	2	2
옥수수	90	4	0	7	6	8	2	10	0	2
고구마	100	0	3	13	8	16	120	30	4	4

위에서 고구마(위쪽 빨간색)는 거의 모든 영양성분에서 값이 높으며, 오이(맨 아래쪽 분홍색)는 반대로 거의 모든 영양성분에서 값이 낮음을 알 수 있다. 예를 들어서 칼로리가 낮고 염분도 낮은 다이어트 식품으로는 오이가 적당함을 알 수 있다.

평행 좌표 그래프는 프로파일을 비교하여 유사성을 찾는 데 매우 유용하다. 이때 컬럼마다 배율이 다를 수 있으므로 컬럼 간에 곡선의 높이를 비교하지 않는다. 또한 여러 컬럼들에 숫자와 문자가 혼합되어 있어도 표시가 가능하다. 문자 값의 경우에는 해당 컬럼을 밑에서부터 위로 가나다(ABC)순으로 정렬하여 표시한다.

다음 데이터 테이블에는 5가지 믹서 모델들에 대한 정보가 포함되어 있다. 컬럼의 데이터는 서로 완전히 달라서 비교할 수가 없다. 그러나 각 컬럼의 데이터를 정규화하여 최저값을 0%로, 최대값을 100%로 간단히 표시하는 평행 좌표 그래프를 이용하면 완벽하게 비교할 수 있다.

Model	Power, W	Power source	Years of warranty	Price	Consumer rating, stars
Mixe B20	300	Battery	2	75	3
Goodmix 22	280	Battery	2	60	3
Mixe B12	250	Mains	2	55	1
BTH Z1	300	Mains	3	65	2
Goodmix 33	300	Battery	1	70	4

위에서 각 믹서에 대한 프로파일을 선의 높낮이로 표시하여 다른 프로파일과 비교하고 필요에 맞는 믹서를 찾아볼 수 있다. 믹서가 배터리로 구동되며 가격대도 낮으면서 소비자 평점이 좋기 때문에 Goodmix 22 믹서(가운데 마크된 선의 프로파일)가 적당하다고 생각할 수 있다.

15-1 평행 좌표 그래프 그리기

Spotfire에서 평행 좌표 그래프(Parallel Coordinate Plot)를 생성하려면, 화면 좌측 상단 '작성 막대(Authoring bar)'에서 [시각화 유형]을 클릭하고 우측에 표시되는 시각화 목록 중 [평행 좌표 그래프]를 선택한다.

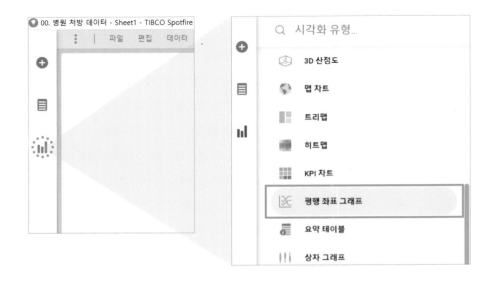

15-2 속성 설정

평행좌표 그래프에서 마우스를 우클릭하여 다음과 같이 [속성]을 설정할 수 있다.

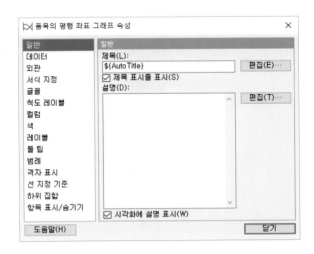

1 컬럼

평행 좌표 그래프에서 가장 중요한 설정 부분으로 시각화에서 선의 모양을 결정하는 부분이다. 시각화의 X축에 표시하고자 하는, 즉 여러 컬럼들([사용 가능한 컬럼]) 중에서 가장 중요하다고 생각되는 인자들만 선택([선택한 컬럼])한다.

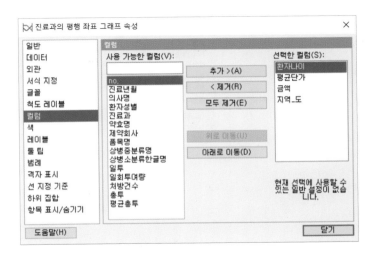

[선택한 컬럼]의 컬럼들이 시각화에서 X축에 표시된다. X축에 너무 많은 컬럼들을 표시하면 선의 패턴을 구분하기 어렵기 때문에 [선택한 컬럼]은 보통 5개 이상이 되지 않도록 하는 것이 좋다.

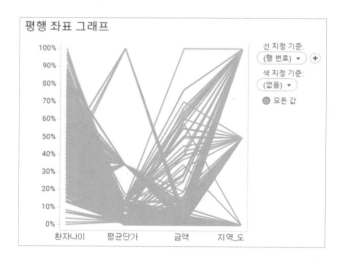

2 외관

표시되는 라인의 두께와 투명도 등을 설정할 수 있다. 여러 선들이 중첩된 경우에는 [투명도]를 조절하여 중첩된 라인이 가장 많은 부분의 패턴을 이해할 수 있다. [투명도] 슬라이더 바를 오른쪽으로 이동할수록 더 투명해진다.

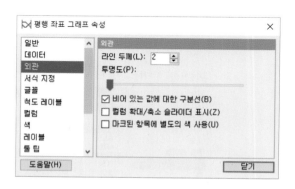

아래 그림은 투명도를 많이 적용(슬라이더를 거의 우측 끝으로 이동)하여 가장 진한 패턴(많이 중첩된 라인)을 볼 수 있다. 즉, '환자나이'는 데이터가 넓게 분포되어 있지만, '평균단가'와 '금액'은 낮은 쪽에, '지역_도'는 위쪽 2곳에 집중되어 있음을 알 수 있다.

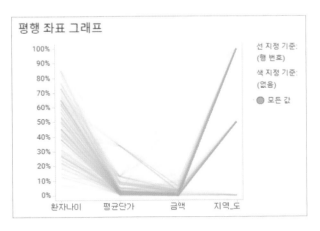

3 서식 지정

평행 좌표 그래프의 오른쪽 축 부분에 X축에서 선택한 컬럼 값에 대한 척도를 표시할 수 있다. 이때 지정된 서식에 따라서 값이 표시되며 각 컬럼별로 서식을 지정할 수 있다.

다음 시각화를 보면 오른쪽에 아무 척도도 표시되어 있지 않다.

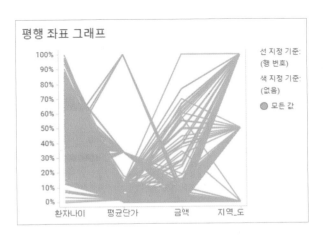

만일 X축에 있는 컬럼들 중 하나를 선택해보면 다음과 같이 시각화 오른쪽에 해당 컬럼의 척도가 표시된다. 이 예제에서는 '지역_도'를 클릭하였다. 그 결과 선택한 컬럼이 사각형 회색 박스로 표시되고, 오른쪽에 값들이 표시되었다. X축에서 컬럼을 다시 선택하면 원래대로 오른쪽의 척도 표시가 사라진다.

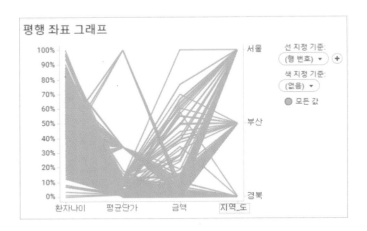

오른쪽에 표시되는 레이블의 서식을 지정하려면 아래와 같이 [서식 지정] 탭을 클릭한다. 이때 다음과 같이 설정 대화상자가 표시되면 먼저 [선택한 컬럼] 중에서 원하는 컬럼을 선택하고, 아래 [범주]에서 해당 컬럼의 서식을 지정한다. 선택된 부분은 파란색으로 표시된다. 이 부분은 다른 시각화의 서식 지정 방법과 동일하다.

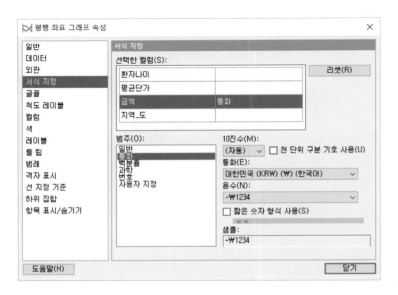

4 척도 레이블

시각화의 왼쪽과 오른쪽에 표시되는 레이블에 대하여 표시 유무, 위치, 표시 방향, 눈금선 표시 유무 등 설정을 수행한다. [레이블 표시] 체크박스를 해제하면 척도가 아예 보이지 않게 되므로 주의한다.

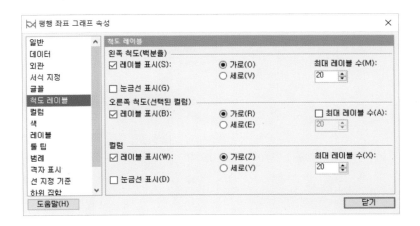

위와 같이 설정을 완료하고 X축에서 [평균단가]를 클릭하면, 아래 그림처럼 표시된다. 참고로 [서식 지정] 탭에서 미리 '평균 단가'의 서식을 '통화(10진수: 0, 천단위 구분 기호 적용)'로 적용하여 놓았다.

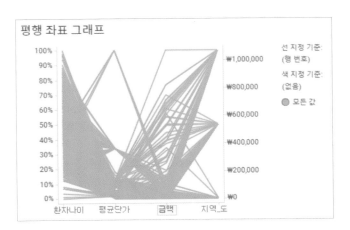

다음과 같이 [컬럼]에서 레이블 방향을 '세로'로 표시하면,

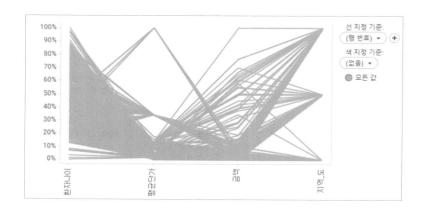

X축에 표시되는 레이블들이 세로 방향으로 표시된다.

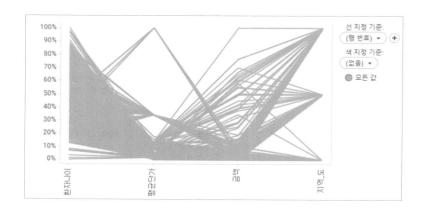

5 격자 표시

다른 시각화와 마찬가지로 격자 표시를 적용하여 세분화된 특성을 표현할 수 있다. 아래 그림에서는 '제약회사'로 패널 격자 표시를 적용하였다(색 지정 기준도 '제약회사'로 지정).

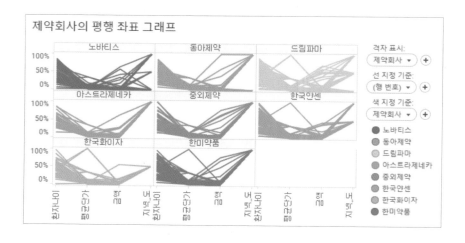

6 선 지정 기준

시각화에 표시되는 선들을 각 행별로 하나씩 모든 값을 표시하는 대신, 집계성으로 요약한 선으로 나타낼 수 있다. 예를 들어 앞의 그림에 표시된 시각화는 다음과 같이 요약하여 각 격자당 하나의 선으로 나타낼 수 있다. 즉, 제약회사(격자 표시)별로 하나의 선을 나타낸다. '드림파마'가 모든 컬럼들 중에서 값이 높고 '아스트라제네카'와 '한국화이자'는 반대로 모든 컬럼들에서 값이 낮음을 알 수 있다.

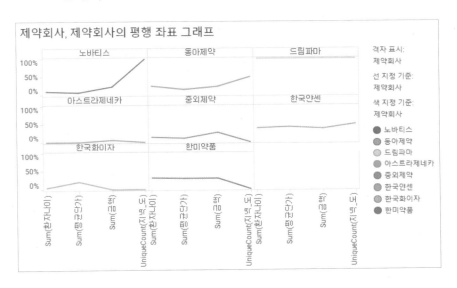

위 그림에서 X축의 컬럼들이 모두 집계 형식(Sum, UniqueCount 등)으로 처리되어 있음을 주목해야 한다. 이와 같이 적용하려면 다음과 같이 속성 설정창의 [선 지정 기준] → [각 항목에 대해 라인 하나 표시]의 드롭다운 메뉴에서 표시하고자 하는 컬럼을 지정해주어야 한다.

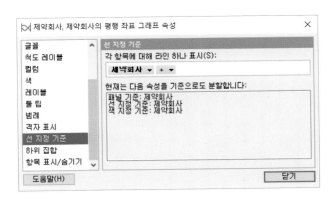

이번 예에서는 '제약회사'로 설정하였다. 앞서 이미 '제약회사'별로 격자 표시가 적용되어 있어서 각 격자별로 하나씩 표시되었다(구분하기 쉽도록 [색 지정 기준]도 제약회사로 지정).

기본으로 설정되어 있는 [선 지정 기준]이 없을 때에는 하나의 선이 하나의 행(row)을 나타내지만, [선 지정 기준]을 지정하면 그 기준에 맞게 각 컬럼의 값들을 하나의 선으로 줄여야 하므로 어떤 방법이든지 집계 방법을 적용해야만 한다. 그래서 프로그램이 자동으로 집계 방법을 적용하여 그림처럼 X축이 설정된 것이다.

각 컬럼에 대한 집계 방식 변경은 [컬럼] 탭에서 지정한다. [선택한 컬럼]에서 원하는 컬럼을 클릭한 후 [집계]의 드롭다운 메뉴에서 원하는 집계 방식을 선택한다.

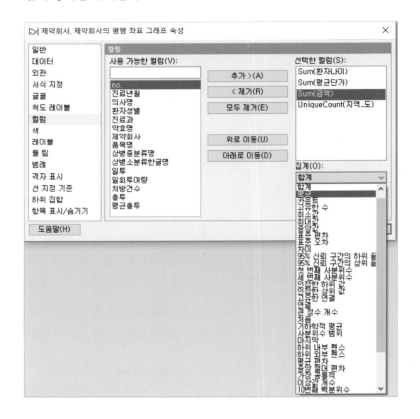

만일 집계 방식을 적용해야 할 컬럼이 많고 한꺼번에 적용하고 싶다면, 동일한 컬럼 형식에 한해서 ⌜Ctrl⌝ 키나 ⌜Shift⌝ 키로 아래 그림처럼 여러 컬럼을 선택한 후에 일괄 적용할 수 있다.

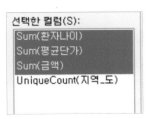

기본 설정으로 적용된 앞의 그래프는 X축에 적절한 집계 방식이 적용되지 않았으므로(예를 들어 '평균단가'를 'Sum'으로 집계), 적절한 집계 방식으로 변경한 다음 앞의 시각화와 어떠한 차이가 있는지 비교해보자.

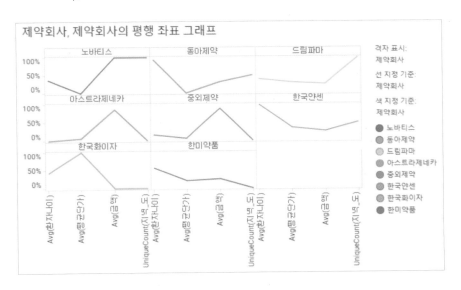

16

맵 차트(Map Chart)

Spotfire에서는 위도, 경도의 컬럼을 가진 데이터를 지도상에 표시하거나 지역별로 지도상에 색상으로 표시할 수 있다. 혹은 데이터의 값을 그림을 배경으로 하여 표시할 수 있는데 이러한 경우에 맵 차트를 사용한다. 맵 차트는 데이터를 지도에 표시할 수 있는 시각화로, 지도를 통해 다양한 정보를 알 수 있게 해준다.

최근 인터넷과 소셜 미디어의 발달로 개인뿐 아니라 회사나 학교, 공공기관 등에서도 사용자들이 가지고 있는 다양한 정보들에 지리적 정보가 포함되어 있거나 관련이 있는 경우가 많다. 따라서 맵 차트는 숫자 데이터를 시각화로 표현하는 데 매우 중요하게 사용될 수 있다.

아래 이미지는 Spotfire에 우리나라 지도를 레이어로 적용하여 공공 포털 사이트에서 다운로드받은 전국 음식점 중 중식당을 표시한 맵 차트이다. 지역별로 색상을 다르게 표시했다. 오른쪽은 특정 지역을 확대한 화면이다.

 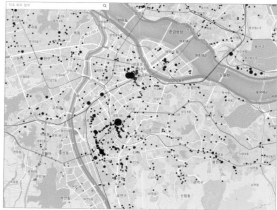

16-1 맵 차트 그리기

Spotfire에서 맵 차트(Map Chart)를 생성하려면, 화면 좌측 상단 '작성 막대(Authoring bar)'에서 [시각화 유형]을 클릭하고 우측에 표시되는 시각화 목록 중 [맵 차트]를 선택한다.

16-2 배경 지식

1 맵 이미지 파일 형태

맵 차트에서 사용할 수 있는 파일 형태는 크게 2가지다.

1) 래스터(Raster)
래스터는 점으로 이루어져 있는 픽셀 단위의 이미지를 말한다. 보통 말하는 이미지 형식(jpg, png, tif 등)의 파일로, 확대하면 이미지가 흐려진다.

2) 벡터(Vector)
벡터는 수학적 함수 등을 이용해서 방향성을 갖는 선형을 말한다. 래스터에 비해 파일이 크고, 확대해도 선명하다.

2 ESRI & Shape 파일

맵 차트를 다루다 보면 ESRI(Environmental Systems Research Institute)라는 회사가 자주 언급된다. 1969년에 설립된 이 회사는 지리 정보시스템 소프트웨어를 제공하는 소프트웨어 개발사로 본사는 미국 캘리포니아 주에 위치하고 있다. ArcGIS Desktop을 비롯하여 다양한 제품을 전 세계 시장에 공급하고 있으며, 전 세계 GIS 소프트웨어 사용자의 80%를 보유하고 있다.

ESRI사를 언급한 이유는 맵 차트에서 아주 많이 사용되는 shape 파일(shp 파일)이 이 회사에서 만든 GIS 프로그램에서 사용하는 파일의 확장자명(.shp)이기 때문이다. shp 파일은 벡터 형식의 파일이며 .dbf, .prj, .shx 등을 포함하고 있는 링크 형식 파일로서 기본적으로 속성정보(.dbf)와 도형정보(.shx)를 가지고 있다. 좌표(.prj)나 공간 인덱스 정보를 통해 2D 또는 3D 형식으로 나타낼 수 있다.

3 좌표 참조 시스템

맵에서는 3차원의 지구가 2차원으로 표시되므로 필요에 따라 여러 모델을 사용하여 변환할 수 있다. 3차원 지구상의 위치를 2차원 평면으로 변환한 결과는 좌표 참조 시스템을 통해 표현된다. 변환에 사용된 모델에 따라 좌표값은 시스템마다 다르다.

각 모델은 지구의 특정 위치를 좌표 참조 시스템의 좌표로 표현한다. Spotfire는 이러한 시스템을 3,000개 이상 지원한다.

지리적 좌표 참조 시스템은 지구 표면의 점을 경도 및 위도 값으로 정의한다. 데이터를 맵 차트에 시각화하려면 좌표 참조 시스템을 2개 지정해야 한다.

1) 데이터 계층에 대한 좌표 참조 시스템

Spotfire에서 맵 차트를 작성할 때는 데이터 테이블에서 사용 가능한 좌표 컬럼을 사용하거나 지역 코드 지정을 사용하여 데이터를 지리적 컨텍스트에 위치시킨다. Spotfire에서 제공하는 지역 코드 지정 데이터 테이블은 'EPSG:4326 – WGS84' 좌표 참조 시스템으로 표현된다.

2) 맵 모양에 대한 좌표 참조 시스템

맵 모양에 사용되는 투영 모델 위에 표식 및 기능이 배치되는데 이 모델 역시 특정 좌표 참조 시스템으로 표현된다. Spotfire 맵 차트에서 맵 계층을 사용하려면 모양 페이지의 좌표 참조 시스템을 'EPSG:3857 – WGS 84 / Pseudo–Mercator'로 설정해야 한다.

다음은 모양 페이지에서 여러 좌표 참조 시스템이 설정되고 동일한 데이터 계층이 맵 차트에 추가된 예다(EPSG:4326 – WGS84를 좌표 참조 시스템으로 사용).

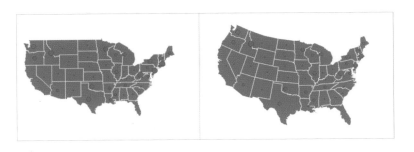

데이터 계층에 사용된 것과 다른 좌표 참조 시스템을 선택하면 올바른 위치 지정을 위해 데이터 계층의 좌표를 다시 계산하게 된다.

16-3 맵 차트 개념

Spotfire에서 제공하는 맵 차트는 6가지 계층(layer)을 사용하여 시각화를 만들 수 있다. 사용자가 각각의 계층을 쌓아 원하는 시각화를 완성하는 방식이라고 생각하면 된다. 다음은 맵 계층 배경에 표식 계층(데이터)을 쌓아서 완성한 맵 차트이다.

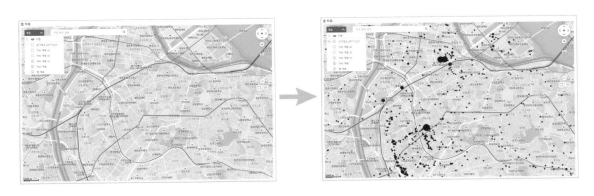

1 맵 차트 계층

맵 차트에 다양한 계층을 사용하여 데이터(일반적으로 지리적 데이터)를 컨텍스트에 배치할 수 있다. 계층은 크게 다음 2가지로 구분된다.

- Marker Layer
- Feature Layer

데이터 계층: 정보를 포함

- Map Layer
- TMS Layer
- WMS Layer
- Image Layer

참조 계층: 데이터를 이해하는 데 보조적인 역할

- 데이터 계층(Data Layer)

  맵 차트에서 배경으로 사용되는 지도(혹은 이미지)상에 나타내고자 하는 대상 계층(데이터)을 말한다. 표식 계층(marker layer) 또는 기능 계층(feature layer)이 여기에 해당한다. 데이터 계층만으로도 최소한의 정보를 전달할 수 있다.

- 참조 계층(Reference Layer)

  맵 차트에서 배경으로 사용되는 지도(혹은 이미지) 계층을 말한다. 맵 계층(map layer), WMS(Web Map Service) 계층, TMS(Tile Map Service) 계층, 이미지 계층(image layer) 등이 여기에 해당한다. 참조 계층만으로는 데이터에 대하여 어떠한 정보도 전달할 수 없으며, 데이터 계층을 이해시키는 참조적인 역할만 할 수 있다.

1 표식 계층(Marker Layer)

데이터를 포함하고 있는 계층을 말한다. 데이터에 위도, 경도 값이 포함되어 있다면 바로 맵 계층상에 데이터를 표시할 수 있다. 만약 위도, 경도 값이 포함되어 있지 않다면 해당 값이 있는 다른 데이터 테이블을 컬럼 일치를 시켜서 사용할 수 있다. 표식 계층에서는 표식 또는 파이가 서로 다른 영역에 위치한다.

표식 계층은 데이터를 포함한 계층일 뿐이기 때문에 데이터가 표시될 기본 맵 레이어(map, TMS, feature layer)가 필요하다. 표식 계층 단일 레이어만으로는 맵 차트에서 원하는 정보를 제대로 전달할 수 없다.

다음은 표식 계층을 나타낸 예다.

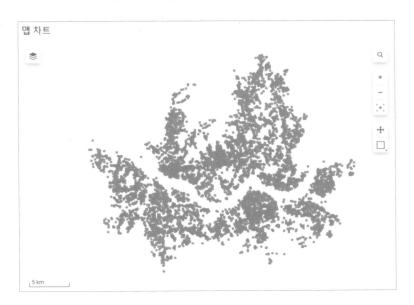

다음은 표식 계층과 기능 계층을 함께 표시한 예다.

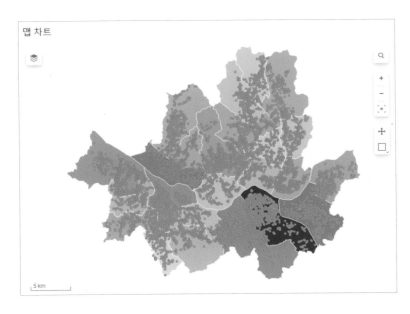

다음은 표식 계층과 TMS 레이어를 함께 사용한 예다.

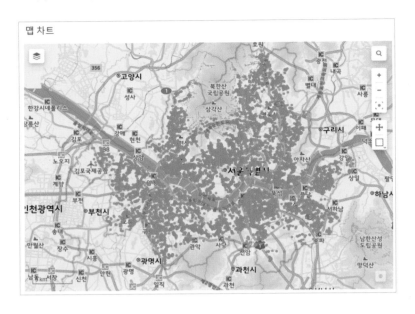

다음은 표식 계층과 맵 계층을 함께 사용한 예다.

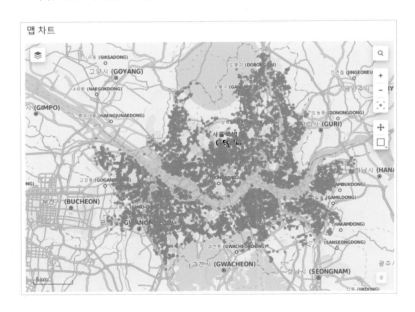

2 기능 계층(Feature Layer)

기능 계층은 사용자가 원하는 지역(예: 상권)별로 구획을 나누어주고
싶을 때 사용하는 레이어로, shape(.shp) 파일을 통해 원하는 구역별로
맵 구획을 나눌 수 있다. 맵 차트에 데이터를 표시하려면 shape 파일을

기존 데이터가 포함되어 있는 표식 계층과 컬럼 일치를 시켜주어야 한다. 즉, 적어도 shape 파일의 한 컬럼(시, 혹은 구 이름 같이 행정구역을 나타내는 컬럼)과 사용자가 로드해놓은 데이터 파일의 한 컬럼(행정구역을 나타내는 컬럼) 값이 일치해야 2개의 정보를 하나의 시각화에서 사용할 수 있다는 의미이다.

　　shape 파일은 Spotfire에서 기본으로 제공되지 않는다. 보통 전문적으로 파일을 제작·제공하는 회사나 사이트에서 구매하거나 공공 사이트에서 다운받아(무료 사용이 허용된 경우) 사용할 수 있다.

　　다음은 Spotfire에서 로드한 테이블로 본 서울 지역의 shape 파일이다.

Geometry	DO	GU	HDCD	EDO	EGU	X	Y	XMin	XMax	YMin	YMax
	서울특별시	강남구	1168000000	Seoul	Gangnam-gu	127.06	37.50	127.01	127.12	37.46	37.54
	서울특별시	강동구	1174000000	Seoul	Gangdong-gu	127.15	37.55	127.11	127.19	37.52	37.58
	서울특별시	강북구	1130500000	Seoul	Gangbuk-gu	127.01	37.64	126.98	127.05	37.61	37.69
	서울특별시	강서구	1150000000	Seoul	Gangseo-gu	126.82	37.56	126.76	126.88	37.53	37.60
	서울특별시	관악구	1162000000	Seoul	Gwanak-gu	126.95	37.47	126.90	126.99	37.44	37.49
	서울특별시	광진구	1121500000	Seoul	Gwangjin-gu	127.09	37.55	127.06	127.12	37.52	37.57
	서울특별시	구로구	1153000000	Seoul	Guro-gu	126.86	37.49	126.81	126.90	37.47	37.52

　　기능 계층의 모양은 다각형, 선, 점, 3가지 기하도형 유형 중 하나이다. 위와 같이 다각형을 사용하면 모양은 맵의 서로 다른 영역을 구성하며 이들 영역은 색으로 채워진다. 선 또는 점을 사용하는 경우 대화식 모양은 실제 선 또는 점이 된다. 색에서 정의한 색이 선 또는 점의 색이 된다. 선이 기능 계층으로 유용하게 사용되는 경우는 고속도로나 도로망을 표시하는 맵에서다. 다음 그림에서 각 모양은 고속도로를 나타낸다.

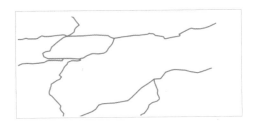

맵에 사용되는 기하 도형 유형은 맵 데이터에서 정의하여 분석으로 로드된다. Spotfire에서는 이것을 변경하거나 수정할 수 없으며 단지 사용할 수만 있다. 즉, Spotfire에서는 Shape 파일을 수정할 수 없다.

다음은 기능 계층, 표식 계층, 맵 계층을 모두 표시한 맵 차트이다.

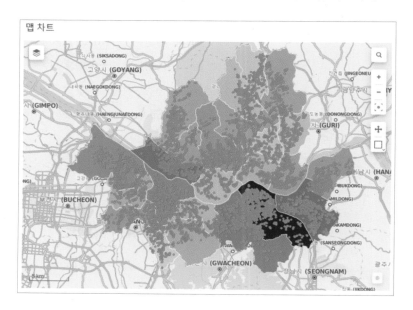

다음은 기능 계층과 TMS 계층을 표시한 맵 차트이다.

3 맵 계층(Map Layer)

Spotfire에서 맵 계층은 보통 온라인 상태에서 사용 가능하다(즉 인터 넷이 연결되어 있지 않으면 지도 표시가 제한된다). 인터넷이 허용되지 않는 경우, 로컬 서버를 통해 맵 서비스가 이용 가능한 방법을 제공한다.

Spotfire에서는 맵 계층에 기본적으로 OpenStreetMap 세계지도 계층을 무상으로 제공한다. 제공되는 지도에 따라서 정보의 세부 내용 이 다를 수 있으므로 일반적으로 제공되는 세계지도 맵 계층만으로는 상세한 내역(우리나라 지도상의 지하철 근처 상세 구역 등)까지 확인하기 어렵다. 이때는 Spotfire에서 TMS 계층을 참조 계층으로 추가하여 원 하는 지리 정보를 훨씬 더 상세하게 표시할 수 있다.

맵 계층은 기본적으로 좌표값이 지정되어 있기 때문에 맵 계층 위 에 뿌려질 표식 계층에 좌표값이 지정되어 있다면, 자동적으로 해당 위 치에 데이터를 표시할 수 있다. 즉, Spotfire에서 데이터를 로드할 때 latitude(위도)와 longitude(경도)가 영어로 된 컬럼이 포함되어 있으면 자동으로 위치를 지도에 맞게 매핑하여 표시한다. 만일 컬럼명이 한글 이나 코드(예를 들어, X좌표, Y좌표처럼)로 되어 있다면 수동으로 컬럼 매치 작업을 해주어야 제대로 위치가 표시된다.

Spotfire에서 맵 계층은 항상 참조 계층으로 사용되며 직접 상호 작 용할 수 없다. 즉 필터링을 하더라도 맵 계층 자체를 변경할 수 없고, 단 지 확대·축소 정도의 조작만 할 수 있다.

다음은 Sptfire에서 맵 차트를 구동하면 처음에 나오는 기본 화면이 다. 이는 OpenStreetMap을 통해 제공하는 맵 계층이다.

4 TMS 계층(TMS Layer)

TMS(Tile Map Service)
지도를 타일(tiles)로 제공하기 위한 프로토콜, 즉 지도를 여러 줌(zoom) 레벨에서 이미지 피라미드로 분할하는 프로토콜이다.

출처: 위키피디아

TMS 계층은 앞에 설명한 맵 계층과 비슷한 성격의 계층이지만 웹상에서 제공하는 지도(Naver 지도, Daum 지도 등)를 계층으로 이용한다. 따라서 맵 계층과 다르게 웹상에서 맵에 따라 상세한 내역을 지도에 표시할 수 있다.

맵 계층과 같이 TMS 계층은 기본적으로 좌표값이 지정되어 있다. 그러므로 TMS 계층 위에 뿌려질 표식 계층에 좌표값이 지정되어 있다면, 해당 위치에 자동적으로 데이터를 표시할 수 있다.

다음은 특정 TMS 계층을 적용한 맵 차트이다.

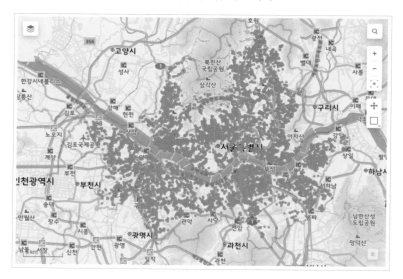

다음은 특정 TMS 계층을 적용한 맵 차트를 확대한 모습이다.

5 WMS 계층(WMS Layer)

Web Map Service(WMS)

GIS 데이터베이스로부터 데이터를 사용하여 맵 서버가 생성하는 지리적으로 참조된 맵 이미지를 (인터넷을 통해) 지원(serving)하기 위한 표준 프로토콜이다.

출처: 위키피디아

Spotfire 맵 차트에서 참조하는 다른 유형의 배경으로 WMS 계층이 있다. WMS 계층은 인터넷에서 ESRI ArcGIS 및 여러 공개 WMS 서버를 포함한 다양한 지리 정보 시스템(Geographic Information System; GIS) 데이터베이스의 지리 참조 맵 이미지에 액세스하기 위한 웹 표준인 웹 맵 서비스에서 검색된다.

아래 그림은 배경 WMS 계층에 날씨 관찰값을 표시한 것이다.

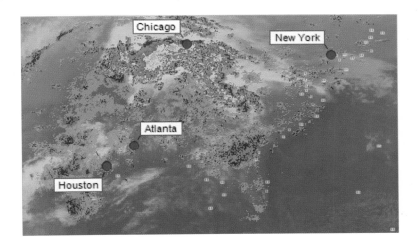

아래 그림은 미국을 나타내는 기본적인 지도 위에 암석층의 지질시대 지도를 나타내도록 Spotfire에 배경 WMS 계층으로 표시한 예이다. 이를 사용하는 상세한 방법은 다음 TIBCO의 블로그를 참조하기 바란다(https://www.tibco.com/blog/2016/08/15/enhanced-spotfire-maps-using-wms-layers/).

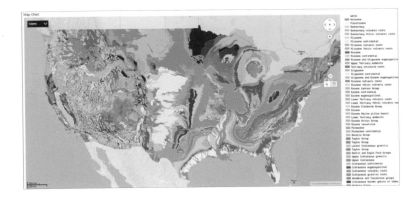

6 이미지 계층(Image Layer)

Spotfire를 사용할 때 지도가 아닌 특정 이미지(지하철 노선도, 공장 레이아웃 등)를 배경으로 하여 사용자가 원하는 데이터를 표시하고 싶을 때가 종종 있다. 이미지 계층은 이때 사용하고자 하는 데이터를 이미지를 통해 맵 데이터로 표시해주는 계층이다.

데이터(Marker Layer)에 X, Y(위도, 경도) 값이 있을 때는 이미지에 x, y 축을 설정하여 간편하게 시각화를 만들 수 있다. 그러나 데이터에 X, Y(위도, 경도) 값이 없을 때는 이미지에 x, y 축을 설정해주고, 이미지와 데이터의 x, y 축을 직접 맞추어주는 수작업을 통해 시각화를 만들 수 있다. 수작업을 통해 만든 데이터는 본 데이터와 컬럼 일치를 통해 해당하는 데이터를 원하는 위치에 표시해주는 방법으로 사용할 수 있다.

→ 상세 설명은 p. 480 〈이미지 위에 마킹으로 크기 표시하기〉 참조

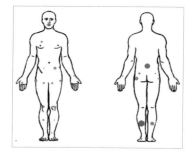

인체를 나타내는
이미지 계층의 예

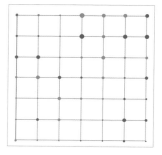

특정 구역을 나타내는
이미지 계층 예

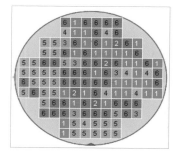

반도체에서 사용하는
BIN 값을 웨이퍼 모양의
이미지 계층에 적용한 예

Spotfire에서 제공하는 다양한 맵 차트에 대한 정보를 얻으려면 TIBCO Community 사이트(Gallery of TIBCO Spotfire® Geoanalytics, Mapping and Spatial Statistics)를 참조하기 바란다. 관련 사이트는 다음과 같다(https://community.tibco.com/wiki/gallery-tibco-spotfirer-geoanalytics-mapping-and-spatial-statistics).

이 사이트에 나와 있는 한 가지 사례를 살펴보자. 다음 그림은 Spotfire 맵 차트로 반도체 웨이퍼 제조 시 발생하는 결함의 공간 패턴을 표시한 예이다. 간단한 (x, y) 좌표계를 사용하여 결함(defect)에 대한 통계를 웨이퍼 디스크의 배경 이미지 위에 마커로 표시하였다. 가장자리 주변(edge)에 빨간색(결함)이 주로 많이 발생한 것이 보인다.

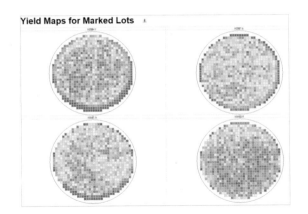

16-4 맵 차트 기본 메뉴 사용법

Spotfire에서 작성된 맵 차트는 화면 이동과 확대, 축소 등의 간단한 메뉴만으로 사용할 수 있으며, 사용자가 추가한 여러 계층(layer)들 중에서 필요한 계층(들)만 시각화에 보이거나 안 보이게 조절할 수 있다.

맵 차트 검색에 대한 기본 메뉴 사용법은 다음과 같다.

1 확대/축소 및 상호 작용 컨트롤

확대/축소 및 상호 작용 컨트롤은 맵 차트의 오른쪽 위에 있다. 맵 차트에 표시할 컨트롤을 선택하려면 맵 차트에서 마우스 우클릭하여 [속성] → [외관]을 클릭한다.

① 검색 표시

　검색 필드를 사용하여 맵에서 위치를 찾는다. 돋보기를 클릭하여 검색 필드를 표시하거나 숨긴다.

② 확대/축소

　더하기(+) 기호를 클릭하면 확대되고 빼기(-) 기호를 클릭하면 축소된다. 마우스 휠을 사용하여 확대 또는 축소할 수도 있다.

③ 필터링된 항목으로 확대/축소

　맵 차트에서 필터링된 값을 확대 또는 축소하려면 클릭한다. 필터링할 때 필터링된 표식이나 모양으로 자동 확대/축소하려는 경우 맵 차트를 마우스 우클릭하여 자동 확대/축소를 선택한다.

주의!

자동 확대/축소를 선택한 경우에는 이동 및 다른 모든 확대/축소를 사용할 수 없으므로 주의해야 한다.

④ 이동(패닝) 모드

　이동 모드를 선택하면 맵을 클릭한 채 드래그하여 여러 방향으로 이동할 수 있다. 맵을 더블클릭하면 한 번 클릭할 때마다 한 단계씩 확대된다. 이동 모드에서는 단일 항목을 클릭하거나 Ctrl 키를 눌러 여러 항목을 마크할 수 있다.

⑤ 마킹 모드

　마킹 모드를 선택하면 마킹 모드 중 하나를 사용하여 맵 차트에서 여러 항목을 마크할 수 있다. 클릭하여 메뉴를 열고 원하는 마킹 모드를 선택한다. 메뉴를 닫으려면 시각화에서 빈 공간을 클릭한다.

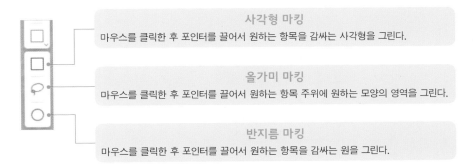

사각형 마킹
마우스를 클릭한 후 포인터를 끌어서 원하는 항목을 감싸는 사각형을 그린다.

올가미 마킹
마우스를 클릭한 후 포인터를 끌어서 원하는 항목 주위에 원하는 모양의 영역을 그린다.

반지름 마킹
마우스를 클릭한 후 포인터를 끌어서 원하는 항목을 감싸는 원을 그린다.

기본 맵 프로젝션(EPSG:3587 – WGS 84/PseudoMercator) 사용 시 사각형 마킹을 사용할 때는 사각형의 길이와 너비가 표시되고 반지름 마킹을 사용할 때는 반지름 거리가 표시된다. 다른 맵 프로젝션에서는 거리가 표시되지 않는다

2 계층 표시/숨기기

맵 차트의 좌측 상단에 있는 '계층 컨트롤' 아이콘(≋)을 클릭하면 현재 사용하고 있는 모든 계층(layer)이 표시되거나 사라진다.

아래는 사용자가 미리 여러 계층을 작성해놓은 상태에서 위 아이콘을 눌렀을 때 표시되는 화면이다.

마우스 커서를 각 마커 위에 가져다 놓으면 다음과 같이 어떤 계층인
지 툴 팁으로 표시하여 사용자가 쉽게 그 특성을 이해할 수 있다.

각 버튼의 사용법과 의미를 살펴보자.

① 대화식 계층

위 그림에서 첫 컬럼의 동그라미 표시줄은 '대화식 계층'을 선택하
는 라디오 단추이다. 즉, 여러 개 중에서 하나만 선택할 수 있다. 여
기에서 선택한 계층은 사용자가 맵 차트에 있는 여러 계층들을 마
우스로 클릭하거나 해당 계층 위에 커서를 올려놓으면, 각각 마킹되
거나 툴 팁의 정보를 보여준다. 예를 들어, 위 설정에서는 첫 번째
라디오 단추가 선택(표식 계층)되어 있어서 기능 계층을 마킹할 수
없고, 표식 계층만 선택하거나 툴 팁의 정보를 확인할 수 있다.

② 계층 가시성 전환

위 그림의 둘째 컬럼의 사각형 체크박스는 시각화에 표시를 선택하
는 버튼이다. 즉, 여기에 체크를 해야 맵 차트에 해당 계층이 보인다.
선택을 해제하면 해당 계층은 맵 차트에서 사라진다. 만일 여러 개
의 참조 계층들을 사용한다면 가장 위에 있는 계층이 맨 위에 위치
한다. 즉, 구글 지도와 네이버 지도가 둘 다 선택되어 있다면, 실제
화면에는 구글 지도가 맨 위에 보이게 된다.

3 외관 설정

맵 차트에 표시할 컨트롤을 선택하려면 맵 차트에서 마우스 우클릭하여 [속성] → [외관]을 클릭한다.

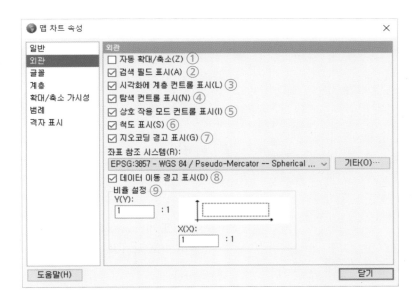

① 자동 확대/축소(Auto-zoom)

체크한 경우 필터링된 표식 또는 모양에 따라 시각화가 자동으로 확대된다. 자동 확대/축소를 하위 집합 및 격자 표시와 함께 사용하면 격자 표시 패널이 모두 고려되므로 패널마다 개별적으로 확대/축소되지 않는다.

② 검색 필드 표시(Show search field)

검색 필드를 표시하거나 숨긴다.

③ 시각화에 계층 컨트롤 표시(Show layers control in visualization)

좌측 상단에 계층 컨트롤을 표시하거나 숨긴다.

④ 탐색 컨트롤 표시(Show navigation controls)

우측 상단에 탐색 컨트롤을 표시하거나 숨긴다.

⑤ 상호 작용 모드 컨트롤 표시(Show interaction mode control)

상호 작용 모드 컨트롤을 표시하거나 숨긴다.

⑥ 척도 표시(Show scale)

맵의 왼쪽 하단에 척도를 표시하거나 숨긴다.

⑦ 지오코딩 경고 표시(Show geocoding warnings)

표시된 경고가 허용된다고 생각되는 경우 이 체크박스를 해제하여 지역 코드 지정 경고를 숨길 수 있다. 경고를 숨겨서 맵 차트 모양이 깨지는 것을 방지한다.

⑧ 데이터 이동 경고 표시(Show datum shift warnings)

데이터 이동에 문제가 있을 경우 시각화에 경고를 표시할지 여부를 지정한다.

⑨ 비율 설정(Ratio settings)

좌표 참조 시스템을 '없음'으로 설정한 경우에만 해당된다. 비율을 변경하여 축의 실제 값이 다르더라도 영역 전체에 표식이 균등하게 분포되도록 데이터 범위를 늘릴 수 있다.

16-5 맵 차트 구현하기

맵 차트를 실제로 사용하는 방법에는 크게 4가지가 있다.

1 위도, 경도를 이용하여 위치에 크기로 표시하기

데이터에 지역명이 있고 위도와 경도를 포함한 컬럼이 있다면, Spotfire에서 지도를 배경으로 하여 해당 지역에 마커로 원하는 부분을 표시할 수 있다. 예를 들어 아래 그림과 같이 경기도 수원시에 설치되어 있는 'CCTV 위치'와 '카메라대수'를 지도상에 표시해보자.

	관리기관명	소재지지번주소	위도	경도	설치목적구분	카메라대수	카메라화소수	촬영방면정보	관리기관전화번호
2	경기도 수원시 도시안전통합센터	경기도 수원시 권선구 금곡동 154	37.275832	126.954209	생활방범	1	130	360도전방면	031-228-3301
3	경기도 수원시 도시안전통합센터	경기도 수원시 권선구 금곡동 537-8	37.274127	126.93739	생활방범	1	130	360도전방면	031-228-3301
4	경기도 수원시 도시안전통합센터	경기도 수원시 권선구 금곡동 537-8	37.27398	126.940915	생활방범	1	130	360도전방면	031-228-3301
5	경기도 수원시 도시안전통합센터	경기도 수원시 권선구 금곡동 438-1	37.274146	126.943654	생활방범	1	130	360도전방면	031-228-3301
6	경기도 수원시 도시안전통합센터	경기도 수원시 권선구 금곡동 397-3	37.275009	126.944222	생활방범	1	130	360도전방면	031-228-3301
7	경기도 수원시 도시안전통합센터	경기도 수원시 권선구 금곡동 398-15	37.275838	126.946074	생활방범	1	130	360도전방면	031-228-3301
8	경기도 수원시 도시안전통합센터	경기도 수원시 권선구 금곡동 358-2	37.275132	126.948273	생활방범	1	130	360도전방면	031-228-3301
9	경기도 수원시 도시안전통합센터	경기도 수원시 권선구 호매실동 599	37.266594	126.948307	생활방범	1	130	360도전방면	031-228-3301
10	경기도 수원시 도시안전통합센터	경기도 수원시 권선구 금곡동 138-7	37.274813	126.951827	생활방범	1	130	360도전방면	031-228-3301
11	경기도 수원시 도시안전통합센터	경기도 수원시 권선구 금곡동 367	37.2735	126.948841	생활방범	1	130	360도전방면	031-228-3301

따라하기 **1** Spotfire에 원하는 데이터를 로드한다. 이 예제에서는 '경기도＋수원시_CCTV_20160831.csv' 파일을 이용한다.

	관리기관명	소재지지번주소	위도	경도	설치목적구분	카메라대수	카메라화소수	촬영방면정보	관리기관전화번호
1									
2	경기도 수원시 도시안전통합센터	경기도 수원시 권선구 금곡동 154	37.275832	126.954209	생활방범	1	130	360도전방면	031-228-3301
3	경기도 수원시 도시안전통합센터	경기도 수원시 권선구 금곡동 537-8	37.274127	126.93739	생활방범	1	130	360도전방면	031-228-3301
4	경기도 수원시 도시안전통합센터	경기도 수원시 권선구 금곡동 537-8	37.27398	126.940915	생활방범	1	130	360도전방면	031-228-3301
5	경기도 수원시 도시안전통합센터	경기도 수원시 권선구 금곡동 438-1	37.274146	126.943654	생활방범	1	130	360도전방면	031-228-3301
6	경기도 수원시 도시안전통합센터	경기도 수원시 권선구 금곡동 397-3	37.275009	126.944222	생활방범	1	130	360도전방면	031-228-3301
7	경기도 수원시 도시안전통합센터	경기도 수원시 권선구 금곡동 398-15	37.275838	126.946074	생활방범	1	130	360도전방면	031-228-3301
8	경기도 수원시 도시안전통합센터	경기도 수원시 권선구 금곡동 358-2	37.275132	126.948273	생활방범	1	130	360도전방면	031-228-3301
9	경기도 수원시 도시안전통합센터	경기도 수원시 권선구 호매실동 599	37.266594	126.948307	생활방범	1	130	360도전방면	031-228-3301
10	경기도 수원시 도시안전통합센터	경기도 수원시 권선구 금곡동 138-7	37.274813	126.951827	생활방범	1	130	360도전방면	031-228-3301
11	경기도 수원시 도시안전통합센터	경기도 수원시 권선구 금곡동 367	37.2735	126.948841	생활방범	1	130	360도전방면	031-228-3301
12	경기도 수원시 도시안전통합센터	경기도 수원시 권선구 금곡동 328-1	37.273244	126.951419	생활방범	1	130	360도전방면	031-228-3301
13	경기도 수원시 도시안전통합센터	경기도 수원시 권선구 금곡동 145-3	37.273765	126.952103	생활방범	1	130	360도전방면	031-228-3301
14	경기도 수원시 도시안전통합센터	경기도 수원시 권선구 금곡동 645-2	37.270257	126.938481	생활방범	1	130	360도전방면	031-228-3301
15	경기도 수원시 도시안전통합센터	경기도 수원시 권선구 금곡동 638	37.270818	126.940935	생활방범	1	130	360도전방면	031-228-3301
16	경기도 수원시 도시안전통합센터	경기도 수원시 권선구 금곡동 610	37.271588	126.941207	생활방범	1	130	360도전방면	031-228-3301
17	경기도 수원시 도시안전통합센터	경기도 수원시 권선구 금곡동 594	37.271754	126.943182	생활방범	1	130	360도전방면	031-228-3301
18	경기도 수원시 도시안전통합센터	경기도 수원시 권선구 금곡동 301-1	37.27144	126.945153	생활방범	1	130	360도전방면	031-228-3301
19	경기도 수원시 도시안전통합센터	경기도 수원시 권선구 금곡동 319	37.272143	126.948987	생활방범	1	130	360도전방면	031-228-3301
20	경기도 수원시 도시안전통합센터	경기도 수원시 권선구 호매실동 469-4	37.268579	126.951471	생활방범	1	130	360도전방면	031-228-3301
21	경기도 수원시 도시안전통합센터	경기도 수원시 권선구 금곡동 325	37.272455	126.952504	생활방범	1	130	360도전방면	031-228-3301
22	경기도 수원시 도시안전통합센터	경기도 수원시 권선구 금곡동 164-2	37.272619	126.953775	생활방범	1	130	360도전방면	031-228-3301
23	경기도 수원시 도시안전통합센터	경기도 수원시 권선구 금곡동 201-13	37.273336	126.95679	생활방범	1	130	360도전방면	031-228-3301
24	경기도 수원시 도시안전통합센터	경기도 수원시 권선구 호매실동 513	37.270813	126.944878	생활방범	1	130	360도전방면	031-228-3301

경기도＋수원시_CCTV_20160831

준비

2 Spotfire 화면 좌측 상단 '작성 막대(Authoring bar)'에서 [시각화 유형]을 클릭하고 우측에 표시되는 시각화 목록 중 [맵 차트]를 눌러서 맵 차트를 추가한다.

③ 맵 차트에서 마우스를 우클릭하여 [속성] → [계층] 탭을 선택한다.

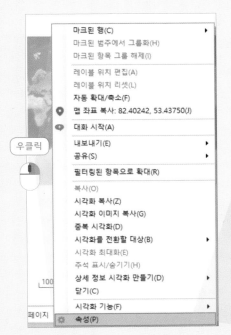

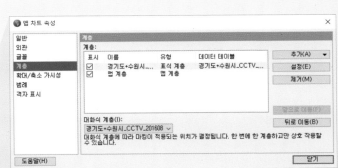

④ 표식 계층('경기도+수원시_CCTV…')을 선택하고 [설정]을 누른다.

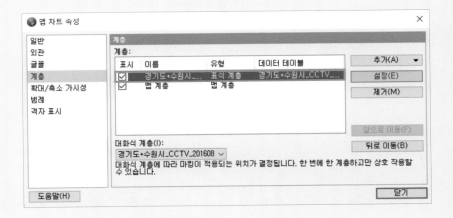

⑤ 왼쪽 메뉴 중에서 [위치] 탭을 선택한 후, [좌표 컬럼] 라디오 단추를 선택한다.

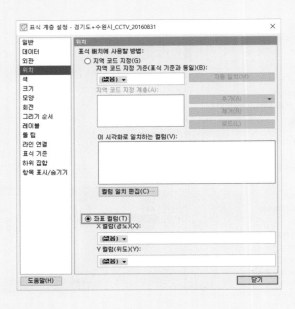

⑥ X 컬럼에 '경도(longitude)'를, Y 컬럼에 '위도(latitude)'를 선택한다.

TIP

만일 위도와 경도에 대한 컬럼명이 이미 latitude와 longitude로 되어 있다면, Spotfire에서는 이 부분을 자동으로 인식하게 된다. 즉, Spotfire에서 맵차트를 생성하면 자동으로 위도와 경도를 인식하여 지도상 위치에 표식을 놓는다.

주의!

이때 집계 방법의 기본 설정은 [Avg (평균)]로 선택되어 있기 때문에 사용자가 반드시 (없음)으로 변경해야 한다.

⑦ 좌표 컬럼에서 위도와 경도 선택을 마치면 맵이 자동으로 해당 지역 지도를 나타낸다.

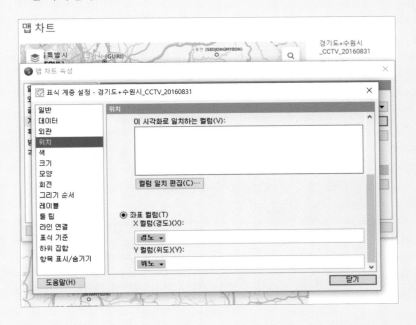

[닫기]를 눌러서 설정 화면을 모두 닫으면 다음과 같이 값들이 해당 위도와 경도에 표시된다. 일반적으로는 마커들이 화면의 중앙에 위치하지만 아래 그림처럼 마커들이 어느 한쪽으로 치우쳐 있다면 특정 마커가 가장자리 쪽에 있기 때문이다(실제로 화면 우측 가장자리에 마커 하나가 존재한다).

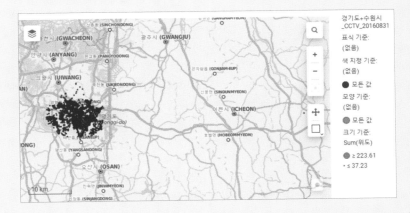

이 경우에 화면 우측 상단의 상호 작용 모드 컨트롤 표시에서 가장 하단의 [마킹 모드] 아이콘을 클릭하여 원하는 마킹 방법을 선택하고, 마커들이 정상적으로 위치한 부분을 마킹한다. 아래에서는 반지름 마킹으로 원하는 부분만 마킹하였다.

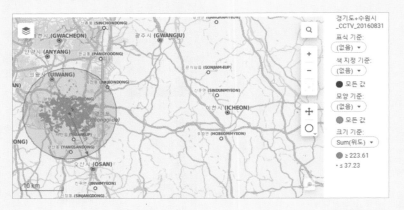

마킹이 된 상태에서 마우스 우클릭하여 [마크된 행] → [다음으로 필터]를 클릭한다.

그리고 화면 우측 상단의 상호 작용 모드 컨트롤 표시에서 '필터링 된 항목으로 확대' 아이콘을 클릭한다.

그 결과 다음과 같이 원하는 부분이 중앙으로 배치된, 즉 마킹한 후에 필터링 설정한 부분만 잘 보이도록 표시되었다. 또는, 마우스 우클릭하여 [자동 확대/축소]를 눌러도 된다.

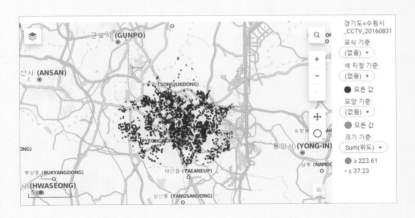

8 [크기 기준]을 설정한다. 즉 컬럼에 있는 값으로 마커의 크기를 설정하려면, 범례 부분에서 원하는 [크기 기준]의 컬럼과 집계 방법을 선택한다.

① 먼저 [크기 기준]을 누르고, ② 컬럼 선택창이 확대되면서 나타나면 '카메라대수'를 누른 후 ③ [집계]를 'Sum(합계)'로 선택하면 된다.

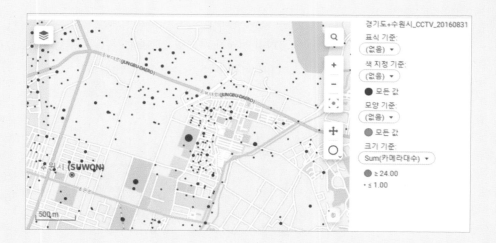

위 그림에서 카메라대수의 합계에 따라서 마커 크기가 달라짐을 알
수 있다.

❾ 앞의 [크기 기준] 설정과 동일한 방법으로 [색 지정 기준]과 [모양 기준]
을 각각 설정한다.

⑩ Spotfire에서 제공하는 [TMS 계층]을 이용하면 다양하고 상세한 지도를 활용할 수 있다. 예를 들어서 대한민국에서 제공하는 지도를 활용하면 일반적으로 제공되는 세계지도보다 더욱 자세하고 선명하게 대한민국의 상세 지역을 표시할 수 있다.

맵 차트상에 커서를 놓고 마우스를 우클릭하여 [속성] → [계층] → [추가(오른쪽 버튼)] → [맵 계층] → [TMS 계층]을 선택한다.

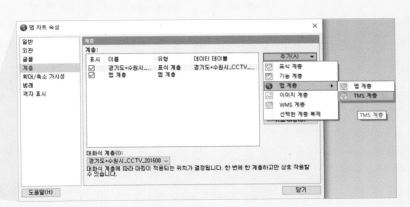

⑪ URL 입력 칸에 해당 URL을 입력한 후 [업데이트] 버튼을 누르고 [닫기]를 누른다. 이 예제와 같이 직접 아래 URL을 입력해보기 바란다. 이때 대소문자와 특수기호 등 모든 문구를 정확하게 입력하지 않으면 지도가 표시되지 않으므로 아래 내용과 동일하게 입력하도록 주의하여야 한다.

http://xdworld.vworld.kr:8080/2d/Base/201612/{z}/{x}/{y}.png

주의!

입력 후에는 반드시 [업데이트] 버튼을 눌러야 맵 차트에 내용이 변경된다. URL을 입력하였더라도 [업데이트] 버튼을 누르지 않는다면 맵 차트는 변경되지 않는다.

12 그 결과 Spotfire에서 기본으로 제공하는 OpenstreetMap 지도보다 더 선명하고 자세한 대한민국 지도를 이용할 수 있다.

Spotfire 기본 맵(Openstreet Map)을 이용한 화면

마커 표시 없음

마커 표시함

특정 TMS 계층(네이버 지도)을 이용한 화면

마커 표시 없음

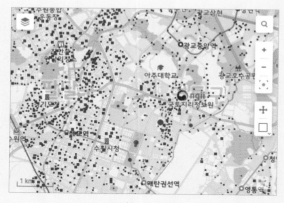

마커 표시함

주의!

여러 사이트에서 제공되는 URL 정보를 입력하여 사용할 때, 개인적인 목적이 아닌 상업적인 목적으로 외부 배포 시 지적재산권 관련 문제가 발생할 수 있다. 이런 경우에는 반드시 해당 사이트에 문의하여 법적인 문제가 없는지 확인 후 사용해야 한다.

2 SHP 파일을 이용한 색상 표시하기

데이터에 지역명이 있고 지도 형식의 파일(ESRI: .shp 파일)을 구할 수 있다면, Spotfire에서 해당 지역에 원하는 부분을 색상으로 표시할 수 있다.

예를 들어 지역별 총매출이 높을수록 지도에 진한 색으로 표시해보자. 아래 오른쪽 지도 그림에서 서울 지역의 매출이 가장 높음을 색상의 진하기로 알 수 있다.

1	no.	진료년월	의사명	환자성별	환자 나이	진료과	금액	지역_도	약
2	3	2008-01-01	이정길	남	42	신장내과	594	경북	소화성궤
3	635	2008-10-01	김영은	여	31	소화기내과	999	경북	효소제제
4	134	2008-10-01	홍길동	여	27	소화기내과	1,256	경북	해열 진통
5	8	2008-01-01	김건호	여	20	소화기내과	1,260	경북	기타의 소
6	564	2008-09-01	이정길	여	20	신장내과	1,332	경북	효소제제
7	138	2008-10-01	이정길	남	34	신장내과	1,422	경북	기타의 소
8	492	2008-08-01	김지혜	남	55	신장내과	1,710	경북	기타의 소
9	566	2008-09-01	김지혜	남	47	신장내과	2,100	경북	진해거담
10	282	2008-05-01	김영은	남	44	소화기내과	2,212	경북	
11	497	2008-08-01	김건호	여	80	소화기내과	2,360	경북	
12	72	2008-02-01	홍길동	여		소화기내과	2,370		진해거담
13	345	2008-05-01	김영은	여			2,660	경북	기타의 소
14	726	2008-11-01	김건호	여	81		2,664	경북	효소제제
15	349	2008-05-01	김영은	남	35	소화기내과	2,930	경북	해열 진통
16	350	2008-05-01	이정길	남	33	신장내과	2,970	경북	무기질제
17	230	2008-04-01	김건호	남	63	소화기내과	3,495	경북	기생성 피
18	426	2008-07-01	김지혜	여		46	신장내과		경북	기생성 피

+

□ 0801adm_do_g_2.dbf

□ 0801adm_do_g_2.shp

□ 0801adm_do_g_2.shx

□ 0801adm_do_g_2.prj

따라하기 ·················

1 Spotfire에 원하는 데이터를 먼저 로드한다. 이 예제에서는 '처방 데이터.xls' 파일을 이용한다.

1	no.	진료년월	의사명	환자성별	환자나이	진료과	금액	지역_도	약효명	제약회사
2	3	2008-01-01	이정길	남	42	신장내과	594	경북	소화성궤양용제	동아제약
3	635	2008-10-01	김영은	여	31	소화기내과	999	경북	효소제제	드림파마
4	134	2008-10-01	홍길동	여	27	소화기내과	1,256	경북	해열 진통 소염제	드림파마
5	8	2008-01-01	김건호	여	20	소화기내과	1,260	경북	기타의 소화기관용약	노바티스
6	564	2008-09-01	이정길	여	20	신장내과	1,332	경북	효소제제	드림파마
7	138	2008-10-01	이정길	여	34	신장내과	1,422	경북	기타의 소화기관용약	드림파마
8	492	2008-08-01	김지혜	남	55	신장내과	1,710	경북	기타의 소화기관용약	동아제약
9	566	2008-09-01	김지혜	남	47	신장내과	2,100	경북	진해거담제	동아제약
10	282	2008-05-01	김영은	남	44	소화기내과	2,212	경북		드림파마
11	497	2008-08-01	김건호	여	80	소화기내과	2,360	경북		노바티스
12	72	2008-02-01	홍길동	여		소화기내과	2,370		진해거담제	드림파마
13	345	2008-05-01	김영은	여			2,660	경북	기타의 소화기관용약	드림파마
14	726	2008-11-01	김건호	여	81		2,664	경북	효소제제	노바티스
15	349	2008-05-01	김영은	남	35	소화기내과	2,930	경북	해열 진통 소염제	드림파마
16	350	2008-05-01	이정길	여	33	신장내과	2,970	경북	무기질제제	드림파마
17	230	2008-04-01	김건호	남	63	소화기내과	3,495	경북	기생성 피부질환용제	노바티스
18	426	2008-07-01	김지혜	여	46	신장내과		경북	기생성 피부질환용제	동아제약
19	500	2008-08-01	이정길	여	40			경북	기타의 소화기관용약	드림파마
20	232	2008-04-01	김영은	여	35		4,257	경북	무기질제제	드림파마
21	355	2008-05-01	김지혜	남	55	신장내과	4,266	경북	기타의 화학요법제	동아제약
22	578	2008-09-01	김영은	여	42	소화기내과	4,455	경북	무기질제제	드림파마
23	580	2008-09-01	김건호	여	24	소화기내과		경북	기타의 소화기관용약	노바티스
24	732	2008-11-01	김건호	남	42	소화기내과	5,292	경북	기타의 화학요법제	노바티스
25	78	2008-02-01	이정길	여	48	신장내과	5,460	경북	기타의 소화기관용약	드림파마

2 Spotfire에 지도로 사용할 ESRI 파일(.shp) '0801adm_do_g_2.shp'를 새로 추가한다. 참고로, 보통 ESRI 파일은 아래와 같이 4개 파일이 함께 세트로 저장(지원)되어 있다.

0801adm_do_g_2.dbf
0801adm_do_g_2.shp
0801adm_do_g_2.shx
0801adm_do_g_2.prj

0801adm_do_g_2 Geometry	DO	HDCD	EDO	X	Y	XMin	XMax
	강원	4200000000	Gangwon-do	128.31	37.72	127.11	129.36
	경기	4100000000	Gyeonggi-do	127.17	37.55	126.52	127.85
	경남	4800000000	Gyeongsangnam-do	128.26	35.32	127.58	129.22
	경북	4700000000	Gyeongsangbuk-do	128.75	36.35	127.80	131.87
	광주	2900000000	Gwangju	126.84	35.16	126.64	127.02
	대구	2700000000	Daegu	128.57	35.83	128.35	128.76
	대전	3000000000	Daejeon	127.39	36.34	127.25	127.56
	부산	2600000000	Busan	129.06	35.20	128.76	129.30

③ Spotfire에 ''0801adm_do_g_2.shp' 파일을 로딩하고 새 페이지에 맵 차트를 추가하면 다음과 같이 표시된다.

만일 위 그림처럼 표시되지 않고 다른 형태의 지도로 표시된다면, 마우스 우클릭하여 [속성] → [계층]을 눌러서 다음과 같이 설정되도록 수정해야 한다.

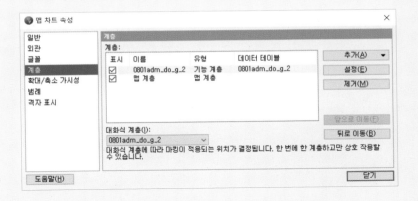

위 그림처럼 [유형]이 '기능 계층'으로 되어 있어야 shape 파일을 이용하여 색상을 적용할 수 있다. 만일 이렇게 되어 있지 않다면 [계층] 설정창의 목록에서 '0801adm_do_g_2'를 클릭하고 [제거]를 눌러서 삭제한 후, [추가] → [기능 계층]을 눌러서 목록 중에 '0801adm_do_g_2'를 선택하고 설정창이 나오면 [닫기]를 누른다. 그러면 [계층] 목록에 '기능 계층'으로 설정되어 원하는 대로 표시된다.

④ shp 파일의 지역 정보와 데이터 테이블의 지역을 일치시키는 작업을 수
행해야 한다.

맵 차트상에서 마우스를 우클릭하여 [속성] → [계층] → [설정] →
[지역 코드 지정] → [컬럼 일치 편집]을 선택한다.

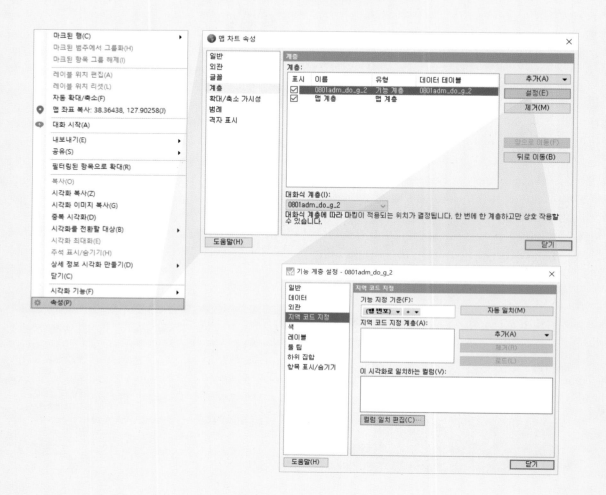

⑤ [컬럼 일치] 탭을 누른 후 [신규] 버튼을 누른다. 그 결과 [왼쪽 데이터
테이블]과 [오른쪽 데이터 테이블], 2개의 데이터 테이블이 보인다. 이
중 하나는 지도 데이터(0801adm_do_g_2)의 지역을 표시하는 컬럼(여
기서는 'DO' 컬럼)을, 또 다른 하나는 마커 표시를 원하는 데이터 테이
블에서 지역을 표시하는 컬럼(여기서는 '지역_도')을 각각 선택하고 [확
인]을 누른다.

주의!

두 데이터 테이블의 셀 값은 동일해야 한다. 즉 연결 키가 되는 컬럼명이 각각 동일한 값으로 표시되어야 한다. 예를 들어 외부로부터 제공받은 shp 파일에는 '지역명' 값이 '서울'로 표시되어 있으나, 사용자의 데이터 테이블에는 '서울시'(또는 '서울특별시')라고 되어 있다면 컬럼을 일치시켜도 올바르게 작동하지 않는다. 이때는 사용자가 가지고 있는 데이터 테이블에 새로 컬럼을 추가하고 적절한 함수를 사용하여 shp 파일에 있는 '지역명'과 동일한 값의 형태로 표시되도록('서울시'→'서울') 해야 한다. 그리고 새로 만들어서 동일한 값을 갖는 새 컬럼과 shp 파일의 '지역명' 컬럼을 일치시켜주어야 한다.

위와 같이 'DO'와 '지역_도' 컬럼을 선택한 이유는 두 컬럼이 각 데이터 테이블에서 공통으로 지역을 나타내기 때문이다.

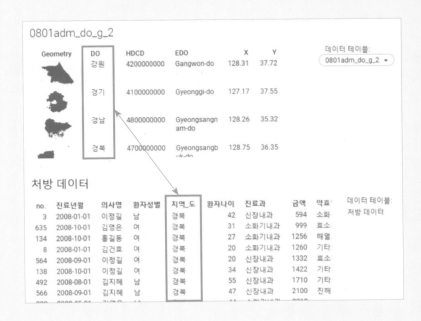

6 [컬럼 일치] 탭 아래에 방금 선택한 2개의 설정이 표시된다. 컬럼 일치 작업이 제대로 진행되었으면 [확인]을 누른다.

7 지도상에서 원하는 지역의 색상을 무엇으로 표시할지 설정해야 한다.
'범례' 부분에서 ① [색 지정 기준]을 선택하고, 선택표시창의 왼쪽 상단 모서리에서 ② 데이터 테이블(이 경우는 '처방 데이터')을 선택한 후, ③ 컬럼을 선택하고 ④ 집계 방법을 설정한다.

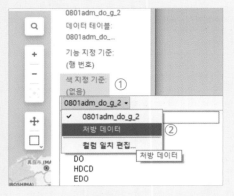

8 범례 부분에서 [기능 지정 기준]을 선택하고, shp 파일에서 지역을 나타내는 컬럼(이 경우는 'DO')을 선택한다.

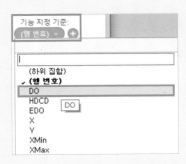

9 그 결과 Spotfire 맵 차트에 지역별로 'Sum(금액)'에 따라서 값이 색상으로 표시된다. 여기에서는 매출이 높을수록(최대값) 진한 색이다.

⑩ 이 경우에도 앞서 설명한 [TMS 계층]을 활용할 수 있다.

맵 차트에서 마우스를 우클릭하고 [속성] → [계층] → [추가(오른쪽 버튼)] → [맵 계층] → [TMS 계층]을 선택한다. URL 입력 칸에 아래와 같이 입력하고(p. 463 ⑪ 단계에서 입력한 URL과 동일) [업데이트] 버튼을 누른다.

11 그 결과 Spotfire 지도상에 지역별로 색상을 표시하는 표식 계층 (0801adm_do_g_2.shp)과 기능 계층(맵 계층, TMS 계층)들이 동시에 표시된다.

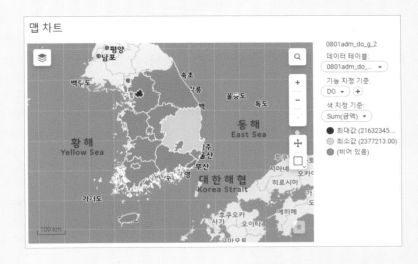

12 만일 표식 계층과 기능 계층들 중에서 사용자가 원하는 계층만 보이거나 사라지게 하고 싶다면, 맵 차트 왼쪽 상단의 [계층] 설정창에서 앞부분에 있는 체크박스를 해제한다. 그러면 해당 계층이 맵 차트에서 사라진다.

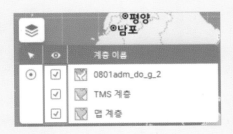

13 '계층 표시/숨기기' 버튼을 누르면 [계층] 설정창이 최소화되고, 다시 누르면 화면이 나타난다.

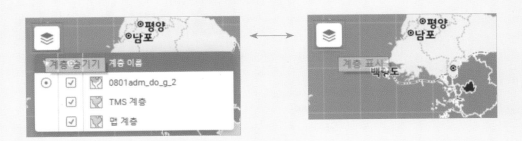

3 위도, 경도 위치에 파이 차트로 비율 표시하기

데이터 컬럼들 중에 위도와 경도 관련 컬럼이 있으면 Spotfire에서 해당 지역별로 원하는 크기와 비율을 표시할 수 있다. 예를 들어 몇 군데 지역에 같은 그룹의 병원이 있다고 가정하고 이 병원들의 총매출(파이의 크기)을 남녀 성별 비율(파이의 비율)로 지도에 표시해보자. 아래 그림의 파이 차트에서 파란색은 남자를, 빨간색은 여자를 의미하며, 원의 크기는 총매출을 나타낸다. 총매출은 서울 지역이 더 높으며, 여자 매출 비율은 대구 지역이 서울보다 높음을 알 수 있다.

진료과	금액	지역_도	위도(latitude)	경도(longitude)	제약회사
신장내과	594	경북	35.87	128.60	동아제약
소화기내과	999	경북	35.87	128.60	드림파마
소화기내과	1256	경북	35.87	128.60	드림파마
소화기내과	1260	경북	35.87	128.60	노바티스
신장내과	1332	경북	35.87	128.60	드림파마
신장내과	1422	경북	35.87	128.60	드림파마
신장내과	1710	경북	35.87	128.60	동아제약
신장내과	2100	경북	35.87	128.60	동아제약
소화기내과	2212	경북	35.87	128.60	드림파마
소화기내과	2360	경북	35.87	128.60	노바티스
소화기내과	2370	경북	35.87	128.60	드림파마

따라하기 ········ **1** Spotfire에 원하는 데이터를 먼저 로드한다. 이 예제에서는 '처방 데이터 – 위경도 포함.xls' 파일을 이용한다.

환자나이	진료과	금액	지역_도	위도(latitude)	경도(longitude)	제약:
42	신장내과	594	경북	35.87	128.60	동아
31	소화기내과	999	경북	35.87	128.60	드림
27	소화기내과	1256	경북	35.87	128.60	드림
20	소화기내과	1260	경북	35.87	128.60	노바
20	신장내과	1332	경북	35.87	128.60	드림
34	신장내과	1422	경북	35.87	128.60	드림
55	신장내과	1710	경북	35.87	128.60	동아
47	신장내과	2100	경북	35.87	128.60	동아
44	소화기내과	2212	경북	35.87	128.60	드림
80	소화기내과	2360	경북	35.87	128.60	노바
55	소화기내과	2370	경북	35.87	128.60	드림
47		2660	경북	35.87	128.60	드림
81		2664	경북	35.87	128.60	노바
35	소화기내과	2930	경북	35.87	128.60	드림
33	신장내과	2970	경북	35.87	128.60	드림
63	소화기내과	3495	경북	35.87	128.60	노바
46	신장내과		경북	35.87	128.60	동아
40			경북	35.87	128.60	드림
35		4257	경북	35.87	128.60	드림

2 Spotfire에 새 페이지를 만들고, 맵 차트를 새로 추가한다.

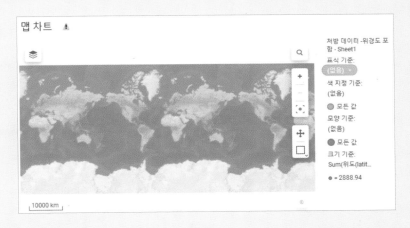

❸ 맵 차트에서 마우스를 우클릭하여 [속성] → [계층] 탭을 선택한 후 [계층]에서 [표식 계층]을 선택하고 오른쪽의 [설정] 버튼을 누른다.

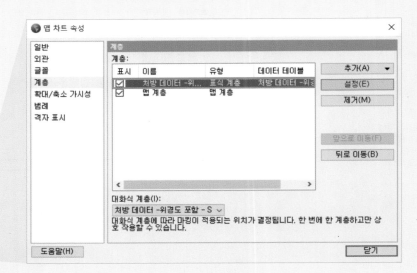

❹ [위치] 탭을 선택한 후 [좌표 컬럼]을 선택하여 X 컬럼에 '경도'를, Y컬럼에 '위도'를 설정하고 [닫기]를 누른다.

주의!

이때 집계 방법은 기본으로 'Avg(평균)'가 선택되어 있으므로 반드시 '(없음)'으로 변경해야 한다.

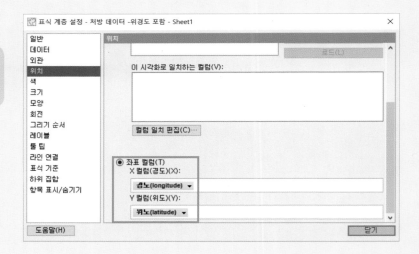

⑤ [크기] 탭을 선택한 후 [크기 기준]에서 원의 크기를 결정할 컬럼을 선택하고, [표식 크기] 아래에 있는 슬라이더 바를 움직여서 원의 크기(마커의 크기)를 결정한다.

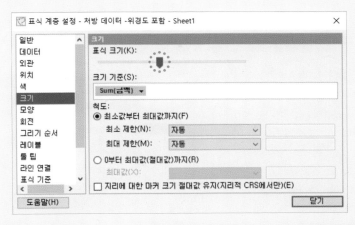

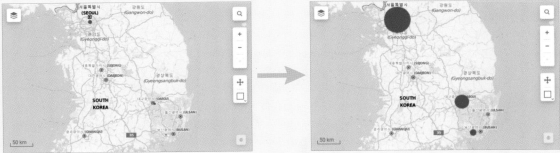

⑥ [모양] 탭을 선택한 후 [파일(표식 기준과 함께 사용하는 경우에만 해당)]을 선택한다. [모양 정의]에 [부문 크기 기준(색으로 정의한 부문 범주)]에서 컬럼을 선택하여 마커(파이)의 크기를 결정한다. 여기에서는 'Sum(금액)'을 지정하였다.

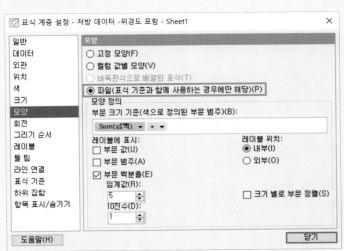

7 [색] 탭을 선택한 후 파이 그래프에서 색상 비율을 결정할 컬럼을 선택
한다(이 경우는 남녀 간의 차이를 볼 것이므로 '환자 성별'을 선택). 만일 컬
럼 값의 색상을 변경하기 원하면 [컬러 모드]에서 사각형의 컬러 박스
를 마우스로 선택해 바꾼다.

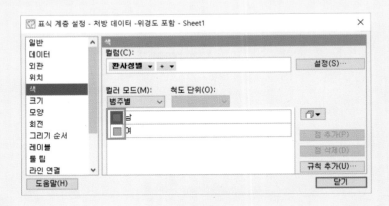

8 그 결과 다음과 같이 설정이 완료된 화면을 확인할 수 있다.

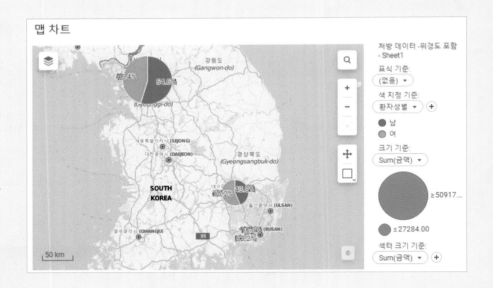

⑨ 이 경우에도 앞서 p. 465 〈SHP 파일을 이용한 색상 표시하기〉에서 설명한 바와 같이 Spotfire에서 제공하는 [TMS 계층]을 이용하여 다양한 지도를 활용할 수 있다.

맵 차트에서 마우스를 우클릭하여 [속성] → [계층] → [추가(오른쪽 버튼)] → [맵 계층] → [TMS 계층]을 선택한다. [URL] 부분에 아래와 같이 입력하고 [업데이트] 버튼을 눌러 완료한다.

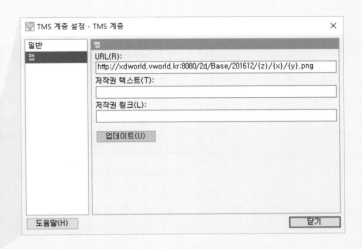

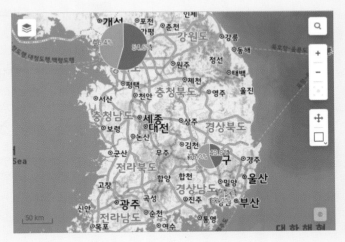

4 이미지 위에 마킹으로 크기 표시하기

Spotfire에서는 어떠한 이미지든 상관없이 사용자가 원하는 이미지를 배경으로 설정해놓고, 그 위에 마커를 설정하여 표시할 수 있다. 아래 그림은 지하철 노선도 이미지와 '지하철 이용객수' 데이터를 이용하여 Spotfire 맵 차트에서 역 위에 이용자 수를 표시한 예이다.

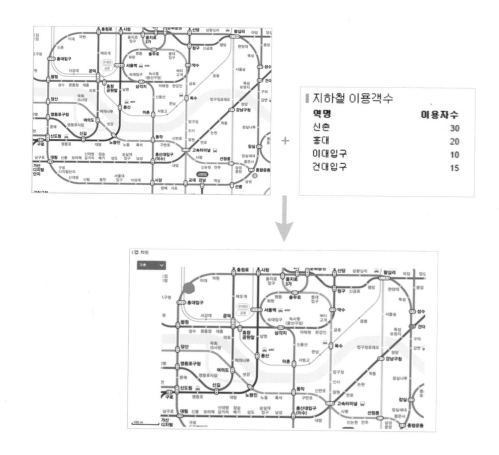

따라하기 **①** 이미지에 마커로 표시할 컬럼이 포함되어 있는 데이터 파일을 먼저 로드한다(여기서는 '지하철 이용객수'라는 엑셀 파일).

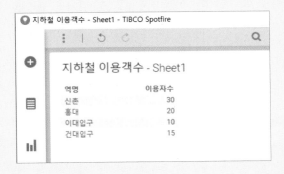

② 배경으로 사용할 이미지 파일을 로드해야 한다. 먼저, 새 페이지를 만들어서 맵 차트를 추가한다. 맵 차트에서 마우스를 우클릭하여 [속성] → [계층] 탭을 선택한 후 [표식 계층]을 선택하고 오른쪽의 [추가] 버튼을 누른다. 여러 계층 목록 중에서 [이미지 계층]을 선택한다.

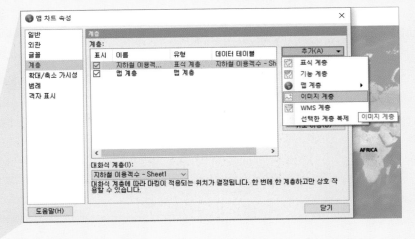

③ 새로운 설정창이 표시되면 [데이터]를 선택하고 '배경 이미지 파일'에
있는 [찾아보기] 버튼을 눌러서 이미지로 사용할 파일을 선택한다(여기
서는 서울 지하철 2호선 노선도 이미지인 'Seoul 지하철 2호선 노선도.png'
사용). 선택이 완료되면 파일의 경로와 파일명이 [배경 이미지 파일]에
표시된다.

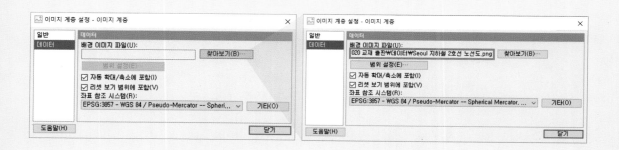

④ [범위 설정] 버튼을 눌러서 [Y 상한] 값의 숫자와 [X 상한] 값의 숫자
를 메모해둔다. 이 두 상한 값은 Spotfire의 맵 차트 배경 이미지에서
각각 Y축과 X축의 표시 최대 범위를 의미하기 때문에 나중에 이용해
야 한다.

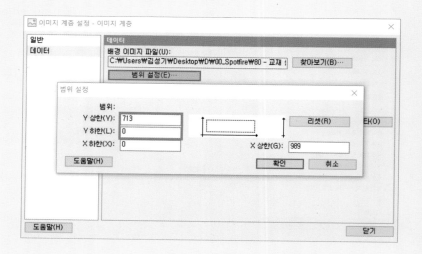

⑤ [좌표 참조 시스템]에서 선택 버튼을 눌러 'EPSG:3857 – WGS84/ Pseudo–Mercator'를 택한다.

⑥ 맵 차트에 방금 설정한 이미지 파일이 배경으로 표시된다.

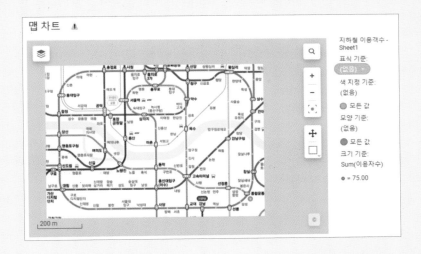

⑦ 맵 차트에 표시된 이미지 위에 마커를 크기로 표시해야 한다. 그러려면 먼저 엑셀에서 새로운 파일을 하나 생성해야 하는데, 그 파일에는 아래와 같이 총 3개의 컬럼 정보가 포함되어야 한다(이 엑셀 파일은 일종의 위치 마스터 파일 역할을 한다).

- 이미지에 표시하고자 하는 대상 컬럼(이미지 데이터와 데이터의 연결 키 값을 말한다. 여기서는 지하철의 '역사명'이 된다.)
- X 컬럼(지도상의 X좌표값, 여기서는 'X')
- Y 컬럼(지도상의 Y좌표값, 여기서는 'Y')

컬럼을 만들었으면 X와 Y 컬럼에 값(수치)을 만들어 넣어야 한다. 이 때는 앞에서 확인된 [범위 설정]의 최대값을 감안해 상대적인 위치를 고려하고, 먼저 대략적으로 위치를 생각하여 일차로 입력해본다.

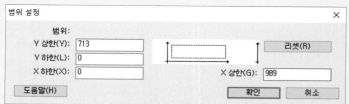

⑧ 작성한 엑셀 파일을 적당한 이름으로 저장한다(여기서는 '역사 좌표.xls' 라는 이름으로 저장).

⑨ 엑셀에서 생성한 파일을 Spotfire에 추가한다. 탐색기에서 '역사 좌표.xls' 파일을 잡아끌어서 현재 맵 차트에 추가한다(또는 상위 메뉴에서 [데이터] → [추가] → [로컬파일 찾아보기]를 클릭하여 파일을 선택한다).
테이블 시각화를 추가한 후, 현재 로딩한 데이터들을 확인하면 아래와 같다.

지하철 이용객수

역명	이용자수
신촌	30
홍대	20
이대입구	10

데이터 테이블: 지하철 이용객수

역사좌표

역사명	X	Y
신촌	100	600
홍대		
이대입구		
건대입구	800	450

데이터 테이블: 역사좌표

⑩ 맵 차트에 표시된 이미지 파일과 방금 만든 엑셀 파일을 결합(join)하여 마커를 이미지상에 표시하도록 연결 작업을 해야 한다. 맵 차트에서 마우스를 우클릭하여 [속성] → [계층] 탭을 선택한 후 [표식 계층]을 선택하고 오른쪽의 [설정] 버튼을 누른다.

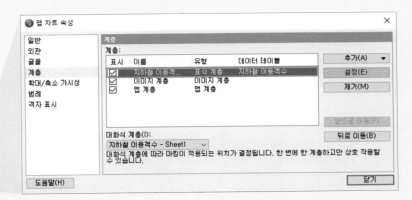

⑪ [표식 계층]에 대한 설정창이 새로 표시되면 [데이터] 탭을 눌러서 [좌표 참조 시스템]을 'EPSG:3857 – WGS84/Pseudo–Mercator'로 변경해준다.

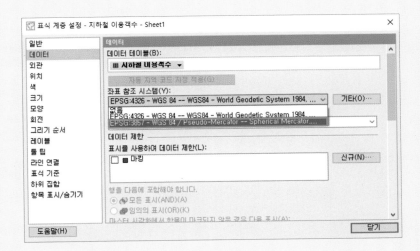

⑫ [위치] 탭을 열어서 [이 시각화로 일치하는 컬럼]에 있는 [컬럼 일치 편집] 버튼을 누른다. 새로운 속성 설정창이 표시되면 [컬럼 일치] 탭을 선택하고 [신규] 버튼을 누른다.

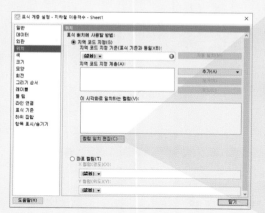
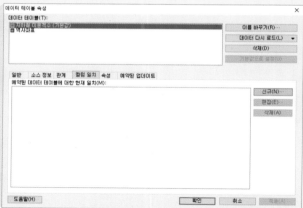

⑬ 마커로 사용할 컬럼이 있는 원래 데이터 테이블(여기서는 '지하철 이용객수')과 나중에 이미지를 참조하여 새로 엑셀에서 작성하여 추가한 위치 참조용 데이터('역사좌표')에서 각각 연결 키에 해당하는 공통 컬럼을 찾아서 일치시켜준다. 이때 두 데이터 테이블의 컬럼명은 서로 다르더라도('역명'과 '역사명') 컬럼 값은 일치해야 한다(예: 각각의 데이터 테이블에 '신촌'과 '신촌역'처럼 다르게 입력되어 있으면 안 된다).

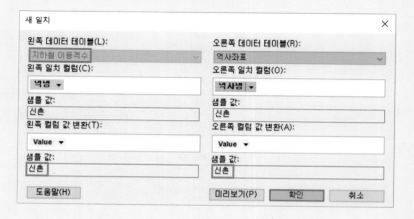

⑭ 아래 그림과 같이 두 컬럼을 일치시킨 결과가 화면에 나타나면 제대로 연결된 것이므로 [적용]을 누르고 [확인]을 누른다.

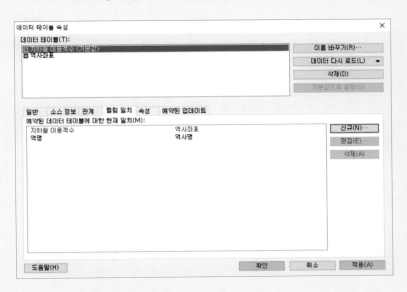

⑮ [위치] 탭 페이지에서 가장 하단에 있는 메뉴인 [좌표 컬럼]의 라디오 단추를 누르고, [X 컬럼(경도)]의 값 선택 버튼을 누른다.

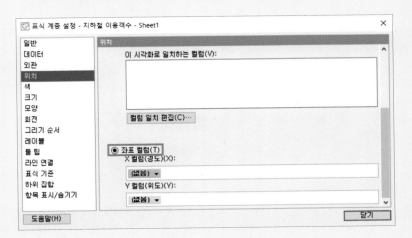

16 컬럼 선택창이 나타나면 맨 왼쪽 상단에서 좌표를 표시할 테이블(여기 서는 '역사좌표')을 선택한다.

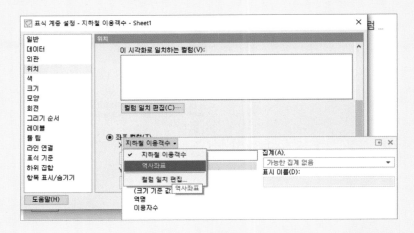

17 좌표를 표시할 테이블(여기서는 '역사좌표')의 'X' 컬럼을 선택하고 집계 방법은 'Avg(평균)'을 택한다.

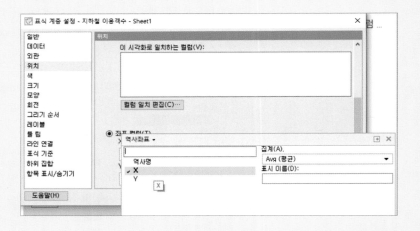

[Y 컬럼(위도)]에서도 [X 컬럼]에서 한 것과 동일한 방법으로 'Y' 컬럼 을 선택하고 집계 방법은 'Avg(평균)'을 선택한다. 완료하고 나면 아래 와 같이 표시된다.

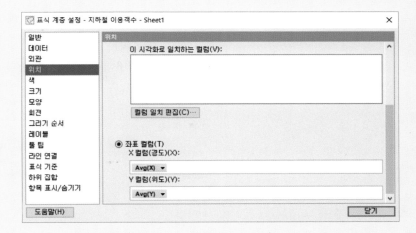

18 [표식 배치에 사용할 방법]에서 [지역 코드 지정]의 라디오 단추를 체크하고, 연결 키에 해당하는 컬럼(여기서는 '역명')을 선택한다.

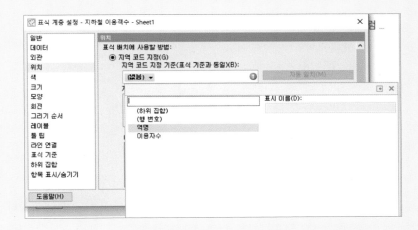

완료하고 나면 아래 그림과 같이 표시된다.

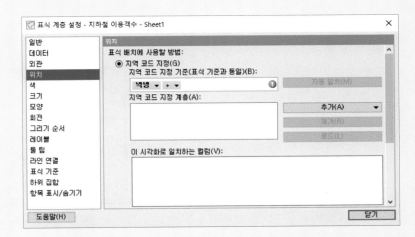

19 [위치] 탭을 눌러 나오는 화면에서 아래쪽에 있는 [좌표 컬럼]의 라디오 단추를 체크하면 다음과 같이 표시된다. 이때 [이 시각화로 일치하는 컬럼] 부분에 이전에 결합 작업을 했던 두 테이블의 이름과 컬럼이 나타나는지 확인한다.

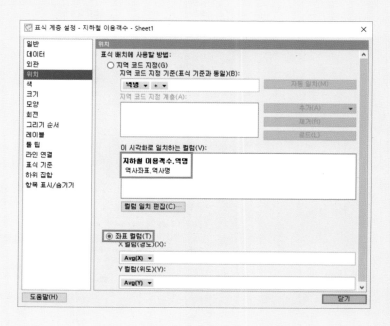

그런 다음 [닫기] 버튼을 눌러서 속성창을 닫으면 이미지상에 마커가 표시된다. 그러나 아직 마커가 원하는 위치(노선도상에서 나타나는 역의 위치)에 정확하게 표시되어 있지 않다. 그러므로 이제부터 좌표에 정확하게 표시되도록 엑셀에서 X, Y 좌표를 수정해가면서 Spotfire 맵차트에서 위치를 계속 확인해준다.

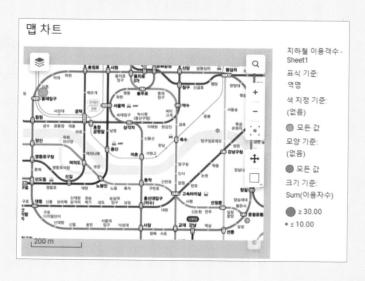

20 만일 맵 차트에 표시된 마커의 크기가 너무 작아서 보이지 않거나 반대로 너무 크다면 크기를 변경할 수 있다. 맵 차트로 마우스를 이동한 다음 우클릭하여 [속성] → [계층] → [표식 계층]을 선택한 후 [설정] 버튼을 누른다. 새로운 설정창이 나타나면 [크기] 탭을 선택해 [표식 크기] 부분의 슬라이더 바를 이동하여 원하는 크기로 조절해준다.

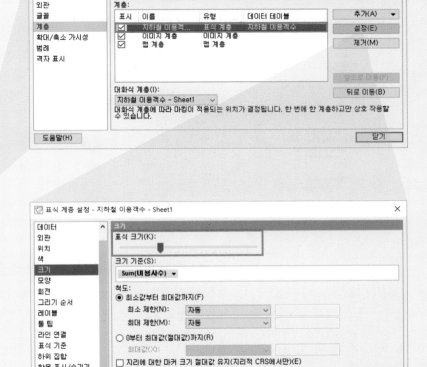

㉑ 이 단계까지 모든 설정이 잘 완료되었다면 [데이터] 탭과 [위치] 탭에서의 설정 화면은 아래와 같을 것이다.

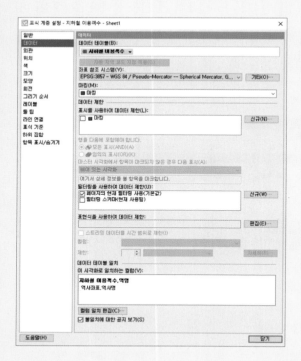

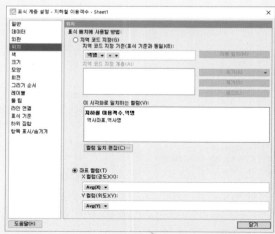

㉒ 마지막 단계는 원하는 위치에 마커가 정확하게 위치하도록 좌표를 변경하는 작업을 수행하는 것이다. 먼저 최초 이미지에서 다시 한 번 정확하게 X와 Y 좌표의 [범위]를 확인한다. 아래 그림에서 '신촌'은 상단으로만 약간 이동해야 하고(Y축 값 늘림), '건대 입구'는 오른쪽 상단으로 조금 많이(X축 값 많이 늘리고, Y축 값 조금 늘림) 이동해야 한다.

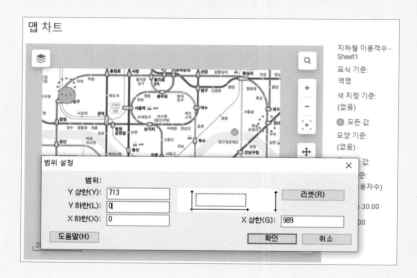

현재 마지막으로 설정한 X, Y 좌표값은 다음과 같다.

역사 좌표		
역사명	**x**	**y**
신촌	100	600
홍대		
이대입구		
건대입구	800	450

㉓ 맵 차트상에서 마커의 위치를 이동하기 위한 첫 단계로, 엑셀에서 좌표 설정을 위해 만들었던 좌표 관련 파일(여기서는 '역사좌표' 엑셀 파일)을 열어 원래 값에서 해당 부분의 X, Y 값을 약간씩 수정해준다.

㉔ 엑셀에서 수정이 완료되면 [저장]을 한다.

㉕ Spotfire의 상단 메뉴에서 [데이터] → [연결된 데이터 다시 로드]를 누른다.

26 그 결과 Spotfire의 맵 차트에서 마커의 위치가 원하는 방향으로 조금 더 이동된 것을 확인할 수 있다. 아래 그림에서 보면 이제 '신촌'은 원하는 위치에 마커가 잘 표시되어 있다. 하지만 '건대입구'는 아직도 조금 더 오른쪽 하단으로 이동해야 한다. 이를 위해 X, Y 값을 감안하면서 앞의 **23** 단계부터 **25** 단계까지 반복해서 수행한다.

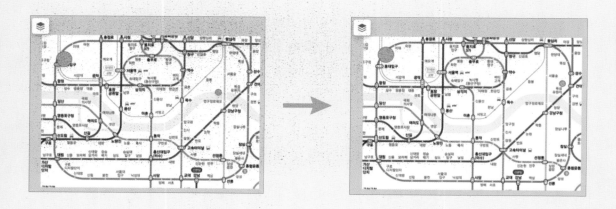

현재 마지막으로 설정한 X, Y 좌표값은 다음과 같다.

역사 좌표		
역사명	**x**	**y**
신촌	100	600
홍대		
이대입구		
건대입구	800	450

27 맵 차트상에서 마커의 위치를 이동하기 위해 앞에서 했던 엑셀의 좌표 값을 다음과 같이 다시 수정하고 엑셀에서 저장한다.

2	역사명	x	y
3	신촌	100	630
4	홍대		
5	이대입구		
6	건대입구	900	500

→

2	역사명	x	y
3	신촌	100	630
4	홍대		
5	이대입구		
6	건대입구	930	485

28 Spotfire의 상단 메뉴에서 [데이터] → [연결된 데이터 다시 로드]를 누르면 Spotfire의 맵 차트는 다음과 같이 나타난다.

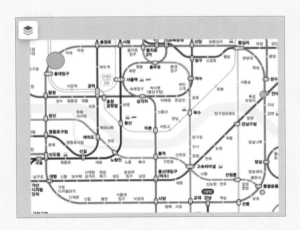

29 맵 차트상에서 마커의 위치를 정확하게 일치시키기 위해 앞서와 같이 엑셀에서의 좌표값을 다시 한 번 더 수정하고 엑셀에서 저장한다.

2	역사명	x	y
3	신촌	100	630
4	홍대		
5	이대입구		
6	건대입구	930	485

2	역사명	x	y
3	신촌	100	630
4	홍대		
5	이대입구		
6	건대입구	940	487

30 Spotfire의 상단 메뉴에서 [데이터] → [연결된 데이터 다시 로드]를 누르면 Spotfire의 맵 차트는 다음과 같이 나타난다. 최종적으로 원하는 위치(지하철 역사 중앙)에 원하는 마커가 정확하게 표시된 것을 확인할 수 있다.

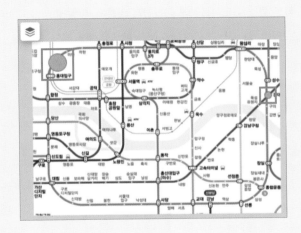

데이터의 시각화 분석뿐 아니라 일반적인 분석에 있어서도 가장 중요하고 먼저 해야 할 일은 데이터를 원하는 분석에 적합한 형태로 가공하는 것이다. 일반적으로 사용자가 입수하는 데이터는 사용자가 원하는 형태로 되어 있지 않고 원천 소스(데이터베이스나 시스템)에서 정해놓은 임의적 형태로 저장되어 있는 경우가 대부분이다. 예를 들어, 데이터베이스나 ERP 시스템(SAP 등)에서 쿼리(Query) 형태로 내려받은 데이터, 공장의 센서나 서버 같은 기기에서 자동으로 생성되는 로그 파일 등은 대부분 사용자가 바로 사용하기 어렵다. Spotfire는 일반 사용자들도 원하는 형태로 데이터를 가공하여 사용할 수 있도록 피벗(pivot), 언피벗(unpivot) 등 데이터 형태 변환에 꼭 필요한 다양한 기능들을 제공하고 있다. 이는 특히 Spotfire가 다른 유사한 경쟁 비즈니스 인텔리전스(Business Intelligence; BI) 제품들과 차별화되는 부분 중 하나이다.

'사용자가 데이터를 분석에 용이하도록 얼마나 잘 다룰 수 있는가?'는 데이터 분석에서 핵심적인 사항이면서도 그 기술을 터득하기가 쉽지 않은 부분이다. 데이터를 잘 다루기 위해서는 분석에 적합하도록 변환이 완료된 최종 집계성 데이터를 다루기보다는 다양한 원천 형태(raw data format)의 데이터 형식을 가지고 사용자가 직접 데이터를 변환시키는 연습을 해보는 것이 좋다. 이러한 과정을 거쳐 최종 분석단계까지 시도해보면 왜 최초 형태가 분석하기에 적합하지 않은지, 어떻게 해야 데이터의 형태를 원하는 형태로 변환할 수 있는지에 대한 이해와 활용의 폭을 넓힐 수 있을 것이다.

데이터 핸들링

01 데이터 기본

1-1 마킹 데이터 핸들링

Spotfire에서 제공하는 마킹을 이용하면 선택된 부분의 데이터를 가지고 여러 가지 데이터 핸들링을 쉽게 응용할 수 있다.

→ 상세 설명은 p.80 〈마킹〉 참조

아래 그림과 같이 시각화에서 마우스를 이용하여 박스 모양을 지정해 마킹한다. 그러면 선택(마킹)한 부분만 색상이 변경된다. 아래 우측의 진한 부분들이 현재 마킹된 부분이다.

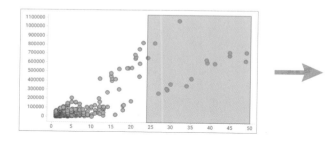 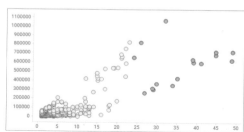

1) 마크 취소

마킹한 부분을 취소하고 싶다면 시각화에서 마우스 우클릭 → [마크된 행] → [마크 취소]를 선택한다. 그러면 마킹 이전으로 돌아간다.

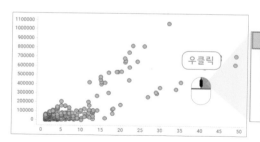

일반적으로 마크를 취소하는 또 다른 방법은 시각화에서 빈 공간을
클릭하는 것이다.

2) 반전

마킹한 부분과 마킹하지 않은 부분을 서로 바꾸어 표시하고 싶다면,
즉 마킹하지 않은 나머지 부분을 마킹하고 마킹한 부분은 해제하고 싶
다면 시각화에서 마우스 우클릭 → [마크된 행] → [반전]을 선택한다.

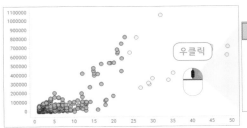

3) 삭제

마킹한 부분의 데이터들을 데이터 테이블에서 완전히 제거하고 싶다
면, 시각화에서 마우스 우클릭 → [마크된 행] → [삭제]를 선택한다.
그러면 아래 왼쪽 그림과 같이 마크된 데이터가 없어지고 나머지만 표
시된다. 이때는 원본 데이터 테이블에서 실제로 데이터가 삭제되므로
실행 전에 아래와 같은 확인창이 나타난다.

주의!

이 기능을 실행하면 마킹한 부분의
데이터가 원데이터 테이블에서 완
전히 삭제된다. 만일 이전 상태로
되돌리려면 Ctrl + Z 키를 누르
면 된다.

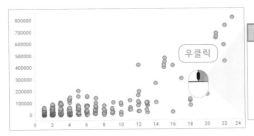

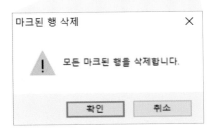

주의!

이때 시각화에서 사라진 데이터는 데이터 테이블 원본상에는 그대로 유지되므로 완전히 제거되는 것은 아니다.

4) 다음으로 필터

마킹한 부분의 데이터들만 시각화에 표시하고 싶다면, 시각화에서 마우스 우클릭 → [마크된 행] → [다음으로 필터]를 선택한다. 그러면 아래 오른쪽 그림과 같이 필터링된 부분들만 남아 확대되어 표시된다. 그리고 필터에도 자동으로 변경된 부분이 적용된다.

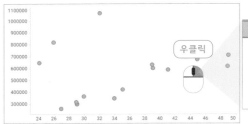

5) 필터 아웃

주의!

이때 시각화에서 사라진 마킹한 데이터는 데이터 테이블 원본상에는 그대로 유지되므로 완전히 제거되는 것은 아니다.

마킹한 부분의 데이터들만 시각화에서 사라지게 표시하고 싶다면, 시각화에서 마우스 우클릭 → [마크된 행] → [필터 아웃]을 선택한다. 그러면 아래 오른쪽 그림과 같이 필터링된 부분들만 사라지고 필터링되지 않은 나머지 데이터들이 확대되어 표시된다. 그리고 필터에도 자동으로 변경된 부분이 적용된다.

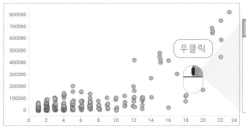

1-2 계산된 컬럼 추가

처음 Spotfire에서 로드한 데이터 테이블에 포함된 컬럼만으로는 필요한 연산을 수행할 수 없거나, 필요한 시각화를 만들 수 없는 경우가 있다. 이때 기존 컬럼 값들 간의 산술·논리 표현식을 사용하여 원하는 새로운 컬럼을 만들어서 쓸 수 있다. 이와 같이 새로 만들어진 컬럼을 '계산된 컬럼'이라고 한다. 계산된 컬럼은 다른 컬럼과 마찬가지로 취급하며 다른 모든 분석 과정에서 사용할 수 있다.

Spotfire에서는 엑셀처럼 기본적으로 사용되는 많은 함수를 제공하고 있다. 만일 사용자가 특수한 알고리즘을 가지고 있다면 Spotfire에서 제공하는 API를 이용하여 Visual Studio.NET(C#) 프로그램으로 개발하고 함수에 등록해 사용할 수도 있다.

상단 메뉴에서 [데이터] → [계산된 컬럼 추가] 메뉴를 선택하면 [계산된 컬럼 추가]라는 설정창이 새로 나타난다.

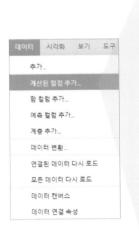

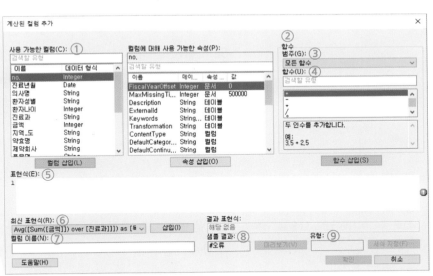

① 사용 가능한 컬럼

새로운 컬럼을 만들기 위해 필요한 기존 컬럼을 선택하는 부분이다. 위의 예제에서는 '가격' 컬럼을 선택하고 [컬럼 삽입] 버튼을 누른다. 그 결과 [표현식] 부분에 '가격'이 녹색으로 표시된다.

② 함수

사용자가 원하는 수식을 선택하는 부분이다. 원하는 함수를 선택하고 [함수 삽입] 버튼을 누르면 [표현식] 부분에 해당 함수가 표시된다.

③ 범주

수식의 종류를 이미 알고 있다면 여기서 원하는 범주를 미리 설정할 수 있다. 아래 그림은 Spotfire가 제공하는 함수의 범주를 나타낸다.

④ 함수

Sum, Avg 등 사용하고자 하는 함수를 알고 있다면 [검색할 유형] 부분에 직접 타이핑한다. 그러면 Spotfire에서 관련된 함수의 목록을 자동으로 표시해주고, 선택된 함수의 사용 설명과 예제가 [함수] 아랫부분 화면에 나타난다.

⑤ 표현식

TIP

이때 컬럼 이름은 "[" 및 "]"(꺾쇠괄호)로 묶어야 하며 변수, 함수 및 키워드는 대/소문자를 구분하지 않는다.
SUM(C1) = Sum(C1) = sum(C1)

컬럼 간 계산에 실제로 사용하는 표현식이 표시되고 사용자가 직접 입력할 수도 있는 부분이다. 사용자가 계산에 사용될 컬럼 이름이나 함수 이름을 알고 있다면 [사용 가능한 컬럼]이나 [함수]에 있는 메뉴나 버튼을 이용하지 않고 처음부터 직접 입력해도 된다.

만일 표현식이 완벽하지 않다면 다음과 같은 에러 표시가 표현식 오른쪽에 빨간색으로 나타난다. 이 부분에 커서를 갖다 대면 다음과 같이 어느 부분에서 잘못되었는지 에러 원인을 보여준다.

🔴 이 표현식은 1 라인 12 문자의 '(' 뒤에 사용할 수 없습니다.

⑥ 최신 표현식

사용자가 가장 최근에 사용했던 표현식 10개의 목록을 표시해준다. 처음부터 다시 입력할 필요 없이 기존에 사용했던 것을 반복하여 사용하거나 수식, 컬럼 이름 등을 조금 수정하여 사용할 때 매우 유용하다.

⑦ 컬럼 이름

사용자가 표현식을 이용하여 만든 새로운 컬럼의 이름을 입력하는 곳이다. 이름을 입력하지 않으면 표현식이 그대로 컬럼 이름으로 사용된다. 만약 기존에 있는 컬럼 이름과 중복되면 빨간색 에러 마크가 자동으로 표시되므로 다른 이름을 사용해야 한다.

⑧ 샘플 결과

표현식을 이용하여 데이터의 첫 번째 행의 값으로 결과를 미리 표시해준다. 만일 에러가 있다면 값이 표시되지 않고 아래와 같이 오류 표시가 뜬다.

⑨ 유형

사용자가 표현식을 이용하여 만든 새로운 컬럼의 형식을 지정해주는 곳이다. [서식 지정] 버튼을 누르면 다음과 같은 설정창이 표시된다.

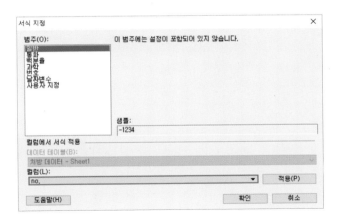

1-3 함 컬럼 추가

컬럼 값들이 숫자형일 때, 이들을 몇 개의 그룹으로 나눠서 범주형 저장함처럼 관리하고자 할 때가 있다. 예를 들어 나이의 경우 데이터가 0~100까지의 숫자 값으로 되어 있다면 0~9, 10~19, 20~29…처럼 분류하여 10세 이하, 10대, 20대와 같이 그룹으로 나눌 수 있다. 아래 그림에서는 X축을 20세 이하, 20~29세, 30~39세, 40~49세, 50~59세의 5개 그룹으로 나눠서 표시하였다.

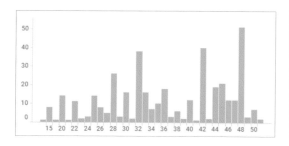
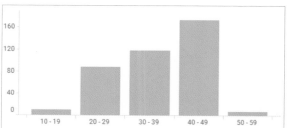

이러한 경우에 [함 컬럼 추가] 기능을 이용하는데, 많은 수의 연속하는 값을 적은 수의 함으로 그룹화할 수 있다. 원래 '함'에 해당하는 영어는 'bin'으로 '그룹으로 나눈다'는 뜻이다. 일반적으로는 사용자가 그룹화한 범주값으로 컬럼을 새로 만들어서 저장할 수도 있지만, 숫자 컬럼을 일시적으로 그룹화할 수도 있다. 먼저 숫자 컬럼을 일시적으로 그룹화하는 경우를 따라해보자.

아래 그림은 기본적인 막대 그래프이다. X축에 모든 '환자나이'가 나열되어 있고 Y축은 해당되는 나이의 행카운트가 막대로 표시되어 있다.

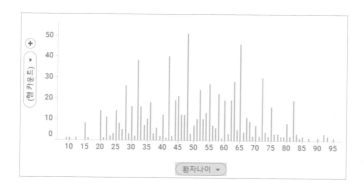

여기에서 X축의 '환자나이'를 10개의 그룹으로 나눠서 표시해보자. 마우스 커서를 '환자나이'라고 표시되어 있는 X축의 컬럼 선택기에 가져다 놓고 마우스 왼쪽 버튼을 클릭한다. 설정창이 표시되면 오른쪽 상단의 [저장함에 컬럼 자동 저장] 앞의 체크박스를 클릭하고 설정창 오른쪽 모서리의 [닫기] 버튼(×)을 누른다.

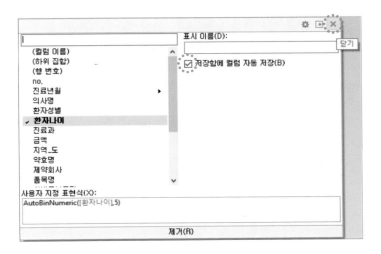

그 결과 막대 그래프가 다음과 같이 표시된다. 차트 제목에 '히스토 그램-환자나이'라고 표시되고 X축에 슬라이더 바가 생성된다. X축의 슬라이더 바를 움직이면서 원하는 구간대로 조정할 수 있다.

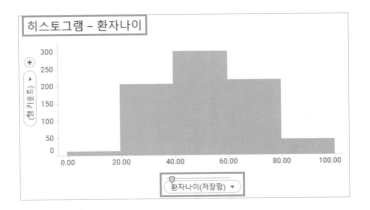

만약 정확하게 10개의 구간으로 나누고 싶다면, 커서를 X축 선택기에 가져다 놓고 마우스를 우클릭하여 [함 수]를 선택한다. [자동 함 컬럼] 설정창이 새로 나타나면 원하는 함 수를 입력하고 [확인]을 누른다.

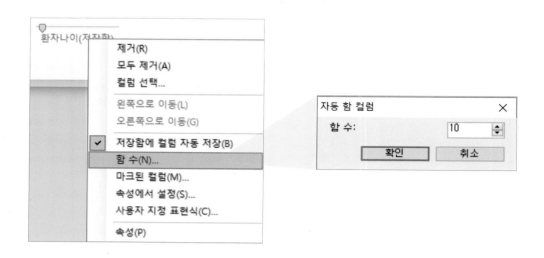

X축이 입력한 대로 아래와 같이 변경되어 10개로 그룹화된다.

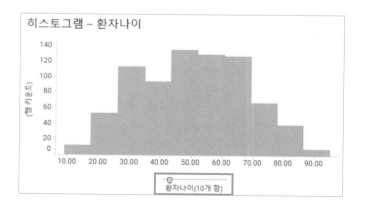

이번에는 사용자가 원하는 방법으로 그룹화한 범주값으로 컬럼을 새로 만들어서 이용하는 방법을 살펴보자. 이 방법은 일반적으로 이용된다.

상단 메뉴에서 [데이터] → [함 컬럼 추가] 메뉴를 선택하면 [함 컬럼 추가] 설정창이 나타난다.

참고로 이 예제에는 9~95세까지의 환자 데이터가 분포해 있다.

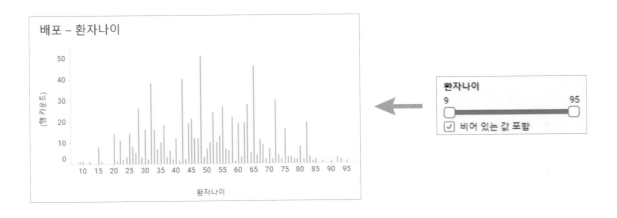

① 컬럼

컬럼 값들을 그룹으로 나누는 경우, 가장 먼저 할 일은 그룹화할 대상 컬럼을 지정하는 것이다. 여기에서 그룹화할 컬럼을 선택한다.

② 저장함 메서드

[저장함 메서드]에 있는 5가지 옵션 중에서 원하는 그룹화 방법을 선택한다. 여기서는 가장 일반적으로 사용하는 3가지 방법에 대해 살펴본다.

②-1 특정 제한(Specific limits)

[저장함 메서드]에서 [특정 제한]의 라디오 단추를 클릭하고, 입력 창에 사용자가 원하는 구간에 해당하는 값을 직접 숫자로 입력한 다. 이때 구간은 각각의 숫자마다 ;(세미콜론 혹은 쌍반점)으로 구분 한다. 값의 맨 앞과 맨 뒤에는 ;을 입력하지 않는다.

그런 다음 새로 만드는 컬럼의 이름을 입력한다. 그 결과 데이터 테이블의 맨 오른쪽에 아래 그림과 같이 새로운 컬럼이 생성된다.

처방 데이터의 컬럼 3개

no.	환자나이	20_Bin_환자나이
3	42	$40 < x \le 60$
635	31	$20 < x \le 40$
134	27	$20 < x \le 40$
8	20	$x \le 20$
564	20	$x \le 20$
138	34	$20 < x \le 40$
492	55	$40 < x \le 60$
566	47	$40 < x \le 60$
282	44	$40 < x \le 60$
497	80	$60 < x \le 80$

새 컬럼 이름(W):
20_Bin_환자나이

새로 생성된 컬럼은 어떠한 시각화에서도 일반 컬럼과 동일하게 사용할 수 있다. 다음 그림은 막대 그래프에서 새로 만든 이 컬럼을 이용한 결과다. 사용자가 원하는 간격으로 5개의 그룹에 대한 결과를 볼 수 있다.

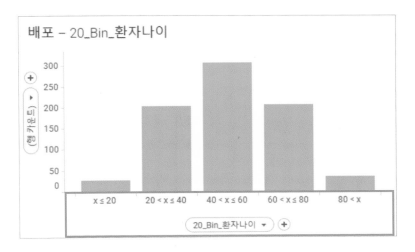

②-2 균등 간격(Even intervals)

최소값부터 최대값 사이의 구간을 원하는 개수만큼 동일한 간격으로 나누고자 할 때 사용한다. [저장함 메서드]에서 [균등 간격]의 라디오 단추를 클릭하고, [함 수(N)]의 입력칸에 숫자 '5'를 입력한다.

새로 만드는 컬럼의 이름을 입력한다. 그 결과 데이터 테이블의 맨 오른쪽에 아래 그림과 같이 새로운 컬럼이 생성된다.

no.	환자나이	균등간격_환자나이
3	42	$26.20 \leq x < 43.40$
635	31	$26.20 \leq x < 43.40$
134	27	$26.20 \leq x < 43.40$
8	20	$x < 26.20$
564	20	$x < 26.20$
138	34	$26.20 \leq x < 43.40$
492	55	$43.40 \leq x < 60.60$
566	47	$43.40 \leq x < 60.60$
282	44	$43.40 \leq x < 60.60$
497	80	$77.80 \leq x$

새 컬럼 이름(W):
균등간격_환자나이

여기에 사용된 방법은 아래와 같다.

❶ 95 − 9 = 86(최대값과 최소값의 차)

❷ 86 / 5 = 17.2(❶을 원하는 구간의 수(5)로 나눔)

❸ 9 + 17.2 = 26.2(맨 첫 번째 값 + ❷)

❹ 26.2 + 17.2 = 43.4(❸ + ❷) ⋯

아래 그림은 막대 그래프에서 [균등 간격]으로 그룹화된 컬럼을 이용한 결과이다. 사용자가 원하는 5개의 그룹으로 나눠진 결과를 볼수 있다.

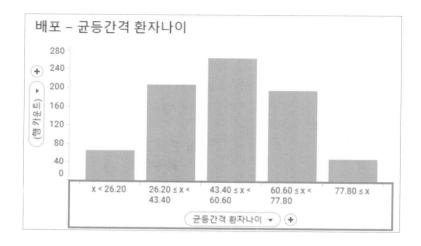

②-3 고유한 값의 균등 분배(Even distribution of unique values)

이 방법은 나누고자 하는 컬럼에 있는 모든 고유한 값들의 사이를 원하는 개수만큼 동일한 간격으로 구간을 나눠서 그룹화할 때 사용한다. 이상치(outlier) 값이 최대값이나 최소값으로 있고 특정 부분에 값들이 집중되어 있을 때 유용하게 그룹화할 수 있다.

[저장함 메서드]에서 [고유한 값의 균등 분배]의 라디오 단추를 클릭하고, [함 수(U)]의 입력칸에 숫자 '5'를 입력한다.

새로 만드는 컬럼의 이름을 입력한다. 아래 그림에서 '환자나이' 컬럼의 원래 데이터의 분포는 9, 10, 12, 15, …, 90, 92, 93, 95까지 총 76개의 고유한 값이 존재한다.

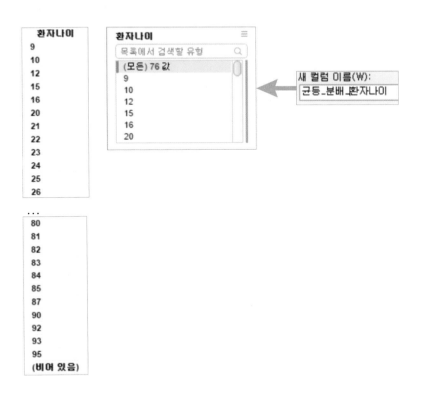

여기에서 고유한 값으로 균등하게 분배하는 데 사용한 방법은 아래와 같다.

❶ 75 / 5 = 15(실제 구간 75개 / 사용자가 원하는 구간 수 '5')

❷ 처음 값(9)부터 15개까지(29) 첫째 구간

❸ 30~44 사이에 총 15개

❹ 75~95(마지막 16개)

이런 식으로 구간을 나누면 데이터 테이블의 맨 오른쪽에 아래 그림과 같이 새로운 컬럼이 생성된다.

no.	환자나이	균등_분배_환자나이
3	42	30 - 44
635	31	30 - 44
134	27	9 - 29
8	20	9 - 29
564	20	9 - 29
138	34	30 - 44
492	55	45 - 59
566	47	45 - 59
282	44	30 - 44
497	80	75 - 95

아래 그림은 막대 그래프에서 [고유한 값의 균등 분배] 방법으로 그룹화한 컬럼을 이용한 결과이다. 사용자가 원하는 5개의 그룹으로 균등하게 나눠진 결과를 볼 수 있다. 배분한 숫자가 딱 맞아 떨어지지 않는 경우는 맨 마지막 그룹에 나머지 값이 포함된다(그림에서 마지막 '75–95' 구간).

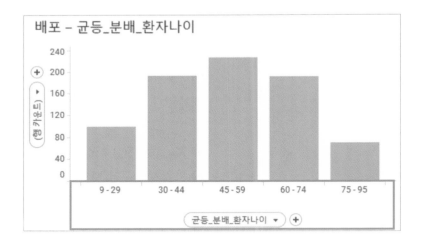

1-4 계층 추가

여러 컬럼 간에는 종속 관계의 성격을 갖는 컬럼들이 종종 존재한다. 예를 들어 하나의 데이터 테이블 안에 컬럼명이 '시도, 시군구, 읍면동, 번지수'라든가 '학년, 학급, 번호' 같은 것들이 존재한다면 사용자들은 '대분류 > 중분류 > 소분류'의 개념으로 이들을 그룹화하여 사용하고 싶어할 수 있다. 이는 전체(대분류)를 보다가 어느 부분(중분류)을 보고, 그중 더 세부적인 부분(소분류)에 대한 집계를 보고자 할 때 유용하다.

Spotfire에서는 기존 컬럼들을 이용하여 컬럼 간에 계층 구조를 갖는 컬럼을 만들고 이것을 '필터'로서 이용할 수 있도록 제공한다. 계층 구조의 컬럼을 만드는 방법은 2가지가 있다.

첫 번째는 상단 메뉴에서 [데이터] → [계층 추가]를 선택한 후, [계층 추가] 설정창이 나타나면 설정 사항을 표시해주는 방법이다.

계층 구조화하고자 하는 컬럼들을 선택하는 목록이다.

원하는 컬럼을 [사용 가능한 컬럼]에서 선택한 후에 [추가] 버튼을 눌러서 [계층] 목록으로 이동시킨다. 일단 이동되면 [계층]에 목록이 표시된다.

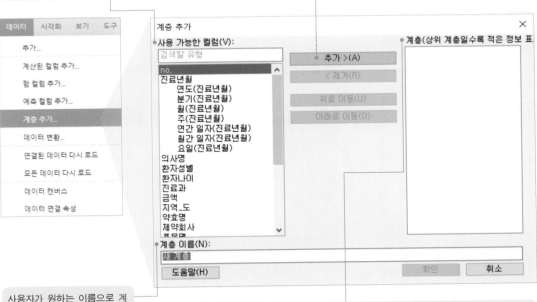

사용자가 원하는 이름으로 계층의 이름을 입력한다.

계층 구조화하고자 하는 컬럼이 선택되어 추가되면 이 부분에 목록이 표시된다.

일단 컬럼들이 [계층] 목록에 표시되면 이 안에 있는 컬럼 간 계층의 상하관계를 조정할 수 있다. 맨 윗부분부터 대 > 중 > 소의 개념이라고 보면 된다. 만일 이 순서를 변경하려면 먼저 [계층]에서 원하는 컬럼을 선택하고, 가운데 부분에 있는 이동 버튼들을 반복해서 눌러 원하는 위치에 오게 하면 된다.

특정 컬럼을 [계층] 구조에서 빼고 싶다면 [제거] 버튼을 누른다. 그러면 [계층] 목록에서 [사용 가능한 컬럼] 목록으로 되돌아간다.

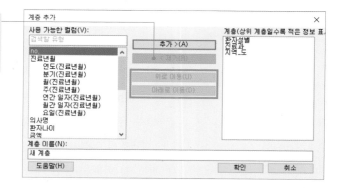

위 설정을 마치고 [확인]을 누르면 다음과 같이 X축이 계층 구조로 표시된다.

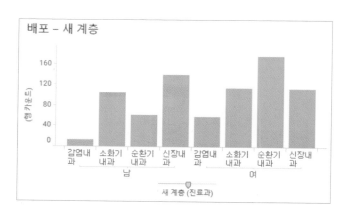

계층 구조의 컬럼을 만드는 두 번째 방법은 시각화에서 계층 구조를 갖는 컬럼을 2개 이상 축으로 선택한 후 마우스를 우클릭하여 계층 구조화하는 것이다.

다음 그림의 X축에는 2개의 컬럼이 선택되어 있다. 이 축 선택기 부분에 커서를 이동하고 마우스를 우클릭하면 별도의 메뉴가 표시되는데 여기에서 [계층 만들기]를 선택한다.

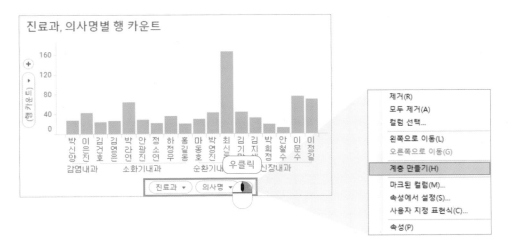

그 결과 아래 그림과 같이 X축 선택기가 슬라이더 바 형태의 계층 구조로 변경된다. 이 슬라이더를 단계별로 좌우로 움직이면 시각화가 그룹화된 값으로 변경된다.

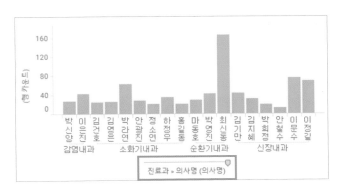

생성된 계층 구조는 아래 그림과 같이 필터에 표시된다.

생성해놓은 계층 구조는 언제든지 수정할 수 있다. 메인 메뉴에서 [데이터] → [컬럼 속성]을 선택하면 [컬럼 속성] 설정창이 새로 나타난다.

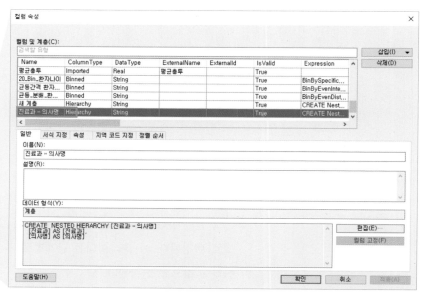

[컬럼 및 계층]에서 수정을 원하는 계층 구조의 컬럼을 선택하고 [편집] 버튼을 누르면 [계층 편집] 창이 표시된다. 우측의 [계층] 표시창에서 원하는 계층을 클릭하여 [위로 이동]이나 [아래로 이동] 버튼을 눌러 계층을 수정한다.

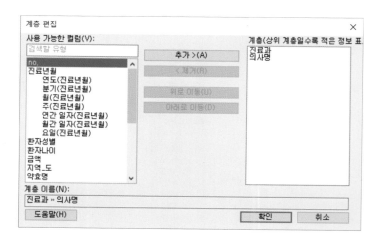

1-5 데이터 다시 로드

Spotfire에서는 원래 소스의 값이 변경되었을 때 언제든지 새로운 값을 반영하여 분석 결과를 업데이트할 수 있다.

이러한 기능은 데이터베이스에서 데이터 테이블을 참조하여 작성된 경우에도 동일하게 적용된다.

[데이터 다시 로드] 기능은 Spotfire 파일로 저장할 때 사용한 옵션에 따라서 [연결된 데이터 다시 로드] 방법과 [모든 데이터 다시 로드] 방법, 2가지가 있다.

→ 상세 설명은 p. 41 〈결과물 저장 및 불러오기〉 참조

1) 연결된 데이터 다시 로드

상단 메뉴에서 [데이터] → [연결된 데이터 다시 로드]를 선택한다.

이 메뉴는 Spotfire 파일 저장 시, Spotfire가 사용하고 있는 데이터 중 [항상 새 데이터] 옵션으로 선택한 데이터들에 한해 원본 데이터를 새로 불러와서 시각화 내용을 업데이트하여 표시해주는 기능이다.

이때 주의할 점은 Spotfire 파일 저장 시 사용한 데이터들의 저장 경로와 파일 이름 중 어느 하나라도 변경이 있다면 이 기능을 실행하지 못하며, 아래 그림처럼 실행 중간에 누락된 파일을 물어보면 해당 파일을 정확하게 지정해주어야 제대로 실행된다는 것이다.

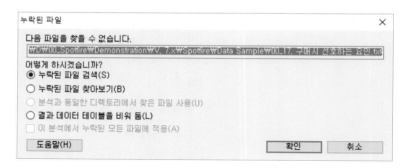

아래와 같이 '처방 데이터'와 '구매 데이터', 'KOSPI 데이터' 3개가 각각 서로 다른 옵션으로 설정되어 있는 경우를 생각해보자.

[연결된 데이터 다시 로드] 기능을 실행하면 [저장된 데이터] 옵션을 사용한 '처방 데이터'는 무시하고, [항상 새 데이터] 옵션을 사용한 'KOSPI 데이터'와 [가능한 경우 새 데이터] 옵션을 사용한 '구매 데이터'만 원본을 새로 참조하여 관련 시각화들을 업데이트한다.

2) 모든 데이터 다시 로드

상단 메뉴에서 [데이터] → [모든 데이터 다시 로드]를 선택하면 즉시 실행된다.

이 메뉴는 Spotfire 파일 저장 시, 사용 중인 데이터가 어떤 옵션이든지 상관없이 이용 가능한 모든 데이터 소스들에 대한 원본 데이터를 새로 불러와서 시각화 내용을 업데이트하여 표시해준다.

다음과 같이 3개 데이터가 모두 서로 다른 옵션들로 설정되어 있더라도 [모든 데이터 다시 로드] 기능을 실행하면 현재 사용하고 있는 모든 데이터 원본을 새로 참조하여 관련 시각화들을 업데이트한다.

주의!

엑셀의 경우, 값을 수정했다면 반드시 먼저 엑셀에서 저장하기를 누른 후에 Spotfire에서 [데이터 다시 로드]를 실행해야 변경된 부분이 반영된다.

데이터 로드 설정 ✕

🗄 사용자에게 데이터 소스에 대한 액세스 권한이 없으면 하나 이상의 데이터 테이블이 비워집니다.

∧ 상세 정보 숨기기

분석에 사용된 데이터 테이블:

⊙ 처방 데이터			
처방 데이터.xls - S... 🗄	저장된 데이터	▼	데이터 로드: 2020-03-28 오후 3:12
⊙ 구매 데이터			
00_17. 구매시 선호... 🗄	항상 새 데이터	▼	데이터 로드: 2020-03-28 오후 4:29
⊙ KOSPI 데이터			
KOSPI Data.xls - S... 🗄	가능한 경우 새 데이터	▼	데이터 로드: 2020-03-28 오후 4:29

해당하는 모든 데이터 소스를 다음으로 변경 --- ▼

도움말(H) 확인 취소

1-6 데이터 테이블 속성

Spotfire에서는 자신이 만들었더라도 여러 개의 데이터 테이블을 사용하고 있거나, 다른 사람이 만든 파일을 받아서 분석하는 경우에 각 데이터 테이블별로 세부적인 속성들을 모두 기억하지 못해서 확인해야 할 때가 있다. 예를 들어 각각의 데이터 테이블들에 대하여 다음과 같은 정보를 확인해보고 필요한 경우에는 설정을 변경해야 한다.

- 데이터 테이블이 분석에 포함되어 있는지, 아니면 연결 정보만 가지고 있어서 매번 데이터 소스를 갱신하면서 가져오거나 저장(소스에 연결됨)하는 방식으로 구성되어 있는지
- 어디에서 어떤 경로로 소스 파일을 가져왔는지, 혹은 각 데이터 파일에서 어떤 작업들을 수행했는지(소스 정보)
- 각 데이터 테이블들 간에 어떤 관계가 설정되어 있는지(관계)
- 연결되어 있다면 어떤 컬럼이 연결 키로 사용되었는지(컬럼 일치)

데이터 테이블 속성은 2가지를 생각해볼 수 있는데, 이들은 서로 완전히 다르다.

다음은 상단 메뉴의 [데이터] → [데이터 테이블 속성]의 설정창이다.
여기서 여러 데이터 테이블의 기본적인 사항들을 설정한다.

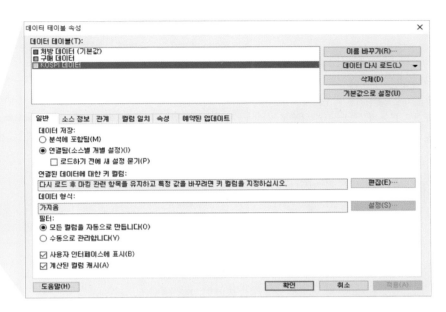

다음은 '데이터 테이블 시각화'에서 마우스를 우클릭하면 나타나는
데이터 테이블의 속성 설정창이다. 여기서 시각화로 사용한 특정 데이
터 테이블의 시각화 속성을 설정한다.

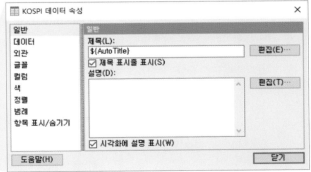

[데이터 테이블 속성]을 설정하려면 메인 메뉴에서 [편집] → [데이터 테이블 속성]을 선택하여 실행한다.

선택한 데이터 테이블을 기본 데이터 테이블로 설정한다. 즉 새 시각화를 만들 때마다 선택한 데이터 테이블이 기본적으로 사용된다. (p.533 〈기본 데이터 테이블〉 설명 참조)

선택한 데이터 테이블의 데이터를 분석에 포함하려면 이 옵션을 사용한다. 분석 파일에 모든 데이터를 포함하면 분석 자체에 데이터가 포함된다. 예를 들어 동일한 데이터베이스에 대한 액세스 권한이 없거나 오프라인으로 사용해야 하는 다른 사용자와 분석을 공유할 수 있다.

선택한 데이터 테이블의 데이터를 원본 데이터 소스에 연결할 때 이 옵션을 사용한다. 이 옵션은 데이터를 자주 업데이트 또는 변경하는 경우에 유용하다. 예를 들어 매일 밤에 업데이트되는 데이터베이스에서 데이터를 가져오는 분석 파일을 만들 경우, 연결된 옵션을 사용하여 분석 파일을 열면 최신 데이터가 자동으로 표시되도록 할 수 있다.

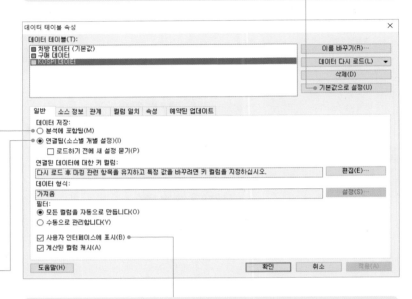

분석에서 사용하지 않을 참조 테이블을 숨기려면 이 체크박스를 선택 해제한다. 예를 들어 다른 데이터 테이블을 생성하는 데 사용되는 중간 테이블을 만들 경우 모든 시각화 보기에서 그 테이블을 숨기고자 할 때 사용한다.

1-7 컬럼 속성

데이터 테이블을 로드하여 분석하면서 여러 컬럼들을 새로 생성하거나 계층(hierarchy)을 생성한 후에, 이들 컬럼들에 대한 다양한 정보를 확인하거나 속성값을 변경해야 할 때가 있다. 예를 들면 다음과 같은 경우이다.

• 사용자가 최초에 데이터를 로드한 후에 원본 컬럼 이름이 영문 약자로 코딩화(예: Sex_Age)되어 있어서 이를 알기 쉽게 변경(예: 성별_나이)했는데, 나중에 변경 전 원래 소스의 컬럼명 값을 알아야 하는 경우

- 컬럼의 속성을 설정하거나 변경하고 싶은 경우, 즉 날짜의 표시 형식을 변경하거나 숫자를 통화 형태(₩, $ 등)로 표시하고자 하는 경우
- 컬럼에 있는 값들의 순서를 변경하여 시각화에서 항상 내가 원하는 순서대로 표시하고자 하는 경우
- 사용 중인 컬럼을 완전히 삭제하고 싶은 경우 등

이러한 때에는 상단 메뉴에서 [데이터] → [컬럼 속성] 메뉴를 이용하여 해당 작업들을 수행할 수 있다.

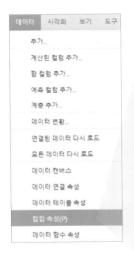

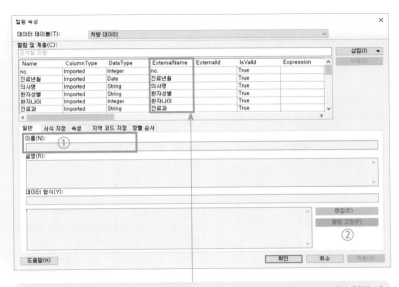

최초에 데이터 테이블을 가져올 때의 original name, 즉 사용자가 Spotfire에서 컬럼 이름을 변경하였을 경우, 데이터베이스나 엑셀에서 원래 가져올 때 최초로 불러왔던 원본 소스(source)에 저장되어 있는 컬럼 이름을 표시한다.

① 컬럼 이름을 변경할 수 있다.

② 컬럼을 더 이상 편집할 수 없도록 컬럼을 고정한다(freezing). 그러면 이 컬럼을 다시 계산하기 위해 데이터 바꾸기 작업이 수행되지 않는다. '계산됨, 함, 결과, 태그 및 마스크(필터 포함/필터 제외)' 형식 컬럼을 고정할 수 있다. 가져온 일반 컬럼은 고정하거나 계층화할 수 없다. 덮어쓰지 않도록 하거나 성능상의 이유로 계산 결과를 저장하려는 경우에 고정할 수 있다. 데이터 테이블에 컬럼을 추가할 때 결

주의!

속성을 변경하고자 하는 컬럼을 먼저 [컬럼 및 계층]에서 선택한 후에 다른 작업에 필요한 설정 작업들을 수행해야 한다.

합 조건에서 컬럼을 사용할 수 있도록 하려는 경우에도 컬럼을 고정할 수 있다. 컬럼을 새로 만들어서 추가한 후에, 새로 만든 컬럼을 이용하여 컬럼끼리 연결(relation)해야 하는데 연결 대상 목록에 원하는 컬럼이 보이지 않는 경우, 반드시 컬럼을 고정해야 연결 작업을 수행할 때 새로 만든 컬럼이 목록에 표시된다.

컬럼 수준에서 값을 서식(format) 지정할 수 있다. 이 설정창에서 특정 컬럼 또는 계층에 대한 설정을 변경한 경우, 이후의 모든 분석에서 해당 컬럼 또는 계층에 새 설정이 사용된다.

원하는 컬럼의 서식을 위의 [서식 지정] 탭에서 지정하지 않고, 이미 지정해놓은 다른 테이블이나 컬럼의 서식을 참조하여 그 설정을 똑같이 적용하고 싶을 때 사용한다.

선택한 컬럼이 문자(string) 형식인 경우, 정렬 순서를 데이터 형식의 표준 정렬 순서에서 일반 문자열 정렬 또는 사용자 지정 정렬 순서로 변경할 수 있다.

시각화에 표시되는 컬럼 값들에 대하여 정렬 순서를 바꿀 수 있다. 원래 데이터 테이블이 아래 그림과 같다고 가정해보자.

데이터 테이블		
월	판매실적	항목
1월	12000	AAA
2월	14000	KKK
3월	15000	DDD
4월	9900	LLL
5월	15500	RRR
6월	10000	TTT
7월	11000	AAA
8월	4400	KKK
9월	7900	DDD
10월	9300	RRR
11월	13000	TTT
12월	12000	AAA

[정렬 순서]를 [데이터 형식에 대한 표준 정렬 순서]로 설정한다면 아래 그림과 같이 표시될 것이다. 이 옵션을 선택하면 컴퓨터에서 일반적으로 정렬을 처리하는 순서대로, 즉 알파벳이나 숫자 오름차순 (ascending)으로 정렬한다.

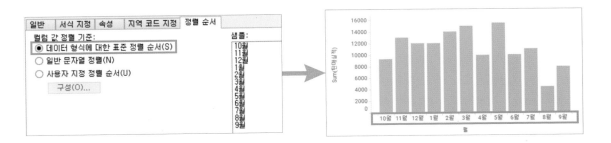

일반적인 방식으로 정렬을 원하는 경우라면 [일반 문자열 정렬]을 선택한다. 예를 들어, 월(month) 같은 경우 1월, 2월, 3월…… 순서로 정렬된다.

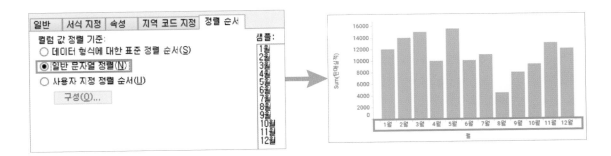

사용자가 원하는 순서를 변경하여 정렬하려면 다음 그림과 같이 [사용자 지정 정렬 순서]를 선택한다.

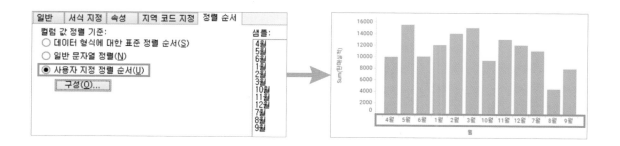

아래 설정창이 나타나면 왼쪽의 [값 순서(문자열)]의 목록 중에서 원하는 값을 선택하고, 오른쪽에 있는 여러 메뉴 중에서 원하는 버튼을 눌러 하나씩 차례대로 순서를 정해준다.

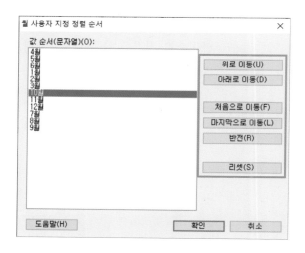

1-8 문서 속성

Spotfire에서 작성한 분석 결과 파일을 '문서'라고 표현한다. 이는 화면의 크기를 조절할 때, 데이터 필터링 시 조건들을 임의로 조합하여 저장·사용하는 필터링 스키마를 추가하고 관리할 때, 분석에 대한 설명을 추가할 때, 분석 내용을 설명하는 키워드를 추가하는 작업을 수행할 때 사용된다.

상단 메뉴에서 [파일] → [문서 속성] 메뉴를 선택하면 설정창이 새로 나타난다.

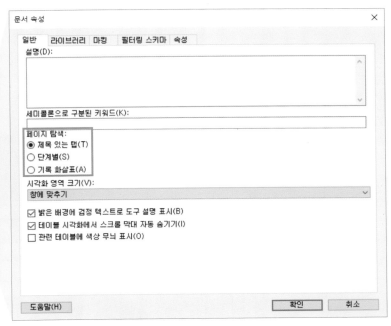

1 페이지 탐색

Spotfire에서 사용자가 작성한 페이지들을 표시하고 이동하는 방법에
는 다음 3가지가 있다.

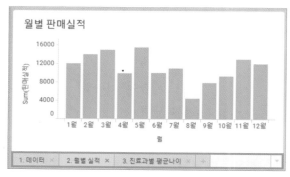

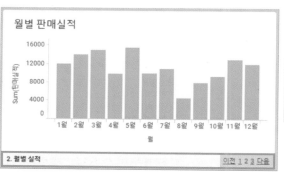

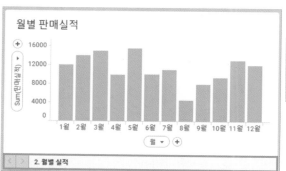

2 시각화 영역 크기

시각화를 표시할 영역의 크기를 결정한다. [시각화 영역 크기]에서는
'창에 맞추기' 옵션이 기본으로 설정되어 있는데, 이를 통해 Spotfire
창의 현재 크기에 따라 시각화 영역의 크기가 자동으로 변경된다.

현재 사용하는 것과 다른 플랫폼에서 문서를 사용하는 경우에는 시
각화 영역을 특정 크기로 고정할 수 있다. 예를 들어, 각 페이지에 사용
가능한 시각화 영역 크기를 줄이고 그 플랫폼에 맞게 분석을 최적화하
려면 'iPad 가로', 'iPad 세로', '사용자 지정 크기' 중에서 사용한다.

3 마킹

새 시각화를 만들 때 기본적으로 사용할 마킹을 지정할 수 있다. 마킹을 추가, 편집 또는 제거할 수도 있다.

다음 그림에서 기본값으로 사용되는 마킹이 파란색으로 설정되어 있다. 이는 시각화에서 마킹을 하면 마킹된 부분이 기본 설정인 파란색으로 보인다는 것을 의미한다.

기본 마킹 색을 변경하려면 다음과 같이 [사용 가능한 표시]에서 해당 마킹을 선택한 후 [편집] 버튼을 누른다.

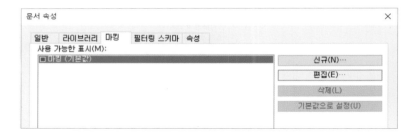

마킹 편집 설정창이 표시되면 이때 [색]을 눌러서 원하는 색으로 변경할 수 있다. 이후로 마킹을 하면 새로 설정한 색으로 표시된다.

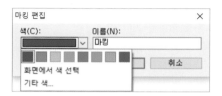

1-9 데이터 테이블 자동 일치

Spotfire에서는 서로 다른 2개 이상의 여러 데이터 테이블에 있는 컬럼 값들을 하나의 시각화에서 사용할 수 있다. Spotfire에서는 두 컬럼의 데이터 형식이 동일하고 이름이 같으면 로드 시 두 컬럼을 자동으로 일치시킨다.

아래 예제에서 'sales 2011'과 'sales 2012'라는 2개의 데이터를 Spotfire에 각각 로드하였다.

Sales 2011			Sales 2012		
Category	Type	Sales2011	Category	Type	Sales2012
Fruit	Apples	19000	Fruit	Apples	25000
Fruit	Pears	22000	Fruit	Pears	21000
Fruit	Bananas	29000	Fruit	Bananas	31000
Vegetables	Cucumber	12000	Vegetables	Cucumber	13000
Vegetables	Tomatoes	25000	Vegetables	Tomatoes	20000
Vegetables	Lettuce	19000	Vegetables	Lettuce	17000

위 2개의 데이터를 하나의 시각화에 이용할 수 있다. 다음과 같이 하나의 막대 그래프에서 2011년과 2012년의 판매 실적을 같이 비교해서 볼 수 있다.

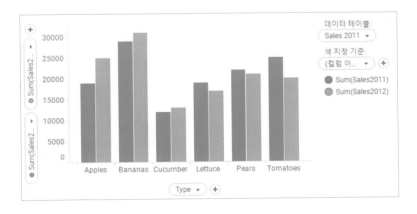

사용자가 별도로 두 테이블을 결합(join)하는 작업을 하지 않아도 Spotfire가 자동으로 결합 가능한 컬럼들을 일치시켜서 시각화(차트)를 구성하고 있다. 이는 두 데이터 테이블에서 'Category'와 'Type'이라는 컬럼의 이름과 속성이 동일하기 때문이다.

위와 같이 하려면 막대 그래프를 작성할 때 아래 그림처럼 Y축 추가 버튼(하나의 컬럼 더 추가)을 누른 후에, 축 선택 창에서 좌측 상단의 데

이터 테이블(여기서는 'sales 2011')을 누른다. 이때 선택 가능한 데이터
테이블 목록이 표시되며, 이 중에서 원하는 데이터 테이블을 선택(여기
서는 'sales 2012')한 후에 컬럼을 선택한다.

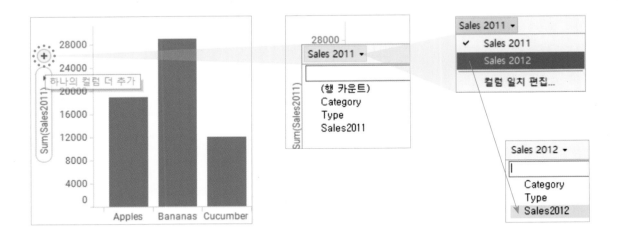

그 결과 Y축에 2개의 서로 다른 데이터 테이블로부터 각각의 컬럼이
사용되었다.

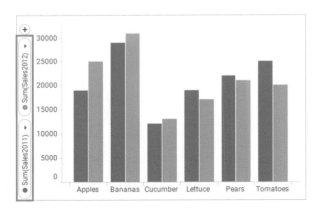

1-10 기본 데이터 테이블

여러 데이터 테이블을 이용하여 시각화를 구성하다 보면 반복적으로 자주 사용하게 되는 데이터 테이블이 있을 수 있다. 이러한 데이터 테이블을 '기본 데이터 테이블'로 설정해놓으면 편리하게 시각화 작업을 할 수 있다. 예를 들어 Spotfire에 여러 데이터 테이블을 불러들인 상태에서 시각화를 새로 생성하면 자동으로 특정 데이터 테이블을 가지고 시각화를 생성하는데, 이때 사용한 데이터 테이블을 '기본 데이터 테이블'이라고 한다. 데이터 테이블을 편하게 활용하기 위해서는 시각화 구성을 시작하기 전에 어떤 데이터 테이블이 시각화의 기본 데이터 테이블로 가장 적합한지 생각해보는 것이 좋다.

여러 데이터 테이블의 데이터를 결합하는 시각화에서도 기본 데이터 테이블은 중요한 역할을 수행한다. 시각화에서 기본 데이터 테이블은 항상 하나만 지정 가능하며, 사용자가 언제든지 변경하여 지정할 수 있다.

시각화 생성 시 자동으로 사용된 데이터 테이블은 시각화 속성 설정 창의 데이터 페이지나 범례의 데이터 테이블 선택기에서 확인하거나 변경할 수 있다. 아래 그림들에서 사용된 데이터 테이블의 이름은 '판매실적'이다.

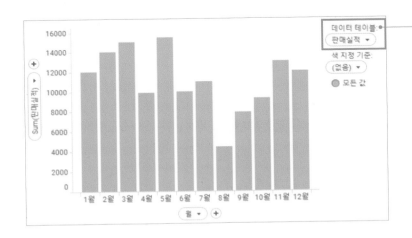

범례의 데이터 테이블 선택기에 보이는 데이터 테이블

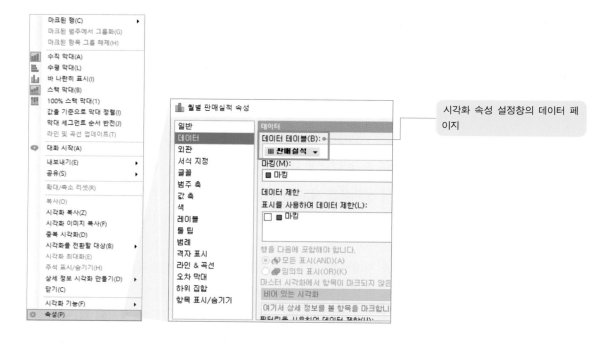

시각화 속성 설정창의 데이터 페이지

기본 데이터 테이블을 확인하거나 변경하려면 상단 메뉴에서 [데이터] → [데이터 테이블 속성]을 선택한다. 설정창이 다음과 같이 표시된다.

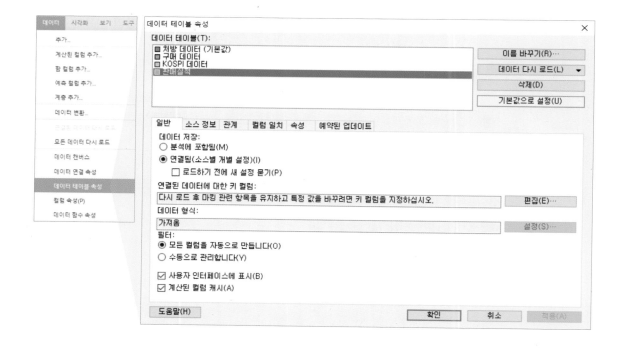

위 그림의 [데이터 테이블] 목록 중에서 파일명 옆에 '(기본값)'이라는 표시가 있는 파일이 딱 하나 있는데, 이것이 기본 데이터 테이블이다. Spotfire는 기본 설정으로 가장 처음 로드한 데이터 테이블을 기본 데이터 테이블로 지정한다. 만일 기존에 설정되어 있는 기본 데이터 테이블을 다른 테이블로 변경하려면, [데이터 테이블] 목록 중에서 새로 원하는 데이터 테이블을 선택한 다음 설정창의 오른쪽 상단에 [기본값으로 설정]이 활성화되면 이 부분을 클릭한다. 그러면 기본 데이터 테이블이 새로 선택한 데이터 테이블로 변경된다.

'판매실적'을 선택하고 [기본값으로 설정] 버튼을 클릭하면 아래 그림처럼 기본값으로 설정된 테이블이 변경된다. [확인] 버튼을 클릭하면 설정 작업이 종료된다.

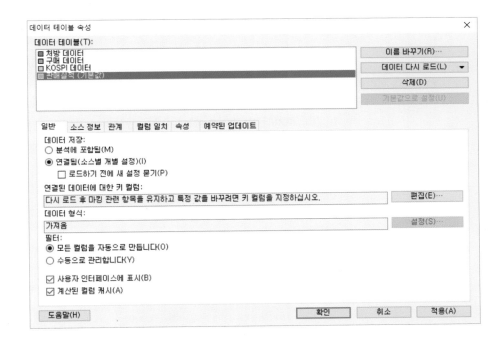

02 데이터 캔버스

2-1 데이터 바꾸기

Spotfire에서는 현재 작업해놓은 분석(시각화) 결과물을 새 데이터로 교체하여 동일한 분석 양식(Template)으로 업데이트된 결과물을 얻을 수 있다. 예를 들어, '1월 데이터'를 가지고 작성한 '1월 판매 분석' 파일이 있다면, 데이터 바꾸기 기능을 이용하여 1월 분석 자료를 2월 분석 자료로 손쉽게 만들 수 있다.

이 기능은 교체하려는 두 데이터 내 컬럼들의 이름과 형식(type)이 동일하면서 데이터의 내용만 다른 경우에 쉽게 적용할 수 있다. 실제로 주기적, 반복적으로 데이터가 생성되는 작업에 매우 유용하다.

아래 두 데이터 테이블을 살펴보면 값들만 다를 뿐, 컬럼 이름과 형식이 서로 동일하다.

2011-2013 화재 현황

기간	시도명	자치구	동	대분류	중분류	건수	데이터 테이블:
2013	서울특별시	종로구	사직동	주거	단독주택	1	2011-2013 화재 현황
2013	서울특별시	종로구	사직동	주거	공동주택	1	
2013	서울특별시	종로구	사직동	주거	기타주택	0	
2013	서울특별시	종로구	사직동	비주거	학교	0	
2013	서울특별시	종로구	사직동	비주거	일반업무	2	
2013	서울특별시	종로구	사직동	비주거	판매시설	1	
2013	서울특별시	종로구	사직동	비주거	숙박시설	0	
2013	서울특별시	종로구	사직동	비주거	종교시설	0	

2014-2016 화재 현황

기간	시도명	자치구	동	대분류	중분류	건수	데이터 테이블:
2015	서울특별시	종로구	사직동	주거	단독주택	1	2014-2016 화재 현황
2015	서울특별시	종로구	사직동	주거	공동주택	1	
2015	서울특별시	종로구	사직동	주거	기타주택	0	
2015	서울특별시	종로구	사직동	비주거	학교	0	
2015	서울특별시	종로구	사직동	비주거	일반업무	2	
2015	서울특별시	종로구	사직동	비주거	판매시설	1	
2015	서울특별시	종로구	사직동	비주거	숙박시설	0	

이러한 경우 아래 좌측의 '2011–2013 화재 현황 분석' 파일을 데이
터 바꾸기를 이용해 쉽게 '2014–2016 화재 현황 분석' 파일로 생성할
수 있다.

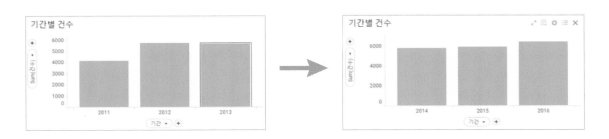

데이터 테이블 바꾸기 기능은 [데이터 캔버스]에서 사용할 수 있다.
[데이터 캔버스]를 실행하는 방법은 2가지가 있다. 먼저 처음에 로드한
데이터를 이용하여 원하는 시각화를 작성해놓은 후에,

1) 상단 메뉴에서 [데이터] → [데이터 캔버스]를 선택하거나,

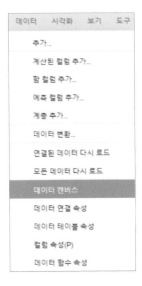

2) Spotfire 화면에서 좌측 하단의 [데이터 캔버스] 아이콘( )을 누른다.

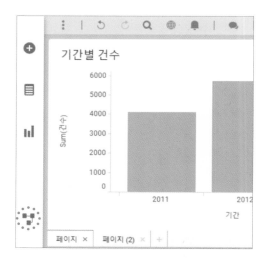

그러면 다음과 같이 데이터 캔버스 전용 화면이 표시된다. 각 부분에 대한 설명은 아래와 같다

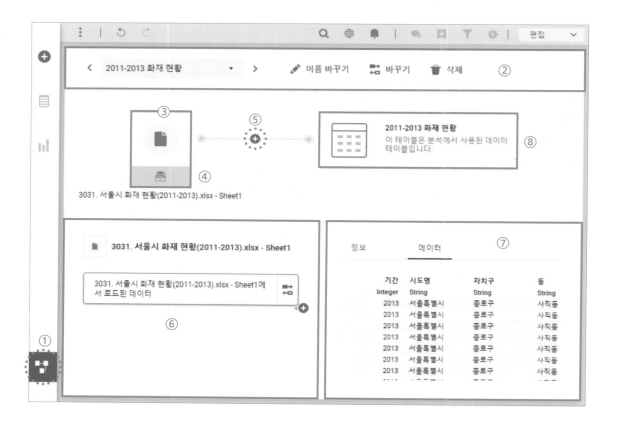

① 작성 막대의 데이터 캔버스 아이콘을 클릭하면 데이터 캔버스와 시각화 캔버스가 전환된다.

② 데이터 캔버스 맨 위의 도구모음에는 현재 보고 있는 데이터 테이블이 표시되며, '이름 바꾸기, 바꾸기 및 삭제'와 같이 전체 데이터 테이블에 작동하는 도구가 포함되어 있다.

③ 노드를 클릭하면 하단 필드에 해당 노드에 대한 자세한 정보가 표시된다.

④ 일부 유형의 소스는 노드 하단 버튼을 클릭한 다음 다른 설정으로 전환하여 데이터 로드 설정을 변경할 수 있다.

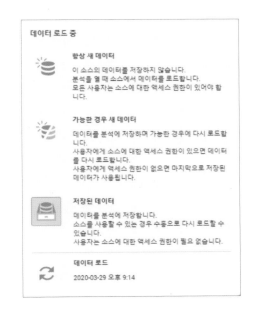

여기에서는 다시 로드가 가능한 데이터 소스에 연결된 데이터를 다시 로드할 수 있다. 일부 노드의 경우 원래 소스에 액세스할 수 없는 경우도 있다. 이 경우에는 저장된 데이터가 유일한 옵션으로 제공된다. 예를 들어 클립보드에서 데이터를 추가한 경우가 이에 해당된다.

⑤ 두 노드 사이의 더하기 기호를 클릭하여 데이터 구조의 특정 지점에 행 또는 컬럼을 추가할 수 있다.

⑥ 왼쪽 아래 필드에는 현재 선택된 노드의 단계 그룹 목록이 표시되며, 해당하는 경우 데이터 테이블의 여러 부분을 편집하기 위한 진입점을 제공한다. 예를 들어 데이터 소스 바꾸기, 변환 편집, 요청 시 설정 편집, 또는 이전에 추가된 작업 제거를 수행할 수 있다. 작업에 문제가 있는 경우 아이콘 및 툴 팁을 통해 정보가 제공된다. 구조의 특정 지점에 행이나 컬럼 또는 새 변환 그룹을 추가하려면 원하는 항목의 더하기 기호를 클릭하고 원하는 작업을 선택할 수 있다. 단계 그룹 목록의 변환 그룹 사이에 행 또는 컬럼을 삽입하는 경우 삽입 지점 아래의 모든 변환은 데이터 구조의 새 노드로 이동된다.

⑦ 오른쪽 필드에는 선택한 작업에 대한 상세 정보가 표시된다. 또는 데이터 머리글을 클릭하면, 해당하는 경우 현재 단계의 데이터 테이블에 대한 미리 보기가 표시된다.

⑧ 오른쪽 끝의 노드는 추가 소스나 계산된 컬럼의 모든 데이터가 추가된 후, 또는 원래 데이터에 대해 다른 모든 작업이 수행된 후에 Spotfire의 시각화에 사용되는 최종 데이터 테이블을 나타낸다.

데이터 캔버스 맨 위의 도구모음에서 데이터 테이블을 바꿀 수 있다. 아래 그림처럼 먼저 좌측에서 교체 대상 파일을 확인한 후에 [바꾸기]를 누른다.

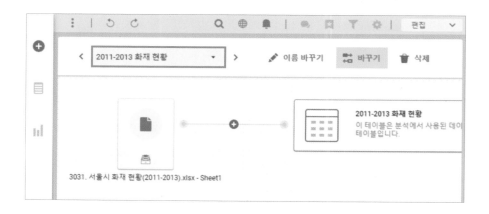

[파일 및 데이터] 화면으로 변경된다.

만일 이미 데이터를 로드한 적이 있다면 [최근 데이터]에서 파일을 찾을 수 있고, 아직 로드한 적이 없다면 [로컬 파일 찾아보기] 버튼을 클릭하여 원하는 교체 대상 파일을 지정하고 [열기]를 클릭한다.

다음과 같이 새로 화면이 나타나면 [가져오기] 버튼을 클릭한다.

아래 그림과 같이 표시되면, Spotfire에서 수행할 다른 작업이 없다는 의미이다. 필요하면 [데이터 변환]을 눌러서 피벗이나 언피벗 등의 데이터 변환을 이어서 수행할 수도 있다. 여기에서는 별다른 데이터 변환 작업이 필요 없으므로 그냥 [확인] 버튼을 누른다.

다음과 같이 작업 창이 화면에 잠시 나타났다가 사라지고,

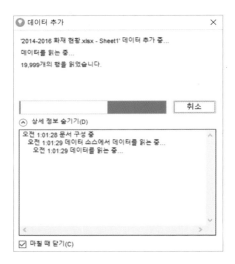

이어서 완료된 데이터 캔버스 화면이 표시된다.

위 그림을 보면, 데이터 캔버스 맨 위의 도구모음에서 파일 이름은 변경 전의 데이터 테이블 이름('2011–2013 화재 현황')으로 되어 있지만, 아래 노드 표시 밑의 파일 이름은 교체된 파일 이름('2014–2016 화재 현황')으로 되어 있음을 확인할 수 있다. 그리고 우측 하단의 데이터 테이블에서 '기간' 컬럼의 값이 2015로 되어 있는 것으로 보아 제대로 데이터가 교체되었음을 알 수 있다.

이제 데이터 캔버스 화면을 닫고(좌측 하단의 데이터 캔버스 아이콘을 다시 클릭) 시각화 캔버스로 돌아가보면 원래 시각화 양식 그대로 새 데이터로 바뀐 것을 확인할 수 있다.

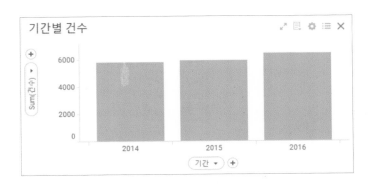

2-2 행 추가(Add Rows)

사용 중인 하나의(첫 번째) 데이터 테이블에 다른(두 번째) 데이터 테이블을 행으로(밑으로) 추가할 수 있다. 예를 들어서 학생들의 ID가 1~600번인 'ID 1_600' 테이블로 만든 시각화를 사용하다가 ID가 601~875번인 'ID 601_875'라는 새로운 데이터를 가져와서(데이터 테이블 추가) 현재의 'ID1_600' 데이터에 'ID 601_875' 데이터를 추가하여 하나의 데이터 테이블로 사용할 수 있다. 행을 추가하면 원래 행의 수가 600개에서 875개로 늘어나게 된다. 이때 컬럼의 개수는 동일하거나 늘어날 수 있다.

실제로 행 추가 작업을 실행해보자. 여기서는 Spotfire를 실행하고 처음에 데이터를 불러오는 작업부터 설명한다.

Spotfire에서 행 추가를 시작하는 방법은 시각화 캔버스에서 시작하는 방법과 데이터 캔버스에서 시작하는 방법 2가지가 있는데, 어느 방법으로 시작해도 중간 단계부터는 동일한 과정으로 수행하게 된다.

1 시각화 캔버스에서 행 추가 방법

따라하기 ······· **1** Spotfire를 실행한 후에 'ID 1_600.xlsx' 데이터를 로드한다. 데이터 확인 화면이 나타난다.

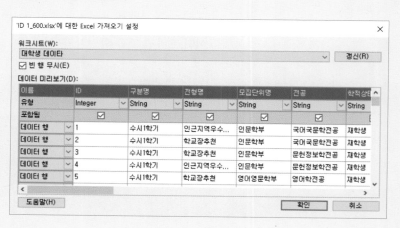

② 데이터를 확인하고 이상이 없으면 [확인] 버튼을 누른다. 잠시 후 아래와 같은 [분석에 데이터 추가] 화면이 표시된다. 로드해놓은 데이터가 아무것도 없으므로 [확인] 버튼을 누른다.

③ 데이터 추가 화면이 잠시 나타났다가 사라지고 초기 시각화 캔버스 화면이 나타난다. 화면 우측 하단에 로드한 데이터의 행과 컬럼에 대한 정보가 표시된다.

4　페이지에 차트 작성 등 원하는 시각화 작업을 수행한다. 여기서는 간단한 막대 그래프와 테이블 시각화를 작성하였다.

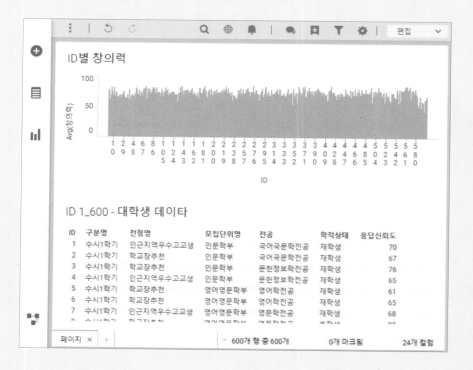

5　데이터(행) 추가 작업을 실행하기 위해 먼저 추가할 데이터 테이블을 가져와야 한다. 상단 메뉴의 [데이터] → [추가] 버튼을 누르거나, Spotfire 화면 상단 좌측에 있는 [파일 및 데이터] 아이콘을 누른다.

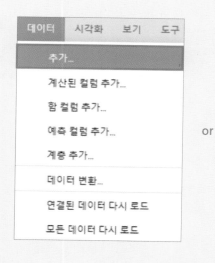 or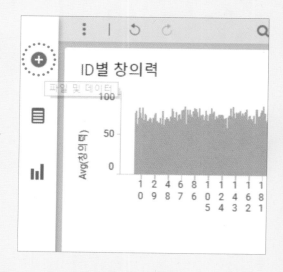

⑥ 아래와 같은 새로운 화면이 나타나고 여기에서 [로컬 파일 찾아보기]를 클릭하여 추가할 데이터('ID 601_875.xlsx')를 찾아서 지정한다.

⑦ 내용 확인을 완료하면 다음과 같은 화면이 나타난다.

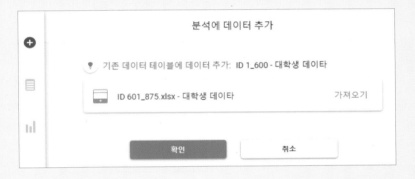

⑧ 파일 이름 부분 박스를 클릭하면 설정 화면이 확장되어 나타난다. 이 부분을 다시 클릭하면 원래대로 확장 부분이 접힌다.

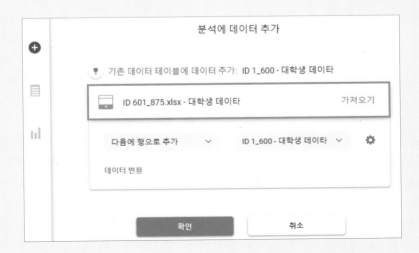

9 추가할 데이터 테이블을 지정했으니 다음은 추가할 데이터를 어떻게 할지 설정해야 한다. 화면에서 오른쪽 중간 아래의 파일 이름(ID 1_600 – 대학생 데이터) 박스를 클릭하면 아래와 같이 목록이 나타난다. 여기서 원본 대상 파일을 지정한다. 즉, 여기에서 지정하는 데이터 테이블에 새로 추가하는 데이터가 행으로 추가되는 것이다.

지금은 기존에 로드된 데이터가 하나밖에 없으므로 여기에서 별도로 지정할 필요가 없다.

10 화면에서 왼쪽 중간 아래의 [다음에 행으로 추가]를 클릭하면 다음과 같이 목록이 나타난다. 여기서 새로 가져올 데이터 테이블을 어떻게 추가(처리)할지 결정한다. 지금은 행으로 추가해야 하므로 [다음에 행으로 추가]를 클릭한다.

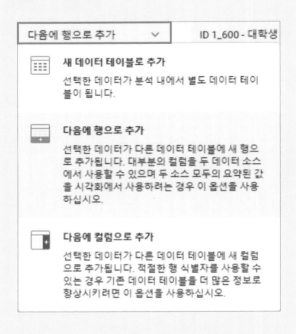

⑪ 이제 필요한 기본 설정은 모두 마쳤지만 데이터가 실제 어떤 모습으로 추가되는지는 알지 못한다. 이때 추가된 행에 대한 설정 버튼(⚙)을 클릭하면 최종 작업 수행 전에 데이터가 어떤 모습으로 추가될지 미리 볼 수 있다. 필요한 부분이 있으면 추가로 설정하여 완벽하게 데이터가 추가되도록 한다.

⑫ 추가된 행에 대한 설정 버튼을 누르면 아래 그림 같은 화면이 나타난다. 각 부분에 대한 설명은 다음과 같다.

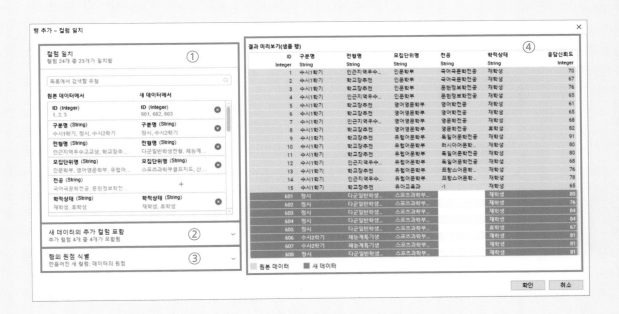

① 컬럼 일치

원본과 추가될 데이터에서 몇 개의 컬럼이 일치하는지, 일치하지 않는 것이 있다면 구체적으로 어떤 컬럼인지를 표시한다. 이 그림에서는 '전공' 컬럼 부분이 일치가 되어 있지 않음('새 데이터에서' 부분에 컬럼명이 표시가 안되어 있고 '+' 표시로 되어 있음)을 알 수 있다. + 기호를 누르면 우측으로 현재 일치 가능한 목록(즉, 아직 일치되지 않고 남은 컬럼들)이 표시된다. 이 중에서 일치 가능한 컬럼이 있다면 해당 컬럼을 클릭하여 일치시킨다. 여기에서는 원본 데이터의 컬럼이 '전공'이므로 새 데이터 대상 컬럼들 중에서도 '전공'을 클릭한다.

이 두 컬럼이 자동으로 일치되지 않은 이유는 각각 컬럼명은 '전공'으로 일치하지만 데이터 원본의 '전공' 컬럼은 'String' 타입, 새 데이터의 '전공' 컬럼은 'Real' 타입으로 데이터 타입이 일치하지 않았기 때문이다. 일치 작업을 하기 전에 서로 데이터 타입이 동일하도록 둘 중 하나의 데이터 타입을 변경하거나 컬럼을 새로 만들어서 두 컬럼의 타입을 일치시킨 후에 작업을 수행하는 것이 가장 좋다. 이 경우에는 새 데이터의 타입이 숫자형(real)이므로 원본에서 사용한 문자형(String)으로 사용해도 인식이 가능하기 때문에 강제로 일치시켜도 무방하다(일반적으로 숫자는 문자로 인식시킬 수 있지만, 문자는 숫자로 인식시킬 수 없다). '전공'을 클릭해주면 다음과 같이 두 컬럼이 일치된다.

이 부분은 결과 미리보기(샘플 행)에서도 시각적으로 확인이 가능하다. 다음 그림은 두 '전공' 컬럼이 일치되지 않은 경우의 미리보기 화면이다. '전공' 아래 부분이 비어 있다(흰색으로 표시).

결과 미리보기(샘플 행)

ID Integer	구분명 String	전형명 String	모집단위명 String	전공 String	학적상태 String	응답신뢰도 Integer
1	수시1학기	인근지역우수…	인문학부	국어국문학전공	재학생	70
2	수시1학기	학교장추천	인문학부	국어국문학전공	재학생	67
3	수시1학기	학교장추천	인문학부	문헌정보학전공	재학생	76
4	수시1학기	인근지역우수…	인문학부	문헌정보학전공	재학생	65
5	수시1학기	학교장추천	영어영문학부	영어학전공	재학생	61
6	수시1학기	학교장추천	영어영문학부	영어학전공	재학생	65
7	수시1학기	인근지역우수…	영어영문학부	영문학전공	재학생	68
8	수시1학기	학교장추천	영어영문학부	영문학전공	휴학생	82
9	수시1학기	학교장추천	유럽어문학부	독일어문학전공	재학생	91
10	수시1학기	학교장추천	유럽어문학부	러시아어문학…	재학생	80
11	수시1학기	학교장추천	유럽어문학부	독일어문학전공	재학생	80
12	수시1학기	인근지역우수…	유럽어문학부	독일어문학전공	재학생	68
13	수시1학기	학교장추천	유럽어문학부	프랑스어문학…	재학생	76
14	수시1학기	인근지역우수…	유럽어문학부	프랑스어문학…	재학생	78
15	수시1학기	학교장추천	유아교육과	-1	재학생	65
601	정시	다군일반학생…	스포츠과학부…		재학생	80
602	정시	다군일반학생…	스포츠과학부…		재학생	76
603	정시	다군일반학생…	스포츠과학부…		재학생	84
604	정시	다군일반학생…	스포츠과학부…		재학생	84
605	정시	다군일반학생…	스포츠과학부…		휴학생	67
606	수시2학기	체능계특기생	스포츠과학부…		재학생	81
607	수시2학기	체능계특기생	스포츠과학부…		재학생	81
608	정시	다군일반학생…	스포츠과학부…		재학생	81
648	정시	다군일반학생…	산업디자인학…		재학생	82
649	정시	다군일반학생…	산업디자인학…		재학생	86
650	정시	다군일반학생…	산업디자인학…		재학생	84
651	수시2학기	디자인조형실…	산업디자인학…		재학생	61
652	수시2학기	실업계고교졸…	산업디자인학…		재학생	69
653	정시	다군일반학생…	산업디자인학…		재학생	80
654	정시	다군일반학생…	산업디자인학…		재학생	67

다음 그림은 두 '전공' 컬럼이 일치된 경우의 미리보기 화면이다. '전공' 아래 부분이 비어 있지 않다(파란색으로 표시). 만일 값이 있다면 값이 표시될 것이다.

결과 미리보기(샘플 행)

ID Integer	구분명 String	전형명 String	모집단위명 String	전공 String	학적상태 String	응답신뢰도 Integer
1	수시1학기	인근지역우수…	인문학부	국어국문학전공	재학생	70
2	수시1학기	학교장추천	인문학부	국어국문학전공	재학생	67
3	수시1학기	학교장추천	인문학부	문헌정보학전공	재학생	76
4	수시1학기	인근지역우수…	인문학부	문헌정보학전공	재학생	65
5	수시1학기	학교장추천	영어영문학부	영어학전공	재학생	61
6	수시1학기	학교장추천	영어영문학부	영어학전공	재학생	65
7	수시1학기	인근지역우수…	영어영문학부	영문학전공	재학생	68
8	수시1학기	학교장추천	영어영문학부	영문학전공	휴학생	82
9	수시1학기	학교장추천	유럽어문학부	독일어문학전공	재학생	91
10	수시1학기	학교장추천	유럽어문학부	러시아어문학…	재학생	80
11	수시1학기	학교장추천	유럽어문학부	독일어문학전공	재학생	80
12	수시1학기	인근지역우수…	유럽어문학부	독일어문학전공	재학생	68
13	수시1학기	학교장추천	유럽어문학부	프랑스어문학…	재학생	76
14	수시1학기	인근지역우수…	유럽어문학부	프랑스어문학…	재학생	78
15	수시1학기	학교장추천	유아교육과	-1	재학생	65
601	정시	다군일반학생…	스포츠과학부…		재학생	80
602	정시	다군일반학생…	스포츠과학부…		재학생	76
603	정시	다군일반학생…	스포츠과학부…		재학생	84
604	정시	다군일반학생…	스포츠과학부…		재학생	84
605	정시	다군일반학생…	스포츠과학부…		휴학생	67
606	수시2학기	체능계특기생	스포츠과학부…		재학생	81
607	수시2학기	체능계특기생	스포츠과학부…		재학생	81
608	정시	다군일반학생…	스포츠과학부…		재학생	81
648	정시	다군일반학생…	산업디자인학…		재학생	82
649	정시	다군일반학생…	산업디자인학…		재학생	86
650	정시	다군일반학생…	산업디자인학…		재학생	84
651	수시2학기	디자인조형실…	산업디자인학…		재학생	61
652	수시2학기	실업계고교졸…	산업디자인학…		재학생	69
653	정시	다군일반학생…	산업디자인학…		재학생	80
654	정시	다군일반학생…	산업디자인학…		재학생	67

② 새 데이터의 추가 컬럼 포함

만일 현재 데이터(첫 번째 데이터)의 컬럼에는 없는데 새로운 데이터에만 컬럼이 존재하는 경우나, 컬럼 간 매칭(일치)이 실패하여 남아 있는 경우, 여기에 해당 컬럼들이 표시된다. 컬럼(들)을 최종 데이터에 추가하고 싶으면 컬럼 앞의 체크박스를 선택한다.

아래 그림(결과 미리보기)을 보면 원본은 값이 비어 있고 추가된 데이터에만 행의 값이 붙어 있다.

결과 미리보기(샘플 행)

사고력 Integer	응용력 Integer	이해력 Integer	논리력 Integer	성명 String	인성평균 Real	직무평균 Real
51	72	82	96			
61	72	97	87			
61	46	52	62			
71	29	72	85			
61	56	72	96			
21	56	32	85			
71	92	82	87			
71	72	92	87			
61	46	72	82			
81	46	72	96			
95	56	97	96			
71	36	62	52			
51	56	52	87			
81	72	72	85			
61	46	62	82			
71	17	52	72	임수*	56.56	47.00
61	29	62	82	임진*	62.44	54.38
39	17	62	52	임혜*	53.78	43.75
61	29	62	52	임호*	61.78	55.75
61	29	62	52	장민*	48.44	44.38
31	56	72	42	장상*	56.11	45.38
39	17	42	62	장윤*	75.00	39.50
61	36	72	72	장훈*	56.89	58.25
21	46	62	85	김대*	53.00	52.25
95	66	42	82	김미*	56.33	78.00

③ 행의 원점 식별

이 부분은 반드시 사용해야 하는 것은 아니지만, 행 추가 시 원본 데이터 테이블과 새로운 데이터 테이블을 구분하고자 할 때 사용한다. 예를 들어, 어디까지가 원본 테이블의 값이고 어디서부터가 추가된 테이블의 값들인지 구분하거나, 원본은 '1차분', 추가 행들은 '2차분'이라고 새 컬럼에 값을 직접 넣어서 구분하고자 하는 경우에 유용하다.

사용을 원치 않으면 [원점 식별 안 함] 버튼을 선택하고, 사용을 원하면 [새 컬럼 만들기] 버튼을 선택한다.

기본 설정은 위 그림처럼 각 값들이 자동으로 채워져 있지만 원하면 사용자가 직접 값을 입력하여 사용할 수 있다. 예를 들어 이 데이터에서 '등록 구분'이라는 새 컬럼을 만들어서 ID가 1~600까지인 학생들(원본 데이터)은 '1차 등록'으로, ID가 601~675까지인 학생들(추가 데이터)은 '추가 등록'으로 표시하고 싶다면, 아래 그림처럼 입력하면 된다.

결과 미리보기에는 다음과 같이 표시된다. '추가 등록'이라고 표시된 행부터가 추가된 데이터들이다.

이해력	논리력	성명	인성...	직무평균	등록 구분
Integer	Integer	String	Real	Real	String
82	96				1차 등록
97	87				1차 등록
52	62				1차 등록
72	85				1차 등록
72	96				1차 등록
32	85				1차 등록
82	87				1차 등록
92	87				1차 등록
72	82				1차 등록
72	96				1차 등록
97	96				1차 등록
62	52				1차 등록
52	87				1차 등록
72	85				1차 등록
62	82				1차 등록
52	72	엄수*	56.56	47.00	추가 등록
62	82	임진*	62.44	54.38	추가 등록
62	52	임혜*	53.78	43.75	추가 등록
62	52	임효*	61.78	55.75	추가 등록
62	52	장민*	48.44	44.38	추가 등록
72	42	장상*	56.11	45.38	추가 등록
42	62	장윤*	75.00	39.50	추가 등록
72	72	장훈*	56.89	58.25	추가 등록
62	85	김대*	53.00	52.25	추가 등록
42	82	김미*	56.33	78.00	추가 등록
82	96	김민*	54.33	75.25	추가 등록
72	87	김악*	51.00	73.38	추가 등록

④ 결과 미리보기(샘플 행)

앞에서 설정을 하는 즉시 샘플 데이터들로 미리 화면을 구성하여 사용자가 결과를 시각적으로 확인할 수 있도록 한다. 그림에서 옅은 파란색 부분이 원본 행들이고, 짙은 파란색 부분이 추가될 데이터 행들이다.

⑬ 설정을 마치고 우측 하단의 [완료] 버튼을 클릭하면 최종 설정 완료 화면이 나타난다. 각 부분에 대한 간단한 설명은 다음과 같다.

추가할 데이터 테이블을 표시한다. 여기를 클릭하면 밑으로 상세 설정 화면이 펼쳐진다.

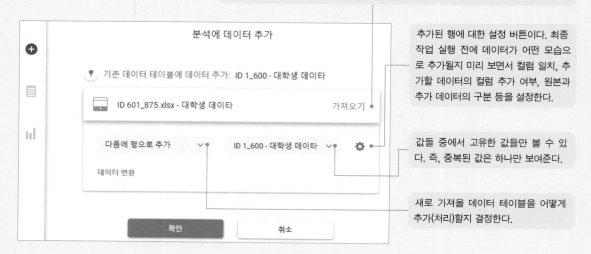

추가된 행에 대한 설정 버튼이다. 최종 작업 실행 전에 데이터가 어떤 모습으로 추가될지 미리 보면서 컬럼 일치, 추가할 데이터의 컬럼 추가 여부, 원본과 추가 데이터의 구분 등을 설정한다.

값들 중에서 고유한 값들만 볼 수 있다. 즉, 중복된 값은 하나만 보여준다.

새로 가져올 데이터 테이블을 어떻게 추가(처리)할지 결정한다.

⑭ [확인]을 누르면 이제까지 설정을 반영하여 작업이 실행되고 데이터 캔 버스 화면에 작업 내용이 프로세스 형태로 표시된다. 처음 원본 데이터 에 두 번째 데이터가 행으로 추가되어 최종적으로 하나의 테이블로 생 성되었음을 알 수 있다.

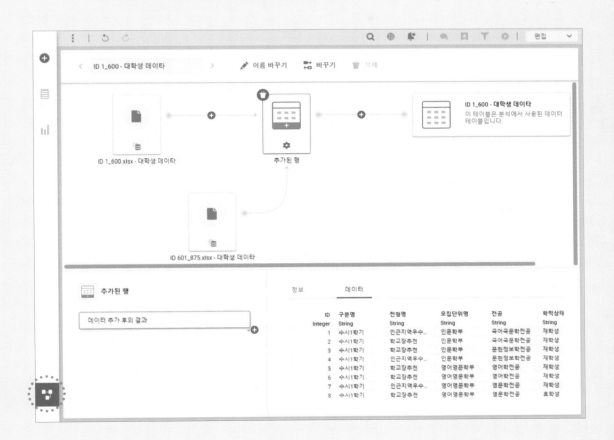

⑮ 우측 하단의 데이터 캔버스 아이콘을 눌러서 데이터 캔버스 화면을 닫 고 시각화 캔버스로 돌아가보자. 데이터가 추가되어 기존 시각화가 변 경, 반영되어 있다. 시각화 이름이나 데이터 테이블 이름은 동일하지만 실제 데이터는 2개의 데이터가 행으로 추가되어, 하나로 합쳐져서 표시 되어 있다.

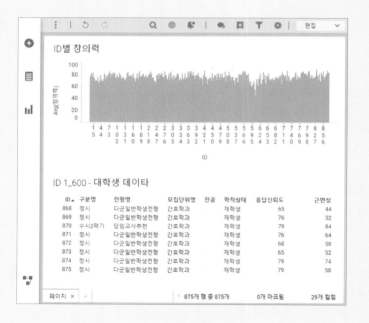

2 데이터 캔버스에서 행 추가 방법

따라하기 ⋯⋯⋯⋯⋯⋯⋯ ① 앞서 p. 544 〈시각화 캔버스에서 행 추가 방법〉의 ① ~ ④ 단계까지 동일하게 실행한다.

② 데이터(행) 추가 작업을 실행하기 위하여 화면의 좌측 하단에 있는 '데이터 캔버스' 버튼을 클릭한다.

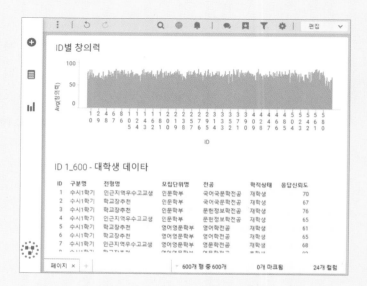

③ 데이터 캔버스 화면이 다음과 같이 표시된다.

④ 화면 상단의 노드와 노드 중간에 있는 + 표시를 클릭한다.

⑤ + 표시 바로 아래에 2가지 옵션이 나타나는데, 여기에서 [행 추가]를 클릭한다.

⑥ 아래와 같은 새로운 화면이 나타나면 [로컬 파일 찾아보기]를 클릭하여 추가할 데이터('ID 601_875')를 찾아서 지정한다.

⑦ 내용 확인을 완료하면 다음과 같은 화면이 나타난다.

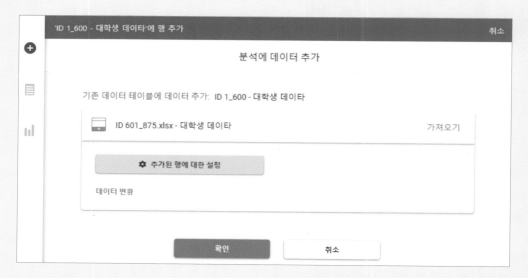

⑧ [추가된 행에 대한 설정] 부분 박스를 클릭한다. 이 박스는 바로 앞 p. 549 〈시각화 캔버스에서 행 추가 방법〉의 ⑪과 정확하게 동일한 설정 기능이다.

이후 과정은 p. 549 〈시각화 캔버스에서 행 추가 방법〉의 ⑫ ~ ⑮와 동일하다.

만일 앞서 작업한 행 추가 작업을 삭제하고 원래대로(원본 데이터만) 사용하고 싶으면 다음 그림처럼 [추가된 행] 노드 부분 좌측 상단에 있는 휴지통 모양의 [제거] 아이콘을 클릭한다. 커서를 그 부분으로 가져가면 제거와 관련된 노드들이 모두 희미하게 표시되어 어느 부분이 제거되는지 알 수 있다.

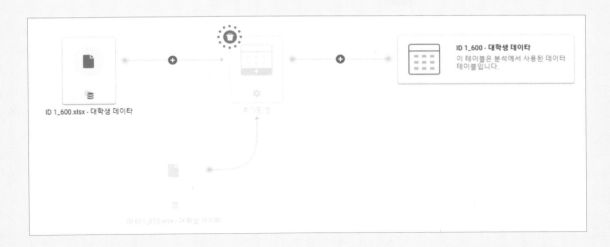

제거 확인창이 나타나 다시 한 번 확인을 요한다. 이때 [확인] 버튼을 클릭하면,

아래 그림처럼 행을 추가하기 이전으로 돌아간다. 즉, 행 추가 관련 작업들이 제거되었다.

2-3 열 추가(Add Columns)

Spotfire에서 사용 중인 하나의(첫 번째) 데이터에 다른(두 번째) 데이터의 컬럼을 옆으로 추가할 수 있다. 예를 들어 학생들의 학점 정보가 있는 데이터에 해당 학생들의 인적성과 관련된 새로운 데이터를 가져와(데이터 테이블 추가) 하나의 데이터 테이블로 합쳐서 사용할 수 있다. 열을 추가하면 기존보다 컬럼의 수가 늘어난다. 이때 행의 수는 열을 추가하는 기준 방식(Join Method)에 따라서 열 추가 후에 늘어날 수도 있고 동일할 수도 있다.

실제로 열 추가 작업을 실행해보자. 여기서는 Spotfire를 실행하고 처음에 데이터를 불러오는 작업부터 설명한다.

Spotfire에서 열 추가를 시작하는 방법은 시각화 캔버스에서 시작하는 방법과 데이터 캔버스에서 시작하는 방법 2가지가 있는데, 어느 방법으로부터 시작해도 중간 단계부터는 동일한 과정으로 수행하게 된다.

1 시각화 캔버스에서 열 추가 방법

따라하기 ······················ ① Spotfire를 실행한 후에 '학점 데이터.xlsx' 데이터를 로드한다. 데이터 확인 화면이 나타난다. 데이터에 이상이 없으면 [확인] 버튼을 누른다.

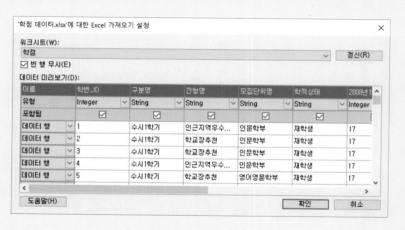

2 잠시 후 아래와 같은 [분석에 데이터 추가] 화면이 표시된다. 로드해놓은 데이터가 아무것도 없으므로 [확인] 버튼을 누른다.

3 데이터 추가 화면이 잠시 나타났다가 사라지고 초기 시각화 캔버스 화면이 나타난다. 화면 우측 하단에 로드한 데이터의 행과 컬럼에 대한 정보가 표시된다.

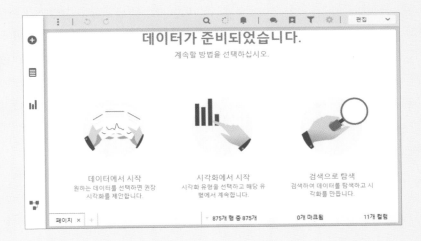

④ 페이지에 차트 작성 등 원하는 시각화 작업을 수행한다. 여기서는 테이블 시각화를 작성하였다.

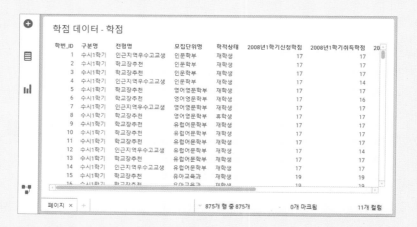

⑤ 데이터(컬럼) 추가 작업을 실행하기 위해 먼저 추가할 데이터 테이블을 가져와야 한다. 상단 메뉴의 [데이터] → [추가] 버튼을 누르거나, Spotfire 화면 상단 좌측에 있는 [파일 및 데이터] 아이콘을 누른다.

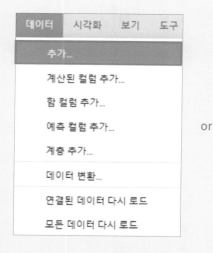 or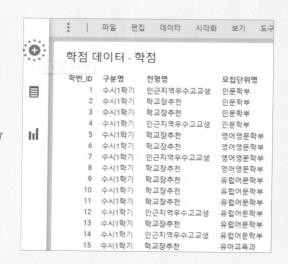

⑥ 다음과 같은 새로운 화면이 나타난다. 여기에서 [로컬 파일 찾아보기]를 클릭하여 추가할 데이터('인적성 데이터.xlsx')를 찾아서 지정한다.

⑦ 내용 확인을 완료하면 다음과 같은 화면이 나타난다.

⑧ 파일 이름 박스를 클릭하면 설정 화면이 확장되어 나타난다. 이 부분을 다시 클릭하면 원래대로 확장 부분이 접힌다.

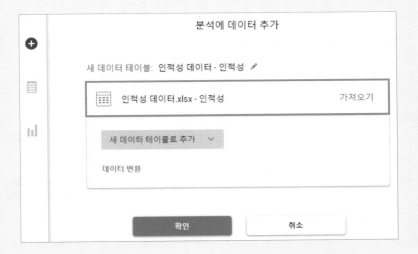

⑨ 추가할 데이터 테이블을 지정했으니 다음은 추가할 데이터를 어떻게 할지 설정해야 한다. 화면에서 [새 데이터 테이블로 추가] 박스를 클릭하면 아래와 같은 목록이 나타난다. 이 부분은 새로 가져올 데이터 테이블을 어떻게 추가(처리)할지 결정하는 부분이다. 여기에서는 컬럼으로 추가해야 하므로 중간의 [다음에 컬럼으로 추가] 부분을 클릭한다

⑩ 그 결과 아래와 같은 화면이 표시되었다. 그림의 우측 하단에 있는 '학점 데이터 – 학점' 박스는 원본 대상 파일을 지정하는 부분이다. 즉, 여기에서 지정하는 데이터가 컬럼으로(원본 데이터 우측으로) 추가되는 것이다.

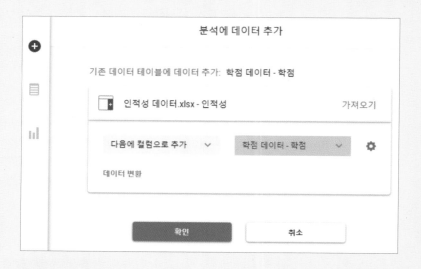

지금은 기존에 로드된 데이터가 하나밖에 없으므로 여기에서 별도로 지정할 필요가 없다.

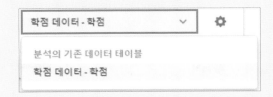

⓫ 이제 필요한 기본 설정은 모두 마쳤지만 데이터가 실제 어떤 모습으로 추가되는지는 알지 못한다. 이때 추가된 컬럼에 대한 설정 버튼(⚙)을 클릭하면 최종 작업 수행 전에 데이터가 어떤 모습으로 추가될지 미리 볼 수 있다. 필요한 부분이 있으면 추가로 설정하여 완벽하게 데이터가 추가되도록 한다.

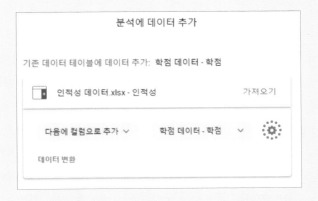

⓬ 추가된 컬럼에 대한 설정 버튼을 누르면 다음과 같은 화면이 나타난다. 각 부분에 대한 설명은 다음과 같다.

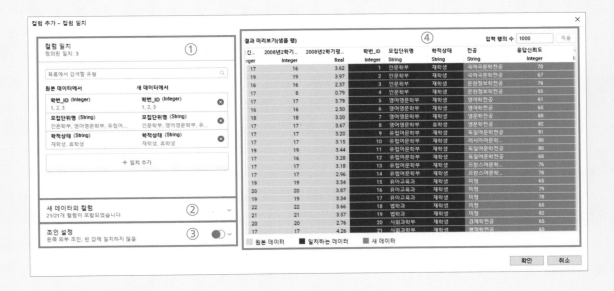

① 컬럼 일치

원본과 추가될 데이터에서 몇 개의 컬럼이 일치하는지 표시한다. 이 그림에서는 '학번_ID', '모집단위명', '학적상태' 3개 컬럼 부분이 일치되어 있음을 알 수 있다. 즉, 이 3개의 컬럼은 원본과 추가될 데이터에 모두 공통으로 존재하며, 이 3개 컬럼 값이 모두 일치할 때 원본 데이터의 옆(우측)으로 추가 데이터를 붙인다는 의미이다. 원본과 추가 데이터의 컬럼 이름이나 타입이 달라도 아래 [+ 일치 추가] 버튼을 눌러서 컬럼 일치를 추가할 수 있고, 기존에 컬럼 일치가 되어 있어도 필요하면 사용자가 해당 컬럼 일치의 우측에 있는 ⊗ 표시를 눌러 해제할 수도 있다.

② 새 데이터의 컬럼

추가할 데이터 중에서 원본 데이터 옆으로 추가할 컬럼들을 선택하는 부분이다. 추가될 데이터의 컬럼들 중에서 추가하고 싶지 않은 컬럼이 있다면 여기에서 해당 컬럼 앞의 체크박스를 해제한다.

추가될 데이터의 모든 컬럼들 중에서 컬럼 일치에 사용되고 남은 컬럼들이 여기에 표시된다.

③ 조인 설정

'행 추가'의 경우와 달리 '컬럼 추가' 시에는 연결하는 방법(조인 방법)을 정해야 한다. [조인 설정]에 따라서 원본 데이터에 컬럼을 추가한 이후의 결과는 많이 달라진다. 그러므로 이 부분을 잘못 선택해서 원하는 데이터가 아니라 엉뚱한 결과를 얻지 않도록 적절한 조인 방법을 지정해주는 것이 중요하다.

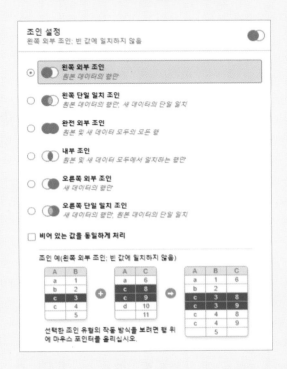

총 6가지 조인 방법을 지원하며 이 중에서 원하는 조인 방법을 클릭하면 하단에 보이는 [조인 예]에서 샘플로 준비된 2개의 데이터들이 어떻게 하나로 합쳐지는지를 보여준다. [조인 예]에 있는 테이블들 중 하나에 마우스를 가져다 놓으면 위 그림처럼 관련 데이터들이 동시에 파랗게 표시되어 작동원리를 이해하는 데 도움이 된다. 조인 설정에 대한 상세한 설명은 다음과 같다.

아래 그림과 같이 '이전 데이터(원본 데이터)'와 '새 데이터(추가할 데이터)'가 있다고 가정해보자. 이전 데이터에 새 데이터의 컬럼을 가져와서 옆으로 추가하는 방법을 고려해보자.

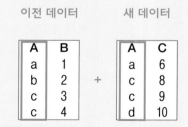

두 데이터 테이블에는 모두 A 컬럼이 있다. 이들은 셀 값이 유사하고 형식(타입)도 동일하므로 A 컬럼을 연결 키로 사용하여 일치시킬 수 있다.

데이터를 컬럼으로 연결하는, 즉 컬럼을 삽입하는 방법에는 다음과 같이 6가지 옵션이 존재한다.

③-1 왼쪽 외부(Left Outer) 조인

먼저 불러온 데이터를 왼쪽 테이블로 기준을 삼아서 오른쪽 데이터에 있는 컬럼들을 조인한다. 즉 왼쪽 데이터의 컬럼에 있는 값들만 기준으로 하여 해당 데이터를 추가하는 방법이다.

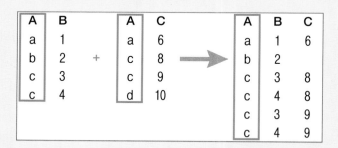

③-2 왼쪽 단일 일치(Left Single Match) 조인

먼저 불러온 데이터를 왼쪽 테이블로 기준을 삼아서 오른쪽 데이터에 있는 컬럼들을 조인한다는 점에서는 '왼쪽 외부'와 동일하다. 그러나 '새 데이터'의 첫 번째 값으로 결정되어 왼쪽(원래) 데이터의 행의 수가 늘지 않는다는 점이 다르다.

예를 들어, 아래 그림에서 맨 왼쪽(이전 데이터)의 A 컬럼 값에는 2개의 c가 있다. '첫 번째 c'는 가운데 A 컬럼(새 데이터)의 c값 중에는 첫 번째 값이 8이므로 컬럼 추가 결과 C 컬럼에는 8이 오게 된다. 같은 맥락으로 맨 왼쪽 데이터에 '두 번째 c'는 가운데 A 컬럼(새 데이터)의 c값 중에는 첫 번째 값이 8이므로 컬럼 추가 결과 C 컬럼에도 8이 오게 된다.

6가지 연결 방법 중에서 일반적으로 가장 많이 사용하는 방법이다.

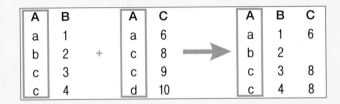

③-3 완전 외부(Full Outer) 조인

'이전 데이터'와 '새 데이터'의 순서에 상관없이 가능한 한 모든 경우를 적용하여 연결하는 방법이다. 만일 값이 없으면 빈칸으로 존재한다.

이전 데이터와 새 데이터의 A 컬럼에는 고유값인 a, b, c, d가 존재하므로 컬럼을 추가한 후 이들 값이 모두 보인다.

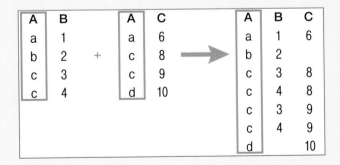

③-4 내부(Inner) 조인

이전 데이터와 새 데이터의 연결 키 컬럼에 모두 있는(즉, 둘 다 값이 일치하는) 경우만 골라서 컬럼을 일치시키는 방법이다. 즉 2개의 데이터 컬럼 중에서 어느 한쪽이라도 동일한 값이 없으면 컬럼 삽입 후의 결과 데이터에서 빼버리는 방법이다.

아래 그림을 보면 이전 데이터에는 a, b, c 값이, 새 데이터에는 a, c, d 값이 각각 존재하므로 두 경우 다 존재하는 값은 a와 c뿐이다. 따라서 컬럼 추가 후 결과 데이터에는 a와 c에 해당하는 경우만 가지고 나머지 가능한 조합들을 모두 추가하였다.

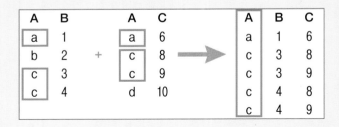

③-5 오른쪽 외부(Right Outer) 조인

'왼쪽 외부'와 기준이 바뀐 경우이다. 새로 불러오는(오른쪽) 데이터에 있는 컬럼(오른쪽 테이블)으로 기준을 삼아서 왼쪽(이전 데이터)에 있는 컬럼들을 조인한다. 즉 오른쪽 데이터의 컬럼에 있는 값들만 기준으로 해서 왼쪽에서 해당 데이터를 가져다가 추가하는 방법이다.

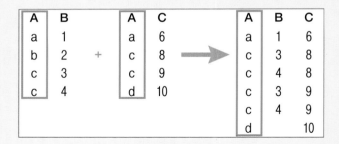

③-6 오른쪽 단일 일치(Right Single Match) 조인

'왼쪽 단일 일치'와 기준이 바뀐 방식이다. 새로 추가할 데이터(오른쪽 데이터)로 기준을 삼아서 왼쪽 데이터(이전 데이터)에 있는 컬럼들을 조인한다는 점에서는 '오른쪽 외부'와 동일하다. 그러나 '새 데이터'의 첫 번째 값으로 결정되어 오른쪽 데이터(새 데이터)의 행의 수가 늘지 않는다는 점이 다르다.

예를 들어, 아래 그림에서 가운데 데이터(새 데이터)의 A 컬럼의 값에는 2개의 c가 있다. 이 컬럼의 '첫 번째 c'는 맨 왼쪽(이전 데이터) A 컬럼의 c값 중에는 B 컬럼의 첫 번째 값이 3이므로 컬럼 추가 결과 B 컬럼에는 3이 오게 된다. 똑같은 맥락으로 가운데 데이터에

'두 번째 c'는 첫 번째 데이터(새 데이터) A 컬럼의 c값 중에 B 컬럼의 첫 번째 값이 3이므로 컬럼 추가 결과 두 번째 B 컬럼에도 3이 오게 된다.

④ 결과 미리보기(샘플 행)

앞에서 설정하는 즉시 샘플 데이터들로 미리 화면을 구성하여 사용자가 결과를 시각적으로 확인할 수 있도록 한다. 그림에서 왼쪽의 옅은 파란색 부분이 원본 데이터이고, 가운데 진한 파란색 부분이 일치하는 데이터, 오른쪽의 중간 정도 파란색 부분이 추가될 새 데이터들이다. 일치하는 컬럼을 중심으로 양쪽에 각각 원본 데이터와 추가할 데이터를 비교하여 같이 볼 수 있다.

⑬ [왼쪽 단일 일치 조인]을 선택하고 [확인]버튼을 누른다. 이 방법은 데이터 추가 후에도 원본 행의 수가 동일하게 유지되므로 일반적으로 가장 많이 사용한다.

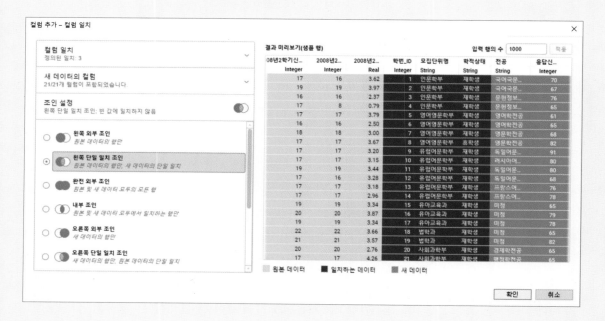

⑭ 최종 설정 화면으로 돌아오면 [확인] 버튼을 누른다.

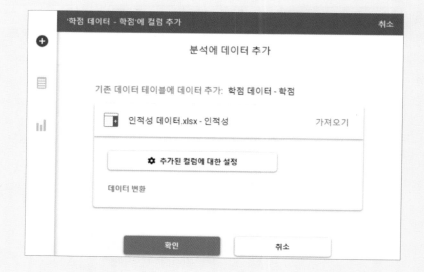

15 이제까지 설정을 반영하여 작업이 실행되고 데이터 캔버스 화면에 작업 내용이 프로세스 형태로 표시된다. 처음 원본 데이터에 새로운 데이터가 컬럼으로 추가되어 최종적으로 하나의 테이블로 생성되었음을 알수 있다.

만일 나중에라도 추가된 컬럼에 대한 설정을 변경하고 싶으면 언제든지 설정 편집 버튼을 눌러서 설정 화면으로 돌아갈 수 있다.

16 우측 하단의 데이터 캔버스 아이콘을 눌러서 데이터 캔버스 화면을 닫고 시각화 캔버스로 돌아가보자. 컬럼이 추가되어 기존 시각화가 변경, 반영되어 있다. 시각화 이름(데이터 테이블 이름)은 동일하지만 2개의 데이터가 컬럼으로 추가되어, 하나로 합쳐져 표시되어 있다. 원본 데이터는 11개의 컬럼(875개 행)이었는데, 컬럼 추가 이후 컬럼의 수가 32개

(875개 행)로 늘어났으며, '왼쪽 단일 일치 조인' 방법을 적용하였으므로 행의 수는 늘어나지 않았다.

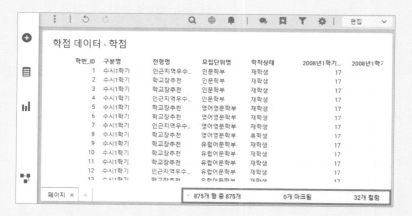

만일 앞서 작업한 컬럼 추가 작업을 삭제하고 원래대로(원본 데이터만) 사용하고 싶으면 아래 그림처럼 [추가된 컬럼] 노드 부분의 좌측 상단에 있는 휴지통 모양의 [제거] 아이콘을 클릭한다. 커서를 그 부분으로 가져가면 제거와 관련된 노드들이 모두 희미하게 표시되어 어느 부분이 제거되는지 알 수 있다.

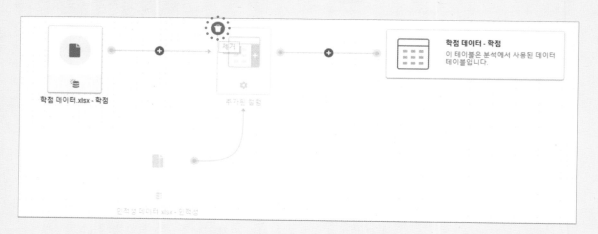

제거 확인창이 나타나서 다시 한 번 확인을 요한다. [확인] 버튼을 클릭하면,

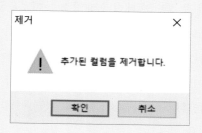

아래 그림처럼 컬럼을 추가하기 이전으로 돌아간다. 즉, 컬럼 추가 관련한 작업들이 제거되었다.

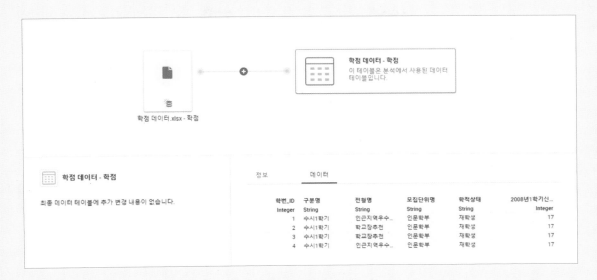

03   데이터 변환(Data Transformation)

Spotfire에서는 사용자가 직접 데이터를 수정 또는 변환할 수 있도록 여러 가지 기능을 제공하고 있다. 분석을 수행하다 보면 데이터를 처음 로드한 상태 그대로 사용하는 것보다는 적절한 형태로 변환하여 사용하는 것이 훨씬 더 효율적인 경우가 있다. 예를 들어 Spotfire에서 분석하고자 하는 데이터가 가장 적합한 포맷이 아니거나, 오류를 포함하고 있을 때는 분석에서 최선의 결과를 얻을 수 있는 데이터로 변환해야 한다.

선택 항목에 따라 내용이 변경되는 특정 컬럼 유형을 제외하고 Spotfire로 로드되는 대부분의 일반 컬럼 유형에 대해 변환을 수행할 수 있다. 하지만 변환을 적용할 수 없는 다음과 같은 유형의 컬럼도 있다.

- 분석에서 태그를 추가하여 생성된 컬럼
- 계산된 컬럼(calculated column)
- K-평균 군집분석, 라인 유사성과 같은 도구(tool)를 사용하여 생성된 컬럼

위에 해당하는 컬럼들은 변환에 사용되는 설정 대화상자에서 선택할 수 없다.

3-1 데이터 변환 적용 시점

데이터 변환은 데이터를 로드할 때 적용하거나, 데이터가 이미 Spotfire에 로드된 후에 모두 적용할 수 있다.

데이터를 로드할 때 데이터 변환을 하는 방법(즉, 데이터 소스에 직접 변환을 적용하는 경우)은 원본 데이터가 매우 크거나, 변환 자체가 로드할 데이터를 줄이거나 다시 모델링하는 경우에 주로 필요하다. 예를 들어 컬럼의 수를 줄이기 위해 하는 언피벗 작업이 이에 해당한다.

데이터가 이미 Spotfire에 로드된 후에 데이터 변환을 하는 방법은 이미 로드된 데이터에 대해 데이터 기록에서 별도 단계로 추가하여 사용할 때 유용하다. 변환 그룹이 별도 단계로 추가되면 데이터를 다시 로드할 필요 없이 하나 이상의 변환을 간단하게 편집하거나 제거할 수 있기 때문이다.

연결된 데이터로 작업할 때, 즉 해당 데이터의 로드/저장 옵션이 '항상 새 데이터'일 때 해당 데이터를 Spotfire로 가져온 경우에만 데이터를 변환할 수 있다. 다음 설명과 같이 데이터가 로드된 후에 데이터 변환을 사용할 수 있으며, 연결된 데이터베이스 내의 데이터는 변환할 수 없다.

1 데이터를 로드할 때 데이터 변환 방법

따라하기 ·················· ① 화면 좌측 상단의 작성 막대에서 '파일 및 데이터'를 클릭한다.

② 원하는 데이터 테이블을 찾아서 클릭한다. 파일 및 데이터 플라이아웃에서 적절한 키워드를 검색하거나 여러 범주를 탐색하여 원하는 데이터를 찾을 수도 있다. 본인 PC에 파일이 있다면 [로컬 파일 찾아보기]를 눌러서 원하는 파일을 찾고 [확인]을 누르면 다음과 같은 화면이 표시된다.

데이터 테이블을 바꿀 때, 또는 기존 데이터 테이블에 컬럼을 추가하거나 행을 추가할 때 변환을 적용할 수도 있다.

③ '분석에 데이터 추가' 창에서 데이터 테이블 이름 박스를 클릭하여 설정 섹션을 확장하고 [데이터 변환]을 클릭한다.

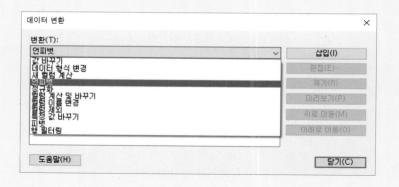

④ 데이터 변환 대화상자에서 데이터에 대해 수행할 [변환] 유형을 선택한다. 아래 그림에는 '언피벗'을 선택하였다.

⑤ [삽입]을 클릭하여 선택한 변환 유형에 대한 관련 설정이 있는 대화상자를 연다. 필요한 설정을 지정한 후 [확인]을 클릭한다.

⑥ 변환을 더 추가하려면 ④단계와 ⑤단계를 반복한다. 미리보기 단추를 클릭하면 추가된 변환이 적용된 결과를 미리 확인할 수 있다. 완료하면 [닫기]를 누른다.

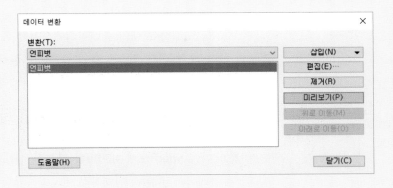

⑦ 대화창에서 [확인]을 클릭하면 작업이 종료된다. 추가된 변환을 포함하는 데이터를 분석에 로드한다.

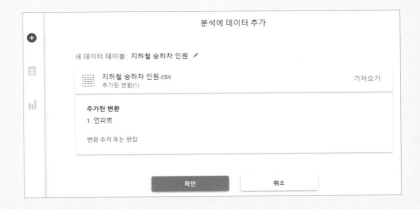

페이지에 시각화(데이터 테이블)를 추가하여 변환된 데이터를 확인해 본다.

TIP

데이터 소스에서 허용되는 경우 데이터 캔버스에서 선택된 노드에 대한 '로드된 데이터' 단계(왼쪽 아래)에서 소스에 변환을 추가할 수 있다.

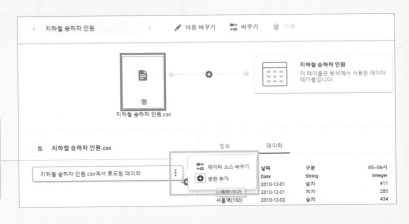

2 분석에 이미 로드된 데이터의 데이터 변환

Spotfire에서 시각화를 사용하는 중간에 현재 데이터 테이블에 변환이 필요하면 언제라도 가져온 데이터에 변환을 추가할 수 있다. 이 단계를 수행하면 데이터 캔버스에서처럼 현재 마지막 노드에 변환이 추가된다. 데이터 흐름의 초기 단계에 변환이 필요함을 발견한 경우(예를 들어, 기존에 추가된 컬럼 작업 앞에 변환을 추가해야 하는 경우)에는 특정 노드에 변환 추가 단계를 수행한다.

따라하기 ·················· **1** 이미 Spotfire에 데이터를 로드한 상태에서, 상단 메뉴의 [데이터] → [데이터 변환]을 선택한다.

2 먼저 변환을 추가할 데이터 테이블을 선택한다.

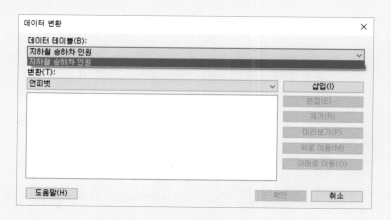

③ 이후부터는 p. 578 〈데이터를 로드할 때 데이터 변환〉의 ④ ~ ⑦ 단
계('데이터 변환' 대화상자에서 데이터에 대해 수행할 [변환] 유형을 선택하는
단계)와 동일하므로 참조하기 바란다.

3 소스 보기에서 특정 노드에 변환 추가

데이터 테이블에 행 또는 컬럼이 추가되는 위치에 관련하여 변환이 적
용되는 시점을 정확하게 제어해야 하는 경우, 데이터 캔버스에서 소스
구조의 원하는 위치에 변환을 추가할 수 있다.

따라하기 ·············· ① 데이터 캔버스에서 변환을 추가할 노드를 클릭한다. 선택한 노드에 대
한 상세 정보가 소스 보기의 왼쪽 아래에 표시된다.

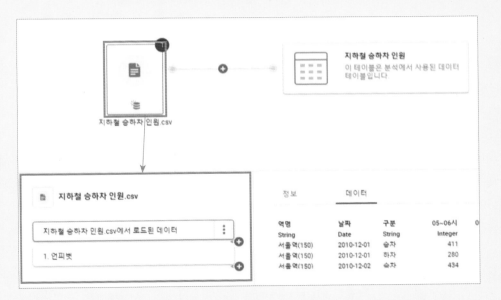

② 선택된 노드의 단계 목록에서 새 변환(또는 변환 그룹)을 추가할 위치의
더하기 기호를 클릭하고 [변환 추가]를 누른다.

4 이전에 추가한 변환의 편집/제거

이전에 추가한 변환이 더 이상 정상적으로 작동하지 않거나 변환 매개변수를 업데이트해야 하는 경우 데이터 캔버스에서 변환을 편집할 수 있다.

따라하기 ⋯⋯⋯⋯⋯⋯ ① 화면 우측 하단의 작성 막대에서 '데이터 캔버스'를 클릭한다.

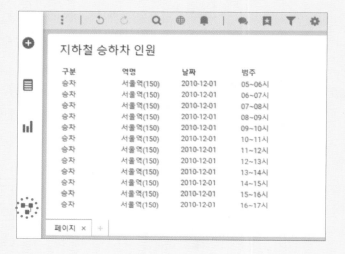

② 데이터 캔버스 왼쪽 위의 드롭다운 목록에서 편집할 데이터 테이블을 선택한다. 참고로 이 단계는 분석에 2개 이상의 데이터 테이블이 있는 경우에만 해당된다.

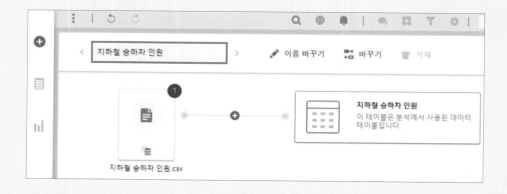

❸ 그래픽 구조에서 편집할 변환이 추가된 노드를 클릭하면 선택한 노드에 대한 상세 정보가 데이터 캔버스의 왼쪽 아래에 표시된다. 변환에 오류가 있는 경우 오류 아이콘을 통해 영향받은 노드 및 변환 그룹으로 이동할 수 있다.

❹ 원하는 변환 대상 그룹에 마우스 커서를 이동하면 우측에 아이콘이 나타난다. 그중 왼쪽은 설정, 오른쪽은 제거 아이콘이다. 원하는 아이콘을 클릭하면 각각 변환이나 제거 작업의 대화창이 나타난다.

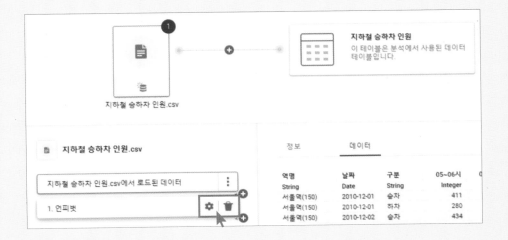

3-2 데이터 변환 방법

Spotfire에서 데이터를 변환하는 데 사용할 수 있는 방법에는 다음과 같은 것들이 있다.

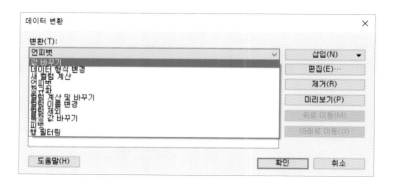

이 변환들 중 다른 메뉴나 기능에서 가능한 것들도 있다. 여기서는 여러 변환 방법들 중에서 가장 유용하고 많이 사용하는 대표적인 4가지를 살펴본다.

1 값 바꾸기

값을 바꾸는 가장 좋은 방법은 테이블 시각화에서 값을 더블클릭하여 새 값으로 변경하는 것이다. 이 대화상자는 데이터 캔버스에서 이전에 추가된 변환을 편집할 때 사용된다. 하지만 값 바꾸기 변환을 데이터 테이블 기록의 이른 단계에(최종 데이터 테이블이 아니라) 추가해야 하는 경우에도 사용할 수 있다.

변환 방법에서 [값 바꾸기]를 선택하고 [삽입] 버튼을 누른다.

값 바꾸기 대화상자가 나타난다.

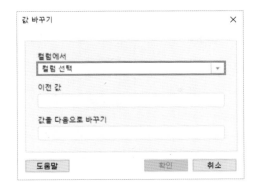

　[컬럼에서] 아래에 [컬럼 선택]을 누르면 컬럼 목록이 표시된다. 변경을 원하는 값이 들어 있는 컬럼을 선택한다. 여기서는 '역명'을 선택했다.

　다음은 [이전 값]을 입력한다. 여기에는 바꿀 값을 입력한다. 예를 들어 '대한민국'이 맞는 값인데, 컬럼 값에 '대한국민'으로 글자가 틀린 경우 여기에 틀린 값(대한국민), 즉 원본 데이터에 있는 값을 그대로 입력한다.

예제로 사용한 데이터는 다음과 같이 되어 있는데,

구분	역명	날짜	범주	값
승차	서울역(150)	2010-12-01	05~06시	411
승차	서울역(150)	2010-12-01	06~07시	552
승차	서울역(150)	2010-12-01	07~08시	1792
승차	서울역(150)	2010-12-01	08~09시	3429
승차	서울역(150)	2010-12-01	09~10시	2737

여기에서는 '서울역(150)'을 '서울역(155)'로 바꿔보자. 이 경우는 다음과 같이 입력하면 된다.

[확인]을 누르면 다음과 같이 데이터 변환 대화상자에 설정 내용이 표시된다. [확인]을 눌러 데이터 '값 바꾸기' 변환 작업을 완료한다.

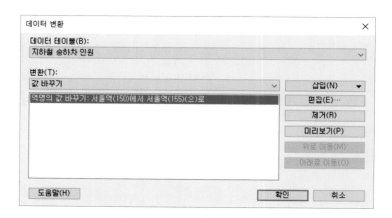

테이블 시각화에서 '값 바꾸기' 변환 결과를 확인할 수 있다.

구분	역명	날짜	범주	값
승차	서울역(155)	2010-12-01	05~06시	411
승차	서울역(155)	2010-12-01	06~07시	552
승차	서울역(155)	2010-12-01	07~08시	1792
승차	서울역(155)	2010-12-01	08~09시	3429
승차	서울역(155)	2010-12-01	09~10시	2737

2 데이터 형식 변경

Spotfire에서 처음 데이터를 로드하면 원본 데이터의 형식이 100% 동일하게 유지되지 않는 경우가 발생할 수 있다. 예를 들어 엑셀 원본에는 '날짜'라는 컬럼이 Date 형식으로 되어 있었는데, Spotfire에서 데이터를 로드하면서 String 형식으로 변경되어 인식되는 경우가 있을 수 있다. 혹은 여러 개의 컬럼 값이 Integer(정수형) 형식인 데이터를 로드할 때, 처음에는 그대로 사용하다가, 나중에 그중 몇몇 컬럼의 형식을 소수점 2자리인 Real(실수형) 형식으로 사용하고자 하는 경우를 생각해보자. 만일 이런 경우 처음 데이터를 로드할 때 사용자가 수동으로 데이터 형식을 변경하여 분석 결과물을 작성하고 저장했다가 나중에 다시 사용한다면 그때마다 매번 처음에 변경한 작업들을 기억했다가 동일하게 작업을 해주어야만 문제없이 작성된다. 이러한 문제를 해결할 수 있는 방법이 Spotfire의 '데이터 형식 변경' 기능이다.

Spotfire에서는 데이터의 형식을 하나 이상의 컬럼에 대해서 일괄 변경할 수 있고 수행한 작업은 Spotfire 내부에 저장되어 다음에 로드할 때 자동으로 작업을 수행한다. 예를 들어 처음에 데이터를 Integer 형식으로 로드했어도 Spotfire 내에서 '데이터 형식 변경' 기능을 통해서 Real 형식으로 변경하였다면 다음부터는 분석(dxp) 파일을 로드하면 자동으로 Real 형식으로 변경된다. 따라서 Spotfire를 시작할 때마다 매번 데이터 형식을 수동으로 변경할 필요가 없다. 이 방법은 특히 데이터에 변경해야 할 컬럼이 많을 때 유용하다.

1 데이터 형식 변경

샘플 데이터(대학정보공시.txt)로 형식을 변경해보자.

따라하기 ⸺⸺⸺⸺ **1** 먼저 엑셀에서 데이터를 로드하여 원본의 표시 형식을 확인해보자. 아래 그림에서 '신입생충원율'~'취업률'까지의 데이터 값을 보면 Integer(정수형)와 Real 형식이 혼재되어 있다.

J 총학생수	K 학생수구분	L 신입생충원율	M 재학생충원율	N 중도탈락학생비율	O 취업률
143	5천명미만	100	28	5.3	83.3
2312	5천명미만	84.8	101	7.4	76.7
11706	1만명이상				
3756	5천명미만				
3756	5천명미만	98.3	113.5	4.1	23.1
7449	5천명이상~	99.8	117.5	3.3	61
760	5천명미만	100	101.3	0.6	92.1
240	5천명미만	60	75	2.6	57.1
878	5천명미만	100	109.8	3.1	70
7268	5천명이상~	100.1	109.4	5.4	70

2 이 데이터를 Spotfire에 로드하고(별도의 설정 없이) 테이블 시각화를 작성해서 표시 형식을 확인해보자.

'신입생충원율'~'취업률'까지의 데이터 값을 보면 로드할 때 자동으로 인식하여 원본의 형식과 달리 소수점 2자리의 Real 형식으로 표시되어 있다.

총학생수	학생수구분	신입생충원율	재학생충원율	중도탈락학생비율	취업률
143	5천명미만	100.00	28.00	5.30	83.30
2312	5천명미만	84.80	101.00	7.40	76.70
11706	1만명이상				
3756	5천명미만				
3756	5천명미만	98.30	113.50	4.10	23.10
7449	5천명이상~1만명미만	99.80	117.50	3.30	61.00
760	5천명미만	100.00	101.30	0.60	92.10
240	5천명미만	60.00	75.00	2.60	57.10
878	5천명미만	100.00	109.80	3.10	70.00
7268	5천명이상~1만명미만	100.10	109.40	5.40	70.00

③ '신입생충원율'~'취업률'까지의 형식을 소수점 1자리로 변경해보자. 상단 메뉴에서 [데이터] → [데이터 변환]을 선택한다.

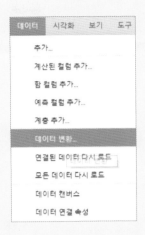

④ [데이터 테이블]을 선택하고(현재는 데이터가 하나밖에 없으므로 별도 설정이 필요 없다) [변환] 목록에서 '데이터 형식 변경'을 선택한 후 [삽입] 버튼을 누른다.

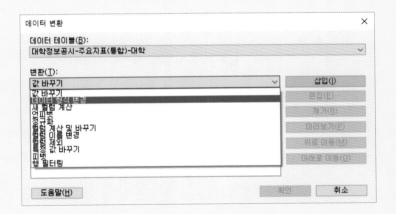

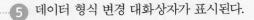 데이터 형식 변경 대화상자가 표시된다.

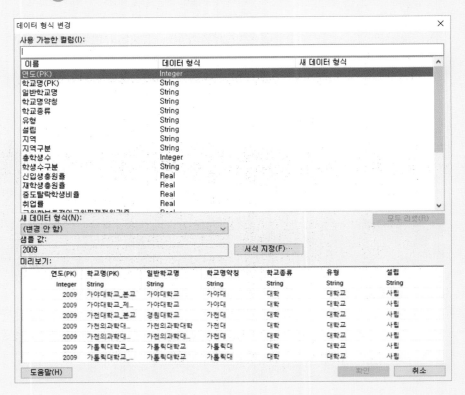

변경 작업을 원하는 컬럼(들)을 선택한다. 만일 여러 컬럼들에 대해서 동일한 형식으로 변경하고 싶다면 한번에(동시에) 변경할 수 있다. 이때 주의할 점은 변경하고자 하는 대상 컬럼들의 데이터 형식이 모두 동일해야만 한번에 변경이 가능하다는 것이다. 예를 들어서 몇몇 컬럼은 Integer 형식이고, 몇몇 컬럼들은 Real 형식으로 되어 있으면 이들을 한꺼번에 선택해서 동일한 형식으로 변경할 수 없다.

Ctrl 이나 Shift 키를 이용하여 '신입생충원율'~'취업률'까지 대상 컬럼 4개를 선택한다.

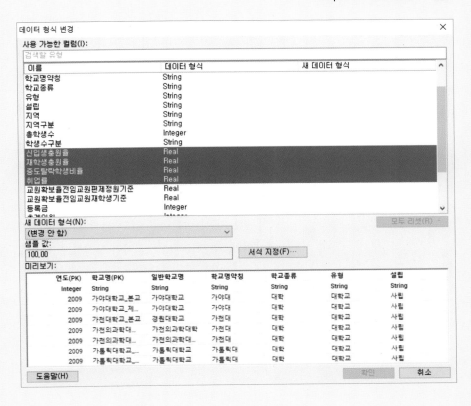

⑦ [새 데이터 형식] 부분을 눌러서 원하는 형식을 선택한다. 여기서는 소수점 1자리로 변경할 것 이므로, 'Real'로 선택한다.

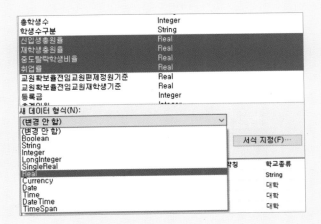

8 선택한 데이터 형식에 적용할 서식을 지정해야 한다. 만일 아래 그림처럼 [서식 지정] 버튼이 활성화되지 않는다면 서식 지정 작업을 수행할 수 없다. 이러한 현상은 서로 다른 형식의 컬럼들을 한번에 변경하려고 할 때 주로 발생한다. 이런 때는 동일한 형식들을 선택해서 형식에 맞게 나누어 작업을 수행해야 한다.

[서식 지정] 버튼을 누르면 서식 지정 대화상자가 나타난다. 소수점 1자리가 되도록 아래 그림처럼 설정하고 [확인]을 누른다.

9 [샘플 값]과 [미리보기] 화면에 실행 예상 결과가 표시된다. 소수점 1자리로 표시됨을 확인할 수 있다.

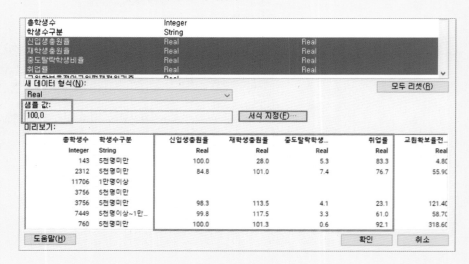

⑩ [확인]을 누르면 최초 설정 대화상자가 표시되고 여기서 다시 [확인]을 누르면 실제 작업이 실행된다.

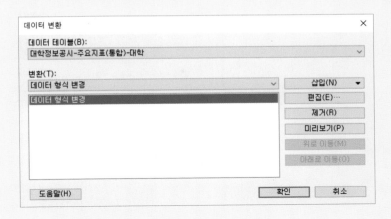

⑪ 테이블 시각화에서 대상이 되는 4개 컬럼들의 값이 소수점 1자리로 변경된 결과를 확인할 수 있다.

총학생수	학생수구분	신입생충원율	재학생충원율	중도탈락학생비율	취업율
143	5천명미만	100.0	28.0	5.3	83.3
2312	5천명미만	84.8	101.0	7.4	76.7
11706	1만명이상				
3756	5천명미만				
3756	5천명미만	98.3	113.5	4.1	23.1
7449	5천명이상~1만명미만	99.8	117.5	3.3	61.0
760	5천명미만	100.0	101.3	0.6	92.1
240	5천명미만	60.0	75.0	2.6	57.1
878	5천명미만	100.0	109.8	3.1	70.0
7268	5천명이상~1만명미만	100.1	109.4	5.4	70.0

2 데이터 형식 변경 확인·수정

나중에 데이터를 어떻게 변경했는지 확인하거나 형식을 다시 수정하고 싶다면 '데이터 캔버스' 또는 상단 메뉴의 [데이터] → [컬럼 속성] → [서식 지정]을 통해서 가능하다. 여기서는 데이터 캔버스를 통해서 확인·수정하는 방법을 살펴보자.

따라하기 **1** 데이터 캔버스를 클릭하고 화면에서 원본 노드를 클릭한다. 아래 좌측에 데이터 형식 변경에 대한 이력을 박스 형태(1. 데이터 형식 변경)로 표시한다.

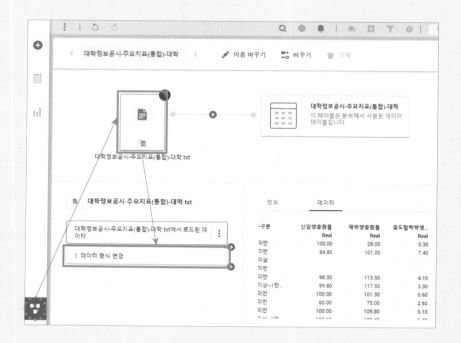

2 '1. 데이터 형식 변경' 박스에 마우스를 가져다 대면 우측에 아이콘이 2개 나타나는데 이때 첫 번째에 있는 설정 아이콘을 클릭한다.

3 앞서 사용자가 설정했던 데이터 변환 설정 대화상자가 다시 열리면 여기에서 [편집]을 눌러서 수정 및 확인한다. 이후 과정은 앞서 p. 590 〈데이터 형식 변경〉의 **5** 단계부터와 동일하다.

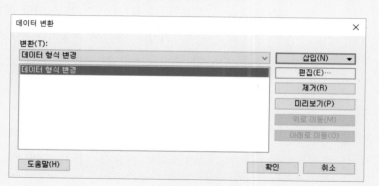

3 언피벗(Unpivot)

Spotfire에서 데이터를 변환할 때 가장 많이 사용하는 기능 중 하나로 '피벗'과 반대되는 개념이다. '언피벗'은 '짧고 넓은(short-wide)' 타입의 데이터를 '길고 얇은(tall-skinny)' 타입으로 변환하는 것을 말한다. 언피벗은 여러 개로 분산되어 있는 컬럼들을 하나의 컬럼으로 모으는 데 사용되며 이때 원본 데이터는 새 데이터 테이블로 변환된다.

언피벗을 사용하는 가장 중요한 이유는 분산된 컬럼들을 하나의 컬럼으로 모아서 시각화에서 컬럼들을 더 쉽고 효율적으로 사용할 수 있도록 하기 위해서다.

아래 예에서는 간단한 데이터 셋의 언피벗 변환을 보여준다. 원본 데이터에는 날짜별로 7개 도시의 평균 기온이 포함된 7개 행과 8개 컬럼이 있다. 이 데이터에서 모든 도시의 1일 평균 온도를 확인하려고 한다. 데이터를 언피벗 후 시각화하면 도시별 온도 컬럼에 대한 평균을 쉽게 구할 수 있다.

언피벗된 데이터 테이블에서는 동일한 컬럼에서 동일한 데이터 형식을 사용해야 한다. 따라서 컬럼 내의 어떤 값은 정수로 제공되고 어떤 값은 실수로 제공될 때, 정수는 실수로 변경된다. 이 경우에는 어느 정도 호환이 가능하지만 실수를 정수로 변경하면 정보가 손실된다.

날짜	광주	대구	부산	서울	전주	제주	춘천
2017-01-01	4.5	3.4	6.5	2.7	4.8	9.9	-0.4
2017-01-02	7.2	5.3	9.5	5	6.1	11.3	2.8
2017-01-03	5.7	5.2	7.9	2	3.3	9.1	0.6
2017-01-04	5	3.9	8.1	3.9	4.1	8.9	1
2017-01-05	6.8	3.4	7.8	3.8	5.6	11.1	2.1
2017-01-06	8.2	4.9	7.5	5.4	7.9	11.5	3.1
2017-01-07	6.6	3.3	8.7	4.6	5.9	11.3	0.8

날짜	도시	평균 기온
2017-01-01	광주	4.50
2017-01-01	대구	3.40
2017-01-01	부산	6.50
2017-01-01	서울	2.70
2017-01-01	전주	4.80
2017-01-01	제주	9.90
2017-01-01	춘천	-0.40
2017-01-02	광주	7.20
2017-01-02	대구	5.30
2017-01-02	부산	9.50
2017-01-02	서울	5.00
2017-01-02	전주	6.10
2017-01-02	제주	11.30
2017-01-02	춘천	2.80
2017-01-03	광주	5.70
2017-01-03	대구	5.20
2017-01-03	부산	7.90
2017-01-03	서울	2.00
2017-01-03	전주	3.30
2017-01-03	제주	9.10
2017-01-03	춘천	0.60
2017-01-04	광주	5.00
2017-01-04	대구	3.90

원본(왼쪽)은 짧고 넓은(short-wide) 형태로, 날짜별 도시별로 기온을 표시하고 있다. 이를 언피벗하여 재배열한 것이 오른쪽 테이블이다. 데이터의 형태가 길고 얇게(tall-skinny) 변형된 것을 알 수 있다.

또 다른 예를 살펴보자.

아래 테이블에는 점포별, 상품별, 일자별로 1개월 동안 판매금액이 오른쪽으로 길게, 즉 짧고 넓은 모양으로 표시되어 있다. 일반적으로 시스템에서 이러한 형태로 데이터를 내려받게(제공받게) 된다.

3월 일별 판매 데이터의 컬럼 31개

상품명	2011-03-01	2011-03-02	2011-03-03	2011-03-04	2011-03-05	2011-03-06	2011-03-07	2011-03-08
가나다MSG_1.8KG	20000	0	20000	20000	0	0	20000	20000
가나다MSG_150G	39100	29900	23000	20700	25300	36800	32200	13800
가나다MSG_250G	29400	19600	34300	14700	19600	34300	9800	14700
가나다MSG_470G	24900	8300	0	16600	16600	24900	33200	8300
가나다MSG_2KG	0	0	51340	0	25670	25670	0	0
가나다호주산쇠고...	21400	0	0	21400	0	21400	0	0
가나다해롤MSG_1...	6900	9200	9200	6900	11500	6900	2300	2300
가나다해롤MSG_5...	14700	0	0	29400	29400	0	14700	0
가나다맛술_1.8L	0	0	0	6300	0	6300	0	0
가나다한우MSG_1...	0	0	22600	0	0	11300	0	11300
가나다쇠고기참M...	22750	6500	6500	3250	3250	13000	9750	6500
가나다쇠고기참M...	14550	0	4850	4850	0	9700	0	0

만일 이 데이터를 가지고 Spotfire에서 1~31일 중에서 언제 가장 판매실적(일자별 판매실적)이 좋았는지를 알기 위하여 막대 그래프를 생성한다면 어떻게 해야 할까? 현재의 데이터 형태로는 다음 그림과 같은 방법으로 Y축에 값 컬럼 31개를 추가해야 한다. 아래 그림은 3번, 즉 1일, 2일, 3일만 추가한 그림이다. 이런 식으로 31개 컬럼(1일~31일 분)을 Y축에 추가하고 X축은 [컬럼 이름]으로 설정한다.

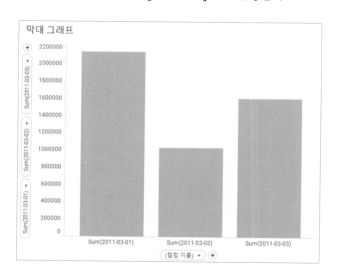

이와 같은 비효율적인 방법을 피하고 한번에 차트를 그리기 위하여 데이터를 언피벗시키는 것이다. 원본 데이터를 언피벗하여 변환시킨 후 이용하면, 다음과 같이 변경된 모습으로 쉽게 차트를 그릴 수 있다. 아래 그림은 언피벗하면서 X축은 '일자'라는 컬럼으로, Y축은 '판매금액(합계)'이라는 컬럼으로 설정하여 사용하였다.

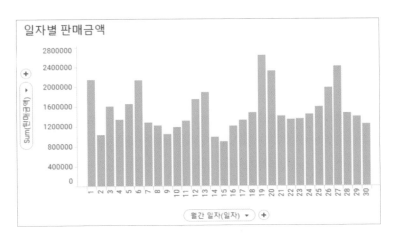

최초의 데이터를 언피벗한 후의 테이블, 즉 위 그림에서 사용한 데이터 테이블의 모습은 다음과 같이 원본 데이터가 짧고 넓은 모양에서 길고 얇은 모양으로 변형된 것을 알 수 있다. 막대 그래프의 X축과 Y축에서 바로 사용할 수 있도록 '일자'와 '판매금액(합계)'이 각각 하나의 컬럼으로 존재한다.

일자	상품명	품목분류	판매금액
2011-03-05	가나다MSG_1.8_	미원/양념류	0
2011-03-04	가나다MSG_1.8_	미원/양념류	20000
2011-03-03	가나다MSG_1.8_	미원/양념류	20000
2011-03-02	가나다MSG_1.8_	미원/양념류	0
2011-03-01	가나다MSG_1.8_	미원/양념류	20000
2011-03-05	가나다MSG_150G	미원/양념류	25300
2011-03-04	가나다MSG_150G	미원/양념류	20700
2011-03-03	가나다MSG_150G	미원/양념류	23000
2011-03-02	가나다MSG_150G	미원/양념류	29900
2011-03-01	가나다MSG_150G	미원/양념류	39100
2011-03-05	가나다MSG_250G	미원/양념류	19600
2011-03-04	가나다MSG_250G	미원/양념류	14700
2011-03-03	가나다MSG_250G	미원/양념류	34300
2011-03-02	가나다MSG_250G	미원/양념류	19600
2011-03-01	가나다MSG_250G	미원/양념류	29400
2011-03-05	가나다MSG_470G	미원/양념류	16600
2011-03-04	가나다MSG_470G	미원/양념류	16600
2011-03-03	가나다MSG_470G	미원/양념류	0
2011-03-02	가나다MSG_470G	미원/양념류	8300
2011-03-01	가나다MSG_470G	미원/양념류	24900
2011-03-05	가나다MSG_2KG	미원/양념류	25670
2011-03-04	가나다MSG_2KG	미원/양념류	0
2011-03-03	가나다MSG_2KG	미원/양념류	51340
2011-03-02	가나다MSG_2KG	미원/양념류	0
2011-03-01	가나다MSG_2KG	미원/양념류	0

이제 언피벗을 실행해보자. 데이터는 '도시별 평균기온.xlsx'을 사용한다. 원본은 아래 좌측 그림처럼 되어 있고, 언피벗을 통해서 아래 우측 그림으로 변환하는 것이 목표이다.

날짜	광주	대구	부산	서울	전주	제주	춘천
2017-01-01	4.5	3.4	6.5	2.7	4.8	9.9	-0.4
2017-01-02	7.2	5.3	9.5	5	6.1	11.3	2.8
2017-01-03	5.7	5.2	7.9	2	3.3	9.1	0.6
2017-01-04	5	3.9	8.1	3.9	4.1	8.9	1
2017-01-05	6.8	3.4	7.8	3.8	5.6	11.1	2.1
2017-01-06	8.2	4.9	7.5	5.4	7.9	11.5	3.1
2017-01-07	6.6	3.3	8.7	4.6	5.9	11.3	0.8

날짜	도시	평균 기온
2017-01-01	광주	4.50
2017-01-01	대구	3.40
2017-01-01	부산	6.50
2017-01-01	서울	2.70
2017-01-01	전주	4.80
2017-01-01	제주	9.90
2017-01-01	춘천	-0.40
2017-01-02	광주	7.20
2017-01-02	대구	5.30
2017-01-02	부산	9.50
2017-01-02	서울	5.00
2017-01-02	전주	6.10
2017-01-02	제주	11.30
2017-01-02	춘천	2.80
2017-01-03	광주	5.70
2017-01-03	대구	5.20
2017-01-03	부산	7.90
2017-01-03	서울	2.00
2017-01-03	전주	3.30
2017-01-03	제주	9.10
2017-01-03	춘천	0.60
2017-01-04	광주	5.00
2017-01-04	대구	3.90

언피벗을 실행하는 방법은 앞서 p.576 〈데이터 변환 적용 시점〉에서 설명했듯이,

- 데이터를 로드할 때
- 분석에 이미 로드된 데이터에 대해서
- 소스 보기에서 특정 노드에 대해서
- 이전에 추가한 변환을 편집/제거할 때

4가지 단계에서 모두 가능하다. 이 중에서 어떤 방법을 통해서 실행하든지 다음 단계를 거치게 된다.

1) 데이터 변환 대화상자의 [변환]에서 '언피벗'을 선택하고 [삽입]을
누른다.

2) 언피벗 대화상자가 새로 나타난다. 각 부분별 기능은 다음과 같다.

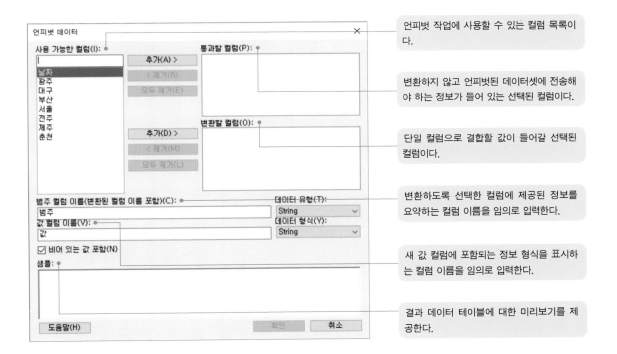

언피벗 작업에 사용할 수 있는 컬럼 목록이
다.

변환하지 않고 언피벗된 데이터셋에 전송해
야 하는 정보가 들어 있는 선택된 컬럼이다.

단일 컬럼으로 결합할 값이 들어갈 선택된
컬럼이다.

변환하도록 선택한 컬럼에 제공된 정보를
요약하는 컬럼 이름을 임의로 입력한다.

새 값 컬럼에 포함되는 정보 형식을 표시하
는 컬럼 이름을 임의로 입력한다.

결과 데이터 테이블에 대한 미리보기를 제
공한다.

3) [변환할 컬럼]의 [사용 가능한 컬럼] 목록 중에서 변환 후에 하나의 컬럼으로 묶어서 사용할 대상들을 골라 [추가] 버튼을 눌러서 이동시킨다. 이 부분이 언피벗에서 가장 중요한 부분이다. 여기에서는 '광주~춘천'까지 도시들을 하나의 컬럼으로 묶어서 사용할 것이기 때문에 다음과 같이 [변환할 컬럼]에 추가하여 설정하였다.

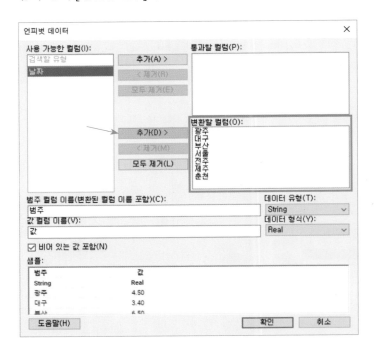

5) [사용 가능한 컬럼] 목록 중에서 남아 있는 컬럼들을 하나도 빠짐없이 모두 [통과할 컬럼]으로 [추가]한다.

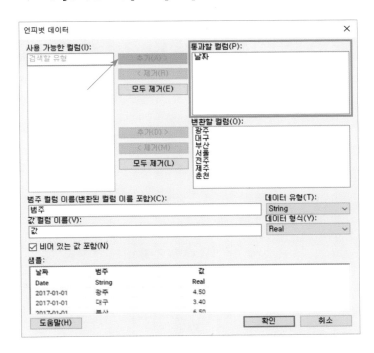

6) 변환 후에 하나로 묶이는 컬럼들의 특성을 알 수 있다면 [범주 컬럼]에 입력한다. 여기에서는 도시 이름들이 하나로 묶이므로 '도시명'이라고 입력한다.

7) [값 컬럼 이름]에는 실제 데이터 테이블에 값으로 사용될 컬럼의 이름을 입력할 수 있다. 여기서는 '기온'이라고 입력한다.

8) 필요한 설정을 모두 완료하고, [확인] 버튼을 눌러서 이전 설정 단계로 돌아간다. 최종적으로 [확인]을 누르면 데이터 변환(언피벗)이 실행된다.

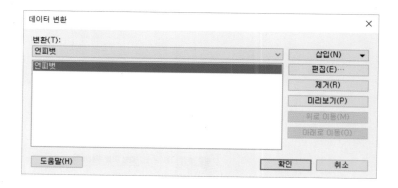

9) 데이터 캔버스에서 원본 노드에 대하여 '언피벗'이 실행된 것이 보이고, 테이블 시각화에서도 확인이 가능하다.

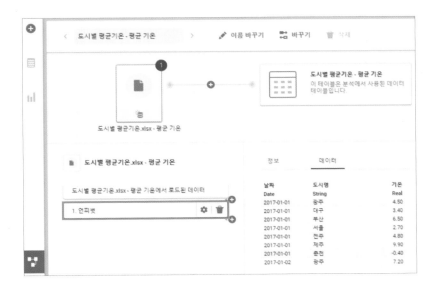

4 피벗(pivot)

Spotfire에서 데이터를 변환할 때 가장 많이 사용하는 기능 중 하나로 '언피벗'과 반대되는 개념이다. '피벗'은 '길고 얇은(tall-skinny)' 타입의 데이터를 '짧고 넓은(short-wide)' 타입으로 변환하는 것을 말한다. 피벗을 하면 1개의 컬럼 안에 있는 여러 고유한 값들이 여러 컬럼 이름으로 분산되어 변환되며, 이때 원본 데이터는 새 데이터 테이블로 변환된다.

일반적으로 피벗을 사용하는 이유는 피벗 자체로 해석하면 데이터를 효율적으로 요약·분석·탐색할 수 있기 때문이기도 하지만, 또 다른 이유로 한 컬럼 안의 값들을 여러 컬럼으로 분산하여 사용하기 위해서이기도 하다. 예를 들면 원본에서는 한 컬럼 안에서 여러 가지 분석을 사용하기 어렵지만, 피벗하면 한 컬럼 안에 있는 값들 간에 상관성 분석이나 계산을 할 수 있다.

피벗을 사용하여 데이터를 효율적으로 요약·분석·탐색하는 예를 살펴보자. 아래 왼쪽 테이블에서 제품별로 판매한 AA매장의 평균 판매수량과 BB매장의 평균 판매수량을 보려면 별도의 평균값을 계산해야 한다. 이럴 때 아래 오른쪽과 같이 피벗으로 집계하면 매우 효과적이다.

참고로 이런 용도로 피벗을 할 경우에, Spotfire에서는 크로스 테이블 기능을 사용하면 훨씬 쉽게 원하는 테이블을 작성할 수 있다. 다음은 크로스 테이블에서 작성한 결과이다. 데이터를 변환할 필요 없이 원본 데이터로 즉시 피벗과 동일한 결과(위 오른쪽 그림)를 얻을 수 있다.

상관성 분석에서 피벗을 사용하는 또 다른 예를 살펴보자. 데이터 상관성 분석은 한 컬럼에 있는 여러 인자들 중에서 어느 인자가 원하는 종속변수와 가장 상관성을 갖는지 알기 위해서 사용한다.

다음 그림에서 '평점평균'이 '범주'의 여러 항목들 중에서 어느 항목과 가장 상관성을 가지고 있는지 알아보려고 한다. 그런데 지금처럼 범주에 항목들이 모두 들어 있는 길고 얇은 형식의 데이터 모양으로는 알아보기가 어렵다.

학번	성명	구분명	전형명	모집단위명	전공	평점평균	범주	값
2008xxxxx	강병#	수시1학기	인근지역우수고..	인문학부	국어국문학전공	3.37	응답신뢰도	70.00
2008xxxxx	강병#	수시1학기	인근지역우수고..	인문학부	국어국문학전공	3.37	근면성	74.00
2008xxxxx	강병#	수시1학기	인근지역우수고..	인문학부	국어국문학전공	3.37	책임감	64.00
2008xxxxx	강병#	수시1학기	인근지역우수고..	인문학부	국어국문학전공	3.37	협동성	46.00
2008xxxxx	강병#	수시1학기	인근지역우수고..	인문학부	국어국문학전공	3.37	자주성	49.00
2008xxxxx	강병#	수시1학기	인근지역우수고..	인문학부	국어국문학전공	3.37	준법성	90.00
2008xxxxx	강병#	수시1학기	인근지역우수고..	인문학부	국어국문학전공	3.37	지도성	45.00
2008xxxxx	강병#	수시1학기	인근지역우수고..	인문학부	국어국문학전공	3.37	집중력	58.00
2008xxxxx	강병#	수시1학기	인근지역우수고..	인문학부	국어국문학전공	3.37	정서	83.00
2008xxxxx	강병#	수시1학기	인근지역우수고..	인문학부	국어국문학전공	3.37	감정	54.00
2008xxxxx	강병#	수시1학기	인근지역우수고..	인문학부	국어국문학전공	3.37	인성평균	62.56
2008xxxxx	강병#	수시1학기	인근지역우수고..	인문학부	국어국문학전공	3.37	판단력	83.00
2008xxxxx	강병#	수시1학기	인근지역우수고..	인문학부	국어국문학전공	3.37	탐구력	79.00
2008xxxxx	강병#	수시1학기	인근지역우수고..	인문학부	국어국문학전공	3.37	수리력	75.00
2008xxxxx	강병#	수시1학기	인근지역우수고..	인문학부	국어국문학전공	3.37	창의력	76.00
2008xxxxx	강병#	수시1학기	인근지역우수고..	인문학부	국어국문학전공	3.37	사고력	51.00
2008xxxxx	강병#	수시1학기	인근지역우수고..	인문학부	국어국문학전공	3.37	응용력	72.00
2008xxxxx	강병#	수시1학기	인근지역우수고..	인문학부	국어국문학전공	3.37	이해력	82.00
2008xxxxx	강병#	수시1학기	인근지역우수고..	인문학부	국어국문학전공	3.37	논리력	96.00
2008xxxxx	강성#	수시1학기	학교장추천	인문학부	국어국문학전공	3.96	응답신뢰도	67.00
2008xxxxx	강성#	수시1학기	학교장추천	인문학부	국어국문학전공	3.96	근면성	52.00
2008xxxxx	강성#	수시1학기	학교장추천	인문학부	국어국문학전공	3.96	책임감	54.00
2008xxxxx	강성#	수시1학기	학교장추천	인문학부	국어국문학전공	3.96	협동성	52.00
2008xxxxx	강성#	수시1학기	학교장추천	인문학부	국어국문학전공	3.96	자주성	59.00
2008xxxxx	강성#	수시1학기	학교장추천	인문학부	국어국문학전공	3.96	준법성	60.00
2008xxxxx	강성#	수시1학기	학교장추천	인문학부	국어국문학전공	3.96	지도성	47.00
2008xxxxx	강성#	수시1학기	학교장추천	인문학부	국어국문학전공	3.96	집중력	59.00
2008xxxxx	강성#	수시1학기	학교장추천	인문학부	국어국문학전공	3.96	정서	52.00
2008xxxxx	강성#	수시1학기	학교장추천	인문학부	국어국문학전공	3.96	감정	37.00
2008xxxxx	강성#	수시1학기	학교장추천	인문학부	국어국문학전공	3.96	인성평균	52.44
2008xxxxx	강성#	수시1학기	학교장추천	인문학부	국어국문학전공	3.96	판단력	88.00

이 경우에 아래 그림과 같이 피벗을 통해 데이터 형식을 짧고 넓은 형태로 변환시킬 수 있다. 그러면 '평점평균'이 여러 항목들 중 어느 항목과 가장 상관성을 가지는지 데이터 상관성 분석을 수행하기가 아주 쉬워진다.

평점평균	응답신뢰..	근면성	책임감	협동성	자주성	준법성	지도성	집중력
3.37	70	74	64	46	49	90	45	58
3.96	67	52	54	52	59	60	47	59
2.78	76	64	76	84	47	60	56	84
2.29	65	58	54	84	47	56	89	58
3.59	61	74	53	52	47	51	56	46
3.50	65	89	54	78	52	73	60	59
4.03	68	74	64	68	89	60	60	88
3.78	82	86	92	78	74	88	58	58
3.56	91	74	86	52	62	73	58	63
3.56	80	52	76	56	59	64	60	59
3.75	80	64	76	68	46	60	58	74
3.58	68	38	64	39	59	38	56	53
3.14	76	64	76	46	59	73	58	58
3.05	78	52	86	52	87	53	83	53
3.63	65	46	54	56	52	53	75	74
3.80	79	84	90	56	91	60	60	59
3.47	78	84	86	78	87	90	60	51
3.85	65	84	54	46	83	56	45	51
3.50	82	89	92	78	87	53	75	63
3.93	65	38	54	52	47	53	47	51
3.50	65	64	54	56	74	64	56	58
2.73	65	58	54	52	47	60	75	51
2.80	76	74	76	68	49	88	83	84
2.38	79	86	90	84	83	91	58	59

데이터를 피벗해야 하는 다른 예를 살펴보자. 다음 테이블에서 '수출입구분'이라는 컬럼에는 '수출'과 '수입'이 포함되어 있다. Spotfire에서 수출과 수입의 차이를 구하여 '무역 수지'라는 값을 계산하고자 할 때, 길고 얇은 모양의 테이블 형태로는 행 간 계산을 하기가 매우 어렵다.

수출입구분	대구분	중구분	연도	값
수출	산업용 직물	강력사 직물	2000년	9.70
수출	산업용 직물	강력사 직물	2001년	9.30
수출	산업용 직물	강력사 직물	2002년	9.30
수출	산업용 직물	강력사 직물	2003년	11.40
수출	산업용 직물	강력사 직물	2004년	14.10
수출	산업용 직물	강력사 직물	2005년	11.40
수출	산업용 직물	강력사 직물	2006년	10.00
수출	산업용 직물	강력사 직물	2007년	12.50
수출	산업용 직물	강력사 직물	2008년	20.50
수출	산업용 직물	강력사 직물	2009년	27.80
수출	산업용 직물	강력사 직물	2010년	37.20
수출	산업용 직물	강력사 직물	2011년	59.20
수출	산업용 직물	강력사 직물	2012년	47.90
수출	산업용 직물	강력사 직물	2013년	57.20
수출	산업용 직물	강력사 직물	2014년	67.50
수출	산업용 직물	강력사 직물	2015년	66.50
수입	산업용 직물	강력사 직물	2000년	11.60
수입	산업용 직물	강력사 직물	2001년	7.90
수입	산업용 직물	강력사 직물	2002년	5.60
수입	산업용 직물	강력사 직물	2003년	9.30
수입	산업용 직물	강력사 직물	2004년	9.30
수입	산업용 직물	강력사 직물	2005년	10.30
수입	산업용 직물	강력사 직물	2006년	9.20
수입	산업용 직물	강력사 직물	2007년	11.80
수입	산업용 직물	강력사 직물	2008년	10.00
수입	산업용 직물	강력사 직물	2009년	7.60

이런 경우, 다음과 같이 짧고 넓은 모양의 테이블 형태로 변환하면 이전에 어려웠던 행 간 계산 작업이 컬럼 간 계산으로 바뀌어 아주 쉬워진다([데이터] → [계산된 컬럼 추가] 기능 이용).

대구분	중구분	연도	수입	수출
산업용 사	재봉사	2000년	20.50	117.50
산업용 사	재봉사	2001년	23.00	111.40
산업용 사	재봉사	2002년	22.30	123.60
산업용 사	재봉사	2003년	27.00	125.20
산업용 사	재봉사	2004년	23.60	118.10
산업용 사	재봉사	2005년	15.70	110.60
산업용 사	재봉사	2006년	17.80	108.70
산업용 사	재봉사	2007년	21.60	103.30
산업용 사	재봉사	2008년	21.70	101.90
산업용 사	재봉사	2009년	13.80	90.10
산업용 사	재봉사	2010년	18.90	100.50
산업용 사	재봉사	2011년	28.50	106.50
산업용 사	재봉사	2012년	23.30	100.40
산업용 사	재봉사	2013년	26.00	100.90
산업용 사	재봉사	2014년	26.50	87.60
산업용 사	재봉사	2015년	22.70	65.80
산업용 사	화섬강력사	2000년	19.40	93.60
산업용 사	화섬강력사	2001년	16.50	91.60
산업용 사	화섬강력사	2002년	22.40	118.00
산업용 사	화섬강력사	2003년	33.50	136.20
산업용 사	화섬강력사	2004년	32.50	165.90
산업용 사	화섬강력사	2005년	48.60	205.80
산업용 사	화섬강력사	2006년	74.70	215.90
산업용 사	화섬강력사	2007년	86.30	247.50

이제 피벗을 실행해보자. 데이터는 '대학정보공시 – 지표.csv'를 사용한다. 이 데이터는 5개의 컬럼과 39,676개의 행으로 되어 있다. 아래 좌측 그림이 원본이고, 피벗을 통해서 우측 그림으로 변환하는 것이 목표이다.

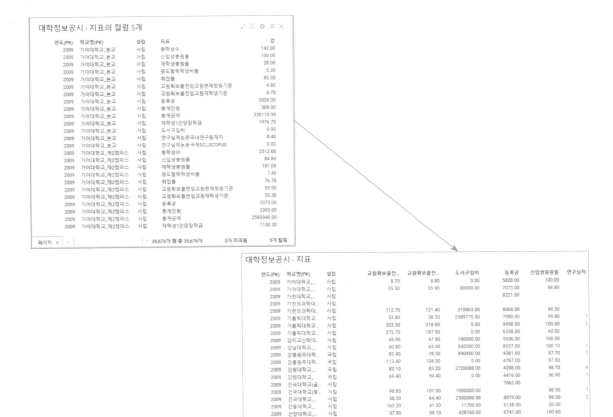

피벗을 실행하는 방법은 앞의 p. 576 〈데이터 변환 적용 시점〉에서 설명했듯이,

- 데이터를 로드할 때
- 분석에 이미 로드된 데이터에 대해서
- 소스 보기에서 특정 노드에 대해서
- 이전에 추가한 변환을 편집/제거할 때

위 4가지 단계에서 모두 가능하다. 이 중 어떤 방법을 통해서 실행하든지 다음 과정을 거치게 된다.

1) 데이터 변환 대화상자의 [변환]에서 '피벗'을 선택하고 [삽입]을 누른다.

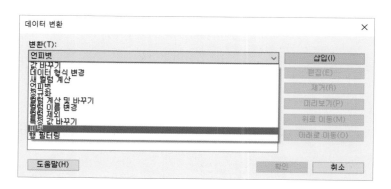

2) 피벗 대화상자가 새로 나타난다. 각 부분별 기능은 다음과 같다.

생성된 테이블에는 선택한 ID 컬럼이나 계층의 고유한 값마다 하나의 행이 생성된다. 컬럼을 하나 이상 선택하면 새 테이블은 선택한 컬럼에 있는 값들의 고유한 조합을 위해 별도의 행을 갖게 된다.

생성된 테이블에는 선택한 범주 컬럼 또는 계층의 고유한 값마다 집계 방법별로 하나의 새로운 컬럼이 생성된다. 컬럼을 하나 이상 선택하면 새 데이터 테이블은 선택한 컬럼에 있는 값들의 고유한 조합을 위해 별도의 열을 갖게 된다.

데이터 값을 계산할 컬럼과 집계 방법을 선택한다.

생성된 데이터 테이블에 있는 값들은 컬럼 선택기 메뉴의 집계에서 선택한 방법에 따라 계산된다.

결과 데이터 테이블에 대한 샘플을 제공한다. 샘플과 결과 데이터 테이블이 약간 다를 수 있다.

전송 컬럼의 이름을 지정하는 방법을 선택할 수 있다.

피벗된 컬럼의 이름을 지정하는 방법을 선택할 수 있다. 결과로 생성되는 새 컬럼은 이름 지정 표현식에 의해 지정된 이름에 따라 사전순으로 정렬된다.

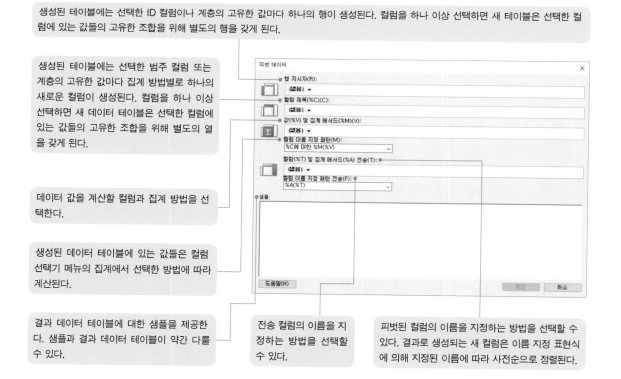

3) [컬럼 제목] 부분에 변환 이후 펼쳐놓을 고유한 값들이 속해 있는 컬럼을 지정한다. 이 부분이 피벗에서 가장 중요한 핵심 부분이다. 여기에서는 '지표'를 선택한다.

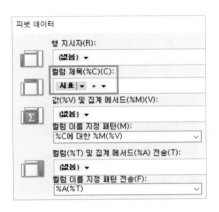

아래 그림에 컬럼 위치가 어떻게 변환되는지 빨간색 사각형으로 표시하였다.

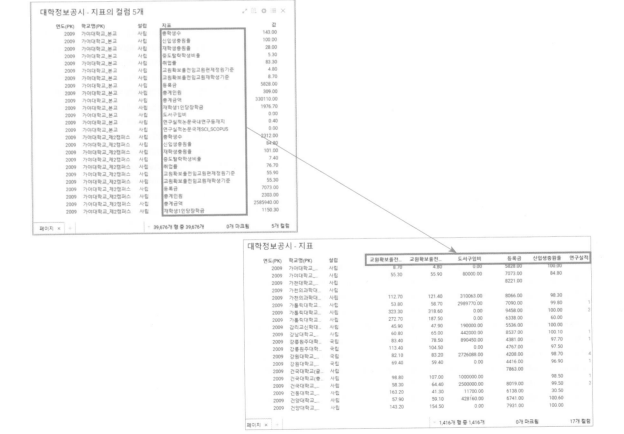

4) 앞의 [컬럼 제목]에 해당하는 실제 수치 값 컬럼을 [값 및 집계 메서드]에 지정한다. 여기서는 '값' 컬럼을 지정하였다. 피벗할 때 집계를 적용할 거라면 아래 그림처럼 집계 방법을 설정해야 하지만 지금의 예처럼 데이터의 형태만 변형하는 경우라면 집계 방법은 별 의미가 없다. 변경 후 값이 원본 값과 1:1로 대응되기 때문이다.

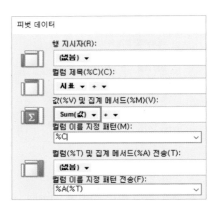

그리고 바로 아래에 해당하는 '값'의 지정 패턴을 설정한다. 여기에 설정한 방법대로 컬럼 이름에 적용된다. 대화상자 아래의 샘플 화면에 적용된 방법이 표시된다. 여기서는 '%C'만 남기고 뒷부분은 지워준다.

해당 샘플 화면의 컬럼명 예시를 보면 '에 대한 SUM(값)'이라는 부분이 사라졌다.

등록금에 대한 SUM(값) ➡ 등록금

5) 피벗 설정의 마지막 단계는 [컬럼 제목], [값 및 집계 메서드]에 사용한 컬럼들을 제외한 나머지 모든 컬럼들을 [행 지시자]에 그대로 지정하는 것이다. 피벗 설정이 완료되면 아래 그림과 같이 된다.

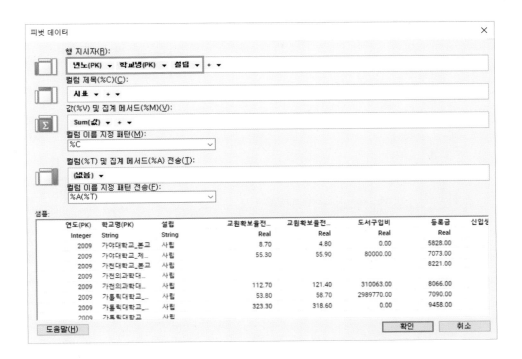

6) 필요한 설정을 모두 완료하고, [확인] 버튼을 눌러서 이전 설정 단계로 돌아간다. 최종적으로 [확인]을 누르면 데이터 변환(피벗)이 실행된다.

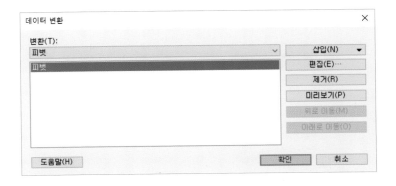

7) 데이터 캔버스에서 원본 노드에 대하여 피벗이 실행된 것이 보인다.

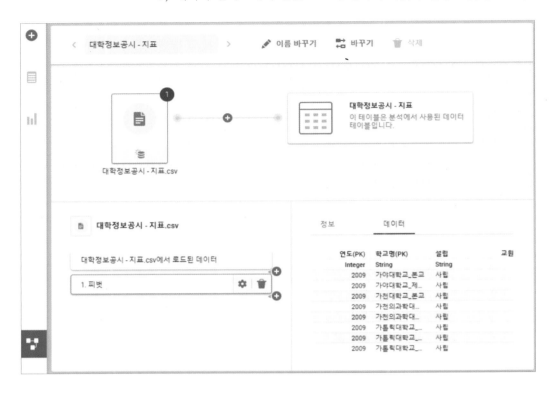

테이블 시각화에서도 확인이 가능하다.

대학정보공시 - 지표

연도(PK)	학교명(PK)	설립	교원확보율전_	교원확보율전_	도서구입비	등록금	신입생충원율	연구실적
2009	가야대학교_	사립	8.70	4.80	0.00	5828.00	100.00	
2009	가야대학교_	사립	55.30	55.90	80000.00	7073.00	84.80	
2009	가천대학교_	사립				8221.00		
2009	가천의과학대_	사립						
2009	가천의과학대_	사립	112.70	121.40	310063.00	8066.00	98.30	
2009	가톨릭대학교_	사립	53.80	58.70	2989770.00	7090.00	99.80	1
2009	가톨릭대학교_	사립	323.30	318.60	0.00	9458.00	100.00	3
2009	가톨릭대학교_	사립	272.70	187.50	0.00	6338.00	60.00	
2009	감리교신학대_	사립	45.90	47.90	190000.00	5536.00	100.00	
2009	강남대학교_	사립	60.80	65.00	442000.00	8537.00	100.10	1
2009	강릉원주대학_	국립	83.40	78.50	890450.00	4381.00	97.70	1
2009	강릉원주대학_	국립	113.40	104.50	0.00	4767.00	97.50	
2009	강원대학교_	국립	82.10	83.20	2726088.00	4208.00	98.70	4
2009	강원대학교_	국립	69.40	59.40	0.00	4416.00	96.90	1
2009	건국대학교(글_	사립				7863.00		
2009	건국대학교(충_	사립	98.80	107.00	1000000.00		98.50	1
2009	건국대학교_	사립	58.30	64.40	2500000.00	8019.00	99.50	3
2009	건동대학교_	사립	163.20	41.30	11700.00	6138.00	30.50	
2009	건양대학교_	사립	57.90	59.10	428160.00	6741.00	100.60	
2009	건양대학교_	사립	143.20	154.50	0.00	7931.00	100.00	

페이지 × +   ▾ 1,416개 행 중 1,416개   0개 마크됨   17개 컬럼

5장에서는 Spotfire가 제공하고 있는 기본적인 통계 기법들을 설명한다. Spotfire는 전문적인 데이터 마이닝이나 통계 솔루션은 아니지만, 데이터 상관성 분석이나 상자 그래프와 같은 분석에 필요한 기본적이고 중요한 도구들을 제공한다. 이 장에는 사용자가 통계에 친숙하지 않더라도 쉽게 이해할 수 있도록 통계 관련 기본 지식을 담아, 책을 따라하면서 복잡한 통계 분석 기능을 구현해볼 수 있도록 구성하였다.

Spotfire의 통계 기능을 사용하는 데 있어서 이론적인 배경보다 더욱 중요한 것은 '분석 결과에 대한 해석'이다. 그러므로 여기서는 분석 결과에 대한 해석에 중점을 두어 설명하되, (사용하고 있는) 통계에 대한 이해에 도움이 되도록 기본적인 통계 원리에 대한 이론적인 부분들도 간략히 설명하였다. 만일 Spotfire를 처음 사용하고 통계에 대해 잘 모르는 사용자라면 원리에 대한 설명 부분은 건너뛰고 나중에 사용이 익숙해진 다음 읽어봐도 무방할 것이다.

기본 통계

01 라인&곡선(Line & Curve)

사용자가 만들어놓은 시각화(차트)에 이해를 돕기 위해 필요에 따라 참조선이나 기본적인 통계 수치를 추가로 표시하는 경우가 있다. Spotfire에서는 이러한 추가 정보들을 '라인&곡선' 기능을 통해 표시한다. '시각화의 이해를 위해 참조하도록 도와주는 선'이라는 의미에서 '참조선'이라고 부르기도 하며, 해당 시각화 유형의 속성창에서 설정할 수 있다. 예를 들어 데이터 포인트가 특정 다항식 곡선 맞춤 또는 로지스틱 회귀 곡선 맞춤에 얼마나 잘 들어맞는지를 확인할 수 있다.

아래 그림은 아무런 추가 정보를 표시하지 않는 기본 화면이다.

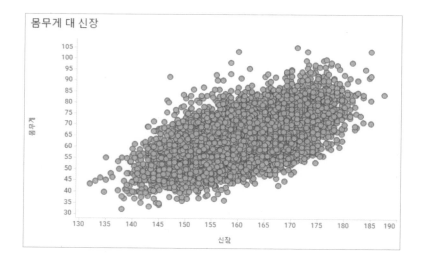

이 시각화에 '라인&곡선'을 이용하여 직선 맞춤(Straight Line Fit) 선과 관련 정보를 표시하면 다음과 같다. X축과 Y축 간의 상관계수가 표시되어 정확한 통계적 의미를 파악할 수가 있다.

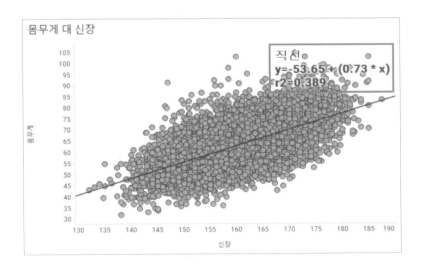

시각화의 종류와 데이터 타입에 따라서 라인 및 곡선 정보는 제한될 수 있다. Spotfire에서 제공하는 시각화 중 막대 그래프, 산점도, 선 그래프, 콤비네이션 차트, 상자 그래프에서 참조선 라인을 그릴 수 있다.

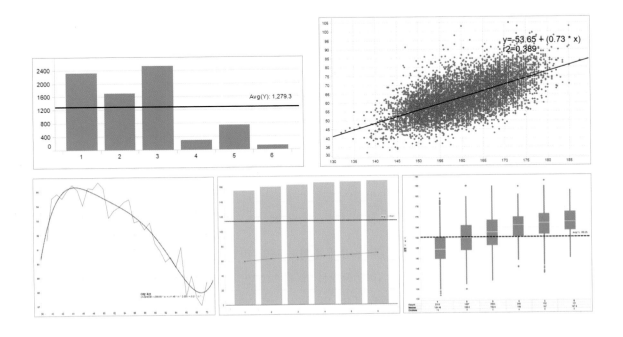

라인&곡선은 참조선 라인이 제공 가능한 시각화들(막대 그래프, 산점도, 선 그래프 등)에서 마우스 우클릭 → [속성] → [라인&곡선] 메뉴를 통해 생성할 수 있다.

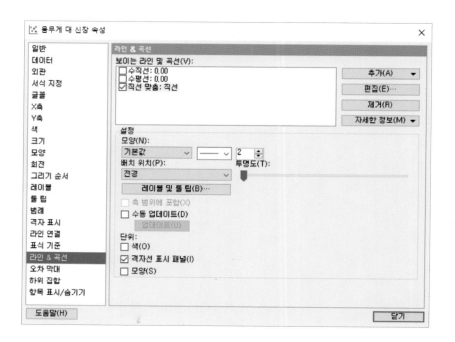

1-1 속성 설정

Spotfire에서 제공되는 라인&곡선 메뉴는 시각화 종류마다 첫 화면에서 보이는 설정창이 조금씩 다르지만 대부분은 거의 유사하다.

1 추가

한 시각화 안에 원하는 만큼 라인&곡선을 선택하여 추가할 수 있다. 처음 [라인&곡선] 탭을 누르면 기본으로 설정된 목록이 [보이는 라인 및 곡선] 창에 표시된다. 여기에 원하는 라인이 없으면 [추가] 버튼을 눌러서 나오는 옵션 중 원하는 라인을 선택하여 추가할 수 있다.

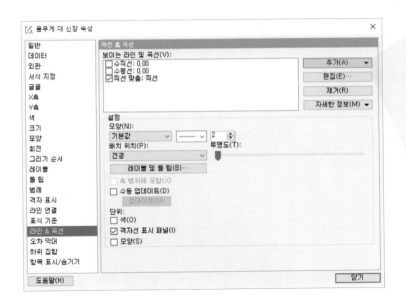

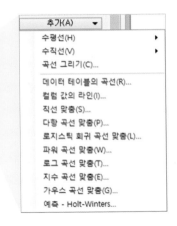

2 편집

기존에 설정되어 있는 참조선을 수정할 수 있다. [보이는 라인 및 곡선]에 기존에 생성한 참조선 목록이 표시되어 있다. [보이는 라인 및 곡선]에서 참조선을 선택하면 아래 그림과 같이 [직선 맞춤]이 파란색으로 표시되는데, 이때 [편집] 버튼을 누르면 참조선의 특성에 따라 고유한 설정창이 표시된다. 다음 그림을 보면 [직선 맞춤] 설정창에서 [직선 맞춤]이 시각화에서 표시되는 이름을 사용자 지정으로 'Straight Line Fit'이라고 설정하였다.

주의!

[보이는 라인 및 곡선] 창의 여러 곡선 이름 중에서 편집을 원하는 라인&곡선을 먼저 선택하고 나머지 작업을 해야 한다.

[직선 맞춤]의 경우에는 직선의 표시 이름을 편집할 수 있는 설정 화면만 나타난다. [사용자 지정] 버튼을 선택하면 직선이 표시될 때의 이름을 원하는 이름으로 변경할 수 있다. 아래 그림은 변경 후 표시 화면이다.

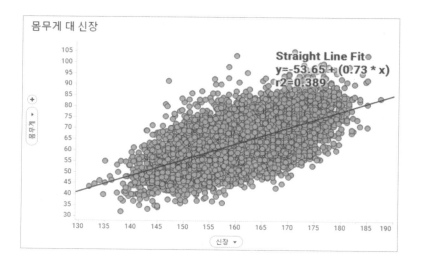

3 자세한 정보

여기서는 2가지 중요한 기능을 제공한다.

① 복제

이미 작성한 참조선을 복제하여 유사한 참조선을 쉽게 만들 수 있다. 동일한 라인&곡선을 복사하여 추가한다. 설정창에서 [자세한 정보]를 누르면 표시되는 옵션 중 [복제]를 클릭한다.

위 그림에서 '직선 맞춤: Straight Line Fit'을 복제한 결과 다음과 같이 목록에 하나 더 복사된 것을 확인할 수 있다.

② 곡선 맞춤 결과 내보내기

참조선을 통해서 얻은 관련 정보들을 .txt나 .xls 등의 파일로 저장할 수 있다. 예를 들어서 직선 맞춤 참조선의 경우, 직선의 기울기(b), Y절편값(a), 상관계수(r2) 등을 텍스트 파일로 저장할 수 있다. 설정창에서 [자세한 정보]를 눌러 표시되는 옵션 중 [곡선 맞춤 결과 내보내기]를 클릭한다. 그러면 파일을 저장할 위치와 파일명을 입력하는 창이 나타난다.

여기에서 원하는 형식을 지정하면 되는데, 만일 컬럼이나 행의 양이 많다면 txt 형식을 권장한다. 참고로 텍스트 파일로 저장하더라도 엑셀에서 열어서 사용하는 데는 아무 지장이 없다.

저장된 파일을 열어보면 다음과 같이 정보가 저장되어 있다.

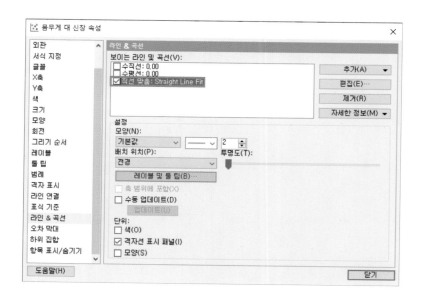

여기에서 b는 직선의 기울기, a는 Y절편값, r2는 상관계수를 의미한다. 시각화에 표시된 라인 & 곡선에 마우스를 갖다 대면 툴 팁에 이 정보가 표시된다.

4 레이블 및 툴 팁

작성한 라인 & 곡선에 대하여 시각화에 나타내는 레이블(화면의 직선 근처에 표시될) 정보들을 편집·수정할 수 있다. [편집]과 마찬가지로 [보이는 라인 및 곡선] 창의 여러 곡선 이름들 중에서 편집을 원하는 라인 및 곡선을 선택하고(파란색으로 표시), [레이블 및 툴 팁] 버튼을 누른다.

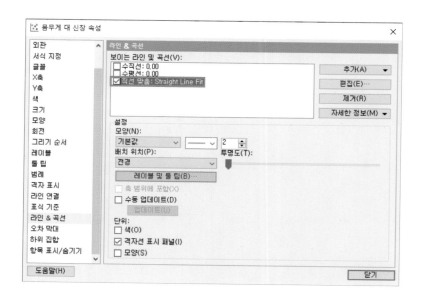

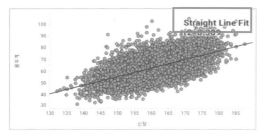

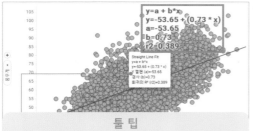

툴 팁

시각화에서 마우스 포인터를 항목(예를 들어, 막대 세그먼트, 파이 섹터, 선 또는 마커) 위로 이동하면 강조 표시된 항목에 대한 정보를 보여주는 툴 팁이 나타난다. 툴 팁은 기본적으로 몇 가지 항목을 표시하지만 추가 컬럼이나 표현식에서 정보를 표시하도록 구성할 수도 있다.

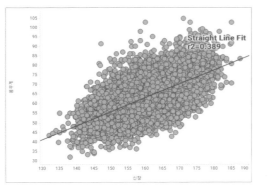

주의!

설정 완료 후에 반드시 [확인] 버튼을 눌러야만 시각화에 반영된다.

5 레이블의 서식 변경

참조선의 레이블 형식(소수점 아래 자릿수 등)을 변경할 수 있다. 다음 그림은 평균을 표시하는 참조선의 레이블을 기본 설정 상태로 표시한 것이다.

기본 설정으로
표시된 레이블

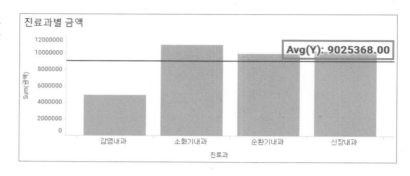

설정 변경 후
표시된 레이블

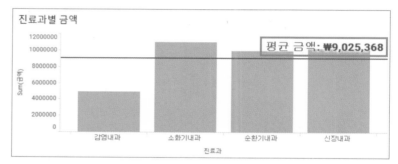

서식을 변경하는 방법은 다음과 같다. 마우스 우클릭 → [속성] → [라인&곡선] → [보이는 라인&곡선]에서 라인 선택 → [레이블 및 툴팁] 클릭 → [다음 값 표시] 목록에서 원하는 '값(y)' 선택 → [포맷]을 클릭한다.

서식 지정 설정창이 나타나면 원하는 대로 설정한다. 그림에서는 [통화]를 선택하고 [천 단위 구분 기호 사용] 체크박스를 선택했다. [확인]을 눌러 설정을 마친다.

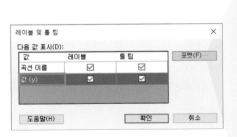

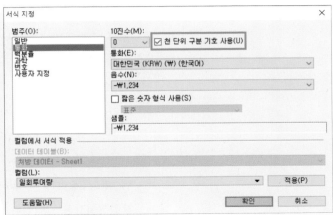

최종 시각화에는 다음과 같이 레이블이 통화 단위로 잘 표시되었다.

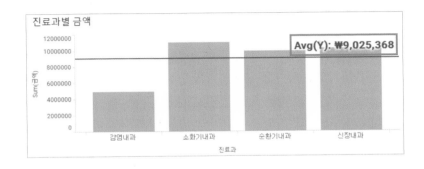

1 수평선(Horizontal Line)

시각화에 참조선으로 수평선을 사용할 수 있다. 시각화에서 마우스 우클릭 → [속성] → [라인&곡선] 설정창에서 [추가] 버튼을 눌러서 나타나는 옵션 중에서 [수평선]을 선택하면 옵션 선택 메뉴가 나타난다.

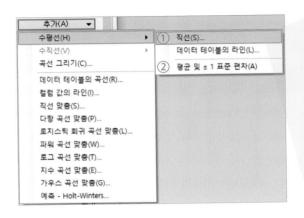

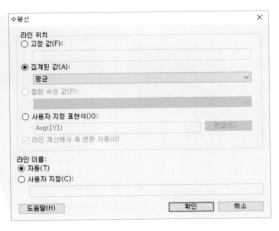

① 직선

옵션 선택 화면에서 [직선]을 클릭하면, 수평선 설정창이 나타난다.

①-1 라인 위치

라인을 어떤 값으로 표시할지 선택한다.

①-1-1 고정 값

Y값을 사용자가 지정하여 고정하는 방식이다. 즉 Y=n이라고 생각하고 n값을 입력한다. 아래와 같이 고정 값을 설정하였다면, 입력한 값으로 시각화에 참조선(수평선)이 표시된다.

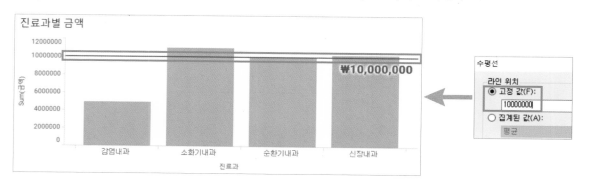

①-1-2 집계된 값

Y값의 집계 방법을 무엇으로 할지 다음 옵션 중에서 하나를 선택해야 한다. 만일 아래와 같이 [집계된 값]을 '평균'으로 설정하였다면, 시각화에 평균(Avg) 값으로 참조선(수평선)이 표시된다.

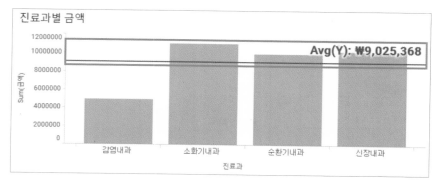

①-2 라인 이름

시각화에 표시되는 참조선(수평선)의 이름을 설정한다.

①-2-1 자동

Spotfire에서 자동으로 지정하는 집계 방식의 이름(영문)으로 표시된다. 앞의 그림에서 'Avg'로 표시된 것은 [집계된 값]의 방법을 '평균'으로 하였기 때문에 자동으로 지정된 것이다.

①-2-2 사용자 지정

사용자가 임의로 이름을 지정할 때 사용한다. 아래와 같이 [라인 이름]을 [사용자 지정]으로 설정하고 원하는 이름을 입력하면 시각화에 입력한 이름으로 참조선(수평선)이 표시된다.

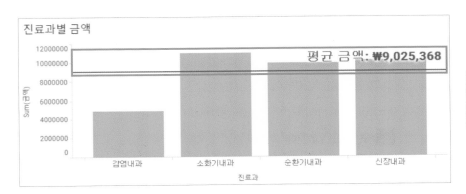

② 평균 및 ± 1 표준편차

옵션 선택 화면에서 [평균 및 ± 1 표준편차]를 클릭하면, 다음과 같이 [보이는 라인 및 곡선] 목록에 3개의 수평선이 추가된다.

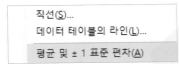
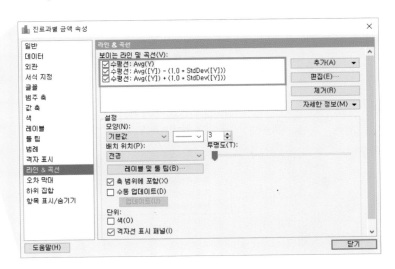

시각화에 아래와 같이 3개의 참조선(평균 및 ± 1 표준편차 수평선)이
표시된다.

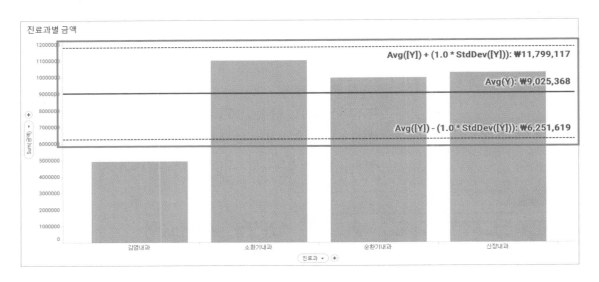

2 수직선(Vertical Line)

시각화에 참조선으로 수직선을 사용할 수 있다. X축의 값이 숫자로 된
연속형일 경우에만 수직선을 참조선으로 사용할 수 있다. 만일 막대 그
래프에서 X축의 값이 범주형이면 [수직선] 메뉴가 활성화되지 않는다.
　[라인&곡선] 설정창에서 [추가] 버튼을 눌러서 나타나는 옵션 중
[수직선]을 선택한다. [수평선]과 동일하게 추가 옵션창이 나타난다.

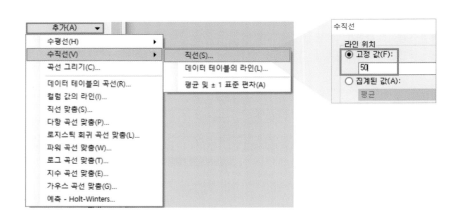

만일 위와 같이 [라인 위치]를 [고정 값]으로 설정하고 입력하면 다
음 그림처럼 수직선 라인&곡선이 표시된다.

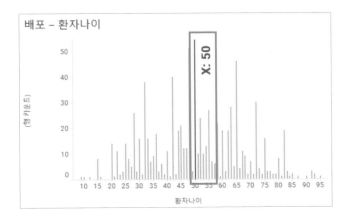

　　수직선 설정 방법은 수평선과 동일하므로 수평선 설정 방법을 참조
하기 바란다.

3 곡선 그리기(Curve Draw)

시각화에 사용자가 임의로 수식을 입력하여 사용하는 새로운 곡선을
추가할 수 있다.

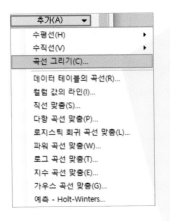

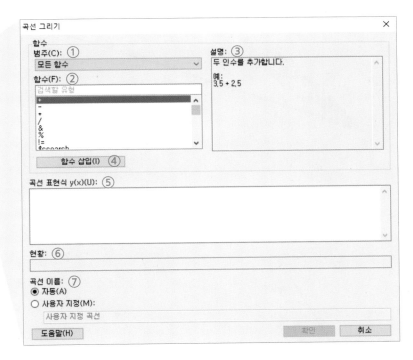

① 범주

　　함수의 범주를 선택하여 함수 목록의 선택 옵션을 제한한다.

② 함수

여기에서 원하는 함수를 선택한다.

③ 설명

선택한 함수에 대한 간략한 설명이 표시된다.

④ 함수 삽입

곡선 표현식 필드의 현재 커서 위치에 선택된 함수를 삽입한다.

⑤ 곡선 표현식

표현식 필드는 표현식을 작성하는 텍스트 필드다. 목록에서 함수를 삽입하거나 표준 텍스트 편집기에서와 같은 방법으로 텍스트를 입력한다.

만일 다음과 같이 [곡선 표현식]을 설정(Y=X)하고 입력하면 아래 그림처럼 라인&곡선이 표시된다.

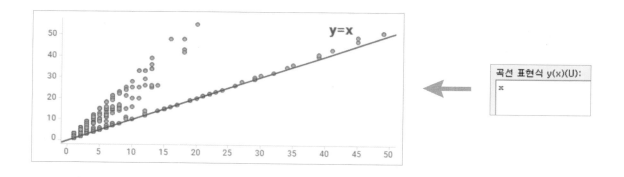

만일 다음과 같이 [곡선 표현식]을 설정(Y=5X)하고 입력하면 아래 그림처럼 수직선 참조선이 표시된다.

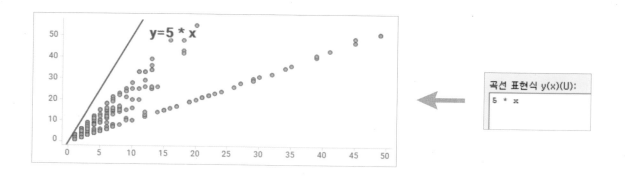

⑥ 현황

현재 표현식의 상태를 표시한다. 이 필드에 오류가 표시되는 경우 표현식에 문제가 있는 것이다.

⑦ 곡선 이름

[자동]을 선택해 곡선 이름을 생성하거나, [사용자 지정]을 선택해 곡선 이름을 직접 입력한다.

4 직선 맞춤(Straight Line Fit)

'직선 맞춤'은 일련의 데이터 요소에 가장 잘 맞는 직선을 구성하는 프로세스로 Spotfire에서는 데이터를 가장 잘 표현할 수 있는 직선과 관련 정보들을 제공한다.

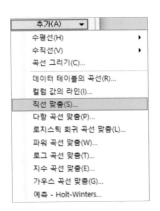

주의!

결정계수가 0이면 '두 변수 사이에 아무 관계도 존재하지 않는다'라고 말할 수는 없다. 여기에서 상관관계는 직선(선형) 상관관계를 의미하므로 만일 2차 혹은 3차 함수, 즉 곡선 관계가 나타난다면 두 변수 사이에 관계가 있을 수 있다. 하지만 직선 결정계수는 0에 가까운 값을 나타낼 수 있다. 또한 상관계수(r)의 제곱이 결정계수(r^2)인 관계는 단순회귀(독립변수와 종속변수가 각각 하나)일 때만 성립한다. 다중회귀나 곡선회귀일 때는 이 관계가 성립하지 않는다.

직선 맞춤의 정보 중에서 가장 중요한 정보는 '회귀의 r^2(결정계수)'이다. 적합도는 r^2 값으로 표시되는데, $r^2 = 1.0$이면 완벽한 맞춤을 나타내고, $r^2 = 0.0$이면 회귀 모델이 이 데이터 형식에 적합하지 않음을 나타낸다. 일반적으로 $0.3 \sim 0.5$ 이상이면 비교적 상관성이 존재하는 것으로 유추할 수 있다. Spotfire에서는 'r^2'을 'r2'으로 표시하고 있다.

직선 맞춤의 방정식은 다음과 같다.

$$y = a + bx$$

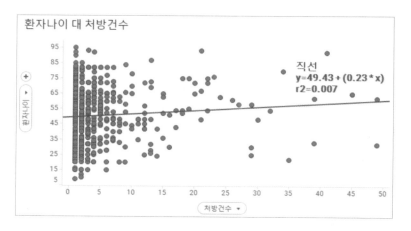

위 예제 그림에서 직선 맞춤식이 표시되어 있으며, 결정계수는 0.007
로 거의 0에 가깝다. 즉, 이 그림에서 'X축과 Y축 간의 직선 상관관계
는 존재하지 않는다'라고 말할 수 있다.

5 다항 곡선 맞춤(Polynomial Curve Fit)

시각화에 다항, 즉 n차 함수의 특성을 갖는 곡선 맞춤을 추가로 표시할
수 있다. Spotfire에서는 최대 5차까지 표현이 가능하다.
[다항 곡선 맞춤]을 클릭하면 다음과 같은 설정창이 나타난다.

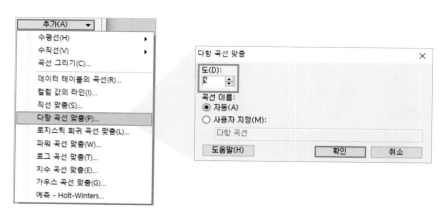

다항 곡선 맞춤의 방정식은 다음과 같다.

$$y = a_0 + a_1 x + a_2 x^2 + a_3 x^3 + a_4 x^4 + a_5 x^5$$

여기에서 중요한 설정은 [도], 즉 곡선 방정식의 '차원(degree)'이다.
[도]에 대한 이해를 위하여 다음과 같은 선 그래프를 살펴보자.

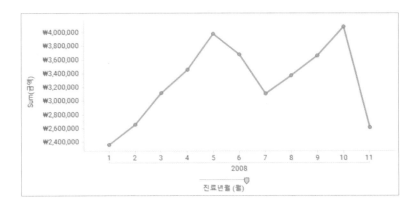

다음은 [도]를 각각 변화시켰을 때 나타나는 다항 곡선 맞춤 참조선
의 표시 방법이다.

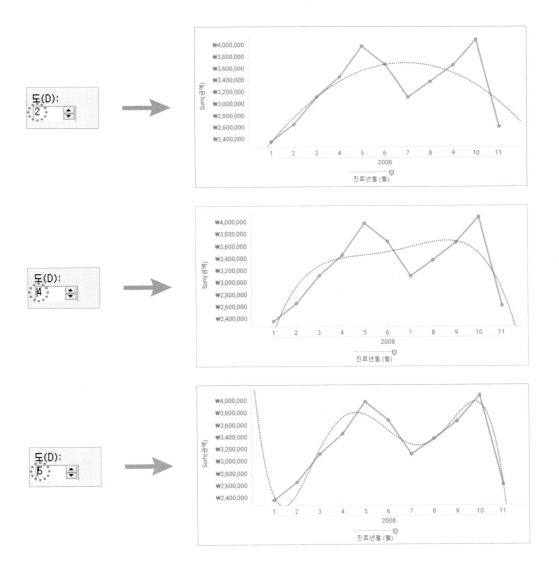

6 파워 곡선 맞춤(Power Curve Fit)

시각화에 파워 곡선 맞춤을 추가로 표시할 수 있다. [파워 곡선 맞춤]을 클릭하면 다음과 같은 설정창이 나타난다.

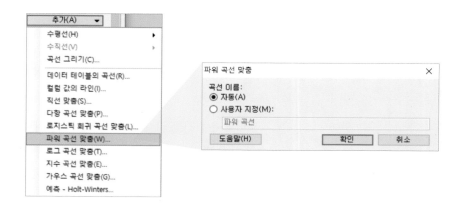

파워 곡선 맞춤의 방정식은 다음과 같다.

$$y = ax^b$$

앞의 설정을 적용한 파워 곡선 맞춤 참조선은 다음과 같다.

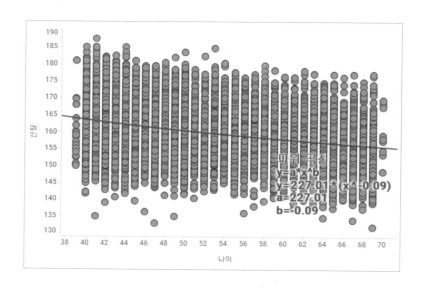

7 로그 곡선 맞춤(Logarithmic Curve Fit)

시각화에 로그 곡선 맞춤을 추가로 표시할 수 있다. [로그 곡선 맞춤]
을 클릭하면 다음과 같은 설정창이 나타난다.

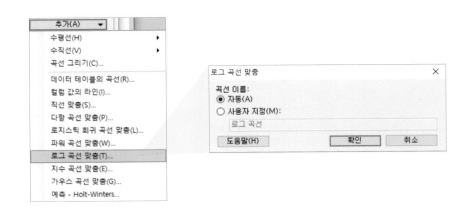

로그 곡선 맞춤의 방정식은 다음과 같다.

$$y = a + b \ln x$$

앞의 설정을 적용한 로그 곡선 맞춤 참조선은 다음과 같다.

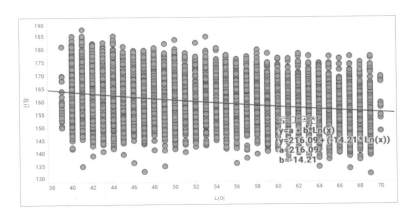

8 지수 곡선 맞춤(Exponential Curve Fit)

시각화에 지수 곡선 맞춤을 추가로 표시할 수 있다. 지수 곡선은 예를 들어 박테리아의 기하급수적 성장에 대한 생물학적 응용에 일반적으로 사용된다.

[지수 곡선 맞춤]을 클릭하면 다음과 같은 설정창이 나타난다.

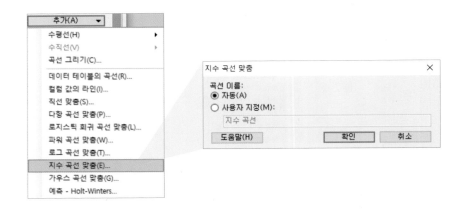

지수 곡선 맞춤의 방정식은 다음과 같다.

$$y = ae^{bx}$$

앞의 설정을 적용한 지수 곡선 맞춤 참조선은 다음과 같다.

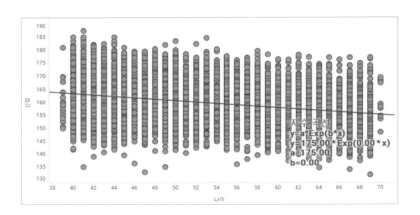

9 가우스 곡선 맞춤(Gaussian Curve Fit)

시각화에 가우스 곡선 맞춤을 추가로 표시할 수 있다. [가우스 곡선 맞춤]을 클릭하면 다음과 같은 설정창이 나타난다. 아래와 같이 각 설정은 '자동'으로 사용하는 것이 일반적이다.

가우스 곡선 맞춤에서는 다음 방정식을 사용하여 정규 분포를 설명하는 데 적합한 종형 곡선을 계산한다.

$$y = A \cdot e - \left(\frac{x - E}{G} \right)^2$$

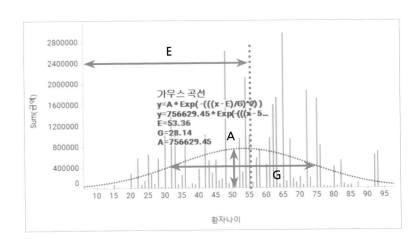

Spotfire에는 시각화에 사용자가 원하는 값으로 가우스 곡선을 그리거나, 현재 표시되어 있는 데이터를 기반으로 자동으로 가우스 곡선을 표시해주는 기능이 있다. 다음은 E, G, A를 각각 다르게 하였을 때 나타나는 가우스 곡선을 표시해주고 있다.

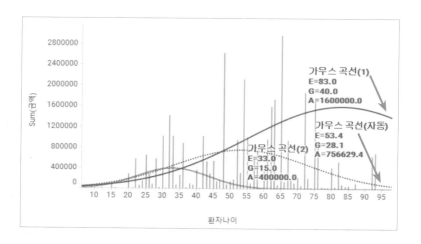

앞에서 설명한 Spotfire의 라인&곡선에 사용하는 참조선들의 방정식을 정리하면 다음과 같다.

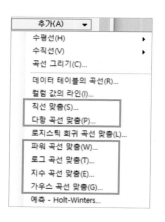

곡선 맞춤 모델	방정식
직선	$y = a + bx$
다항 곡선	$y = a_0 + a_1x + a_2x^2 + a_3x^3 + a_4x^4 + a_5x^5$
파워 곡선	$y = ax^b$
로그 곡선	$y = a + b \ln x$
지수 곡선	$y = ae^{bx}$
가우스 곡선	$y = A \cdot e - \left(\dfrac{x - E}{G} \right)^2$

10 예측 - Holt-Winters

Spotfire의 시각화에 일반적인 시계열 예측을 할 수 있도록 [예측 – Holt-Winters] Fitting Line을 제공한다. 추세와 계절적 변동이 모두 존재하는 시계열의 경우에는 '홀트 윈터스 지수평활법(Exponential Smoothing)'을 사용한다. 홀트 윈터스 지수평활법은 수준(Level), 추세(Trend), 계절(Seasonal) 요인을 반영할 수 있는 예측 방법이다.

홀트 윈터스에서는 수준, 추세, 계절 요인에 별도로 값을 부여하지 않을 경우 자동으로 최적의 값을 산출하여 그 결과를 출력한다. Spotfire 예측 기능은 대략적인 예측을 할 수 있도록 보조선 형태로 시각화에 추가할 수 있다. 아래에서 검은색 점선으로 표시한 라인이 예측된 결과이다.

[예측 – Holt-Winters] 메뉴를 선택하면 다음과 같이 설정창이 표시된다.

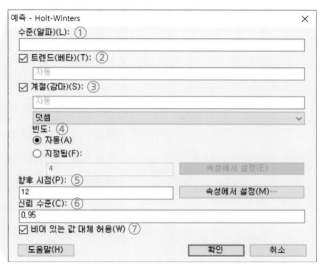

① 수준[Level(alpha)]

- 수준에 대한 조정 계수($0 < x \leqq 1$)
- 0에 가까울수록 과거 값에, 1에 가까울수록 최근 값에 **weight**를 더 부여한다.
- 0~1에 대한 조정값은 트렌드, 계절 모두 동일하다.

② 트렌드[Trend(beta)]

- 트렌드에 대한 조정 계수($0 < x \leqq 1$)

③ 계절[Seasonal(gamma)]

- 계절에 대한 조정 계수($0 < x \leqq 1$)
    - 덧셈: *(수준 + 트렌드 + 계절)로 모델링
    *계절적인 변동이 시계열 전반에 걸쳐 거의 일정할 때 사용한다.
    - 곱셈: *[(수준 + 트렌드) * 계절]로 모델링
    *계절적인 변동이 시계열의 수준에 비례하게 변할 때 사용한다.

④ 빈도(Frequency)

- 계절에 대한 주기
- 시작 값을 계산하는 데 사용할 계절 기간 수, 즉 샘플링 기간당 관찰 수. 예를 들어, 월별 데이터의 빈도는 12이다.

⑤ 향후 시점(Times points ahead)

예측하고자 하는 개수를 입력한다.

⑥ 신뢰 수준(Confidence level)

신뢰 구간에 대한 유의확률($0 < x \leqq 1$)을 입력한다.

⑦ 비어 있는 값 대체 허용

인접한 값을 보간(interpolating)하여 비어 있는 값을 대체한다. 일반적으로 시계열 예측에 많이 사용되는 알고리즘에 ARIMA 모델이 있다. ARIMA 모델은 사용 방법이 복잡하다는 단점이 있다. 이에 비해서 Holt-Winters는 사용이 간편하다는 장점이 있는 반면, point가 누락되어 있으면 수행이 불가하다는 단점이 있다. 즉, X축

의 값이 연속되어야 사용할 수 있으며, 한 point라도 빠지는 날이
있으면 안 된다. 이는 월, 년인 경우도 동일하다.

이를 보완하기 위해 Spotfire에는 비어 있는 값을 보정해주는 옵션
이 있어서 [비어 있는 값 대체 허용]의 체크박스를 선택하면 중간에
값이 하나 빠져 있어도 예측할 수가 있다. 하지만 두 point 이상 비
어 있는 값이 있으면 Holt-Winters는 사용할 수 없다.

다음 예제를 살펴보면 2009년 3월과 10월에 값이 비어 있다.

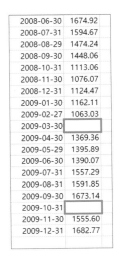

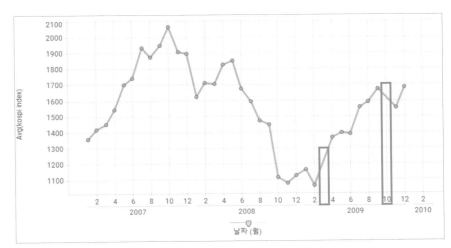

이 경우 아래와 같이 [비어 있는 값 대체 허용] 옵션을 선택하지 않
고 예측을 실행하면, 예측 참조선을 그릴 수 없다고 경고 메시지가
뜬다.

만일 연속하여 빈 값이 있다면 아래와 같이 다른 에러 메시지가 표
시된다.

하지만 [비어 있는 값 대체 허용] 옵션을 아래와 같이 선택하고 예
측을 실행하면 다음과 같이 정상적으로 예측 라인(검은색)이 표시
된다.

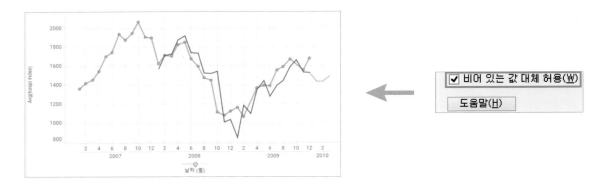

Spotfire는 다른 제품의 Holt-Winters와 달리 별도의 속성값을 일
일이 설정하지 않아도 자동으로 최적의 예측 모델을 찾아서 수행한
다. Holt-Winters 실행 후에는 다음과 같이 [보이는 라인 및 곡선]
목록에 생성되며 [편집] 버튼을 눌러서 수정이나 변경이 가능하다.

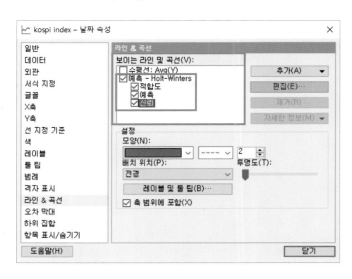

예측 결과가 신뢰 구간(±95%)과 함께 시각화에 표시된다.

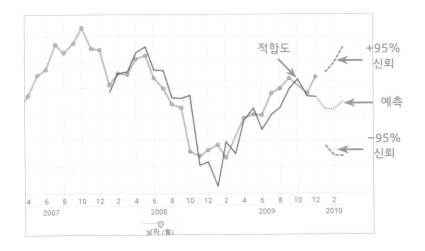

02 데이터 상관성(Data Relationship) 분석

데이터 상관성 분석 도구는 서로 다른 컬럼 쌍의 상관관계를 조사하는 데 사용한다. 이 도구는 항상 현재 필터링된 데이터에 대해 동작하므로 필터링 조건을 변경할 때마다 갱신 기호를 눌러서 작동시켜야 필터링된 데이터가 반영된다. 갱신 기호는 아래 그림과 같이 데이터 상관성 분석 결과 시각화의 제목 옆에 표시된다.

데이터 상관성 분석 (선형 회귀)

데이터 테이블 갱신

데이터 테이블:
데이터 상관성_

Y (numerical)	X (numerical)	p-value▲	F			Df	n
kospi index	국제유가	1.27E-071	667.01	0.73	0.86	243	245
kospi index	국제금값	5.76E-069	622.38	0.72	0.85	243	245
kospi index	mscina (3)	4.57E-050	362.31	0.60	0.77	243	245
kospi index	한국12개월	2.43E-046	321.16	0.57	0.75	243	245
kospi index	goldman carry	6.98E-046	437.04	0.75	0.87	147	149
kospi index	미국 PPI	3.52E-040	259.19	0.52	0.72	243	245
kospi index	중국소매판매	2.47E-036	224.36	0.48	0.69	242	244
kospi index	유로화	7.15E-036	296.48	0.69	0.83	135	137

여러 컬럼들 간의 상관성 분석을 실행하면, 비교할 수 있도록 컬럼을 쌍별(pair-wise)로 비교하여 결과를 출력한다. 각 컬럼 조합에서는 첫 번째 컬럼이 두 번째 컬럼의 값을 예측하는 정도를 나타내는 p-value 를 계산하여 표시한다. p-value가 낮을수록 첫 번째 컬럼과 두 번째 컬럼의 상관관계가 높아진다.

상관성 수행 결과 테이블은 Y 및 X 컬럼의 각 조합에 대한 p-value 를 표시하며, p-value를 기준으로 오름차순으로 자동 정렬된다. 컬럼 머리글을 클릭하면 그 컬럼에 따라 행이 다시 정렬된다.

Spotfire에서는 비교하고자 하는 두 컬럼(데이터)의 타입에 따라 다음과 같이 총 5가지의 상관성 분석 도구를 제공한다.

TIP

데이터 상관성 분석 도구는 항상 현재 필터링된 데이터에 대해서만 동작한다.

한글 메뉴

```
선형 회귀(숫자 대 숫자)
스피어만 상관계수(R)(숫자 대 숫자)
변량 분석(숫자 대 범주)
크러스컬-월리스(숫자 대 범주)
카이제곱(범주 대 범주)
```

영문 메뉴

```
Linear Regression (numerical vs numerical)
Spearman R (numerical vs numerical)
Anova (numerical vs categorical)
Kruskal-Wallis (numerical vs categorical)
Chi-square (categorical vs categorical)
```

비교 방법에 있는 5가지 알고리즘을 보면 각 알고리즘 괄호 안에 '(XX 대 XX)'라고 되어 있다. 괄호 안의 첫 번째 부분은 종속변수(일 반적으로 Y 컬럼이라 부른다)를, 괄호 안의 두 번째 부분은 독립변수(일 반적으로 X 컬럼이라 부른다)를 의미한다. 예를 들어 Kospi Index와 관련된 수십 개의 인자(컬럼)들 중에서 어느 인자가 Kospi Index에 가장 상관관계가 높은지 알고 싶다면 Kospi Index가 Y값이 되고 나머지 인자들이 X값이 되는 것이다.

이때 Y값의 특성이 숫자이고 나머지 X값들도 모두 숫자라면 괄호 안의 특성이 '(숫자 대 숫자)'인 '선형회귀'나 '스피어만 상관계수'가 적합한 선택 알고리즘 방법이 되는 것이다. 참고로 '범주'는 '숫자'도 사용할 수 있으므로 '카이제곱'도 사용할 수 있다.

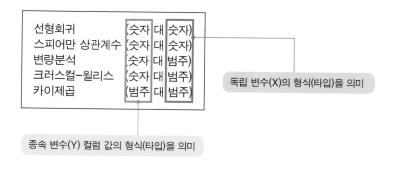

알고리즘 선택 시 주의할 점은 '숫자'와 '범주'의 의미이다. '숫자'의 의미는 컬럼 값들이 연속형, 즉 순서 같은 연속적인 의미가 강할 때 사용하는 것이다. 예를 들어 주가지수, BMI, 수율, 불량률, 매출액 등이 여기에 해당한다. 하지만 만일 컬럼의 값이 '매우 불만족, 불만족, 보통, 만족, 매우 만족'이라면 이는 범주로 취급해야 할까? 이런 경우에는 그 값들이 연속적인 순서의 의미가 강하기 때문에 값의 형식이 원래는 문자로 되어 있더라도 '매우 불만족*1, 불만족*2, 보통*3, 만족*4, 매우 만족*5'와 같이 순서(숫자)로 치환하여 '숫자' 카테고리가 가능한 알고리즘을 선택해서 사용할 수 있다.

'범주'는 컬럼 값들이 카테고리형, 즉 연속적인 순서의 의미가 없을 때 사용하는 것이다. 예를 들면 제품 종류, 합격/불합격 여부, 지역, 성별, 원재료 종류 등이다. 만일 성별을 나타내는 컬럼의 값이 '1'과 '2'로 되어 있다면 이는 '1'이 '2'보다 앞에 오는 연속형 변수(숫자)로 취급하는 것이 타당할까? 이런 경우에는 그 값들이 순서의 의미가 없기 때문에 값의 형식이 원래는 숫자로 되어 있더라도 '1*남자', '2*여자'와 같이 문자(범주)로 변환 가능한 경우는 '범주' 카테고리가 가능한 알고리즘을 선택해서 사용할 수 있다.

이 중 어느 알고리즘을 선택할지는 두 컬럼의 형식뿐 아니라 데이터 특성에 따라서도 달라진다. 이에 대해서는 다음 표를 참조하기 바란다.

구분	데이터 형식	내용	예시
선형 회귀 (Linear Regression)	숫자 대 숫자	두 숫자형 변수 간의 관계를 확인하는 방법이다. 데이터가 정규 분포를 따르면 선형 회귀를 적용하고, 비정규 분포를 따르거나 이상점이 있거나 표본 크기가 작을 때는 스피어만 상관계수를 적용한다.	아버지 키와 아들 키의 관계 (아버지의 키 vs 아들의 키)
스피어만 상관계수 (Spearman R)			아파트 평수와 가격의 관계 (아파트 평수 vs 아파트 가격)
변량 분석 (ANOVA)	숫자 대 범주	범주형에 따라 숫자형의 변화를 확인하는 방법으로 3개 이상의 집단에 대한 평균을 비교하는 방법이다. 모집단의 분포가 정규 분포를 따르면 변량 분석을, 정규 분포를 따르지 않으면 크러스컬-월리스를 적용한다.	학급별 성적의 차이 (성적 vs 학급명)
크러스컬-월리스 (Kruskal-Wallis)			
카이 제곱 (Chi-square)	범주 대 범주	두 범주형 변수 간의 상관관계를 확인한다.	지역에 따른 지지 정당의 차이 (지역 vs 지지 정당)

앞에서 알 수 있듯이 데이터 상관성 분석에 대한 입력 데이터의 데이터 분포 요구 사항이 다르다. 선형 회귀와 변량 분석 비교는 다음을 전제로 한다.

- 데이터는 정상적으로 대량 분포된다.
- 개별 그룹의 변형(선형 회귀의 경우에는 오류의 변형)이 거의 동등하다.

데이터가 이 조건을 충족하지 않는 경우에는 변량 분석 및 선형 회귀 비교가 믿을 수 없는 결과를 낳을 수 있다. 이 경우에는 크러스컬-월리스 또는 스피어만 상관계수 비교를 사용하는 것이 더 유효할 수 있다.

Spotfire에서 데이터 상관성 분석을 수행해보자. 여기서는 '처방 데이터.xls'를 이용하여 '금액'에 가장 상관성이 높은 컬럼을 찾아보자.

따라하기 ·················· **1** 상단의 메인 메뉴에서 [도구] → [데이터 관계]를 클릭한다.

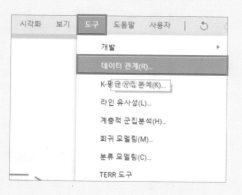

2 별도의 설정창이 표시되면 [비교 방법]에서 드롭다운 버튼을 눌러 원하는 알고리즘 방법을 선택한다. 여기서는 모두 숫자인 컬럼들에 대해서 분석할 것이므로 '선형 회귀(숫자 대 숫자)'를 선택한다.

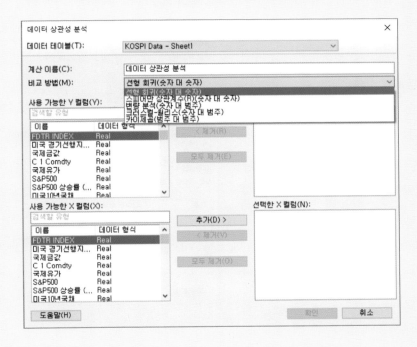

3 [사용 가능한 Y 컬럼(Y)]에서 원하는 컬럼을 클릭하고 바로 옆의 [추가]버튼을 누른다. 여기서는 'kospi index'를 선택했다.

4 [사용 가능한 X 컬럼(X)]에서 비교하고자 하는 컬럼들을 모두 클릭하고 [추가]를 누른다. 여기서는 리스트에 나와 있는 모든 컬럼들을 선택했다. 참고로 모두 선택할 때는 첫 번째 컬럼을 선택한 후 스크롤 박스를 움직여 맨 아래로 이동한 후에 Shift + 마지막 컬럼을 선택하면 된다. 선택 후 [추가] 버튼을 누른다.

5 앞의 순서대로 완료하면 다음과 같이 선택 목록이 표시된다. [확인] 버튼을 누른다.

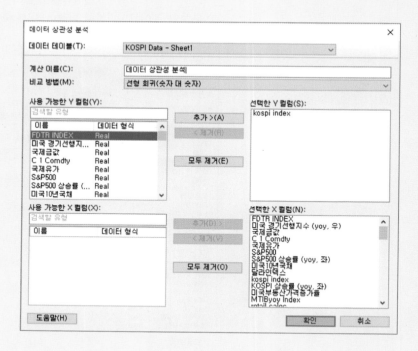

6 자동으로 다음 페이지에 '데이터 상관성 분석'이라는 페이지가 생성되면서 시각화와 분석 결과가 만들어진다.

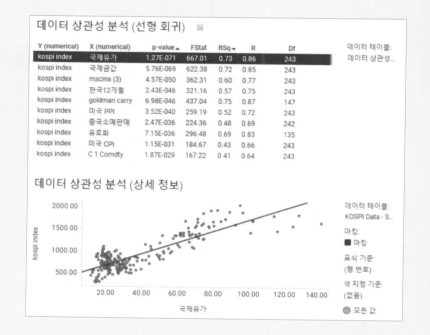

⑦ '데이터 상관성 분석(선형 회귀)' 결과는 자동으로 p-value가 가장 작은 값부터 표시된다. 시각화의 가장 첫 번째 행이 p-value가 가장 작으며, 이는 'kospi index'가 '국제유가'와 상관성이 가장 높음을 의미한다.

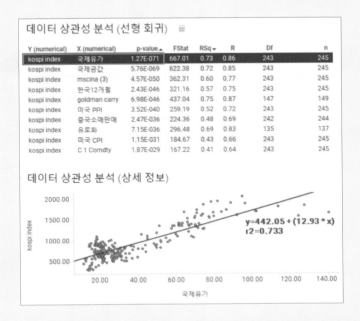

p-value는 일반적으로 0.05 이하일 때 X와 Y 간에 상관성이 의미가 있으며, r2 값(–1.0~1.0 사이)은 절대값이 1에 가까울수록 의미가 있다. –1인 경우에는 X와 Y 간에 음의 상관성을, +1인 경우에는 양의 상관성을 갖는다.

시각화에서 마우스 우클릭하여 [속성] → [라인&곡선] → [레이블 및 툴 팁]을 이용하여 수식과 r2 값을 위 그림과 같이 참조선 옆에 레이블로 표시할 수 있다.

2-1 선형 회귀(Linear Regression)

선형 회귀는 독립변수(X축)가 종속변수(Y축)에 미치는 영향력의 크기를 측정하여 독립변수의 일정한 값에 대응되는 종속변수의 값을 예측하는 통계분석 방법이다. 독립변수가 종속변수에 영향을 미치는지 여부와 그 영향력의 크기를 검증하는 데 목적이 있다.

아래 그림은 선형 회귀 방법으로 데이터 상관성 분석을 수행한 결과이다. 'bmi(체질량 지수)'는 '엉덩이 둘레'와 가장 상관성이 높은 것으로 측정되었다.

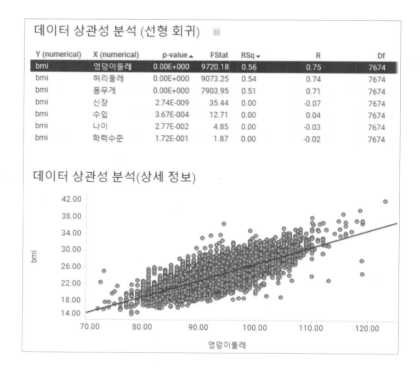

데이터 상관성 분석 결과에서 선형 회귀 결과를 해석하는 방법은 다음과 같다.

- 모형이 통계적으로 유의한지 알아보기 위해 **p-value**가 유의수준 이하인지 확인한다.

  ⇨ 보통 0.05를 유의수준으로 하며, 0.05 이하일 경우 모형이 통계적으로 유의하다고 하고 이 모형에 대해서만 분석을 진행한다.

- '**RSq(r^2)**' 값을 확인하여 적합한 회귀식이 자료에 대해 잘 설명하고 있는지 확인한다.

  ⇨ 이론적으로 0.8 이상, 분야에 따라서는 0.5~0.6 이상일 경우 모형이 자료를 잘 설명하고 있다고 판단하며, 0인 경우에는 서로 완전히 독립적인 관계이다.

2-2 스피어만 상관계수(Spearman-R)

스피어만 상관계수는 Spearman Rank(줄여서 Spearman R)라는 이름에서 알 수 있듯이 순위를 가지고 상관성을 비교하는 분석 방법이다.

두 숫자형 컬럼(변수) 간의 선형적 관계에 초점을 둔 분석으로 단순히 음 또는 양의 상관관계와 상관 정도를 알 수 있다. 데이터의 실제 값 대신 두 값의 순위를 사용해서 분석하며 비선형 관계의 연관성을 파악할 수 있다는 장점이 있다.

예를 들어 수학 컬럼의 순위가 영어 컬럼의 순위와 상관이 있는지, 혹은 다른 과목(컬럼)들 중 어느 과목의 순위와 상관이 있는지를 알아보는 데 쓰일 수 있다. 즉, 수학 잘하는 학생들의 순위가 어느 과목의 성적 순서와 가장 잘 일치하는지 알 수 있다.

주로 이산형, 순서형 데이터에 적용 가능하며 산술평균보다 중앙값 사용이 더 적절한 자료의 경우 스피어만 상관계수를 사용한다.

다음은 앞에서 사용한 것과 동일한 데이터(체질량지수, BMI)를 스피어만 상관계수를 적용하여 분석한 결과이다.

> **스피어만 상관계수(Spearman correlation coefficient)**
>
> 데이터가 서열 척도인 경우, 즉 자료의 값 대신 순위를 이용하는 경우의 상관계수이다. 데이터를 작은 것부터 차례로 순위를 매겨 서열 순서로 바꾼 뒤 순위를 이용해 상관계수를 구한다. 두 변수 간 상관관계의 유무를 밝혀주며 자료에 이상점이 있거나 표본 크기가 작을 때 유용하다.
> 스피어만 상관계수는 −1과 1 사이의 값을 가지는데 두 변수 안의 순위가 완전히 일치하면 +1이고, 두 변수의 순위가 완전히 반대이면 −1이 된다.
>
> 출처: 위키피디아

데이터 상관성 분석 (2) (스피어만 상관계수(R))

Y (numerical)	X (numerical)	p-value ▲	FStat	Rank R squared ▼	Rank R	Df
bmi	허리둘레	0.00E+000	8546.35	0.53	0.73	7674
bmi	엉덩이둘레	0.00E+000	8373.28	0.52	0.72	7674
bmi	몸무게	0.00E+000	7386.21	0.49	0.70	7674
bmi	신장	1.37E-007	27.82	0.00	-0.06	7674
bmi	수입	3.11E-004	13.02	0.00	0.04	7674

데이터 상관성 분석 (2)(스피어만 순위)

RankReal([bmi],"ties.method=average")

RankReal([허리둘레],"ties.method=average")

데이터 상관성 분석 (2)(상세 정보)

허리둘레

그림의 가운데에 있는 산점도를 보면 X와 Y 변수의 실제 값이 아니라 각 순서를 가지고 상관분석한 결과를 산점도로 표시한 것이다. 각 변수의 실제 값으로 분석한 결과는 아래쪽 산점도에 같이 표시되어 있다.

앞의 선형회귀 분석 순위 결과와 스피어만 상관계수 분석 순위 결과를 비교해보면 데이터에 따라서 다를 수 있다. 실제로 'bmi'와 상관관계가 가장 높은 컬럼은, 스피어만 상관계수를 적용한 경우에는 '허리둘레'이지만, 선형회귀를 적용한 경우는 '엉덩이둘레'로 결과가 서로 다르다.

2-3 변량 분석(ANOVA)

변량 분석은 회귀분석의 한 형태로 '분산 분석'이라고도 하며, 영어로 ANalysis Of VARiance의 앞 글자를 따서 ANOVA('아노바'라고도 읽음)로 사용한다.

범주형 변수에 따른 숫자형 변수의 상관성을 분석하는 방법으로 3가지 이상의 집단에 대한 수치를 비교할 때 주로 사용한다. 예를 들어 '5가지 직업군에 따라 K 제품의 만족도에 차이가 있는가?'를 분석한다고 가정해보자. '직업군'은 범주형 변수이며 3가지 이상의 값을 가지고 있고, 'K 제품의 만족도'는 숫자형(연속형)이므로 변량 분석을 적용할 수 있다.

아래 그림은 '금액'이 '범주형' 변수들 중 어떤 인자에 가장 영향을 받는지 변량 분석을 실시한 결과이다. '약효명' 컬럼이 가장 상관성이 높은 것을 알 수 있다.

상관성 분석 결과 테이블에서 위부터 한 행씩 눌러보면 Y와 X의 관계에 대한 결과가 X축을 범주로 잘 표시할 수 있도록 상자 그래프(Box Plot)로 표시된다. 여기서는 X축의 값이 순서와 상관없는 카테고리형(범주) 값이므로 X와 Y의 추세를 보는 것이 아니라 X축에서 어느 범주(값)가 Y 값이 높은지를 보는 것이 중요하다.

데이터 상관성 분석 (3) (변량 분석)

Y (numerical)	X (categorical)	p-value ▲	FStat ▼	S2Btwn	S2Wthn
금액	약효명	2.26E-059	19.44	3933999659403.49	6907249205674.46
금액	품목명	2.70E-052	9.99	4251620153684.89	6593554764607.36
금액	진료년월	1.84E-002	2.16	297718307376.16	10547456610916.10
금액	상병중분류명	3.86E-002	2.36	163712715560.07	10681462202732.20
금액	진료과	2.42E-001	1.40	58771341921.60	10780744631871.80
금액	상병소분류한글명	2.75E-001	1.20	217245875754.13	10627929042538.10
금액	환자성별	3.01E-001	1.07	14997896576.91	10830177021715.30
금액	의사명	3.78E-001	1.07	254456940507.67	10590717977784.60
금액	지역_도	7.39E-001	0.30	8510493558.72	10834711372868.60
금액	제약회사	8.31E-001	0.50	49653252422.12	10795521665870.10

데이터 상관성 분석 (3)(상세 정보)

자료가 정규성과 등분산성을 만족할 경우에는 변량 분석을 사용한다. 변량 분석 옵션은 각 그룹의 데이터 평균값을 비교하여 그룹 간 차이를 계산한다.

데이터 상관성 분석에서 변량 분석 결과를 해석하는 방법은 다음과 같다.

변량 분석(분산 분석)

통계학에서 2개 이상의 집단을 비교할 때 F분포를 이용하여 가설 검정을 하는 방법이다.

F분포는 집단 내의 분산, 총평균과 각 집단의 평균 차이에 의해 생긴 집단 간 분산의 비교를 통해 얻은 분포 비율이다. 이를 이용하여 각 집단의 모집단분산과 모집단평균이 차이가 있는지 검정한다. 즉 F=(군 간 변동)/(군 내 변동)이다.

변량 분석에서는 집단 간 분산의 동질성을 가정하기 때문에 분산의 차이가 크다면 그 변인을 찾아 제거해야 한다. 그렇지 못하면 변량 분석의 신뢰도는 떨어진다.

출처: 위키피디아

- 모형이 통계적으로 유의한지 알아보기 위해 **p-value**가 유의수준 이하인지 확인한다.

  ⇨ 보통 0.05를 유의수준으로 하며, 0.05 이하일 경우 모형이 통계적으로 유의하다고 하고 이 모형에 대해서만 분석을 진행한다.

- 일반적으로 변량 분석 후에는 어느 집단에 차이가 있는지 확인하기 위해 다중비교 분석을 실시하는데, Spotfire에는 그런 기능이 없으므로 대신 상자 그래프(Box-plot)를 활용하여 분석한다. 이때 상자 그래프의 비교 원(Comprarison Circle) 옵션을 사용하면 유용하다.

→ 상자 그래프의 비교 원에 대한 상세 설명은 p.712 〈비교 원〉 참조

2-4 크러스컬-월리스(Kruskal-Wallis)

크러스컬–월리스는 범주(명목)형 변수에 따른 숫자형 변수의 상관성을 분석하는 방법으로 3가지 이상의 집단에 대한 수치를 비교할 때 주로 사용한다. 자료의 정규성과 등분산성을 만족하지 못할 경우, 즉 비모수 통계에 사용한다는 점에서 '변량 분석'과 다르다.

아래 예제는 크러스컬–월리스 방법으로 상관분석을 수행한 예이다. '카메라대수'와 '설치목적구분'의 조합이 p-value가 가장 낮게 나왔으므로 이 둘 사이의 상관성이 가장 높다고 할 수 있다. 즉, 카메라 대수는 설치 목적에 따라서 영향을 받는다는 의미이다.

비모수 통계 (nonparametric statistics)

확률 분포(probability distributions)의 매개 변수화된 계열(확률 분포의 전형적인 매개 변수인 평균, 분산 등)을 기반으로 하지 않는다. 즉 비모수(또는 분포가 없는) 추론 통계 방법은 통계적 가설 검정을 위한 수학적 절차로서, 매개 변수(parametric statistics) 통계와 달리 평가되는 변수의 확률 분포에 대한 가정을 하지 않는다. 가정(assumptions)이 적기 때문에 해당 파라메트릭 방법보다 적용 가능성이 훨씬 크다.

데이터 상관성 분석 (4) (크러스컬-월리스)

Y (numerical)	X (categorical)	p-value ▲	H-stat ▼	Df ▼	n
카메라대수	설치목적구분	5.08E-042	195.00	3	343
카메라대수	관리기관전화번호	1.84E-039	178.38	2	343
카메라대수	설치년월	3.07E-032	232.24	32	343
카메라대수	카메라화소수	4.16E-019	88.71	3	343
카메라대수	보관일수	4.79E-009	38.31	4	343
카메라대수	경도	3.57E-001	335.76	327	343
카메라대수	위도	3.63E-001	335.33	327	343
카메라대수	소재지도로명주소	4.27E-001	105.00	103	106
카메라대수	관리기관명				343

데이터 상관성 분석 (4)(상세 정보)

	교통단속	교통정보_	생활방범	차량방범
Count	63	23	244	13
Median	1	1	4	2
Outliers	0	0	0	6

설치목적구분

데이터 테이블: 경기도+구리_

색 지정 기준: (없음)

● 모든 값

참조점: ── 중앙값

데이터 상관성 분석에서 크러스컬–월리스 분석 결과를 해석하는 방법은 다음과 같다.

- 모형이 통계적으로 유의한지 알아보기 위해 p-value가 유의수준 이하인지 확인한다.

⇨ 보통 0.05를 유의수준으로 하며, 0.05 이하일 경우 모형이 통계적으로 유의하다고 하고 이 모형에 대해서만 분석을 진행한다.

2-5 카이 제곱(Chi-Square)

두 범주(명목)형 변수 간의 상관성을 분석하는 방법이다. '카이제곱' 상관성 분석 결과 테이블에서 위부터 한 행씩 눌러보면 Y와 X의 관계에 대한 결과가, '범주' 대 '범주' 관계를 잘 표시할 수 있도록 크로스 테이블(Cross table)로 표시된다. 아래에서 '약효명'에 가장 상관성이 큰 컬럼은 '품목명'이고 다음으로 '상병소분류한글명', '상병중분류명' 등의 순이다. 이들은 p-value가 0.05보다 매우 작으므로 두 변수 간의 상관관계가 크게 의미가 있다고 할 수 있다

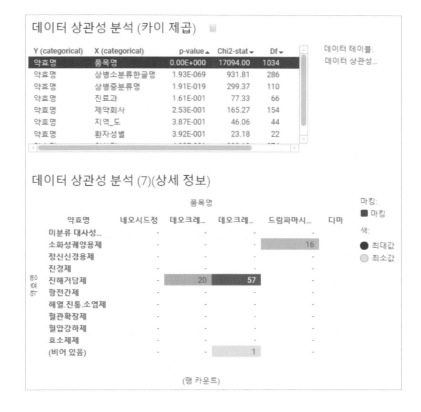

여기서는 X축의 어느 범주(값)가 Y축의 어느 범주(값)와 서로 상관성이 높은지를 보는 것이 중요하다. 아래의 '데이터 상관성 분석(상세정보)'을 자세히 보면 셀 값을 표시하는 기준이 '행카운트'로 되어 있다. 즉, 어느 값들 간의 조합에 가장 많이 해당되는지를 색상으로 표시하여 보여준다.

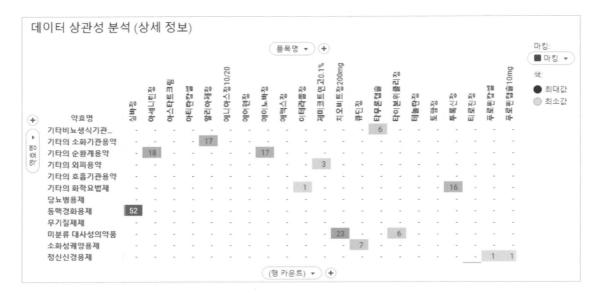

데이터 상관성 분석에서 카이 제곱 분석 결과를 해석하는 방법은 다음과 같다.

- 모형이 통계적으로 유의한지 알아보기 위해 p-value가 유의수준 이하인지 확인한다.

  ⇨ 보통 0.05를 유의수준으로 하며, 0.05 이하일 경우 모형이 통계적으로 유의하다고 하고 이 모형에 대해서만 분석을 진행한다.

- Spotfire에서는 교차표만 결과로 출력하지만 열 또는 행에 대한 비율을 계산하면 결과를 해석하는 데 도움을 받을 수 있다.

03 K-평균 군집분석(K-means Clustering)

군집분석은 데이터를 모아서 그룹 내에서는 최대한 동일한 특성을 갖는 것들끼리 묶고, 다른 그룹 간에는 그 차이가 극대화되도록 묶어서 분석하는 방식이다. 금융권의 고객군 분류, 구매 패턴에 따른 고객 세분화, 제조 불량 원인 분석, 카드 사기 탐지 등에 활용된다.

군집분석 기법은 크게 비계층적(non-hierarchical) 기법과 계층적(hierarchical) 기법으로 나눌 수 있다. 비계층적 기법은 계층 없이 그룹화하는 것을 말하며 분할기법(partitioning)이라고도 한다. 계층적 기법은 계층구조로 그룹화하는 것을 말한다. K-평균 군집분석은 비계층적 기법에 해당한다.

→ 계층적 군집분석에 대한 상세 설명은 p. 663 〈계층적 군집분석〉 참조

K-평균 군집분석은 군집화(clustering) 문제를 해결하는 가장 간단한 자율(비지도) 학습(unsupervised learning) 알고리즘 중 하나이다. 사전에 정해진 어떤 수의 클러스터를 통해서 주어진 데이터 집합을 분류하는 간단하고 쉬운 방법으로 군집의 수를 미리 정하고 이에 대하여 군집화를 하는 방법이다. 가급적 이상치는 제외하고 군집을 만드는 것이 좋은 결과를 얻을 수 있다. K-평균 군집분석은 비계층적 군집분석 방법을 사용하여 계산량이 적기 때문에 대용량 데이터도 빠르게 처리할 수 있다는 장점이 있다.

아래 그림은 산포된 서로 다른 데이터를 어떻게 군집화해 가는지 설명하고 있다.

TIP

비지도 학습(Unsupervised Learning)은 기계 학습(Machine Learning)의 한 가지로, 학습 데이터에 대한 정답이나 목표치 등의 사전 정보 없이 자료를 컴퓨터에게 주고 스스로 분석하도록 하는 방법이다.

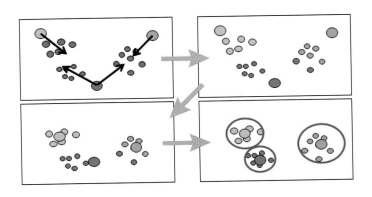

K-평균 군집분석을 이해하기 위하여 다음 예제를 살펴보자. 아래 그림들은 2018년 7~12월(6개월)까지의 충청북도의 행정구역(시)별 인구(합계) 추이를 선 그래프로 나타낸 것으로, 좌측은 Y축을 단일 척도(즉, 동일한 scale)로, 우측은 Y축을 다중 척도(서로 다른 scale)로 설정한 것이다. 하나의 선은 하나의 행정구역(시)을 표시한다. 시별로 인구 차이가 많이 나서 추이를 보기 위하여 다중 척도를 적용하였다.

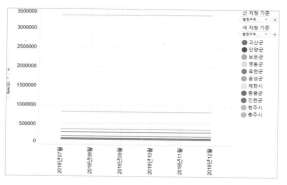 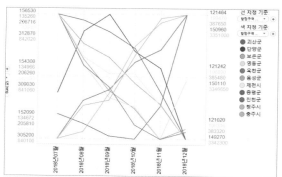

위 그림은 추이가 서로 뒤섞여 있어 인구가 증가하는지 감소하는지 시별로 패턴을 구분하기가 쉽지 않다. K-평균 군집분석을 이용하여 적절하게 그룹을 분류해보자. 아래 그림은 K-평균 군집분석을 4개로 지정하여 수행한 결과다. 자동으로 4개의 격자 표시가 생성되었다.

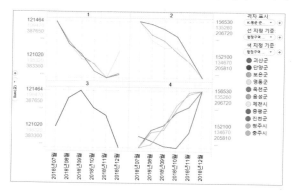

1번 그룹은 인구가 '하락 → 증가' 추세를, 2번 그룹은 '하락' 추세를, 3번 그룹은 '증가 → 하락' 추세를, 4번 그룹은 '증가' 추세를 보인다. 사용자가 원하는 개수만큼의 그룹으로 쉽게 분류(클러스터링)할 수 있는 것이 K-평균 군집분석의 장점이다.

만일 선 그래프가 아닌 다른 시각화에서 K-평균 군집분석을 수행하려 하면 다음과 같은 에러 메시지가 나타난다.

주의!

K-평균 군집분석은 반드시 선 그래프에만 적용할 수 있다.

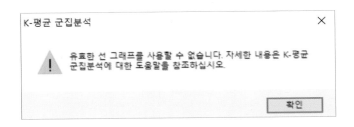

    K-평균 알고리즘(K-means algorithm)은 주어진 데이터를 k개의 클러스터로 묶는 알고리즘으로, 각 클러스터와 거리 차이의 분산을 최소화하는 방식으로 동작한다.

    K-평균 알고리즘은 몇 가지 한계점을 가지고 있으므로 주의해서 사용해야 한다.

1) 클러스터 개수 K값을 입력 파라미터로 지정해주어야 한다.

이 알고리즘은 K값에 따라 결과값이 완전히 달라진다. 예를 들어, 실제로 데이터들의 군집 수가 4개인 클러스터(군집)일 경우 가장 이상적인 결과를 가지고 있는데, 사용자가 K=3, 혹은 5, 6 등으로 군집 수를 입력한다면 결과가 이상하게 나올 수 있다. 따라서 여러 개의 K값을 변경해가면서 사용자가 실행 결과를 해석하여 여러 선들이 비교적 균일하게 비슷한 패턴으로 모이도록 클러스터를 결정해주어야 한다.

동일한 군집 내에서 패턴이 많이 이질적이라면 군집 수를 더 늘려야 하고, 다른 군집 몇 개의 패턴들이 서로 비슷하다면 군집 수를 더 줄여서 동일한 패턴들이 하나의 군집으로 모이는지 확인한다. 따라서 K-평균 군집분석에서 정답인 군집 수는 정해져 있지 않고, 사용자가 판단하여 적절하게 정해야 한다.

2) 이상값에 민감하다.

K-평균 알고리즘은 이상값(outlier)에 민감하게 반응한다. 이상값이란 다른 대부분의 데이터와 비교했을 때 멀리 떨어져 있는 데이터를 의미한다. 이러한 이상값은 알고리즘 내 중심점을 갱신하는 과정에서 클러스터의 전체 평균값을 크게 왜곡시킬 수 있다. 이 때문에 클러스터의 중심점이 실제 중심에 있지 않고 이상값 방향으로 치우치게 위치할 수 있다. 이를 방지하기 위해 K-평균 알고리즘을 실시하기 전에 이상값을 제거하는 프로세스를 먼저 실행하면 이상값의 영향을 줄일 수 있다.

Spotfire에서 K-평균 군집분석을 수행해보자.

따라하기 ·············· **1** Spotfire에 데이터를 가져온다(여기서는 '대학정보공시(사이버대).txt'를 로드하여 사용).

2 K-평균 군집분석을 실행하기 위해 먼저 선 그래프를 생성하고 X축, Y축, 색 지정 기준을 설정한다.

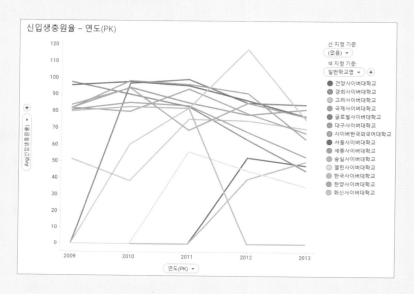

3 메인 메뉴에서 [도구] → [K-평균 군집분석]을 실행하고 설정창의 [최대 클러스터 수]에 원하는 클러스터 수를 입력한다.

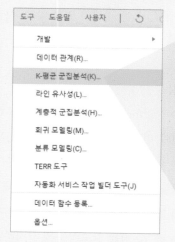
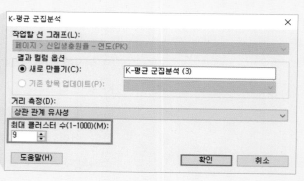

④ [거리 측정]에서 원하는 옵션을 선택(기본 설정은 '상관관계 유사성')하고 [확인]을 누른다.

자동으로 새 페이지가 생성되고, 군집분석 결과가 그룹별로 격자에 표시된다.

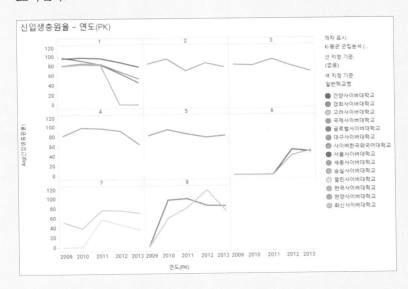

위 그림에서는 9개로 수행하였으나 클러스터가 8개로 생성되었다. 따라서 '9'는 이 집단에 대하여 적절한 군집분석의 개수가 아닌 것으로 생각할 수 있다.

⑤ 현재 클러스터의 패턴들을 서로 비교해보면 유사한 모양들이 많이 있다. 따라서 앞의 ③단계 과정으로 돌아가서 [최대 클러스터 수]를 여러 개로 변경해보면서 군집의 수가 가능한 한 작아지는 쪽으로 계속 수행한다. 아래 그림은 군집 수를 3개로 적용한 결과이다. 여러 개의 수로

군집을 분류해본 결과, 3개가 비교적 서로 다른 패턴의 군집 수라고 결론지은 것이다.

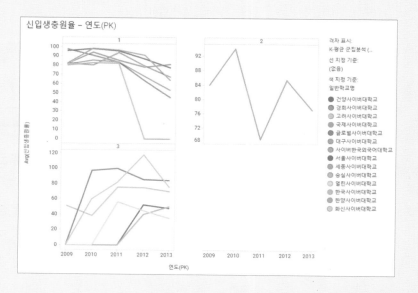

1번 그룹은 2009~2013년(5년)간 신입생충원율(평균)이 전반적으로 '하락' 추세를, 2번 그룹은 '증가'와 '하락'을 반복하는 추세를, 3번 그룹은 전반적으로 '증가' 추세를 보인다. 학교별 총 3개의 그룹으로 분류되었다.

04 계층적 군집분석(Hierarchical Clustering)

앞 절에서 설명한 K-평균 군집분석이 비계층적(non-hierarchical) 기법인데 반해 계층적 군집분석은 계층구조로 군집을 나눠서 분석하는 기법이다.

→ K-평균 군집분석에 대한 상세 설명은 p.657 〈K-평균 군집분석〉 참조

계층적 군집분석은 처음에 n개의 군집으로부터 시작하여 유사성이 가장 큰 개체끼리 순차적으로 개체를 분류하여 점차 군집의 개수를 줄여나가는 방법으로 분석한다. 군집 단계에 대한 그래프적 표현으로 계통수(dendrogram)를 이용하여 개체 군집 현황과 전체 군집들 간의 구조적 관계를 파악할 수 있다.

계층적 군집분석 도구를 사용하는 경우 입력은 데이터 테이블이고 결과는 계통수가 있는 히트맵이다. Spotfire에서는 처음부터 계층적 군집분석 도구를 사용하여 시작할 수도 있고, 기존 히트맵으로부터(히트맵 속성의 '계통수' 이용) 계층적 군집분석을 사용할 수도 있다.

다음은 KOSPI(한국 주가 지수)와 관련된 경제 지표들로 구성된 데이터이다.

KOSPI Data - Sheet1

날짜	FDTR INDEX	미국 경기선행지수 (yoy, 우)	국제금값	C 1 Comdty	국제유가	S&P500	S&P500 상승률 (yoy, 좌)	미국10년국채	달러인덱스	kospi index	KOSPI 상승률 (yoy, 좌)	미국부동산가격증가 율	MTIByoy Index
1993-10-29	3.00	3.57	369....	257....	16.92	467....	11.74	5.43	95.08	750....	21.95	2.06	3.30
1993-11-30	3.00	3.87	369....	279....	15.43	461....	7.06	5.82	96.21	811....	22.27	2.06	3.50
1993-12-31	3.00	4.26	391....	306....	14.17	466....	7.06	5.79	96.84	866....	27.67	2.43	3.20
1994-01-31	3.00	4.75	381....	290....	15.19	481....	9.76	5.64	95.59	945....	41.03	2.43	3.30
1994-02-28	3.25	5.32	382....	285....	14.48	467....	5.36	6.13	94.55	918....	42.91	2.43	3.60
1994-03-31	3.50	5.91	391....	274....	14.79	445....	-1.31	6.74	93.06	867....	30.07	3.04	2.80
1994-04-29	3.75	6.44	377....	269....	16.90	450....	2.44	7.04	92.12	900....	24.75	3.04	3.00
1994-05-31	4.25	6.89	387....	278....	18.31	456....	1.40	7.15	92.52	939....	24.88	3.04	4.20
1994-06-30	4.25	7.18	387....	249....	19.37	444....	-1.39	7.32	89.62	933....	24.64	2.67	4.60
1994-07-29	4.25	7.29	383....	218....	20.30	458....	2.26	7.11	89.87	933....	27.91	2.67	5.30
1994-08-31	4.75	7.20	387....	220....	17.56	475....	2.58	7.17	89.67	944....	42.02	2.67	6.00
1994-09-30	4.75	6.88	394....	215....	18.39	462....	0.82	7.60	87.88	1050....	46.13	2.32	6.20
1994-10-31	4.75	6.35	384....	215....	18.19	472....	0.97	7.81	85.69	1105....	47.27	2.32	6.80
1994-11-30	5.50	5.61	380....	213....	18.05	453....	-1.75	7.91	89.13	1074....	32.47	2.32	7.00
1994-12-30	5.50	4.69	384....	231....	17.76	459....	-1.54	7.82	88.72	1027....	18.61	1.32	7.30

앞의 데이터를 이용하여 계층적 군집분석을 수행한 결과는 다음과 같다. 컬럼과 행에 대하여 모두 계층 구조로 분석되었다. 테이블에서 하나의 셀(각 행과 컬럼의 고유 조합)이 아래 히트맵에서도 하나의 셀 위치에 색으로 표시된다. 전체적으로 색상 배열 구조를 보면, 각 컬럼 안에서 유사한 색상(값들)으로 행을 정렬(그라데이션 형태로 보임)해놓고, 정렬된 컬럼의 색상 배열 형태가 가장 유사한 색상 그라데이션으로 보이는 컬럼들을 먼저 구조적으로 배열해놓았다. 아래 그림에서 위쪽의 컬럼들 간 계층 구조를 보면 전체 10개의 컬럼들 중에서 '미국 PPI'와 '미국 CPI'가 가장 유사한 컬럼으로(즉, 가장 낮은 위치로 먼저 두 선을 연결) 정렬되어 있다. 이는 10개의 선택된 컬럼들 중에서 이 두 컬럼이 서로 가장 유사하다는 것을 의미한다.

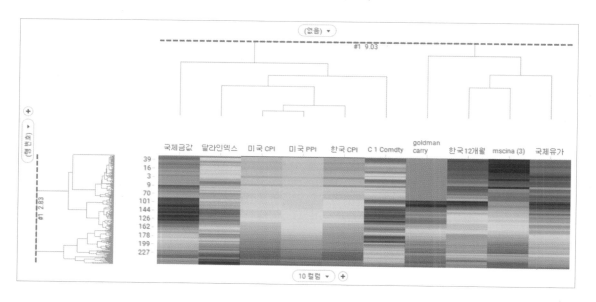

계층적 군집분석은 항목 간 거리, 또는 유사성에 따라 항목을 트리 모양 구조의 계층(hierarchy)으로 정리한다. 그 결과로 만들어진 계층을 그래픽으로 표시하면 '계통수(dendrogram 혹은 phylogenetic tree)'라는 트리 구조의 그래프가 된다. Spotfire에서 계층적 군집분석 및 계통수는 히트맵 시각화와 밀접하게 연결되어 있다. 히트맵에서는 행과 컬럼을 모두 군집분석할 수 있다.

• 행 계통수: 행 사이의 거리 또는 유사성과 각 행이 속하는 노드를 군집분석의 결과로 표시한다.

- 열 계통수: 변수(선택한 셀 값 컬럼) 사이의 거리 또는 유사성을 표시한다.

위의 그림에는 행과 열 계통수가 모두 포함되었지만, 아래 그림은 위의 히트맵에서 행 계통수만 포함하고 열 계통수를 삭제한 히트맵 결과화면이다. 열 계통수가 없어서 어느 컬럼끼리 서로 가장 유사한지 알수 없다.

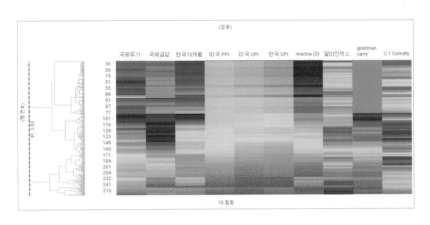

아래 그림은 첫째 히트맵에서 열 계통수만 포함하고 행 계통수를 삭제한 히트맵 결과 화면이다. 행 계통수가 없어서 어느 행끼리 서로 가장 유사한지 알 수 없다.

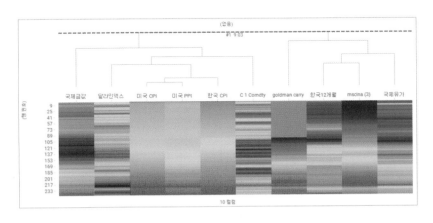

따라서 계층적 군집분석을 시행하는 경우는 첫 번째 히트맵에서처럼 행과 열 계통수를 모두 수행하여 표시하는 것이 일반적이다.

Spotfire에서 계층적 군집분석은 2가지 방법으로 수행할 수 있다.

1) 계층적 군집분석 도구 사용

메인 메뉴에서 [도구] → [계층적 군집분석]을 선택하면 설정창이 표시
된다.

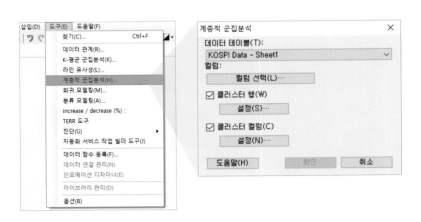

2) 기존 히트맵 시각화에서 계층적 군집분석

히트맵 시각화 위에서 마우스를 우클릭하여 [속성]을 누른다. 설정창
이 나타나면 [계통수] 탭을 클릭한다.

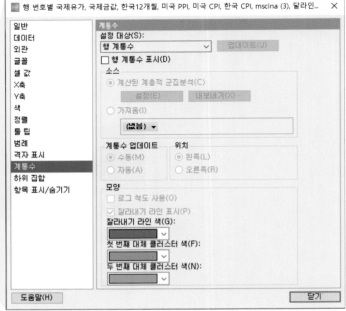

4-1 도구(Tool)에서 사용

계층적 군집분석 기법을 메뉴에서 사용할 수 있다.

1) 메인 메뉴에서 [도구] → [계층적 군집분석]을 선택한다. 설정창이 표시되면 [데이터 테이블]을 눌러서 현재 로드한 데이터 테이블 중 분석에 사용할 데이터를 선택한다. 클러스터링에 사용할 컬럼을 선택하기 위해 [컬럼]에서 [컬럼 선택] 버튼을 누른다.

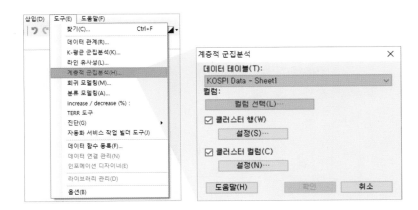

2) 설정창이 새롭게 표시된다. [사용 가능한 컬럼]에서 원하는 컬럼을 선택(다수 선택 가능)하고 [추가] 버튼을 눌러서 [선택한 컬럼] 쪽으로 이동시킨다. 작업을 마치면 [확인]을 누른다.

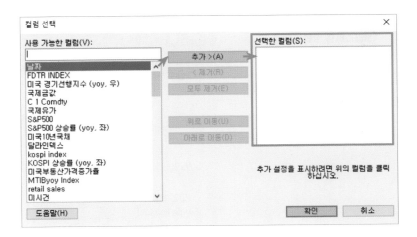

3) 컬럼 선택을 마치면 클러스터 대상으로 행과 열 중에서 어느 것을 클러스터링할 것인지를 체크한다. 기본 설정을 사용한다면 이 부분은 따로 설정하지 않아도 된다. 만일 상세 옵션 설정을 원한다면 [클러스터 행]이나 [클러스터 컬럼]의 [설정] 버튼을 클릭한다. 그 결과 설정창이 나타난다.

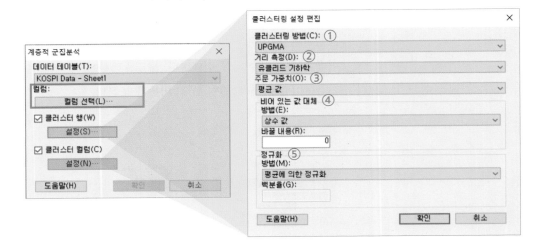

이 부분에는 많이 사용되는 방법들이 기본으로 설정되어 있다. 그러므로 초보자라면 설정을 변경하지 말고 기본 설정대로 사용하는 것을 권장한다.

① 클러스터링 방법(Clustering method)

선택된 거리 측정에서 나온 값을 이용하여 클러스터 간의 유사성 계산 시 사용할 방법을 선택한다. 기본 설정 옵션은 [UPGMA]이며, 각 옵션에 대한 설명은 다음과 같다.

옵션	설명
UPGMA	Unweighted Pair-Group Method with Arithmetic mean의 약자로, 산술 평균을 갖는 가중치가 부여되지 않은 간단한 응집(상향식) 계층적 클러스터링 방법이다. UPGMA의 비례 평균은 가중치가 없는 결과를 산출한다.
WPGMA	Weighted Pair-Group Method with Arithmetic mean의 약자로, UPGMA의 가중치 변형과 유사하다. WPGMA의 단순 평균은 가중 결과를 생성한다.
Ward의 방법	군집 내 제곱합 증분과 군집 간 제곱합을 고려하여 제곱의 증분 합계를 계산한다.
단일 연결 (Single linkage)	최단 연결법(nearest neighbor)이라고도 하며 두 군집 간의 거리를 최단 거리로 정의한다. 즉 클러스터 간의 거리는 클러스터에서 가장 가까운 행(또는 컬럼) 간의 거리와 동일하다.
연결 완료 (Complete linkage)	최장 연결법(farthest neighbor)이라고도 하며 두 군집 간의 거리를 최장 거리로 정의한다. 즉 클러스터 간의 거리는 클러스터에서 가장 멀리 떨어진 행(또는 컬럼) 간의 거리와 동일하다.

계층적 군집분석은 선택한 거리 측정을 사용하여 두 행 또는 컬럼
의 가능한 모든 조합 간의 거리를 계산함으로써 시작된다. 그런 다
음, 계산된 거리는 군집분석 중 행 또는 컬럼으로 형성되는 모든 클
러스터 간 거리를 얻는 데 사용된다. 다음에 나오는 군집분석 방법
중 하나를 선택할 수 있다.

② 거리 측정(Distance measure)

행 또는 열의 가능한 모든 조합에 대한 관계값을 생성하기 위해 거
리 측정 방법을 선택한다. 행 또는 컬럼 간 거리, 또는 유사성을 계
산하는 데 다음 방법들을 사용할 수 있다. 기본 설정 옵션은 '유클
리드 기하학'이며 군집분석 계산의 결과는 클러스터링된 행 또는
컬럼 간 유사성, 또는 거리로 제공된다.

행 또는 컬럼 간의
유사성으로 제공하는 알고리즘 ●

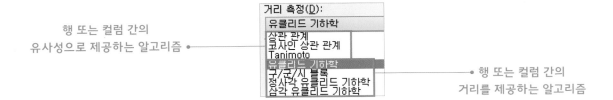

● 행 또는 컬럼 간의
거리를 제공하는 알고리즘

②-1 유클리드 기하학(Euclidean)

행 또는 컬럼 간 거리를 제공한다. 유클리드 거리는 항상 0보다 크
거나 같아야 한다. 동일한 지점에 대해서는 측정치가 0이 되고 유
사성이 거의 없는 지점에 대해서는 측정치가 높게 나타난다.

아래 그림은 a 및 b 지점의 예를 보여준다. 각 지점은 5개의 값으로
설명된다. 그림에서 점선은 거리 (a_1-b_1), (a_2-b_2), (a_3-b_3), (a_4-b_4),
(a_5-b_5)이다.

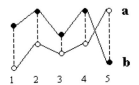

②-2 구/군/시 블록 거리(City block)

행 또는 컬럼 간 거리를 제공한다. 구/군/시 블록 거리는 항상 0보다 크거나 같아야 한다. 이 거리 측정은 대부분의 경우에 유클리드 거리와 유사한 결과를 제공한다. 그러나 거리가 제곱으로 계산되지 않으므로 단일 치수로 표시되는 큰 차이의 영향은 적다.

②-3 상관관계(Correlation)

행 또는 컬럼 간의 유사성으로 제공한다. 상관관계는 '피어슨 (pearson)의 상관관계' 또는 '피어슨의 r'이라고도 한다. 범위는 +1 ~ −1이고, +1이 가장 높은 상관관계이다. 정반대인 지점은 상관관계가 −1이다.

a와 b가 동일하면 최고의 상관관계이다.　　　a와 b가 완벽하게 미러링되면 최고의 음수 상관관계를 나타낸다.

②-4 코사인 상관관계(Cosine correlation)

행 또는 컬럼 간 유사성으로 제공한다. 코사인 상관관계의 범위는 +1 ~ −1이고, +1이 가장 높은 상관관계이며 정반대인 지점은 상관관계가 −1이다. 상관관계와 코사인 상관관계의 차이점은 상관관계에서 평균값을 뺀다는 점이다.

③ 주문 가중치(Ordering weight)

클러스터링 후 계통수에 표시될 순서를 결정하는 방법을 선택한다. 기본 설정 옵션은 [평균값]이다.

주문 가중치는 행 계통수에서 표시되는 세로 순서를 관리하는 것
으로, 컬럼 계통수의 경우 컬럼의 가로 순서를 관리한다. 한 클러스
터(항상 정확히 2개의 하위 클러스터가 있음)에 속한 2개의 하위 클러
스터가 가중되고 가중치가 낮은 클러스터가 다른 클러스터 왼쪽
위에 배치된다. 가중치는 다음 중 한 가지이다.

- 행(또는 컬럼)의 입력 평균 순위. 이는 Spotfire로 행(또는 컬럼)을 가
  져오는 순서이다.
- 행(또는 컬럼)의 평균값.

Spotfire에서 계층적 군집분석에 사용되는 알고리즘은 계층적 응
집 방법이다. 행 클러스터링의 경우, 클러스터 분석은 개별 클러스
터에 배치된 각 행에서 시작된다. 그런 다음, 두 행의 가능한 모든
조합 간 거리가 선택한 거리 측정 방법을 사용하여 계산된다. 가장
유사한 2개의 클러스터가 그룹화되어 새 클러스터를 형성한다.
이후 단계에서는 새 클러스터와 나머지 모든 클러스터 사이의 거리
가 선택한 군집분석 방법을 사용하여 다시 계산된다. 따라서 단계
를 반복할 때마다 클러스터 수가 하나씩 감소한다. 결과적으로 모
든 행이 하나의 대형 클러스터에 그룹화된다. 계통수의 행 순서는
선택한 주문 가중치로 정의되며 클러스터 분석은 컬럼 클러스터링
과 같은 방법으로 수행된다.

④ 비어 있는 값 대체(Empty value replacement)

값이 비어 있는 경우에 대체할 방법을 선택한다. 기본 설정 옵션은
[상수 값(Constant value)]이다. [상수 값]을 선택하면 값을 입력하는
창이 표시된다.

⑤ 정규화 방법(Normalization)

정규화 방법을 선택한다. 기본 설정 옵션은 [평균에 의한 정규화 (Normalize by mean)]이다.

4) 1) ~ 3) 설정을 모두 마치고 [확인] 버튼이 활성화되면, 이를 클릭한다.

5) 다음은 왼쪽 히트맵에서 계층적 군집분석을 6개의 컬럼을 대상으로 선택하고 클러스터 행과 클러스터 컬럼을 모두 기본 설정으로 하여 실행한 최종 결과 화면이다. 계층적 군집분석이 실행되고 결과가 현재 히트맵 옆에 계층 구조를 포함한 새 히트맵 시각화로 추가되어 나타난다.

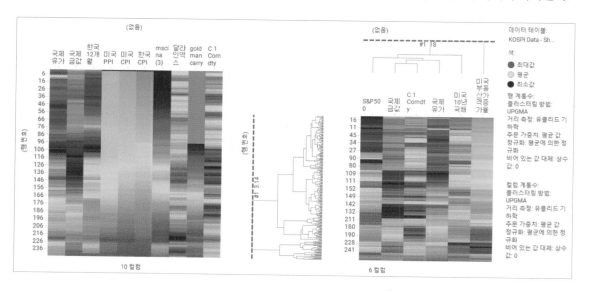

4-2 히트맵(Heat Map)에서 사용

Spotfire에 이미 작성해놓은 히트맵이 있다면 히트맵에서 속성을 사용하여 계층적 군집분석을 수행할 수 있다. 다음과 같은 단계로 따라하면 된다.

따라하기 ························ **1** 히트맵 시각화에서 마우스 우클릭하여 [속성] → [계통수]를 선택한다.

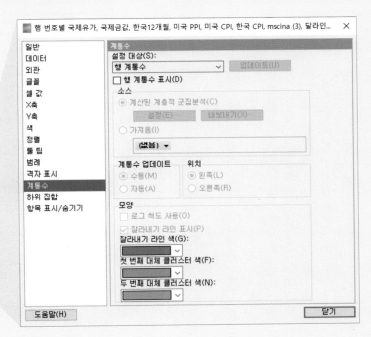

❷ [행 계통수 표시]의 체크박스를 선택하면 그 아래 [소스] 칸이 활성화
되면서 설정이 가능해진다.

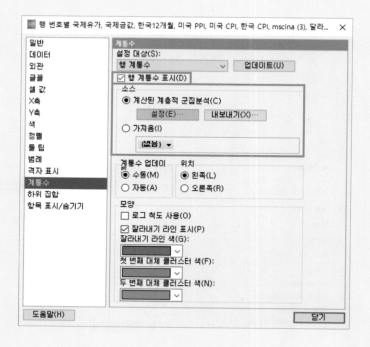

❸ [소스] → [계산된 계층적 군집분석] 아래의 [설정] 버튼을 누르면 [클
러스터링 설정 편집] 창이 나타난다. 사용 방법은 이전에 설명한 것과
동일하다.

→ 상세 설명은 p. 668 〈도구에서 사용〉의 3)번 참조

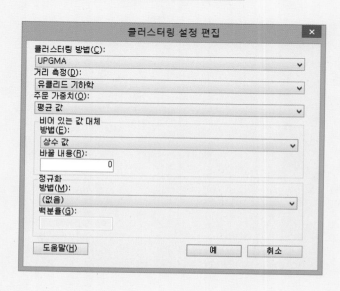

4️⃣ 모든 설정을 마치면 [설정 대상] 옆의 [업데이트]를 클릭한다. 이때 [행 계통수 표시] 앞의 체크박스 버튼이 선택되어 있는지 확인한다. 만일 해제되어 있으면 [업데이트] 버튼을 눌러도 계층구조가 화면에 표시되지 않는다.

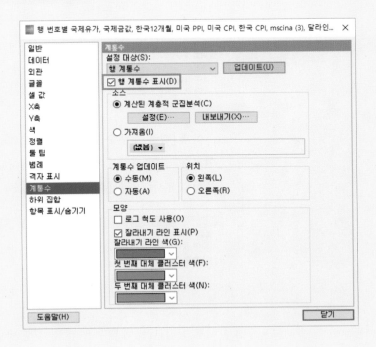

5️⃣ 기존 히트맵에 행 계통수가 추가되어 표시된다. 만일 행 계통수를 표시하고 싶지 않으면 [행 계통수 표시] 앞의 체크박스를 해제하면 된다.

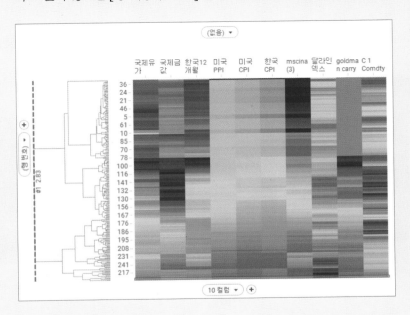

6 동일한 방법으로 계통수 설정 대화상자에서 [설정 대상] 버튼을 눌러서 [컬럼 계통수]를 선택한다.

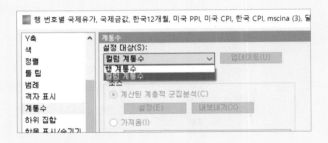

이때 [컬럼 계통수 표시] 앞의 체크박스 버튼이 선택되어 있는지 확인한다. 만일 해제되어 있으면 [업데이트] 버튼을 눌러도 계층구조가 화면에 표시되지 않는다.

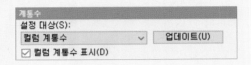

7 이후 방법은 행 계통수 설정 및 실행 방법과 동일하다. 아래 그림은 컬럼 계통수만 실행한 화면이다. 이미 행 계통수가 실행되어 같이 표시되어 있다면 [설정 대상]에서 [행 계통수]를 선택하고 앞의 체크박스를 해제하면 된다.

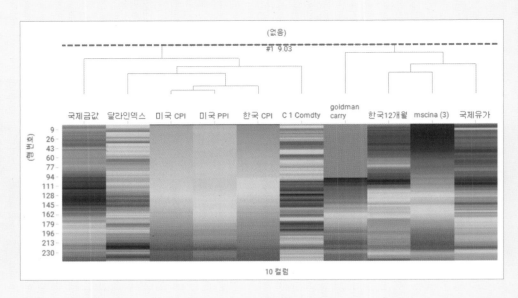

4-3 계층적 군집분석 따라하기

Spotfire의 기본 제공 메뉴인 계층적 군집분석 도구를 활용하는 방법
을 KOSPI 관련 파일인 'KOSPI data.xls'를 예제 삼아 알아보자. 다양
한 경제지표들로부터 KOSPI에 영향을 끼치는 중요한 인자들을 찾아
서, 그 인자들을 중심으로 유사한 특성을 갖는 그룹(기간들)을 찾는 군
집분석을 단계별로 따라해보자. 이때 총 4단계를 수행해야 한다.

따라하기 ······················ ① Spotfire에 'KOSPI data.xls' 파일을 로드한다. 이 파일에는 매달 말일
자의 KOSPI 지수와 각종 경제지표들을 포함한 총 245개의 행과 70개
의 컬럼이 있다.

KOSPI Data - Sheet1

날짜	FDTR INDEX	미국 경기선행지수 (yoy, 우)	국제금값	C 1 Comdty	국제유가	S&P500	S&P500 상승률 (yoy, 좌)	미국10년국채	달러인덱스	kospi index	KOSPI 상승률 (yoy, 좌)	미국부동산가격증가	MTIByoy Index
1993-10-29	3.00	3.57	369....	257....	16.92	467....	11.74	5.43	95.08	750....	21.95	2.06	3.30
1993-11-30	3.00	3.87	369....	279....	15.43	461....	7.06	5.82	96.21	811....	22.27	2.06	3.50
1993-12-31	3.00	4.26	391....	306....	14.17	466....	7.06	5.79	96.84	866....	27.67	2.43	3.20
1994-01-31	3.00	4.75	381....	290....	15.19	481....	9.76	5.64	95.59	945....	41.03	2.43	3.30
1994-02-28	3.25	5.32	382....	285....	14.48	467....	5.36	6.13	94.55	918....	42.91	2.43	3.60
1994-03-31	3.50	5.91	391....	274....	14.79	445....	-1.31	6.74	93.06	867....	30.07	3.04	2.80
1994-04-29	3.75	6.44	377....	269....	16.90	450....	2.44	7.04	92.12	900....	24.75	3.04	3.00
1994-05-31	4.25	6.89	387....	278....	18.31	456....	1.40	7.15	92.52	939....	24.88	3.04	4.20
1994-06-30	4.25	7.18	387....	249....	19.37	444....	-1.39	7.32	89.62	933....	24.64	2.67	4.60
1994-07-29	4.25	7.29	383....	218....	20.30	458....	2.26	7.11	89.87	933....	27.91	2.67	5.30
1994-08-31	4.75	7.20	387....	220....	17.56	475....	2.58	7.17	89.67	944....	42.02	2.67	6.00
1994-09-30	4.75	6.88	394....	215....	18.39	462....	0.82	7.60	87.88	1050....	46.13	2.32	6.20
1994-10-31	4.75	6.35	384....	215....	18.19	472....	0.97	7.81	85.69	1105....	47.27	2.32	6.80
1994-11-30	5.50	5.61	380....	213....	18.05	453....	-1.75	7.91	89.13	1074....	32.47	2.32	7.00
1994-12-30	5.50	4.69	384....	231....	17.76	459....	-1.54	7.82	88.72	1027....	18.61	1.32	7.30
1995-01-31	5.50	3.69	375....	229....	18.39	470....	-2.32	7.58	87.99	925....	-2.13	1.32	8.40

② 데이터 상관성 분석을 수행하여 KOSPI에 가장 영향을 미치는 인자들
을 찾아낸다.

1) 메인 메뉴에서 [도구] → [데이터 관계]를 선택한다. 그 결과 다음과
같은 설정창이 나타난다.

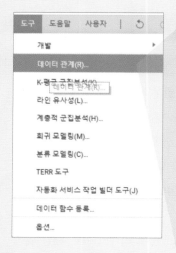

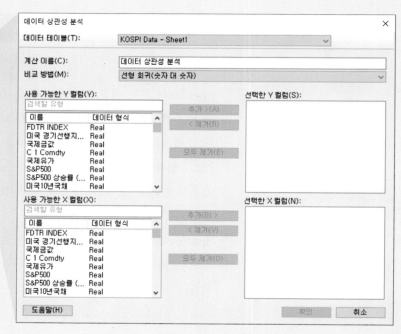

2) [비교 방법]에서 원하는 상관성 분석 방법을 선택한다. 'KOSPI data.xls'에 있는 컬럼 값들은 종속변수인 'kospi index'를 포함하여 거의 모두 숫자형 데이터이므로 여기서는 [선형 회귀(숫자 대 숫자)] 방법을 선택한다.

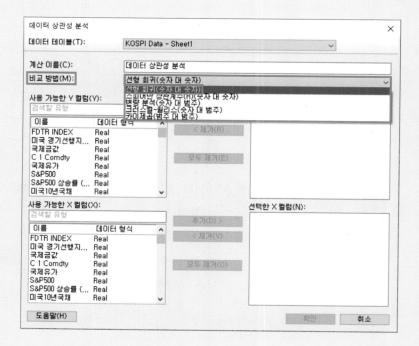

3) [사용 가능한 Y 컬럼] 목록 중에서 변수를 하나 선택(여기서는 'kospi index')한다. 그런 다음 [추가] 버튼을 눌러 해당 변수를 [선택한 Y컬럼]으로 이동시킨다.

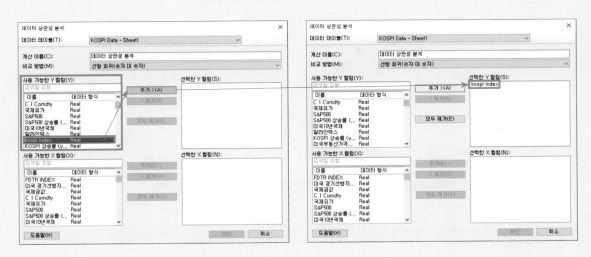

4) [사용 가능한 X 컬럼] 목록에 있는 모든 독립 변수들을 선택(Shift 키 이용)하고 [추가] 버튼을 눌러서 [선택한 X 컬럼]으로 이동시킨다. [사용 가능한 X 컬럼] 목록에 있던 컬럼들이 모두 [선택한 X 컬럼] 목록으로 이동한 것을 확인하고 [확인]을 누른다.

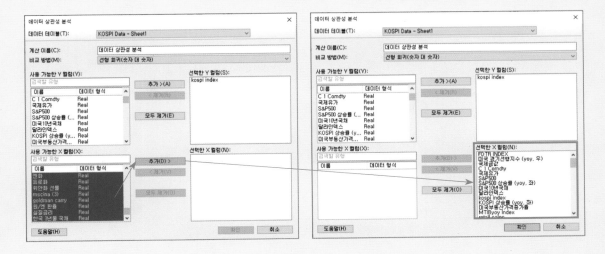

5) '데이터 상관성 분석'이라는 새로운 페이지가 생성되면서 상관분석 결과가 표시된다. 자동으로 p-value가 작고 Rsq(r^2) 값이 큰 순서대로 정렬되는데, p-value의 값이 0.05 이하인 경우 Y와 X는 서로 상관성이 존재한다고 말할 수 있다. 따라서 국제유가→국제 금값→mscina(3)… 등의 순으로 kospi index와 상관성이 강하게 있다는 것을 알 수 있다.

군집분석에서는 p-value가 낮은 순서대로 10개 정도의 인자들만 고려해보기로 한다.

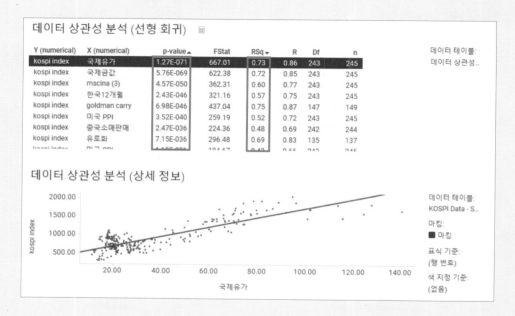

데이터 상관성 분석 (선형 회귀)

Y (numerical)	X (numerical)	p-value ▲	FStat	RSq ▼	R	Df	n
kospi index	국제유가	1.27E-071	667.01	0.73	0.86	243	245
kospi index	국제금값	5.76E-069	622.38	0.72	0.85	243	245
kospi index	mscina (3)	4.57E-050	362.31	0.60	0.77	243	245
kospi index	한국12개월	2.43E-046	321.16	0.57	0.75	243	245
kospi index	goldman carry	6.98E-046	437.04	0.75	0.87	147	149
kospi index	미국 PPI	3.52E-040	259.19	0.52	0.72	243	245
kospi index	중국소매판매	2.47E-036	224.36	0.48	0.69	242	244
kospi index	유로화	7.15E-036	296.48	0.69	0.83	135	137
kospi index	미국 CPI	1.55E-031	184.57	0.43	0.66	243	245

데이터 테이블:
데이터 상관성…

데이터 상관성 분석 (상세 정보)

데이터 테이블:
KOSPI Data - S…

마킹:
■ 마킹

표식 기준:
(행 번호)

색 지정 기준:
(없음)

③ 계층적 군집분석을 수행한다.

1) 새 페이지를 만들고, 메인 메뉴에서 [도구] → [계층적 군집분석]을 선택한다.

2) 아래와 같이 설정창이 표시되면 [컬럼 선택]을 클릭한다.

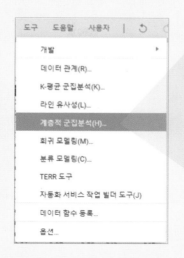
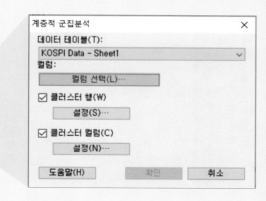

3) 앞에서 데이터 상관성 분석을 수행하여 얻은 p-value가 가장 낮은 10개의 컬럼들을 [사용 가능한 컬럼]에서 선택한다. [추가] 버튼을 눌러 [선택한 컬럼]으로 이동시킨 후 [확인]을 클릭한다.

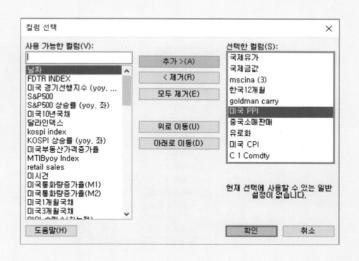

4) 계층적 군집분석에서 [클러스터 행]과 [클러스터 컬럼]의 체크박스를 각각 선택한다. 특별히 지정하거나 변경하고 싶은 사항이 있다면 [설정]을 눌러 표시한다. 여기서는 기본 설정을 사용할 것이므로 별도의 설정은 하지 않는다. 마치면 [확인]을 누른다.

5) 군집분석이 수행되어 계통수가 표시된 히트맵이 생성된다.

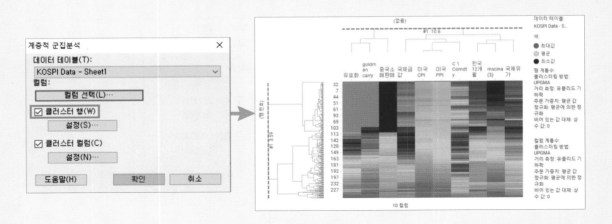

4 계층적 군집분석 결과로부터 드릴다운 기능을 이용하여 클러스터링을 수행한다.

1) 생성된 히트맵에서 마우스를 우클릭하여 [상세 정보 시각화 만들기] → [평행 좌표 그래프]를 클릭한다.

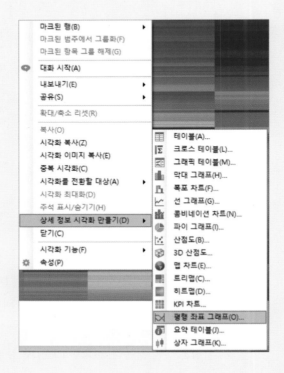

수행 결과 평행 좌표 그래프 시각화가 생성된다.

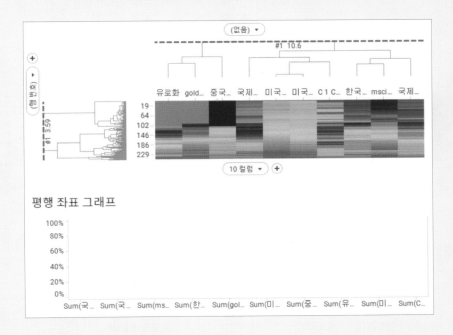

2) 평행 좌표 그래프의 범례에서 [선 지정 기준]을 [행 번호]로 변경하여 지정한다.

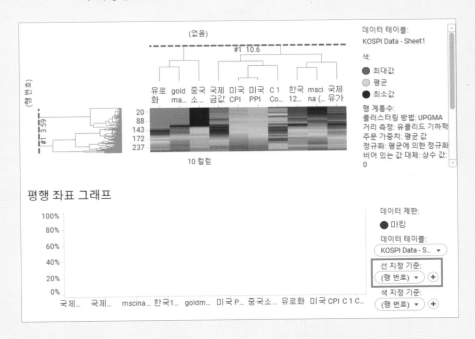

3) 평행 좌표 그래프의 범례에서 [색 지정 기준]을 [행 클러스터 ID(행 번호별 국제유가, …)]로 지정한다.

4) 평행 좌표 그래프 속성창에서 마우스를 우클릭하여 [속성] → [격자 표시]를 클릭한다.

5) 속성창에서 [패널] 버튼을 선택하고 [분할 기준]의 드롭다운 버튼을 눌러서 [행 클러스터 ID…]를 선택한다. 그런 다음 [닫기]를 클릭한다.

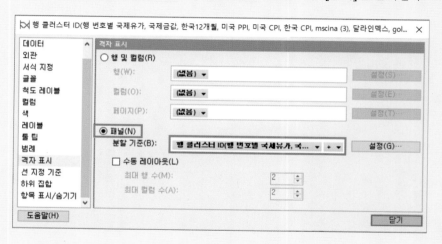

6) 히트맵에서 행에 대한 계통수 부분(아래 그림의 빨간색 사각형 부분)을 마킹해본다. 그러면 아래 평행 좌표 그래프에 선택된 부분을 대상으로 시각화가 반영되어 나타난다.

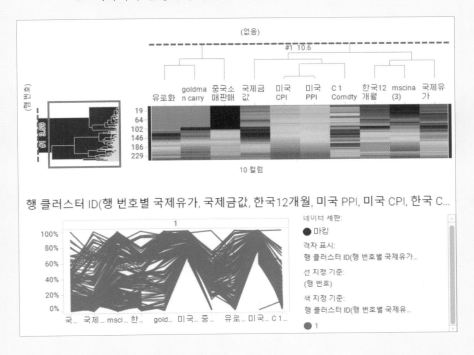

7) 히트맵의 왼쪽에 빨간색 점선으로 표시되어 있는 선(자르기 라인; pruning line)을 좌우로 이동해보자.

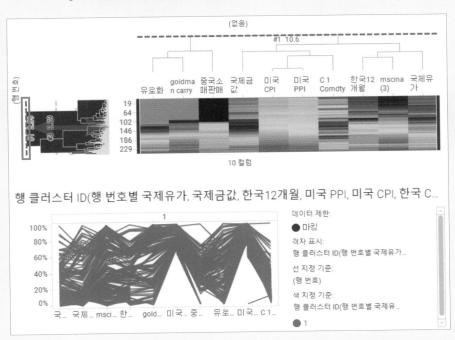

이동하면 해당되는 라인들 간의 거리가 표시되면서 조그만 빨간색 원의 위치가 변경된다. 여기에서 클러스터링의 개수를 알 수 있다. 아래 그림에서는 오른쪽으로 자르기 라인을 이동한 후에 총 5개의 분홍색 원이 생겼으므로 총 5개의 클러스터링이 존재하는 것을 알 수 있다.

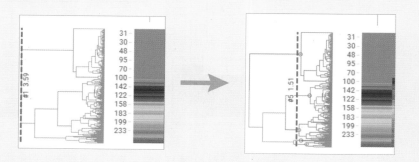

8) 히트맵에서 자르기 라인의 오른쪽 부분에 해당되는 부분을 아래 그림과 같이 마킹해보자.

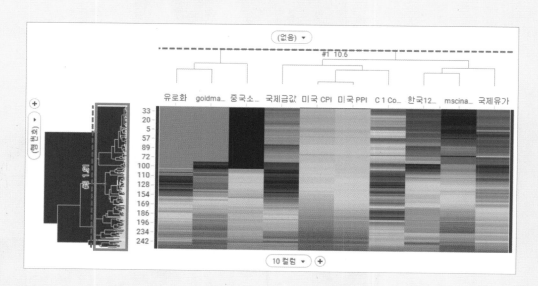

그 결과 아래 부분에 드릴다운으로 미리 설정해놓은 평행 좌표 그래프에 5개의 클러스터가 격자 형태로 나뉘어 표시된다.

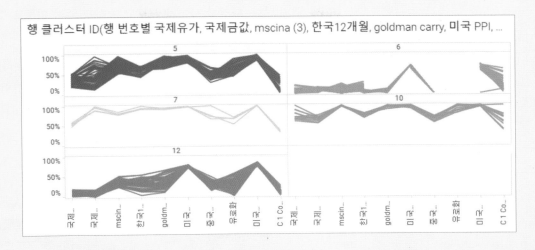

이때 범례 부분은 다음과 같다.

9) 평행 좌표 그래프의 **X**축에 해당되는 부분에는 여러 개의 컬럼명이 존재한다. 현재 너무 많은 컬럼들이 표기되어 있어 전체적인 패턴을 알기가 쉽지 않다. 따라서 사용자가 보고자 하는 컬럼 위주로 컬럼 수를 줄이는 것이 좋다.

　평행 좌표 그래프에 마우스 커서를 놓고 마우스를 우클릭하여 [속성] → [컬럼] 탭을 선택하면 컬럼을 선택할 수 있다. 오른쪽의 [선택한 컬럼] 리스트 중에서 핵심적인 몇 개만 남겨두고 [제거] 버튼을 눌러 사용 가능한 컬럼으로 이동시키면 된다. 반대로 보고 싶은 컬럼은 [추가]할 수 있다. 여기서는 'kospi index'를 추가하였다.

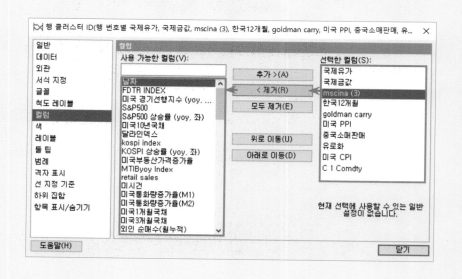

다음은 최종 정리된 컬럼 설정 화면이다.

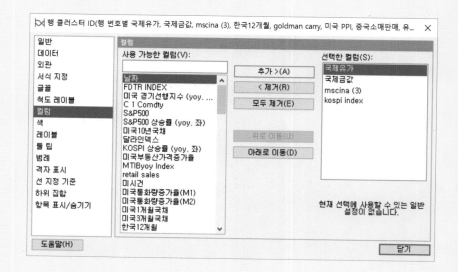

10) 변경된 평행 좌표 그래프를 확인하기 위하여 히트맵에서 자르기 라인 오른쪽 부분에 해당되는 부분을 마킹해본다. 그 결과 다음 그림 처럼 아래에 드릴다운으로 미리 설정해놓은 평행 좌표 그래프가 4개의 컬럼으로 표시된다. 자르기 라인에 걸쳐 있는 5개의 클러스터링 그룹에 대하여 직관적으로 쉽게 비교할 수 있다.

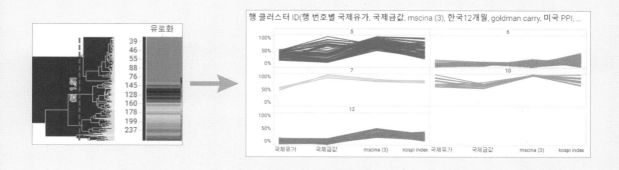

11) 사용자가 임의로 자르기 라인을 이동해가면서 원하는 클러스터링 그룹이 적당해질 때까지 실행하면 된다.

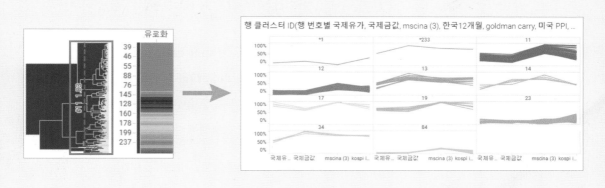

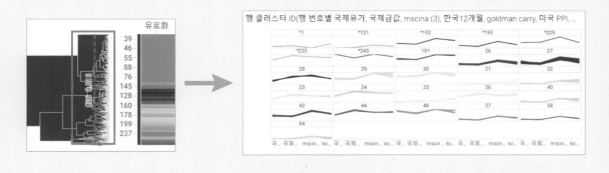

05 라인 유사성(Line Similarity)

라인 형태의 차트에서 여러 라인 간의 유사성을 분석하여 특정한 추세나 유사한 라인을 우선순위로 서열을 생성해주는 기능으로, Spotfire 선 그래프에서만 사용할 수 있다.

Spotfire에서 라인 유사성을 실행하면 '데이터 관계'나 '군집분석'에서처럼 실행 결과가 새 페이지에 시각화 형태로 자동 생성되지 않는다. 단지 데이터 테이블 컬럼에 [라인 유사성]과 [라인 유사성(rank)]이라는 2개의 컬럼이 새로 생성된다.

라인 유사성 실행 결과를 이용하는 가장 좋은 방법은 Spotfire의 선 그래프에서, 결과로 도출된 [라인 유사성(rank)]이라는 컬럼을 '격자 표시' 기능으로 활용하는 것이다. 순위(rank)로 격자 표시를 나타내면 어느 선(항목)이 가장 원하는 추세나 유사한 라인인지 쉽게 이해할 수 있기 때문이다.

아래 그림은 각 대학(색상별로 표시)의 취업률을 선 그래프로 표시한 것이다. 즉, 각각의 라인은 서로 다른 대학을 나타낸다. 이 중에서 선택한 특정 대학(진하게 선택된 선)과 가장 유사한 패턴을 보이는 대학을 찾기 위하여 라인 유사성 분석을 실행해보자.

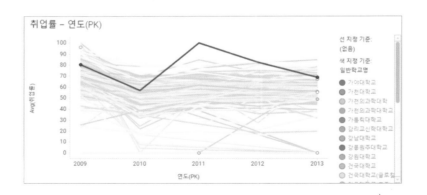

다음과 같이 실행 결과를 순위(그림에서 격자의 타이틀 숫자)별로 격자 표시를 해본다. 1위는 자기 자신, 즉 사용자가 기준선으로 선택한 선이

되며, 2위부터 차례대로 사용자가 선택한 라인과 어느 라인이 가장 유사한지를 나타내준다.

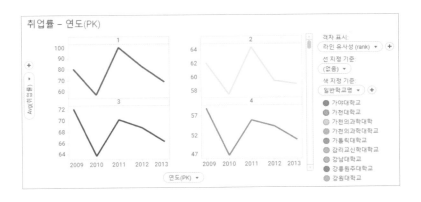

5-1 라인 유사성(Similarity) 계산 알고리즘

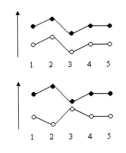

동일한 형태를 갖는 프로파일은 최대 상관계수를 갖는다.

r = +1

완전히 대칭인 프로파일은 최대 음의 상관계수를 갖는다.

r = -1

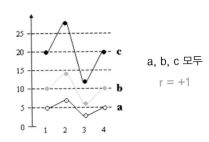

a, b, c 모두

r = +1

라인 유사성의 실행 결과로 라인 유사성 상관계수(r)를 산출하는데, -1에서 +1 사이의 범위값을 갖는다.

다음은 라인 유사성을 실행하여 생성된 컬럼의 필터를 보여준다. 항상 라인 유사성과 순위(rank)가 함께 생성된다.

5-2 라인 유사성의 제약 조건

라인 유사성은 몇 가지 제약 조건이 있다.

- 선 그래프에서만 가능하다. 다른 차트에서는 라인 유사성 도구를 사용할 수 없다.
- 여러 개의 Y축 척도를 사용할 수 없다. 반드시 하나의 Y축에서만 가능하다.
- 연속적이고, 저장함(binned)에 저장된 X축을 사용할 수 없다.
- 선 그래프에서 비교하고자 하는 모든 선에서 X축의 시작점과 끝점이 같아야 한다. 즉, 선의 시작이 다르거나 끝이 다른 선은 유사성 비교에서 제외된다.

5-3 라인 유사성의 사용 용도

Spotfire의 라인 유사성은 2가지 용도로 사용할 수 있다.

1) 특정 추세에 가장 유사한 라인 형태 찾기

여러 라인들 중에서 사용자가 지정한 특정 추세(증가 추세 혹은 하락 추세 패턴 등)와 가장 유사한 라인부터 가장 반대의 패턴을 보이는 라인을 순서대로 찾을 수 있다. 예를 들면 다음과 같은 경우에 적용할 수 있다.

- 전체 대리점 중에서 12개월 동안 매출이 가장 크게 증가 추세를 보이는 대리점은?
- 비교 대학들 중에서 과거 5년간 등록금이 가장 가파르게 오른 곳은?
- 우리 회사의 전체 제품 중에서 매출 하락세가 가장 심한 품목은?

2) 특정 라인과 가장 유사한(동일한) 라인 찾기

여러 라인들 중에서 사용자가 지정한 특정 라인과 가장 유사한 라인부터 가장 반대의 패턴을 보이는 라인을 순서대로 찾을 수 있다. 예를 들면 다음과 같은 경우에 적용할 수 있다.

- 우리 회사에서 영업실적이 가장 좋은 영업사원과 동일한 영업실적 패턴을 보이는 사원들의 순서는?
- 여러 대학 중에서 과거 5년간 우리 대학의 취업률과 가장 동일한(유사한) 취업률 패턴을 보이는 대학들은?

어떤 용도이든 Spotfire에서 라인 유사성을 실행하는 방법은 거의 동일하다. 단지 마스터 라인을 선정하는 방법에 따라 용도에 맞게 선택하면 된다.

➔ 마스터 라인 선정에 대해서는 아래 〈라인 유사성 따라하기〉의 '③ 마스터 라인' 참조

5-4 라인 유사성 따라하기

따라하기 ·········· **1** 먼저 Spotfire에서 '대학정보공시-주요지표(통합)-대학.txt'라는 데이터를 로드한 후 선 그래프 시각화를 생성하고 필요한 설정(X축, Y축, 색, 선 지정 등)을 한다. 아래에서 X축은 '연도(PK)', Y축은 '평균(Avg) 취업률', 색 지정 기준은 '학교명약칭'으로 지정하였다.

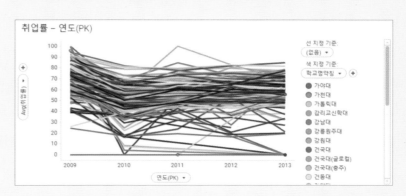

2 메인 메뉴에서 [도구] → [라인 유사성]을 선택하면 설정창이 나타난다.

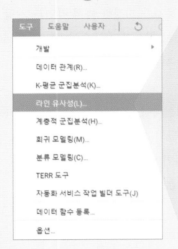 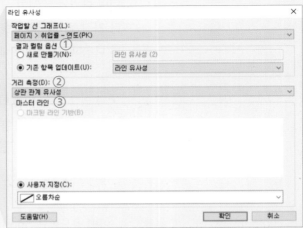

① 결과 컬럼 옵션

라인 유사성을 실행한 후 2개의 컬럼(라인 유사성 유사도와 순위)이 생성된다. 이에 대하여 기존에 생성한 컬럼들 이외에 새로 추가하려면 [새로 만들기] 라디오 단추를 선택한다. 반면 기존 결과물에 업데이트해서 덮어쓰려면 [기존 항목 업데이트] 라디오 단추를 선택한다.

② 거리 측정

유사성 계산의 기반으로 사용할 거리 측정 방법을 선택한다. 다음 2가지 옵션이 있다.

거리 측정(D):
상관 관계 유사성
상관 관계 유사성
유클리드 거리

②-1 상관관계 유사성

→ 상세 설명은 p. 670 〈도구에서 사용〉의 '②-3 상관관계' 참조

②-2 유클리드 거리

→ 상세 설명은 p. 669 〈도구에서 사용〉의 '②-1 유클리드 기하학' 참조

③ 마스터 라인

마스터 라인이란 라인 유사성을 비교할 대상 라인을 말한다. 마스터 라인은 사용자가 선택할 수도 있고, 미리 설정된 라인을 선택할 수도 있다.

③-1 마크된 라인 기반

라인 유사성을 비교할 대상을 사용자가 선택한 라인으로 할 때 이
옵션을 사용한다. 즉 마크된 라인과 최대한 유사한 라인을 검색하
려면 이 옵션을 사용한다.

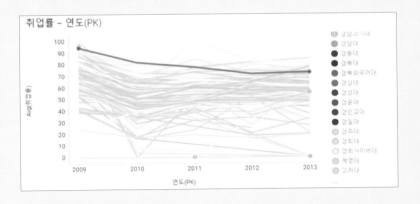

이 옵션을 사용하려면 먼저 원하는 마스터 라인을 임의로 선택해
야 한다. 메인 메뉴에서 [도구] → [라인 유사성]을 선택하면 설정
창이 나타난다. 만일 마스터 라인을 제대로 선택하였다면 아래 그
림과 같이 [마크된 라인 기반]의 라디오 단추가 체크되어 있고, 마
크한 라인의 패턴이 녹색 선으로 표시되어 있을 것이다. 만약 여기
에 라인이 보이지 않는다면, 비록 라인을 마크하였더라도 선택한 라
인을 마스터 라인으로 사용할 수 없다.

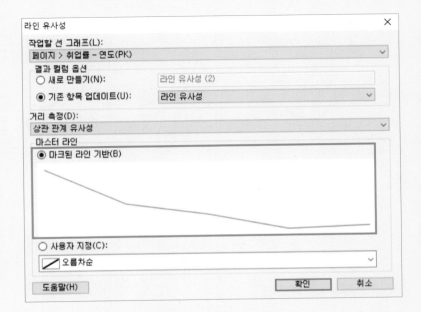

[확인]을 누르면 앞의 라인과 가장 유사한 패턴의 라인을 다른 모든 라인들과 비교하여 마크한, 자기 자신의 유사도(라인 유사성)가 1.0이고 순위가 1위인 컬럼이 생성된다. 그리고 가장 반대의 패턴을 갖는 라인에 대하여 유사도가 -1.0에 가깝고 순위가 가장 하위인 컬럼이 생성된다. 또한 필터도 생성된다. 만일 라인의 시작점과 끝점이 다르면 라인 유사성과 순위 모두 '(비어 있음)'의 값을 갖는다.

필터에서 보면 아래와 같은 두 컬럼이 생성되었음을 확인할 수 있다.

다음 그림은 위 설정의 실행 결과에 대하여 라인 유사성 순위(rank)와 유사도(라인 유사성)로 격자 표시를 적용한 결과이다. 처음 선택했던 자기 자신이 유사성 순위 1, 라인 유사성 1.00이다.

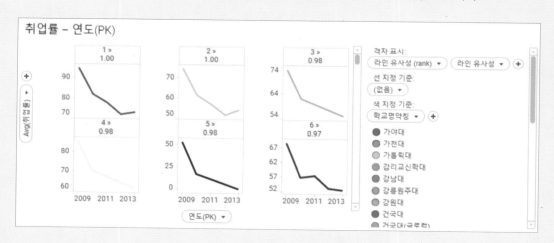

다음 그림은 앞 그림의 Y축 설정창이다. 격자 표시와 Y축에 다중 척도를 적용하였다.

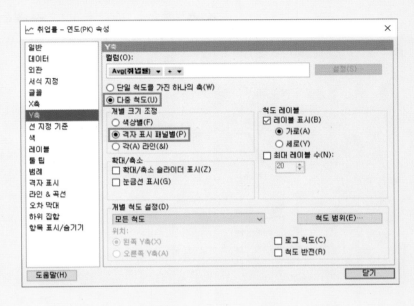

다음 그림에서 유사성 순위 최하위는 순위 210, 라인 유사성 −0.91 이다. 그리고 라인의 시작점과 끝점이 다른 라인들은 모두 (비어 있음)에 들어 있다.

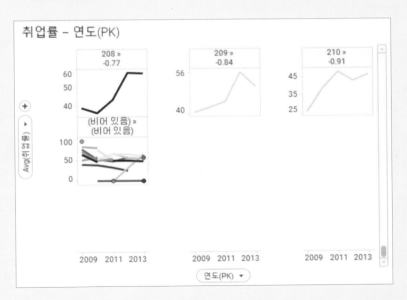

만일 위 차트에서 각 격자별로 표시된 라인이 어떤 특성인지, 즉 어느 학교인지 알고 싶다면, 그림과 같이 격자 표시 부분에서 두 번째

부분에 알고 싶은 컬럼을 지정해주면 된다. 현재 각 격자 표시가 서로 다른 색으로 지정되어 있어 [색 지정 기준]과 동일한 컬럼으로 지정해준다. 여기서는 [색 지정 기준]이 '학교명약칭' 컬럼으로 되어 있으니 격자 표시의 두 번째 부분에도 동일하게 '학교명약칭' 컬럼을 지정해준다.

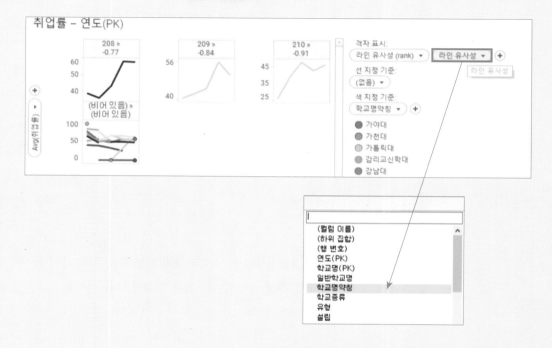

그 결과 각 격자 표시가 어느 학교를 의미하는지 쉽게 파악할 수 있다. 즉, 처음에 비교 대상으로 선택했던 학교는 '을지대학교'였고, 이 학교와 가장 유사한 학교는 '울산대학교, 한려대학교 …' 순으로 비슷한 패턴을 보이고 있음을 확인할 수 있다.

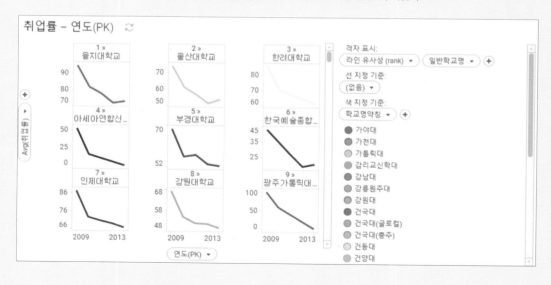

③-2 사용자 지정

라인 유사성을 비교할 대상 라인의 패턴을 Spotfire에서 미리 지정
한 옵션 중에서 선택하여 마스터 라인(비교 대상)으로 정하는 것이
다. 즉 드롭다운 목록에서 선택한 모양과 최대한 유사한 라인을 검
색하려면 이 옵션을 사용한다.

이 옵션을 사용하려면 라인을 마크할 필요 없이 메인 메뉴에서 [도
구] → [라인 유사성]을 선택한다. 다음과 같이 설정창이 나타나면
[사용자 지정] 라디오 단추를 체크하고 드롭다운 버튼을 누른다.

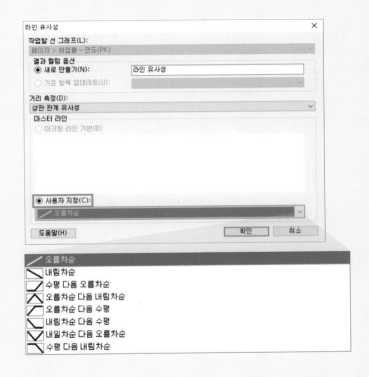

원하는 옵션을 선택한 후 [확인]을 누르면 모든 패턴을 비교하여,
선택한 패턴과 가장 유사한 패턴에 대하여 [마크된 라인 기반]을 실
행할 때와 동일한 방법으로 '라인 유사성'과 '라인 유사성(rank)'
컬럼을 생성하고 필터도 생성한다.

다음 그림은 앞 설정(오름차순)의 실행 결과에 대하여 유사성 순위 (rank)와 라인 유사성으로 격자 표시를 적용한 결과이다. 오름차순 패턴을 가장 뚜렷이 보이는 라인이 유사성 순위(rank) 1, 라인 유사성 0.907이다.

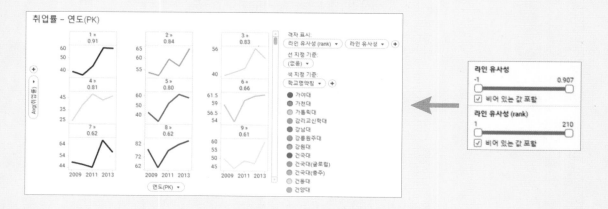

참고로 다음과 같이 라인&곡선 기능을 이용하여 표시해주면 오름차순의 추세를 더 잘 이해할 수 있다.

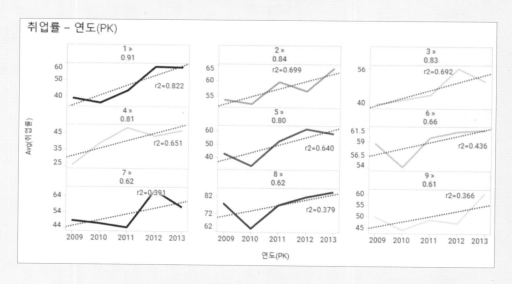

다음은 앞 그림의 [라인&곡선] 설정 화면이다.

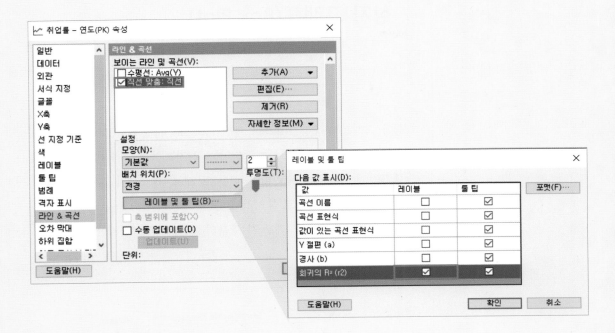

아래 그림에서 유사성 순위 최하위는 순위 210, 라인 유사성 −1.00
이다. 그리고 라인의 시작점과 끝점이 다른 라인들은 모두 (비어 있
음)에 들어 있다.

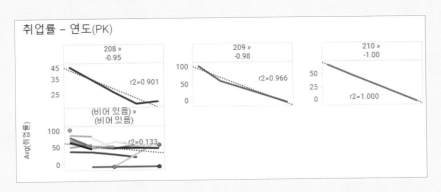

06 상자 그래프(Box Plot)

상자 그래프는 중앙값(mean), 평균(median), 사분위수(quartiles), 범위, 이상치 등과 같은 주요 통계 측정치를 시각화하는 그래픽 도구로 정확한 명칭은 'skeletal box-and-whisker plot'이다. 상자 그림, 상자 수염 그림, 박스 플롯 등으로 불리기도 한다.

다음 그림은 상자 그래프 각 부분의 이름(의미)을 설명한 것이다.

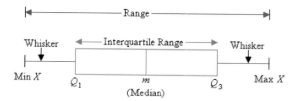

단일 상자 그래프를 사용하여 모든 데이터를 표시할 수 있는데, 상자 그래프는 기본 통계 분포를 가정하지 않고 통계 모집단의 샘플에 변형을 표시한다. 상자(Interquartile Range)와 나머지 부분들의 길이와 모양으로부터 데이터의 분산(확산) 및 왜도(skewness)의 정도, 이상치를 알 수 있다.

Spotfire에서 데이터를 상자 그래프로 시각화하는 것은 어렵지 않지만, 상자 그래프의 의미를 이해하지 못하면 통계적 해석이 불가능하다. 그러므로 여기서는 상자 그래프의 각 부분이 어떻게 만들어지는지, 그 원리를 이해할 수 있도록 설명한다.

6-1 상자 그래프 그리기

Spotfire에서 상자 그래프(Box Plot)를 생성하려면, 화면 좌측 상단 '작성 막대(Authoring bar)'에서 [시각화 유형]을 클릭하고 우측에 표시되는 시각화 목록 중 [상자 그래프]를 선택한다.

6-2 각 부분의 의미

아래 그림은 데이터가 정규 분포를 나타낸다는 가정에서 상자 그래프
의 각 용어와 의미들을 설명하고 있다.

σ(시그마)

모집단의 표준편차

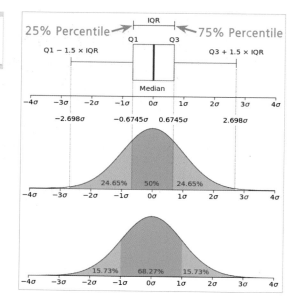

상자 그래프를 다음과 같이 세로로 표시할 때 의미를 설명할 수도 있
다.

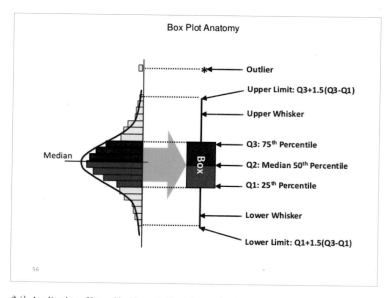

출처: Application of Lean Six Sigma In Food Processing Process Improvement, Nov 12, 2014

6-3 통계 관련 용어 설명

1 표준편차와 분산

표준편차(standard deviation)란 자료의 값이 얼마나 흩어져 분포되어 있는지 나타내는 산포도 값의 한 종류로서 일반적으로 모집단의 표준편차는 기호 **σ**(시그마)로 표시한다.

표준편차에 대한 이해를 위하여 다음 데이터(영업사원의 판매실적)를 살펴보자.

영업사원 '홍길동'의 판매실적

제품	A	B	C	평균
실적(대수)	69	70	71	70

영업사원 '김철수'의 판매실적

제품	A	B	C	평균
실적(대수)	50	70	90	70

두 영업사원의 실적 분포를 비교해보면 다음과 같다.

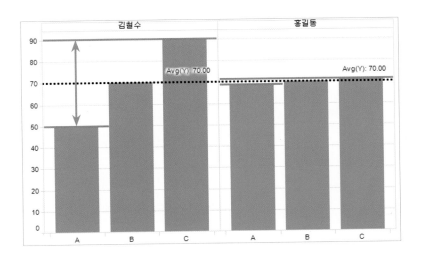

오른쪽의 홍길동 사원은 모든 제품의 실적이 평균 70에 아주 가까이 분포한다. 반면 왼쪽의 김철수 사원은 A, B, C 제품의 실적이 평균과 20이나 떨어져 있다. 이 경우 홍길동보다 김철수의 표준편차가 더 크다고 한다.

표준편차를 구하려면 먼저 각 자료값과 평균의 차이를 구해야 한다. 이를 '편차'라고 하며 [(자료값)−(평균)]으로 나타낸다. 편차를 구하여 그 평균값을 '표준편차'라 하면 편리하겠지만, 편차의 합은 항상 0이기 때문에 불가능하다.

영업사원 '김철수'의 판매실적에 대한 편차

제품	A	B	C	평균
실적(대수)	50	70	90	70
편차	−20	0	20	0

편차의 합이 0이 되는 문제는 편차의 값 중 음수가 발생하기 때문인데, 편차는 음수이든 양수이든 자료가 평균에서 얼마나 차이가 나는지 그 절대값을 알고자 구하는 값이므로 편차가 음수가 되지 않도록 제곱하여 모두 양수가 되게 한다. 그리고 편차를 제곱한 값들의 평균을 내면 자료값들이 평균에서 어느 정도 떨어져 있는지를 알 수 있다.

그러나 김철수 사원의 경우를 보면 편차를 제곱하는 바람에 자료값의 분산도가 266.67로 너무 커진 것을 확인할 수 있다.

제품	A	B	C	평균
실적(대수)	50	70	90	70
편차	−20	0	20	0
(편차)^2	400	0	400	266.67

제곱해서 과도하게 부풀려진 값을 다시 원래의 차이값에 비슷하게 맞춰주기 위해서는 제곱근을 적용한다. 김철수 사원의 경우에는 $\sqrt{266.67} = 16.33$이 표준편차가 된다. 참고로 홍길동 사원의 표준편차는 0.82이다.

제곱근을 적용하기 직전 (편차)^{2}의 평균을 '분산(variance)'이라 하고, 표준편차는 $\sqrt{(분산)}$이 된다. 다시 말해, 표준편차는 편차 제곱의 평균으로 구할 수 있다. 표준편차가 0일 때는 자료값이 모두 같은 값을 가지고, 표준편차가 클수록 자료값 중에 평균에서 떨어진 값이 많이 존재한다.

분산은 모집단과 표본일 때에 따라서 2가지, 즉 표본분산과 모분산으로 나누어진다. '모분산(population variance)'은 모집단의 분산을 가리키며, 주어진 모집단의 특성을 나타내는 모수의 하나로 모집단 분포의 산포도를 나타내는 척도이다. '표본분산(sample variance)'은 표본집단에서 구한 분산이다. 일반적으로 모집단의 경우에는 데이터 수가 워낙 방대해서 직접 계산하는 경우가 거의 없다. 그러므로 보통 분산이라고 하면 표본분산을 의미하는 경우가 대부분이다.

변수 X의 모분산은 다음과 같이 정의한다.

$$\frac{\sum (x - \mu)^2}{n}$$

변수 X의 표본분산은 다음과 같이 정의한다.

$$\frac{\sum (x - \bar{x})^2}{n - 1}$$

위의 예제에서 구한 김철수 사원과 홍길동 사원의 분산의 경우는 모분산에 해당한다(n으로 나누었음).

• 평균과 분산의 관계

분산은 편차를 모두 더하면 항상 0이 된다는 점을 고려하여 편차의 제곱을 더해 이들의 평균을 낸 것이다. 평균은 자료의 핵심 요소를 파악하게 해주지만 분포 정도를 나타내주지는 못한다.

예컨대 판매실적이 80, 60, 40인 A사원과 70, 60, 50인 B사원을 비교해보자. 전자와 후자 모두 평균이 60점으로 동일하다.

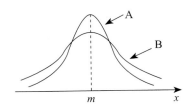

세 제품의 실적을 일일이 명시하지 않고 평균만 기재한다면 두 영업사원의 판매실적 평균은 60으로 동일하다. 그러므로 항상 평균수준에서 안정을 보이는지, 혹은 종잡을 수 없이 큰 등락을 보이는지 알 수 없다.

따라서 등락의 안정성, 즉 실적의 평균에의 수렴정도를 나타내주는 지표가 필요한 것인데, 산포도 중 이러한 지표로 가장 많이 사용하는 것이 분산과 표준편차이다. 판매실적에서 가장 바람직한 것은 높은 평균 판매 대수와 등락 없는 분포이다. 경영학의 재무관리 파트에서는 평균을 '수익'에, 분산을 '위험'에 대비시킨다. 그러므로 분산이 작을수록 분포는 안정성을 지닌다. 그래프상으로는 평균 주위에 밀집되어 있는 A사원의 분산이 B사원의 분산보다 작다.

출처: 《통합논술 개념어 사전》, 한림학사, 2007.

2 6시그마

- 사전적 의미: 100만 번 가운데 3.4회의 불량이 발생하는 수준을 의미(3.4/1,000,000)한다.

- 통계학적 의미: 표준편차(산포, 변동)를 의미한다. 즉 SPEC 대비 ±6σ의 상태를 말한다.

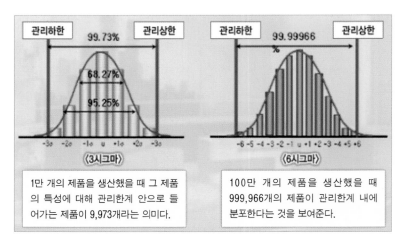

출처: http://kiyoo.tistory.com/213

6-4 Spotfire 상자 그래프의 표시 정보

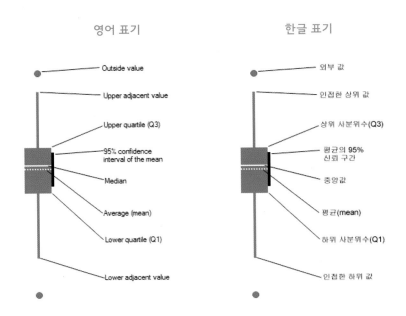

영어 표기   한글 표기

1) 중앙값(Median): 50%의 위치를 말한다. 중앙값은 짝수일 경우 2개가 될 수도 있는데, 그 둘의 평균이 중앙값이 된다. 홀수일 경우에 중앙값은 1개가 된다.

2) 박스(Box): Q3-Q1
IQR(Interquartile Range; 사분범위)이라고 한다. 분포의 양끝 1/4을 제외한 범위이다.

3) 수염(Whiskers): 박스의 각 모서리(Q1, Q3)로부터 IQR의 1.5배 내에 있는 가장 멀리 떨어진 데이터 점까지 이어져 있다.

4) 왜도(Skewness): 분포의 비대칭 정도, 즉 분포가 기울어진 방향과 그 기울어진 정도를 나타내는 척도이다.

왜도 < 0, 왼쪽으로 긴 꼬리
(부적 비대칭, negative skew)

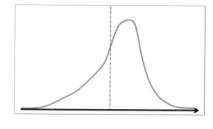

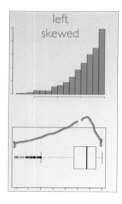

왜도 = 0, 좌우 대칭 분포

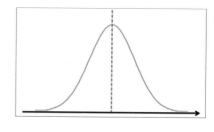

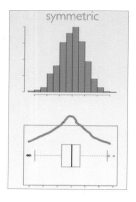

왜도 > 0, 오른쪽으로 긴 꼬리
(정적 비대칭, positive skew)

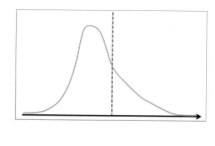

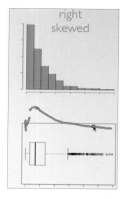

출처: http://researchhubs.com/post/ai/data-analysis-and-statistical-inference/visualizing-
numerical-data.html

5) 이상치(Outlier): 수염(whiskers)보다 바깥쪽에 존재하는 데이터이다.

6-5 Spotfire에서 제공하는 각종 집계 방법(aggregation measures)

현재 Spotfire에서 제공하는 통계 수치들의 목록은 다음과 같다.

합계 (Sum)	연결 (Concatenate)
평균 (Avg)	처음 (First)
카운트 (Count)	기하학적 평균 (Geometric Mean)
고유한 수 (Unique Count)	사분위수 범위 (Interquartile Range; IQR)
최소값 (Min)	마지막 (Last)
최대값 (Max)	하위 내부 펜스 (Lower Inner fence; LIF)
중앙값 (Median)	하위 외부 펜스 (Lower Outer fence; LOF)
표준 편차 (Standard Deviation; StdDev)	평균 편차 (Mean Deviation)
표준 오차 (Standard Error; StdErr)	중앙값 절대편차 (Mean Absolute Deviation; MAD)
분산 (Variance; Var)	가장 공통적 (Most Common)
95% 신뢰 구간의 하위 끝점 (L95)	이상값 개수 (Ourlier Count; Outliers)
95% 신뢰 구간의 상위 끝점 (U95)	10번째 백분위수 (10th Percentile; P10)
제1 사분위수 (First Quartile; Q1)	90번째 백분위수 (90th Percentile; P90)
제3 사분위수 (Third Quartile; Q3)	이상값 비율 (Outlier Percentage; PctOutliers)
인접한 하위 값 (Lower Adjacent Value; LAV)	제곱 (Product)
인접한 상위 값 (Upper Adjacent Value; UAV)	범위 (Range)
큰 정수 개수 (CountBig)	상위 내부 펜스 (Upper Inner fence; UIF)
고유한 연결 (Unique Concatenate)	상위 외부 펜스 (Upper Outer fence; UOF)

6-6 상자 그래프의 해석

상자 그래프에서 다음 3가지를 해석(파악)할 수 있다.

1) 분산(Variance)

변수의 흩어진 정도를 말하며 만약 사분범위가 길면 보다 흩어진 분포이고, 짧으면 밀집된 분포임을 알 수 있다. 자료의 극단적인 값들에 영향을 덜 받는다는 장점이 있다.

2) 비대칭도/왜도(Skewness)

평균값에 관한 비대칭의 방향과 그 정도를 알 수 있다. 수염(Whisker)의 길이를 비교하여 비대칭 여부를 판단할 수 있다.

3) 이상치(Outliers)

전반적인 변수들과 다른 유형을 보이는 변수값을 말하며 수염보다 바깥쪽에 존재하는 데이터다.

6-7 비교 원(Comparison Circle)

상자 그래프의 통계값을 원으로 표시하여 다양한 범주에 대한 평균값(상자 그래프의 상자)이 서로 많은 차이가 나는지 여부를 표시할 수 있는데, 일치하는 상자에 대한 평균값을 중심으로 원이 그려진다. Tukey-Kramer Circle이라고도 부른다.

두 그룹의 원이 겹치지 않으면 일반적으로 두 그룹의 평균이 많이 차이 나는 것이고, 원이 크게 겹치는 경우는 평균 차이가 많이 나지 않는 것이다. 비교 원을 표시하면 시각화에서 마크를 할 때 상자 그래프 아래에 관계 표시기가 나타난다. 이때 작은 사각형은 마크된 상자를 나타내고 관계 표시기의 라인은 마크된 상자와 많이 차이 나지 않는 상자로 확장된다.

상자 그래프를 강조 표시할 수 있고, 반대로 비교 원을 강조 표시할

수도 있다. 강조 표시된(마크된) 비교 원은 회색으로 채워지며 이중 라
인 테두리로 그려진다.

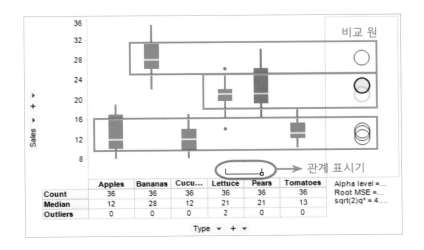

비교 원에는 **Tukey–Kramer** 방법이 계산에 사용된다. 각 그룹(각 상
자 그래프)에서는 원의 중심이 그룹 평균값과 일치하는 원을 가져온다.
원이 크게 겹치는 경우 평균이 많이 차이 나지 않는 것이다. 일반적으
로 원의 크기가 크면 분포가 안정적(밀집됨)이고, 크기가 작으면 분포
가 넓다.

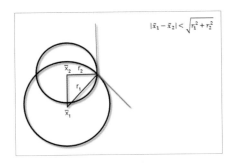

두 원이 많이 겹쳐 있으므로 두 그
룹이 차이가 많이 나지 않는다.

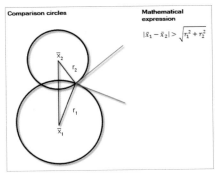

두 원이 많이 겹쳐 있지 않으므로
두 그룹이 차이가 많이 난다.

다음 그림은 대학교 전형별로 학생들의 창의력과의 관계를 분석한
상자 그래프와 비교 원을 보여준다. 각 요소들의 의미도 설명하고 있다.

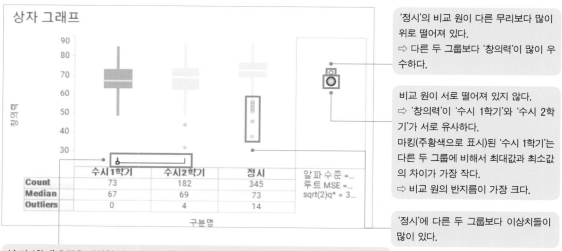

'정시'의 비교 원이 다른 무리보다 많이
위로 떨어져 있다.
⇨ 다른 두 그룹보다 '창의력'이 많이 우
수하다.

비교 원이 서로 떨어져 있지 않다.
⇨ '창의력'이 '수시 1학기'와 '수시 2학
기'가 서로 유사하다.
마킹(주황색으로 표시)된 '수시 1학기'는
다른 두 그룹에 비해서 최대값과 최소값
의 차이가 가장 작다.
⇨ 비교 원의 반지름이 가장 크다.

'정시'에 다른 두 그룹보다 이상치들이
많이 있다.

'수시 1학기'에 작은 사각형 박스가 관계 표시기에 표시되며 '수시 2학기'와 서로 연결되어 있다.
⇨ '수시 1학기'와 '수시 2학기'가 서로 유사하다.

6-8 속성 설정

상자 그래프도 다른 시각화처럼 마우스를 우클릭하여 [속성] 설정창에
서 대부분의 속성을 변경·설정할 수 있다.

1 외관(Appearance)

상자 그래프로 커서를 이동한 후에 마우스를 우클릭하여 [속성] →
[외관] 탭에서 상자 그래프의 외관 모양 속성을 설정한다.

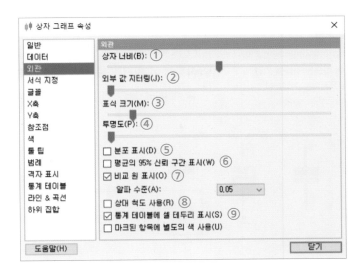

① 상자 너비

  상자 그래프에서 표시되는 각 상자의 폭을 조절한다. 다음 그림에
  서는 아래 상자의 폭이 더 넓다.

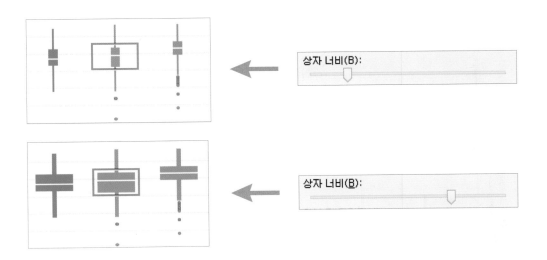

지터링(jittering)

위치를 난수로 이동시키는 방법을 말하며, 한 점에 집중된 것들을 약간 옆으로 비켜서 표시하는 기법이다.

② 외부 값 지터링

외부 값(outlier)에 대하여 지터링을 설정할 수 있다. 슬라이더 바를 이동하여 지터링 수준을 변경한다.

→ 지터링에 대한 상세 설명은 p.316 〈외관〉 참조

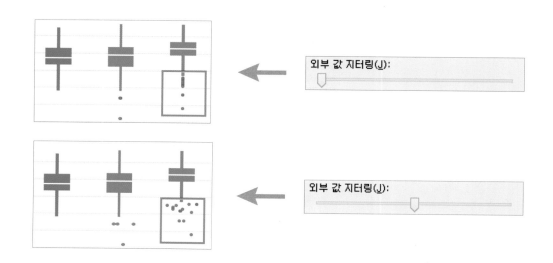

위의 두 번째 그림을 보면 외부 값들이 옆으로 많이 비켜서 표시되어 있다. 첫 번째 그림에 있는 두 점에 사실은 많은 점들이 겹쳐 있었음을 알 수 있다.

③ 표식 크기

외부 값의 크기를 조절할 수 있다.

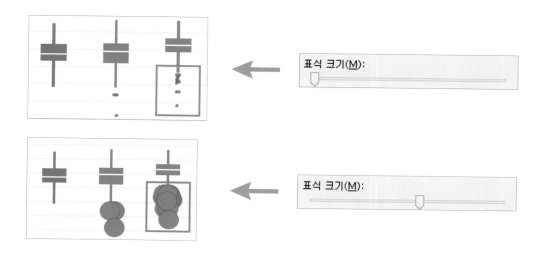

④ 투명도

슬라이더를 끌어서 상자 그래프의 투명도를 변경할 수 있다. 이 옵
션은 배경에 배치된 라인이나 곡선을 볼 수 있게 할 때 유용하다.

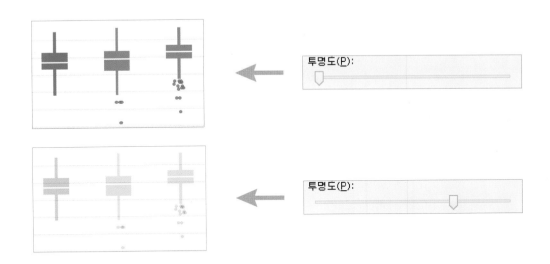

⑤ 분포 표시

아래 그림처럼 값의 분포를 히스토그램에 표시할지 여부를 지정할
수 있다.

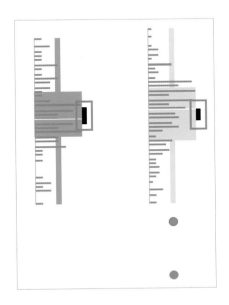

⑥ 평균의 95% 신뢰 구간 표시

상자 그래프의 신뢰 구간을 상자 옆에 검은 선으로 표시하려면 이
확인란을 선택한다(앞의 그림 참조).

⑦ 비교 원 표시

비교 원을 표시하려면 [비교 원 표시]의 체크박스를 선택한다. 비교
원의 차이를 확대하려면 [알파 수준] 값을 크게 한다. '알파 수준'이
란 그룹 간에 차이가 나는 정도로서 0보다 크고 1보다 작은 범위의
값이다.

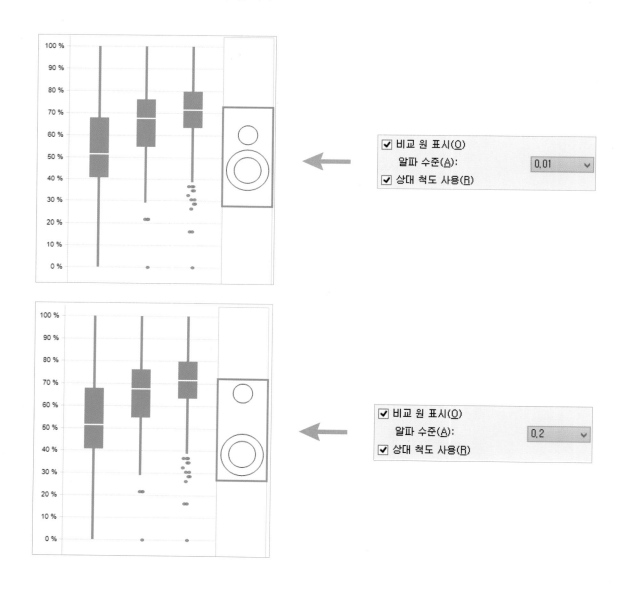

⑧ 상대 척도 사용

Y축값을 동일 척도로 할지, 상대 척도(정규화)로 사용할지 결정한다.

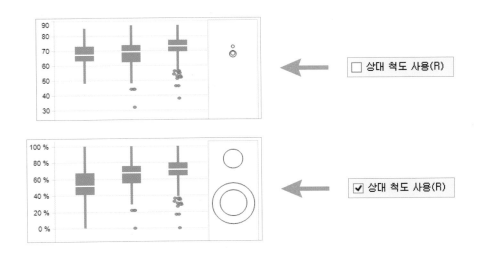

⑨ 통계 테이블에 셀 테두리 표시

테이블의 테두리 표시 유무를 지정한다.

수시 1학기	수시 2학기
73	182
67	69
0	4

각 설정에 따른 이미지는 다음과 같다.

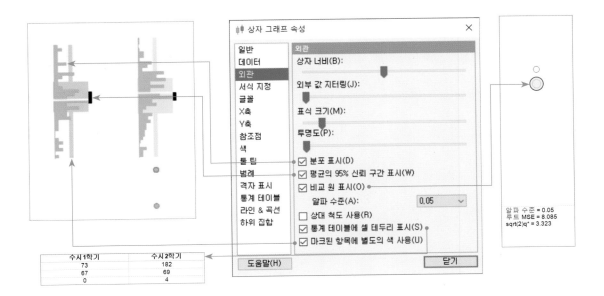

2 참조점

상자 그래프로 커서를 이동한 후 마우스를 우클릭하여 [속성] → [참조점] 탭을 선택한다.

참조점은 표식이나 라인 중에서 선택하여 상자 그래프 내에 표시할 수 있다. 먼저 [참조점] 중에서 원하는 통계를 선택한 뒤 색이나 표식, 라인을 설정한다.

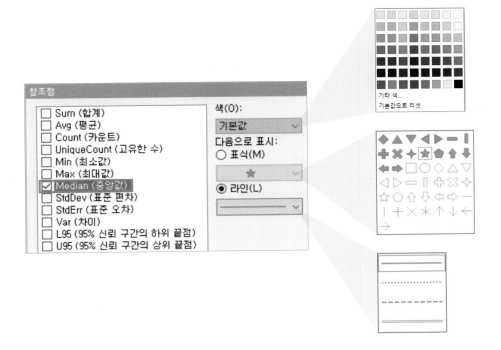

다음은 그림과 같이 최소값, 최대값, 첫 번째 사분위수, 세 번째 사분위수, 평균, 중앙값을 표시하도록 설정하였을 때 참조점을 적용한 예이다.

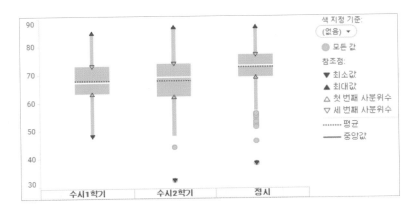

3 통계 테이블

상자 그래프로 커서를 이동한 후에 마우스를 우클릭하여 [속성] → [통계 테이블]을 선택한다.

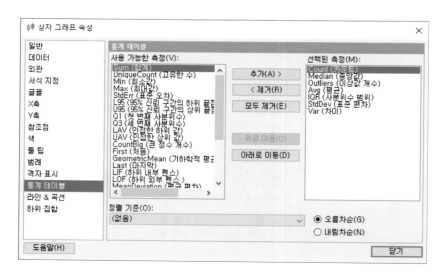

위의 설정을 적용한 결과 통계 테이블은 다음과 같다.

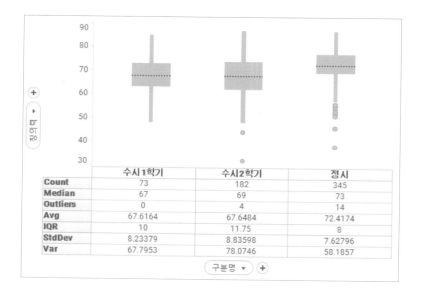

	수시1학기	수시2학기	정시
Count	73	182	345
Median	67	69	73
Outliers	0	4	14
Avg	67.6164	67.6484	72.4174
IQR	10	11.75	8
StdDev	8.23379	8.83598	7.62796
Var	67.7953	78.0746	58.1857

부록

Spotfire 7.x버전 메뉴를 Spotfire 10.x버전에서 찾기

Spotfire 7.11에서 Spotfire 10.3으로 버전이 바뀌면서 메뉴의 많은 부분들이 변경되었다. Spotfire 7.11버전의 메뉴 중 일부는 상단 메뉴에서 사라지고 대신에 아이콘이나 화면 좌측의 대화상자를 통해서 구현되고 있으며, Spotfire 7.11의 '[보기] → [도구모음]' 메뉴, '[도움말] → [힌트 표시]' 메뉴들은 기존에 크게 사용되지 않아 삭제되었다. 그래서 기존의 Spotfire 7.11을 사용하던 사용자들이 Spotfire 10.3에서 메뉴를 쉽게 찾을 수 있도록 대비표를 만들었다.

　7.11의 메뉴를 10.3에서 찾는 방법은 다음과 같다. 아래 메뉴 대비표를 보고 p.734의 〈10.3 메뉴 고유 기호표〉를 참고하여 각 메뉴의 위치가 어떻게 바뀌었는지 확인한다. 10.3버전에서 사라진 메뉴들은 각 메뉴 대비표 하단에 동일한 기능을 실행하는 다른 방법을 안내하였다.

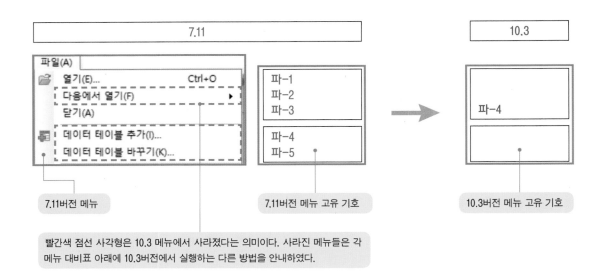

1 파일

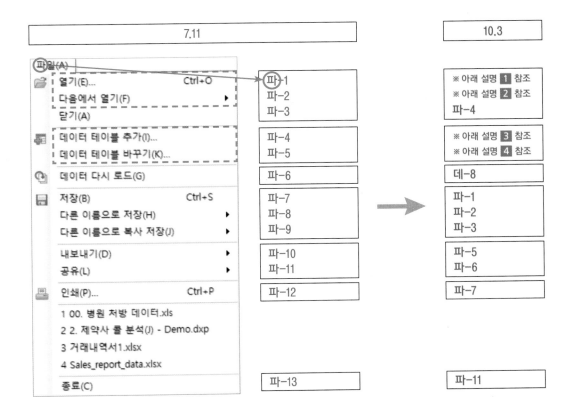

7.11		10.3
파일(A)	파-1	※ 아래 설명 **1** 참조
열기(E)... Ctrl+O	파-2	※ 아래 설명 **2** 참조
다음에서 열기(F) ▶	파-3	파-4
닫기(A)		
데이터 테이블 추가(I)...	파-4	※ 아래 설명 **3** 참조
데이터 테이블 바꾸기(K)...	파-5	※ 아래 설명 **4** 참조
데이터 다시 로드(G)	파-6	데-8
저장(B) Ctrl+S	파-7	파-1
다른 이름으로 저장(H) ▶	파-8	파-2
다른 이름으로 복사 저장(J) ▶	파-9	파-3
내보내기(D) ▶	파-10	파-5
공유(L) ▶	파-11	파-6
인쇄(P)... Ctrl+P	파-12	파-7
1 00. 병원 처방 데이터.xls		
2 2. 제약사 콜 분석(J) - Demo.dxp		
3 거래내역서1.xlsx		
4 Sales_report_data.xlsx		
종료(C)		
	파-13	파-11

1 파-1(v 7.11)

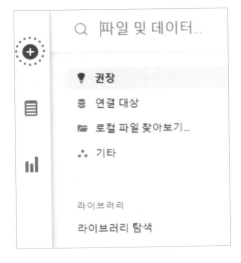

2 파-2(v 7.11)

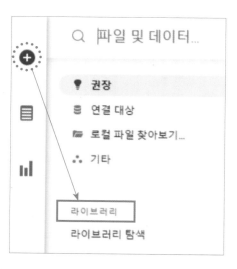

3 파-4(v 7.11)

4 파-5(v 7.11)

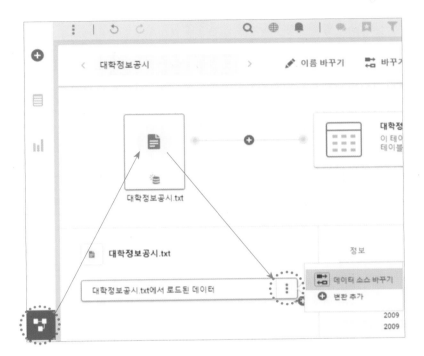

2 편집

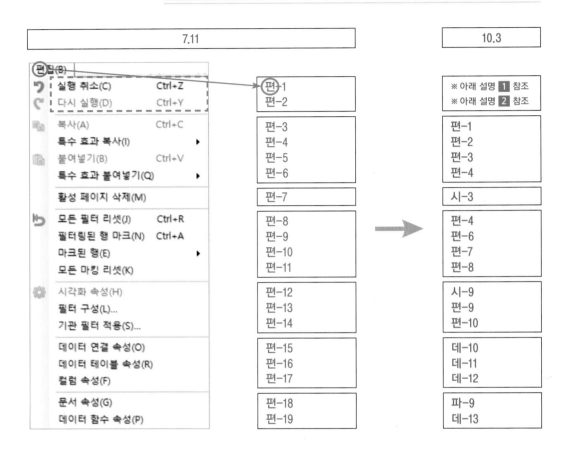

1 편-1(v 7.11)

2 편-2(v 7.11)

3 보기

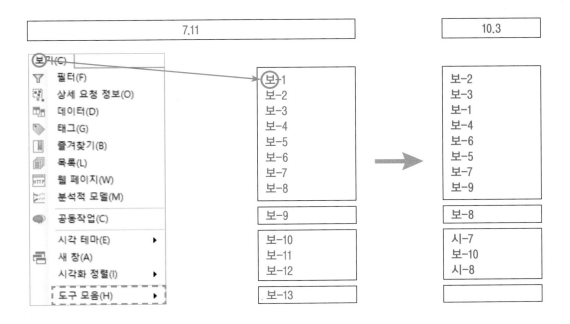

4 삽입

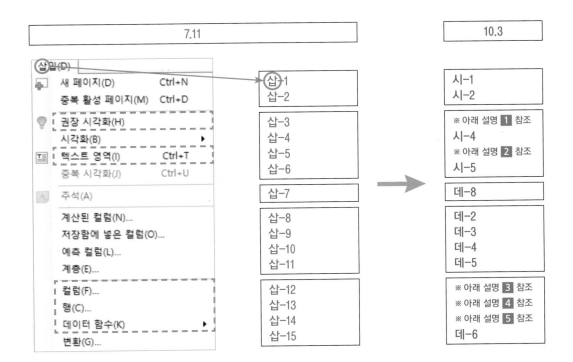

1 삽-3(v 7.11)

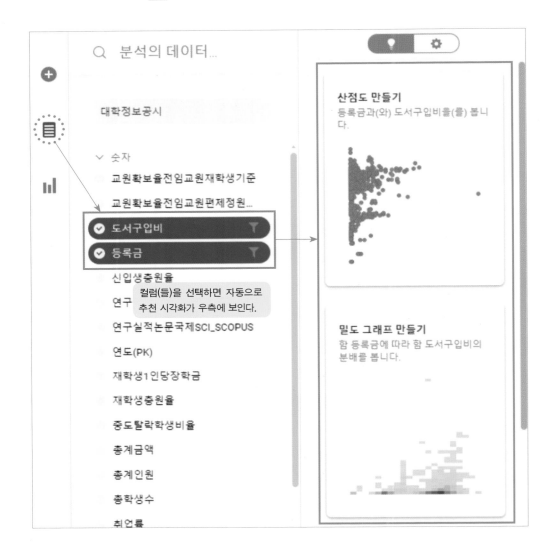

2 삽-5(v 7.11)

3 삽-12(v 7.11)

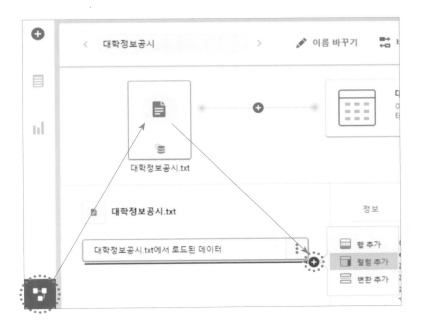

4 삽-13(v 7.11)

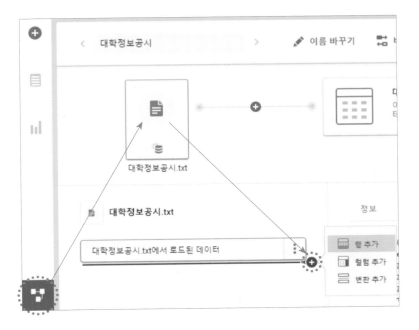

5 삽-14(v 7.11)

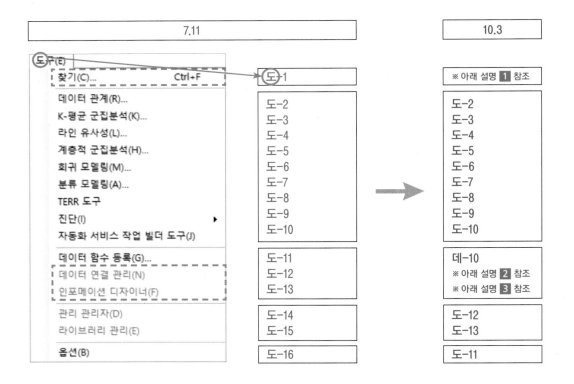

5 도구

7.11		10.3

7.11	10.3
도-1	※ 아래 설명 **1** 참조
도-2	도-2
도-3	도-3
도-4	도-4
도-5	도-5
도-6	도-6
도-7	도-7
도-8	도-8
도-9	도-9
도-10	도-10
도-11	데-10
도-12	※ 아래 설명 **2** 참조
도-13	※ 아래 설명 **3** 참조
도-14	도-12
도-15	도-13
도-16	도-11

1 도-1(v 7.11)

2 도-12(v 7.11)

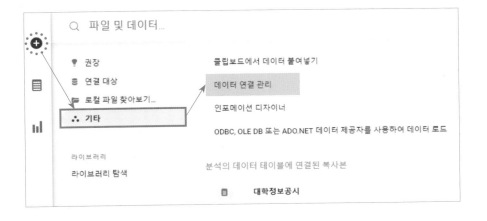

3 도-13(v 7.11)

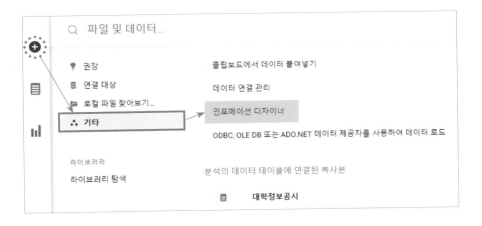

6 도움말

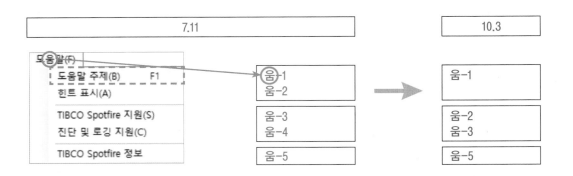

| 7.11 | | 10.3 |

7 Spotfire 10.3 메뉴 고유 기호표

파일	
저장	파-1
다른 이름으로 저장 ▶	파-2
다른 이름으로 복사본 저장 ▶	파-3
닫기	파-4
내보내기 ▶	파-5
공유 ▶	파-6
인쇄(P)...	파-7
라이브러리 앱	파-8
문서 속성	파-9
신뢰 및 스크립트 관리	파-10
종료	파-11

편집

복사
특수 효과 복사   ▶
붙여넣기
모든 필터 리셋
표시되는 필터 리셋
필터링된 행 마크
마크된 행   ▶
모든 마킹 리셋
필터 구성...
필터 조직 적용...

편-1
편-2
편-3

편-4
편-5
편-6
편-7
편-8

편-9
편-10

데이터

추가...
계산된 컬럼 추가...
함 컬럼 추가...
예측 컬럼 추가...
계층 추가...
데이터 변환...
연결된 데이터 다시 로드
모든 데이터 다시 로드
데이터 캔버스
데이터 연결 속성
데이터 테이블 속성
컬럼 속성(P)
데이터 함수 속성
데이터 연결 관리
인포메이션 디자이너

데-1

데-2
데-3
데-4
데-5

데-6

데-7
데-8

데-9
데-10
데-11
데-12
데-13

데-14
데-15

시각화	
새 페이지	시-1
중복 페이지	시-2
페이지 삭제	시-3
시각화 추가...	시-4
중복 시각화	시-5
새 주석...	시-6
캔버스 스타일 지정 ▶	시-7
시각화 정렬 ▶	시-8
시각화 속성	시-9

보기	
데이터	보-1
필터(F)	보-2
상세 요청 정보(O)	보-3
태그(G)	보-4
목록(L)	보-5
즐겨찾기(B)	보-6
웹 페이지(W)	보-7
공동작업	보-8
분석적 모델(M)	보-9
새 창	보-10

도구		
개발	▶	도-1
데이터 관계(R)...		도-2
K-평균 군집분석(K)...		도-3
라인 유사성(L)...		도-4
계층적 군집분석(H)...		도-5
회귀 모델링(M)...		도-6
분류 모델링(C)...		도-7
TERR 도구		도-8
진단	▶	도-9
자동화 서비스 작업 빌더 도구(J)		도-10
데이터 함수 등록...		도-11
관리자...		도-12
라이브러리 관리...		도-13
옵션...		도-14

도움말	
도움말 항목	움-1
TIBCO Spotfire 지원(S)	움-2
진단 및 로깅 지원	움-3
TIBCO 커뮤니티	움-4
TIBCO Spotfire 정보	움-5

찾아보기

ㅎ